序にかえて

『古代日本の対外認識と通交』と題する本書は、一九八三年以来著者が発表してきた対外関係に関わる論考八編に、新稿三編を加えて一書になしたものである。内容の未熟さと研究の遅々たる歩みを恥じるばかりであるが、ここにそれらを便宜上三部に構成して、諸賢のご照覧に委ねる次第である。各論考の旧稿との関係やその後の研究の進展を整理して、序にかえることにしたい。

第一部　古代日本の対外認識

第一章　天皇号の成立をめぐって
――君主号と外交との関係を中心として――

『日本歴史』四一八号（一九八三年）掲載の「「天皇」号の成立をめぐって――君主号と外交との関係を中心として――」に註の補訂を加え、またその後発表した拙稿「天皇号の成立とその意義」（『古代史研究の最前線』第一巻、雄山閣、一九八六年）による知見を加筆あるいは補注の形で追加したものである。元来は一九八一年度東京大学大学院における田中健夫先生の特殊研究「対外関係史の諸問題」に提出したレポートを改稿したものであり、天皇号に関する研究史を整理し、外交の場において使用された君主号の検討という視点から若干の私見を述べることを目的としている。アメキミなどの解釈やその後の研究の進展により、私見を改めるべき部分も多いが、補注・付記を加えるに留めた。なお、もとの原稿に対しては、平野邦雄「書評・森公章「天皇」号の成立をめぐって」(『法制史研究』三四、一九八五年)の批評がある。

第二章　古代日本における対唐観の研究

——「対等外交」と国書問題を中心に——

『弘前大学国史研究』八四号(一九八八年)に掲載された同名の論考をほぼそのまま収載した。事大主義的立場と日本中心主義的立場という二重構造の対外観の存在を指摘し、対唐外交が「対等外交」を求めたものであるという通説や国書不携行説に再検討を行ったものである。この中で述べた大宝度の遣唐使が大宝律令を披露したという通説に対する疑問は、近年、河内春人「大宝律令の成立と遣唐使派遣」(『続日本紀研究』三〇五、一九九六年)、坂上康俊「大宝律令制定前後における日中間の情報伝播」(池田温・劉俊文編『日中文化交流叢書2　法律制度』大修館書店、一九九七年)などによって支持され、さらに研究の深化が行われている。また遣唐使全般に関する詳細な研究としては、東野治之『遣唐使と正倉院』(岩波書店、一九九二年)が呈され、日本の遣唐使が朝貢使であった点、国書携行の可能性などにも言及されている。なお、本稿でも取り上げた『性霊集』の解釈については、榎本淳一「『性霊集』に見える「竹符・銅契」と「文書」について」(『日本古代の伝承と東アジア』吉川弘文館、一九九五年)でさらに掘り下げた論究がなされている。また唐に対する国書の形式に関しては、保科富士男「「東天皇」国書考」(『白山史学』三三、一九九七年)が書状形式の可能性をさらに追求しており、参照されたい。

第三章　古代日本における在日外国人観小考

高知大学人文学部人文学科『人文科学研究』三号(一九九五年)掲載の論考に、明らかな史料解釈の誤りと思われる部分を削除し、その後気づいた新たな事例などを補訂したものである。前任の職場・奈良国立文化財研究所平城宮跡発掘調査部での長屋王家木簡・二条大路木簡整理への従事や報告書作成の過程で興味を持った「○○人」の表記や存在形態に端を発して、それらを在日外国人という用語で把握し、在日外国人全般についての制度的考察を行ったもの。関連する最新の研究として、鈴木靖民「藤原京・平城京的外国人——以新羅人為中心——」(『走向国際化的日本』天津人民出版社、一九九五年)、「平城京の新羅文化と新羅人」(武田幸男編『朝鮮社会の史的展開と東アジア』山川出版社、一九九七年)、韓昇『日本古代的大陸移民研究』(文津出版社、一九九五年)、田中史生『日本古代国家の民族支配と渡来人』(校倉書房、一九九七年)などが呈されている。

第四章　袁晋卿の生涯
——奈良時代、在日外国人の一例として——

『日本歴史』五八〇号(一九九六年)に掲載された論考を収載したものである。第三章の古代日本における在日外国人の研究の際に興味を抱いた唐人袁晋卿について、関係史料が意外に沢山あることに気づき、奈良時代の在日外国人の存在形態を窺わせる具体的事例として、論考にまとめたもの。その際に、一般向けの文章ではあるが、東野治之「平安時代の語学教育」(『新潮45』一二の七、一九九三年)の視点を大いに参考にさせていただいた。

第五章　大唐通事張友信をめぐって
——九世紀、在日外国人の存在形態と大宰府機構の問題として——

新稿である。第四章の袁晋卿を検討した際に、九世紀代に在日外国人の存在形態に変化が起きるという展望を示したが、その具体的事例として大宰府の大唐通事張友信に着目し、唐人来航の様子や大宰府の外交機構としての大唐通事のあり方にも言及しつつ、張友信をめぐる諸問題を論じたもの。

第六章　平安貴族の国際認識についての一考察
――日本中心主義的立場の「定立」――

新稿である。第二章の対唐観の研究では、九世紀中葉くらいまでの史料を対象としたが、本稿ではそれ以降、平安時代末までを対象とし、第二章で明らかにした二重構造の対外意識がどのように展開していくかを論じたもの。この論考によって、古代日本における対外観、特に従来あまり検討されてこなかった対中国観に対する通時的な見通しなど、私なりの全体像を呈示し得たと考えている。

第二部　外交政策と通交

第一章　耽羅方脯考
――八世紀、日本と耽羅の「通交」――

『続日本紀研究』二三九号（一九八五年）に掲載されたものに、拙稿「古代耽羅と日本の交流」（『月刊韓国文化』二〇九号、一九九七年）で触れた八世紀以降の耽羅と日本の交易の可能性に関する評価を加味して、若干の見解の変更を加えた形になっている。前稿に対しては、『史学雑誌』九五の五（一九八五年度の回顧と展望の号、一九八六年）において、水野柳太郎氏による丁寧なご批評を賜り、交易の可能性を認めるべき旨を指摘された。ここで対象とした天平十年度周防国正税帳に登場する耽羅人に関しては、前稿の見解を変更していないが、前稿であまり念頭になかった民間交易の可能性については、その存在を認めてもよいと考えるに至り、本稿ではその旨を述べている。

第二章　古代耽羅の歴史と日本
――七世紀後半を中心として――

『朝鮮学報』一一八輯（一九八六年）に掲載された論考を収載した。第一章の耽羅に関する検討の過程で、耽羅の歴史に言及した研究が少ないこと、特に『日本書紀』に見える耽羅と日本の通交には専論がないことに気づき、古代耽羅に関する史料を収集するとともに、古代耽羅の歴史を論考にまとめたものである。なかでも七世紀後半の東アジア動乱の時期に関しては、日本・中国・朝鮮の三国に史料が存し、耽羅の動向がよくわかる時代であり、東アジアの国際情勢との関連で、耽羅の外交のあり方を描いている。ここでの視点は第三章の白村江の戦を分析した論考を作成する際の一つの出発点となっている。

第三章　朝鮮半島をめぐる唐と倭
――白村江会戦前夜――

池田温編『古代を考える　唐と日本』（吉川弘文館、一九九二年）に掲載されたものに、文中に入れた註を、文末に置いて論文形式にするという変更を加えたものである。本稿は一般の読者をも想定したシリーズの一部であり、引用史料も読み下しの形をとっている。現段階では論文としては説明不足の箇所も目につくが、白村江の戦をめぐる古代日本の外交政策の歴史に関しては、別稿をまとめる予定なので、そちらを合せて参照していただくことをお願いして、本稿は当初の形のままで収載するものとした。

第三部　外交儀礼

第一章　古代難波における外交儀礼とその変遷

田中健夫編『前近代の日本と東アジア』（吉川弘文館、一九九五年）に掲載されたものを収載した。『延喜式』の玄蕃寮式の難波に関する外交儀礼に着目し、その構造や淵源を考究しようとしたものである。本稿に対する書評として、橋本雄「書評・田中健夫編『前近代の日本と東アジア』」（『史学雑誌』一〇五の二、一九九六年）の言及がある。なお、入境儀礼に関する研究としては、山田雄司「御霊会成立の前提条件」（『日本社会の史的構造』古代・中世、思文閣、一九九七年）が呈され、唐客入京路次神祭・蕃客送堺神祭・障神祭に言及されているので、参照されたい。

第二章　大宰府および到着地の外交機能

新稿である。表題の課題について、筑紫大宰の外交面での役割、律令制下の大宰府および到着地の外交機能と八世紀末の国書開封権付与をめぐる問題などについて検討し、国書開封権付与以後の外交機能の変遷を展望したもの。

以上が、本書の構成であるが、第一部については、貧しいながらも、対唐観を中心に一応の全体像を示すことができたと考える。しかし、第二・三部に関しては、所収した論考の数からいっても、まだまだ不充分な点は多く、個別研究の蓄積と全体像の構築が必要な分野であると感じており、今後の研鑽に俟ちたいと思う。

目次

第二部　外交政策と通交……二一七

第三部　外交儀礼……二九九

第一部　古代日本の対外認識

第一章　天皇号の成立をめぐって

――君主号と外交との関係を中心として――

はじめに

日本の君主の称号である天皇号の始用時期については、まだ研究者の間に定見を見ない。研究史を整理してみると、およそ六つくらいの考え方が存在する。すなわち、A天皇号欽明朝成立（百済よりの贈与）説、B推古朝成立説、C大化改新時成立説、D天智朝成立説、E持統朝（浄御原令制定時）成立説、F大宝令制定時成立説、である。(1)かつては津田左右吉氏が「天皇考」の中で示したB推古朝始用説が定説化していたが、近年史料等の検討が進み、多くの疑問点が出され、この説には再検討が求められている。

また研究の方法としても、従来ともすれば中国思想の継受の問題として、単に『隋書』や金石文に「天皇」の文字が見えるからという形として論じられがちであったが、近年は王権の性格、政治動向、国際関係等を考慮に入れた研究が現れ、(2)現在においては後者のアプローチの方法が有力となっている。さらに大王から天皇へという君主号変遷の定式に対しても、大王は単なる尊称にすぎず、君主号ではなく、天王こそ天皇号成立以前の君主号である、という見方が呈示され[3]、天皇号成立以前の日本の君主号についても再検討が必要となっていると言えよう。

以上、近年の研究動向を概観したが、天皇号が古代日本の君主号であるという性格ゆえに、その成立は古代国家成立の過程そのものとも関わり、また古代史研究の諸分野に関係する問題を含んでいる。そのすべてについて論じるのは無理であるので、本稿では君主号と外交との関係に着目しながら、天皇号の成立時期に限定して私見を整理することにしたい。天皇号成立の時期を考えるには国際関係を考慮することが大切であるが、これまでの論争の中では、『隋書』の記載についての場合を別とすると、実際の外交の場においてどのような君主号が用いられ、それが天皇号の成立時期とどのように関係するのかという視点はあまり見られないように思うからである。

以下、まず日本令に見える天皇の語の分析から天皇号と外交との関係について考え、次いで実際の外交の場における君主号について、中国および朝鮮との外交を通じて考察を加え、最後に天皇号成立の時期について私見をまとめてみたい。

一　日本令に見える天皇

中国の君主号である皇帝と比べて、日本の天皇の性格をよく示している令の条文は次の諸条である（比較のために、『唐令拾遺』により唐令の条文を【唐】として付記する）。

a 儀制令天子条

天子、祭祀所レ称。天皇、詔書所レ称。皇帝、華夷所レ称。陛下、上表所レ称（下略）

【唐】儀制令一

皇帝天子夷夏通称之、陛下対揚、咫尺、上表通称之、（下略）

b公式令天子神璽条

天子神璽、謂、践祚之日寿璽、宝而不レ用。内印、方三寸。五位以上位記及下二諸国一公文、則印。（下略）

【唐】公式令十八丙

神宝、宝而不レ用、受命宝、封禅則用之、皇帝行宝、報王公以下書則用之、皇帝之宝、慰二労王公以下一書則用之、皇帝信宝、徴二召王公以下一書則用之、天子行宝、報二蕃国一書則用之、天子之宝、慰二労蕃国一書則用之、天子信宝、徴二召蕃国兵馬一則用之、皆以二白玉一為レ之。

まずaによると天皇は「詔書所称」とある。そこで、公式令詔書式条を見ると、次のように用途別に五つの書式が示されている。

（a）明神御宇日本天皇詔旨……大事を蕃国使に宣する辞。（義解）

（b）明神御宇天皇詔旨……次事を蕃国使に宣する辞。（義解）

（c）明神御大八洲天皇詔旨……大事を宣する辞。（義解）

（d）天皇詔旨……中事を宣する辞。（義解）

（e）詔旨……小事を宣する辞。（義解）

この中で注目したいのは（a）と（b）、つまり外交の場において天皇が用いられていることである。aによれば皇帝こそ外交に際して用いられるべき称号となろう。もちろん、天皇は「詔書所称」であり、右の用例は詔書式におけるものであるから矛盾はない。しかし、『続日本紀』（以下『続紀』と略す）に載せる新羅や渤海への国書の類を見ても、もっぱら天皇号で皇帝号は用いられていないし、両国の使者との会話の記事でも天皇の語のみが使用されている。

また当時の外交慣習からいっても、皇帝は中国皇帝以外にはあり得ず、外交の場において日本の君主を皇帝と称することはなかったと思われる。さらにaに関して集解諸説が一致して、「天子、天皇、皇帝等は注書の時のための区別にすぎず、口で唱えるときはいずれも『皇御孫命』（義解、令釈）、『須明楽美御徳』（義解）、『須売弥麻乃美己等』（古記）と称するのだ」と説く点は注目してよい。「スメラミコト」は一般に天皇の和名とされているから、aの規定は唐令を模倣しただけのもので、実際には天皇だけしか用いられなかったのではないか、つまり天皇こそ唯一の君主号ではなかったかと考えられてくるのである。[4]

次にbによれば中国では皇帝と天子では機能が異なり、皇帝は対内用、天子は対外用の称号として用いられる。[5]一方、日本では「天子神璽」は「宝而不用」であるから、印としてはもっぱら内印、すなわち「天皇御璽」が用いられる（外交文書についても、詔書が与えられるから、やはり内印を用いたものと考える）。

以上の考察から、天皇が内・外に対する日本の唯一の君主号であったと言えるのではあるまいか。

ところで、公式令詔書式条の（a）の書式については、次のような集解の説がある。

c公式令詔書式条集解

謂、以二大事一宣二於蕃国使一之辞。釈云、宣二蕃国大事一辞。古記云。御宇日本天皇詔旨、対二隣国及蕃国一而詔之辞。問、隣国与二蕃国一何其別。答、隣国者大唐、蕃国者新羅也。（中略）穴云、（中略）問、蕃国与二隣国一有レ別哉。答、合レ有也。仮、遣二蕃国一者用二此式一、使来時亦同。通二隣国一者合二別勘一、不レ依二此式一。但使来明合レ放二用此式一也。无二別条一故也。未レ審、可レ検。

ここで注意したいのは、古記がこの書式を隣国（唐）と蕃国（新羅）の両方に用いるとするのに対して、穴記の問答では隣国と蕃国では書式が別で、この書式は隣国に対しては用いない（答の「但使来」以下では、別勘するといっても、この式以外には書式がないのだから、隣国に対してもこの式を用いると述べているが、最後に「未審、可検」とあるように自信をもった言い方ではない）、つまりこの書式は蕃国にしか用いないと述べている点である。また集解の他の説を見ても、古記以外はもっぱら蕃国について述べるのみである。

古記は天平十年頃成立した大宝令の注釈書で、「今行事」など当時の実情を伝える記載も含んでいる。しかし、この条についてはどうであろうか。まず穴記の「別勘云々」であるが、たしかに唐使に対する扱いは新羅や渤海からの使者とは異なっていた。『続紀』宝亀十年四月辛卯条には「今領二唐客一、准二拠何例一者。進退之礼・行列之次、具載二別式一、今下二使所一。宜下拠二此式一勿中以違失上。」とあって、送迎等の儀については「別式」があったらしいことがわかる。[6] 外交文書（『続紀』には新羅・渤海との間の国書は掲載されているが、唐との間の国書は一点も載せられていない）については、『唐丞相曲江張先生文集』にわずか一点、それも唐からの国書（七三六年）が残るのみであるが、[7] それを掲げてみよう。

d『唐丞相曲江張先生文集』巻七「勅二日本国王一書」

勅二日本国王主明楽美御徳一、彼礼儀之国、神霊所レ扶、滄溟往来、未二嘗為一レ患。（下略）

ここで注目すべきは、「日本国王主明楽美御徳」とあり、「日本天皇」とはなっていないことである。「主明楽美御徳」は「スメラミコト」であるが、何故正式の君主号である天皇という漢語で表記されていないのだろうか。「主明楽美御徳」は好字を連ねてある点や先掲の儀制令天子条義解に載せる用字とほとんど等しい点から見て、日本側が示した表記法であったと考えられる。そして、唐の国書が「日本国王」としていることからは、「主明楽美御徳」は君主号（「スメラミコト」＝天皇）とは考えられていなかった、つまり日本は唐に対して天皇号を用いてはいないと言ってよいだろう。したがって、古記以外の集解諸説が「隣国」を問題としていないのは理由のあることであったと思われる(8)。すなわち、先に「天皇」は内・外に対する日本の唯一の君主号であると言ったが、「外」というのは蕃国、つまり唐以外の近隣諸国である新羅と渤海(渤海は高句麗継承を称するから、朝鮮諸国とも言える)に対してということであったのである。

日本令に見える天皇が右記のような性格をもっていたとすると、大宝令成立以前については如何であろうか。以下、天皇号成立の時期について、君主号と外交との関係から考察を加えてみたい。

二　君主号と外交との関係

1　大王について

本節では外交の場においてどのような君主号が用いられているのかを見ていこうと思う。一般に天皇号成立以前の君主号は大王であったと考えられており、大王から天皇へという変遷が定式化しているが、「はじめに」でも述べたように、近年、右のような考え方には異論も呈されている。すなわち、天王から天皇への変遷を考えようとする見解であり、これによれば、大王は君主号ではなく、国際情勢を考慮に入れると天王号が天皇号以前の君主号として相応しいとされているのである。したがって、ここではまず大王の性格について検討を加えておくことが必要であろう。

天王号論では、まず大王は実質的には王と何ら異なるものではなく、その尊称にすぎず、君主号としては認め難いとする。そして、中国の五胡十六国の君主号に天王があり、この天王は実質的には皇帝とほとんど変わらない地位にある者が名乗る称号であることから(9)、日本でも天皇号成立以前には天王号が使用されていたのではないかと推測する。それは、断片的ながら、諸史料に天王が存在すること(『日本書紀』雄略五年六月条、同二十三年四月条など)によって確認され、朝鮮三国に対して優越的地位を誇示しようとしていた日本の君主の称号としては天王が相応しい（大王は三国の君主も名乗る）こと、また、天王＝テンオウ号があったとすると、天皇号使用期に「皇子」を「コウジ」と読まないで、「オウジ」とよむことが容易に理解でき、君主号の変遷をスムーズに考えることが可能である（天王→天皇というふうに、「王」を「皇」に変えるだけで済むし、また「皇」を「オウ」とよむ理由も理解される）、という具合に多くの問題点が解決されると主張するのである。

しかし、これに関してはいくつかの疑問がある。まず日本側の史料に出て来る天王は全く断片的なもので、その用法に何らの一貫性もなく、天王号存在の史料とするのは難しいのではないかという点である[10]。事実、天王の用例はひとつの史料の中で他の箇所はすべて天皇であるのに、そこだけが天王となっているというものが多く、これはむしろ天皇の略形として用いられたと考えておくのが妥当であろう（中世の寺社縁起ではこの種の例は多い）。とするならば、確実な史料はないことになる。また天王号論者は朝鮮経由で日本に天王号がもたらされたとするが、五胡十六国と朝鮮との関係は稀薄であり、そうすると、日本への伝播の経路が問題となる。さらに五胡十六国における天王の用法もそれほど確固としたものではなかった（大王も混用）ようである[11]。

以上、天王号論の紹介とその疑問点とを示したが、私は日本で天王号が使用されたということははなはだ疑わしいと考える。しかし、天王号論が呈した大王は君主号ではないという点は検討を要する問題であると思われる。

そこで、まず大王の用例を見ていくことにしよう。逐一史料を検討するのはやめて、結論だけを示すと、

（イ）「〇〇大王」のように個人名に付されたもの。
（ロ）記紀・『万葉集』の歌謡に代表される呼びかけの言葉、尊称としての「大王」・「オホキミ」。
（ハ）「大王天皇」（法隆寺金堂、薬師如来像光背銘）、「大々王」「大々王天皇」（元興寺古縁起）。いずれも推古天皇を指す。

と三つくらいに分類できる。

ところで、「オホキミ」という古語の原義は、「キミ」(君・王など、自己の仕える主人)の尊称であると解してほぼまちがいないであろう。その意味では、天皇に限らず、皇子等に対しても用いられる言葉で、事実、『日本書紀』(以下『書紀』と略す)では即位前の天皇(つまり皇子)に対する臣下の者の呼びかけ、即位とは無関係の皇子に対する呼びかけとして用いられている。一方、大王は王に封ぜられた君主をその支配圏内で尊んだ称号であって、全く君主号でないとは言えないが、本来は尊称である。

以上、和語の「オホキミ」と漢語の大王について触れたが、私は和語の「オホキミ」と大王とが結合して、国内的には大王を「オホキミ」とよみ、君主の称号として用いたのではないかと考える。また、東アジアにおける大王号は急速な領域の拡大、国内支配の強化、近隣諸国の臣属、中国との積極的な外交などを背景に成立するという共通点をもっているとされているから、[12]このような意味で、大王は天皇号成立以前の君主号として相応しいものであると考えられる。

2　中国との関係　その一

さて、私は大王から天皇へと君主号は変遷したと考えるが、実際の外交の場では如何なる称号が用いられているであろうか。先に、対中国外交には特別の配慮が施されている(天皇号使用の有無、送迎等の儀)ことを示したが、奈良時代以前についてはどうであろうか。ここでは、豊富な記載を持つと同時に多くの問題を含む『隋書』を中心に考察を進めよう。

天皇号始用の時期を考えるにあたっては、記紀は第一代神武天皇から「天皇」で一貫しているので、金石文と『隋書』という第一次史料に依拠せねばならない。ところが、近年の研究成果によれば、天皇号の見えるもので、従来推古朝のものとされてきた金石文はすべて天武朝ないし持統朝以降に年代を下げるべきであり、さらに確実に奈良時代以前のものと断定できる金石文に「天皇」は見えないとされている。(13) 個々の金石文についてはすでに詳しい研究があるので、ここで縷述はしないが、右の結論はほぼ正しいものと考える。すなわち、金石文は天皇号の始用時期を考える上で、直接的な証拠とはならないということになる。

では、『隋書』の記載については如何であろうか。以下、この点について考えたい。

e　『隋書』巻八十一東夷伝倭国条

（上略）開皇二十年、倭王姓阿毎、字多利思比孤、号阿輩雞弥、遣㆑使詣㆑闕。上令㆔所司㆒訪㆓其風俗㆒。使者言、倭王以㆑天為㆑兄、以㆑日為㆑弟、天未㆑明時、出聴㆑政、跏趺坐、日出便停㆓理務㆒、云㆑委㆓我弟㆒。高祖曰、此太無㆓義理㆒。於㆑是訓令㆑改㆑之。王妻号㆓雞弥㆒、後宮有㆓女六七百人㆒、名㆓太子㆒、為㆓利（和カ）歌弥多弗利㆒。（中略）大業三年、其王多利思比孤、遣㆑使朝貢。（中略）其国書曰、日出処天子、致㆓書日没処天子㆒、無㆑恙云云。帝覧㆑之不㆑悦。謂㆓鴻臚卿㆒曰、蛮夷書有㆓無礼者㆒、勿㆓復以聞㆒。（下略）

f　『通典』巻百八十五辺防一東夷上倭

（上略）隋文帝開皇二十年、倭王姓阿毎、名多利思比孤、其国号㆓阿輩雞弥㆒、華言天児也、遣㆑使詣㆑闕。（下略）

g　『翰苑』巻第三十蕃夷部倭国

（上略）阿輩雞弥、自表㆓天児之称㆒。（中略）〈今案、其王姓阿毎、国号為㆓阿輩雞（弥脱カ）㆒、華言天児也、父子相㆓伝王㆒、有㆓宮女六七百人㆒、王長子号㆓「和」（朱書）哥弥多弗利㆒、華言太子。〉（下略）

eには開皇二十年のこととして、「倭王姓阿毎、字多利思比孤、号阿輩雞弥」の遣使を、また大業三年にも「其王多利思比孤」の遣使を載せている。ここには当時の倭王が現れているのであるが、それに関しては次のような考え方が存する。すなわち、α倭王の名を「阿毎多利思比孤」として、それを推古あるいは聖徳太子に比定する、β実際には倭王の称号であったものを、中国側では姓名と解したものと考えて、中国風にいうと号姓名の順となるので、「阿輩雞弥阿毎多利思比孤」を当時の倭王の称号としてとらえようとする、[14]という二つの考え方である。

これらのうち、βは「阿毎多利思比孤」を具体的な人物に比定しようとする時に出てくる不都合（たとえば、女帝である推古とすると、「比孤」という表現、王妻の存在等はおかしい）を解決する点で優れている。また既述の如く、天皇号が確実に使用されていた奈良時代においても、唐の国書は日本国王の名を「主明楽美御徳」（スメラミコト＝実は天皇（君主号）の和名）と解していた。国名＋王＋臣または名を記すのは一般外臣が中国に遣使する時の国書の形式であるから、[15]中国側ではそのように受けとっていたと考えておきたい。この例を見ると、隋の場合も同様ではなかったかと推定される。

したがって、私はβのように理解しておくのがよいと考えるが、[16]そうするとこの「阿輩雞弥阿毎多利思比孤」は如何に解すべきであろうか。これについてもいくつかの見方があるが、およそ三つくらいに分けることができる。

(1)「オホキミアメタリシヒコ」＝「大王天皇」（法隆寺金堂、薬師如来像光背銘）で、当時天皇号が使用されていたことを示す。したがって、「アメタリシヒコ」は「天皇」の和名。[17]

(2) よみは(1)に同じ。ただし、「アメタリシヒコ」は「あまくだられたおかた」ほどの意味で、f・gの「華言天児也」はこれを指すと考えられる。[18]

(3)「アメキミアメタリシヒコ」とよむ。ただし、「アメキミ」は「天君」あるいは「天皇」などにあてる。[19]

まず「阿毎多利思比孤」について見てみると、これを「アメタリシヒコ」と読むのは諸説一致している。しかし、これが当時の「天皇」の和名であったか否かについては、天皇号成立の時期をめぐるいくつかの立場によって説が分かれる。(1)の根拠は法隆寺金堂の薬師如来像光背銘であるが、この金石文の信憑性は措くとしても、[20](1)が成立するためには「アメタリシヒコ」が「天皇」の和名であったという証明が必要ではなかろうか。たしかに「タリシヒコ」「タリシヒメ」を和風諡号に含む天皇は何人かいる（推古の近くでは舒明と皇極（斉明））が、「アメタリシヒコ」というのは見かけない。したがって当時の倭王が「アメタリシヒコ」と呼ばれていたとすると、この意味如何が問題となろう。

次に「阿輩雞弥」について。まず音韻の上から見てみると、古代日本語ではabëkemi、[21]隋唐代の中国語ではapuai kiei mjeとなるらしく、[22]アベケミないしアボキミということになる。第一字目を「ア」とよむことは、「アメタリシヒコ」の「ア」が「阿」で表記されていることから、まずまちがいないことであって、第二字目の「輩」が問題になる。「メ」と読むと、「アメタリシヒコ」の「メ」が「毎」で表記されているのに、何故「輩」で表記したのかという疑問が出てくる。そこで、多くの論者は「アメキミ」という表現が日本の君主の称号を示したものとしては用例の全く存しないことから、不完全ながら「オホキミ」＝「大王」を示したものと解しているようである。しかし、「アメキミ」という称号がないのと同様、前述の如く、「アメタリシヒコ」という称号も存在しないのではあるまいか。また f・gを見ると、「華言天児也」としているのはどうしても「阿輩雞弥」の方でなければならない。したがって私はe～gを忠実に解釈した時、「阿輩雞弥」は「アメキミ」と読んでおくのがよいのではないかと考える。「オホキミ」の可能性が全くないわけではないが、今はこの読み方で考察を進めたい。[補注]

では、本題である君主号と外交との関係に戻って、「アメキミアメタリシヒコ」はどのように理解すべきであろうか。周知の如く、『隋書』には「日出処天子、致二書日没処天子一」という有名な国書が掲載されており、近年の研究では対隋外交に際して日本の君主は天子を称したという見方も有力となっている。[23] そこで、次項では「アメキミアメタリシヒコ」の意味を考えながら、天子との関係、さらには天皇号との関係を考慮しつつ、前節の考察と合せて、対中国外交における君主号の問題について私見をまとめてみたい。

3　中国との関係　その二

私は開皇二十年の「阿輩雞弥阿毎多利思比孤」は「アメキミアメタリシヒコ」であると考えたが、このような「アメ」が二つもつく、他に例を見ない称号は如何に解すべきであろうか。まずこの点を明らかにしておこう。

「アメタリシヒコ」に関して、山尾幸久氏は、欽明において初めて現れる「天」を含む和風諡号の存在（表1）、『隋書』に見える独自の「天」観（「倭王以レ天為レ兄、以レ日為レ弟」）、推古朝の政治形態や政治思想に朝鮮三国の影響が濃厚で、かつ三国が天神降臨の始祖神話を持っていること等から、「アメタリシヒコ」は「あまくだられたおかた」というほどの意味ではなかったかとされた。[24] つまり君主号ではなく、普通名詞、単なる尊称として理解されたのである。私も右のような見方は正しいと考えるが、「アメキミ」についても同じ方向で考えることができるのではあるまいか。

「アメキミ」に強いて漢字をあてるとすれば「天君」とか「天王」であろうが（天王号については先に述べた通りであり、除外して考えてよいと思われる）、「天君」というと、『三国志』巻三十東夷伝韓条の「信二鬼神一、国邑各立二一人一主レ祭二天神一、名二之天君一」という一節が思い浮かぶ。ここには三世紀の韓に天神を祭ることを主る者がいて、それが「天君」と呼ばれていたことが示されている。もちろん今問題としているのは推古朝の「アメキミ」であるが、右のような「天君」の用例を見ると、皇祖神である天神（ここでいう「天神」が『三国志』の天神＝鬼神とは異なることは言うまでもない）を祭った天皇が「アメキミ」と呼ばれていたとしてもそれほど的はずれなことではないであろう。

表1　和風諡号と「天」

29欽明	天国排開広庭	40天武	天渟中原瀛真人
30敏達	渟名倉太珠敷	41持統	高天原広野姫（『続紀』大倭根子天之広野日女）
31用明	橘豊日		
32崇峻	泊瀬部	42文武	天之真宗豊祖父
33推古	豊御食炊屋姫	43元明	日本根子天津御代豊国成姫
34舒明	息長足日広額		
35皇極	（37斉明に同じ）	44元正	日本根子高瑞浄足姫
36孝徳	天万豊日	45聖武	天璽国押開豊桜彦
37斉明	天豊財重日足姫	49光仁	天高宗紹
38天智	天命開別	51平城	天推国高彦
39弘文			

f・gでは「アメキミ」を「華言天児也」とし、周知の如く大業三年の日本の国書には「日出処天子」とあった。また、aでは天子は「祭祀所レ称」と位置付けられており、唐令の天子とは異なっている。もちろん、中国の天子は後漢代以降、蛮夷と祭祀のために用いられる称号であり、実例の上でも祭祀にも用いられていることがわかっている。しかし、その祭祀は中国流の祭天の儀であり、日本の天子の祭祀は神祇、特に天神を祭るものであった(25)。

このように見てくると、「アメキミ」は「天神を祭ることを主る者」というような意味で、それが「華言天児也」といわれていることからもわかるように、「アメタリシヒコ」＝「あまくだられたおかた」と同様、天孫氏としての自覚に基づくものだったと考えられないだろうか。右のような呼称の背景には『隋書』にみえる独自の「天」観、記紀神話の形成が推古朝であること(26)、それに伴う天孫氏としての自覚などがあり、現象としては孝徳以降に連続して現れる「天」を含む和風諡号（表1）を指摘することができる。

以上、「アメキミアメタリシヒコ」について私見を示したが、要するに、私は「アメキミ」も「アメタリヒシコ」もともに単なる尊称、呼称であって、天孫氏たることを示すものではないかと考える（強いて訳すと、「天児にしてあまくだられたおかた」＝いわゆる天孫）。では、先に少し触れた大業三年の国書の天子との関係は如何であろうか。

ふつう両者の関係については次のように説明されている。開皇二十年度も称号のみを記すという対等な表現を採って臨んだのに、中国側がそれを姓名と取り違えたために、中国と対等だという意識を明確に示すため、中国の君主の称号でもある天子を用いた、と。[27]もちろん、天子を用いた理由のひとつには右のようなことがあっただろう。しかし、これまで「アメキミアメタリシヒコ」について述べてきたことを考慮に入れると、両者が全く無関係であったとは言えないのではなかろうか。

五世紀の南朝との冊封関係以降、六世紀には日本と中国との間に正式な外交は見られない。そして、約一世紀をおいて現れるのがこの対隋外交である。約一世紀もの間、中国との間に正式な外交がなかったことについては、一般に南朝の政情不安、朝鮮半島からの日本の勢力の後退などが原因とされているが、その最大の理由を中国を中心とする「天下」ではなく、日本のみを「天下」とする観念、つまり中国王朝との関係を離れた場所においては、倭王の支配領域は「天下」であるという国家意識（天下思想）が生まれ、それによって従来のような対中国外交が放棄されたことに求める見解もある。[28]政治情勢を考慮に入れておかねばならないのはもちろんであるが、このような思想の面での変化を考えておくことも必要であろう。

そこで、大業三年の天子であるが、右の見解を参考にして、次のように理解したい。すなわち、開皇二十年段階では一世紀ぶりに中国との外交ということで国内で使われている呼称（「天」の概念を含んでいる）を示したのだが、中国側に充分理解してもらえず、大業三年には「アメキミアメタリシヒコ」の漢訳に相当すると思われる天子を明記した、と。f・gで「アメキミ」を「華言天児也」と注釈するのも、この天子を考慮に入れた上での解説であると考えれば理解しやすい。

さて、以上二項にわたって『隋書』の記載について述べてきたが、最後に対中国外交と君主号との関係をまとめておこう。まず日本側の自称と中国側の受け取り方については表2を見て頂きたい。この表で注目したいのは、開皇二

表2　中国との外交における君主号

	時　期	日本側の自称	中国側の扱い	備　　　　考
	5世紀以前	倭国王	倭　王 倭国王	冊封体制下にあり
隋	600	阿輩雞弥阿毎多利思比孤	倭　王	『隋書』開皇20年
	607	天　子	倭　王	『隋書』大業3年
	608	?	倭　王	裴世清来日．『善隣国宝記』所引元永元年勘文所引経籍後伝記による
唐	672	?	倭　王	郭務悰来日．上掲諸家勘文
	718	?	日本国王	遣唐使坂合部大分帰国．上掲諸家勘文
	736	主明楽美御徳	日本国王	史料d
宋	984	『王年代記』に天皇見ユ	王	奝然が入宋．ただし，公式の君主号として天皇が認められたという意味ではなく，扱いは一貫して王である

十年の「アメキミアメタリシヒコ」と前節において触れた唐の国書の「スメラミコト」、つまりいずれも漢語による表記を避け、和名を用いている点である。

天皇号が確実に使用されていた奈良時代において、唐との外交で「主明楽美御徳」という天皇の和名が用いられたことは先に記した。唐との外交文書はdの一通のみしか残っていないので断言はできないが、次のように考えることも可能であろう。つまり日本にとっては君主号で、中国にとっては日本国王の名と受け取らせる可能性を期待して和名を用いているのではないか、と。すなわち、対隋外交の時に見られた「ズレ」は以後日本の国家意識（「天下思想」）を背景として意識的に作り出されたものではないかと想像するのである[29]。ただし、これは外交における君主号という現象だけからの推定で、外交を担った者が誰であるかといったことなど考慮すべき点は多い。しかし、今はひとまず右のように考えておきたい。

以上、中国との外交における君主号について考えたが、次の二点を指摘することができよう。

（1）正式な漢語の君主号を用いていないこと。推古朝の正式な君主号が「大王」であったか、あるいは「天皇」であったかは未だ決定し難いが、いずれにしても対隋外交ではこのような称号は用いられていなかったのである。

（2）　対中国外交における君主号から天皇号成立の時期を決定することはできないが、日本の君主の特色とされる「天孫」氏としての自覚は七世紀初頭から形成されていた。

三　朝鮮諸国との外交と君主号

前節では中国との外交の場における君主号について述べたが、第一節でも指摘したように、天皇号が用いられているのは新羅と高句麗の継承者を称する渤海、つまり朝鮮諸国との外交においてであった。したがって天皇号の成立時期について考えるには、むしろこちらの面から検討することが重要となる。また、日本の対外交渉という点でも、古代においては中国よりも朝鮮諸国との関係の方がはるかに重要であり、かつ頻繁であったことは言うまでもない。しかし、朝鮮諸国との外交で一体どのような君主号が用いられたのかを知るには、記紀の性格や朝鮮側の同時代史料が残っていないことによって大きな史料的制約がある。そこで、本節では朝鮮諸国との外交の上でいくつか気付いた点を掲げて、そこから推測をめぐらすことにしよう。

まず第一点は渤海の第一回国書に日本の君主を指して大王としていることである。第二点は孝徳紀には「高麗神子」と相手をも神の子と認める表現が見えるのに対して、高句麗の継承者を自称する渤海に対する国書には相手を神の子と認めない文言が見えることである。以下、これらについて考えたい。

h　『続紀』神亀五年正月甲寅条

（上略）其詞曰、武芸啓、山河異レ域、国土不レ同、延聴二風猷一、但増二傾仰一。伏惟大王、天朝受レ命、日本開レ基。

（下略）

i『書紀』大化元年七月丙子条

（上略）巨勢徳太臣、詔二於高麗使一曰、明神御宇日本天皇詔旨。天皇所レ遣之使与二高麗神子奉遣之使一、既往短而将来長。是故可下以二温和之心一相継往来上而已。（下略）

j『続紀』宝亀三年二月己卯条

（上略）今省二来書一、頓改二父道一、日下不レ注二官品姓名一、書尾虚陳二天孫僭号一。遠度二王意一豈有レ是乎、近慮二事情一疑似二錯誤一。（下略）

第一の点はすでに石井正敏氏の指摘されるところである。すなわち、（ア）hの大王は以後の国書ではすべて天皇となっており、このような事実はあるいは渤海が日本の君主号が天皇であることを知らなかった、つまり大王から天皇への変遷が高句麗との国交消滅後に生じたことを示すのではないか。（イ）ただし、渤海は一貫して大王を自国の君主号としているようであるから、hの大王も自国の君主号の知識によったと考える余地はあるかもしれない、とされている。(30) 高句麗の外交文書は古くから知られているが、必ずしも中国流ではなく、『書紀』敏達元年五月丙辰条の王辰爾の伝承からも察せられるように、しばしば高句麗独自の慣行に基づく形式をとったようである。(31) したがって、hの大王もその一例とすることができるかもしれない。

しかし、石井氏が保留された（ア）の可能性もないわけではない。高句麗が滅亡したのは六六八年、天智七年である。ただし、直ちに国交が断絶してしまうわけではなく、その後も新羅の対唐戦争遂行のために新羅によって擁立された高句麗王や高句麗復興を企てるグループからの交渉が続き、それが最終的に終わるのは六八五年、天武十四年のことである。(32) その後、神亀五年の渤海との交渉まで高句麗との国交はない。とすれば、高句麗の継承者たる渤海は、高句麗の慣行に倣って最初は大王号を使用したが、日本では君主号を天皇に変更していることを知ったため、第二回国書以後は天皇を用いた、と考えることも強ち無理ではない。ただし、この推定によれば、天皇号採用は天武十四年以降、大宝令制定以前（大宝令に天皇があったことは明白）であること、また天皇号採用以前の対高句麗（あるいは百済・新羅に対してもか）外交では大王号が使用されていたことの二点が導き出されてくる。しかし、何分にも史料が充分ではないため、未だ明確に結論することはできない。

次に第二の点について見てみよう。まずｉの「神子」は高句麗が天神降臨の始祖伝承を持っていたことと関係すると考えてよい。そもそも、高句麗は前一世紀以来、朝鮮半島の強国であり、四世紀末から五世紀には朝鮮半島の勢力圏をめぐって日本と敵対している。またｉの時期は、泉蓋蘇文の専制の下に隋・唐と敵対し得るほどの軍事力をもっていた。したがって、「神子云々」が記されている孝徳紀には潤色も多いが、強国高句麗を対等に遇し(33)、それを「神子」といったことは認めてよいと思われる。そして、渤海が高句麗の継承者であることは日本も認めていた（ただし、渤海自身とは異なる認識であるが）ことであるから(34)、その始祖がいわゆる天孫であったこととは矛盾しない。しかし、ｊの宝亀段階ではそれが否定されてしまっているのである。

では、孝徳朝には認められていたものが、何故宝亀の頃に否定されてしまっているのであろうか。渤海との間に国書の形式をめぐる紛争が起こったのはこれが初めてではないが、「天孫云々」が問題となったのはこの時だけである。国書の形式をめぐる紛争は八世紀後半に頻出しているが、「天孫」はおそらくこの時に初めて記してきたものと思われる。しかし、「天孫」を否定することの背景には当時の対外意識があったと推定せられ、奈良時代の対外意識は『書紀』編纂開始の天武朝から持統朝頃まで遡ることができ、それ以来一貫して新羅や渤海を臣属国と見なす思想が日本の対外意識であったとされているので(35)、「天孫」否定の思想も七世紀末からあり得たと考えられる。こうした思想の形成されてくる背景を解明することはできないが、ひとつの憶測として、律令制の採用、そしてもし第一の点の（ア）の可能性が認められれば、天皇という君主号の存在を想定することもできるのではないかと思う。推古朝頃から「天」・「天下」の意識が生まれていたことは先に記したが、このような観念は律令国家の成立と相俟ってますます強化されたのではないだろうか。そして、大宝令の成立に伴って、連続した元号の使用（冊封体制下の国には許されない）、君主に対する形容も「治天下」から「御宇」へと変遷するなどいくつかの注目すべき変化も見られる。[36]また中国の皇帝に比すべき天皇が律令国家の君主号であったことも重要である。このような変化を背景として、日本独自の対外意識が完成し、また自国以外は「天孫」たることを認めないという態度も確立したものと思われる。不充分ながら、第二の点についてはこのように考えておきたい。

さて、以上、朝鮮との外交の上において気付いた点を見てきたが、君主号と外交という観点からは第一の点の（ア）の可能性が注目される。一般に天皇号成立の国際的要因としては、朝鮮三国の大王号とも区別され、同時に中国の君主の天子や皇帝などとも区別される新しい称号を求めたためであり、特に朝鮮に対して大王では優越性を示せなくなっていたという事情があったとされている。[37]しかし、大王は朝鮮との外交に用いるのに不適当なものであろうか。大王号は先にも述べたように、中国の冊封体制下にあり続けた朝鮮諸国が考え得る最高の称号であった。また大王号成立には近隣諸国の制圧が必要であった。事実、四〜五世紀に百済・新羅を制圧した高句麗では広開土王（好太王）、長寿王の二代が大王を称しているし、新羅も高句麗の抑圧を脱し、加耶地域を支配下に置き、百済に対して軍事的な優位を確立した六世紀半ばに、大王を称している。逆に、聖明王（『書紀』欽明紀が依拠した百済本記には聖明王が大王を称していたことが窺われる）が新羅との戦いで敗死してから斜陽となった百済では、それ以後大王を称したかどうかは疑わしい。これらのことは逆に近隣諸国の制圧がなければ、大王として認められないことを示すのではあるまいか。

たとえば、新羅は六世紀半ばの真興王の時に初めて大王を称するが、それ以後しばらくは不明で（『三国史記』は後代の記載では善徳女王、真徳女王を大王としているが、この二代は新羅の国力が一時低下する時期で、大王が使用されたか否かは疑問が残る）、ふたたび大王を称するのが確実となるのは、朝鮮半島統一に乗り出す七世紀後半のことである。このように考えると、大王は対朝鮮外交の上でまことに都合のよい称号とも言える。

一方、天皇は中国の皇帝に対比される称号であり、大王よりもはるかに優位にある君主号である。そして、確実に天皇号が存在した奈良時代においては自国以外を「天孫」と認めない意識、朝鮮諸国を服属国と見なす対外観が出来上がっていた。したがって、天皇号成立が天武十四年以降、大宝令制定以前であり、天皇号成立以前の対朝鮮外交には大王号が用いられていた可能性はやはり捨て難いと思う。

以上、朝鮮諸国との外交と君主号との問題については右の可能性を指摘することで小括としておきたい。

むすび

本稿では君主号と外交との関係を中心に、中国および朝鮮諸国との外交の場においてどのような称号が使用されているかを検討してきた。まず、以上の考察で明らかになった点を掲げてみよう。

(1) 対中国外交においては七世紀以降に漢語の正式な君主号（大王、天皇）が用いられたか否かははなはだ疑わしい。隋との外交では強いて漢訳すると「天子」に相当する「阿輩雞弥阿毎多利思比孤」という呼称が、奈良時代の唐との外交では「主明楽美御徳」という「天皇」の和名が用いられている。

(2) 中国側の扱いは一貫して「倭国王」ないし「日本国王」である（表2参照）。

（3）天皇号出現の前提となると思われる「天」の概念、天孫氏としての自覚は、七世紀初頭から形成され始めていた。ただし、七世紀中葉頃にはまだ自国だけを「天孫」とする観念はない。自国のみを「天孫」とし、朝鮮諸国（いずれも天神降臨の始祖伝承を持つ）を「神子」と認めないようになるのはそれより後のことで、その背景には律令体制の確立や朝鮮諸国を服属国と見なす外交意識の成立に基づく国家意識の変化が存在したのではないかと憶測される。

（4）朝鮮諸国との外交では大王号が使用され、次いで天皇号が用いられた。

（5）この大王号がいつ天皇号に変わったのかは簡単には決め難いが、高句麗との外交を参照すると、天武十四年以降、大宝令制定までの間ではないかという可能性がある。

以上がこれまでの考察によって得られた結論であるが、最後に天皇号成立の時期に関する私見を示しておきたい。これまでの記述からはE説かF説であるが、私としてはE持統朝成立説を支持したい。たしかに確実にE説の時期のものと言える金石文は存在しないが、E説が掲げる壬申の乱による豪族層の力量低下、絶対的君主としての天武、当該時期における律令体制の整備、浄御原令の成立、さらに「天皇」に対する「皇后」という称号が現れるのもこの頃とされること[38]、などを考えると、この時期に天皇号が採用された蓋然性は高い[39]。その他、唐で天皇号が採用されるのが、上元元年（六七四＝天武三）であるという指摘も重要である。また、本稿での考察を付け加えると、七世紀初頭から「天」の概念や天孫氏としての自覚が醸成され、律令体制の成立と相俟って天皇という君主号の採用に至った、つまり律令体制をもつ国として、朝鮮諸国を服属国と見なす対外観に立った外交を展開する上でも、従来の大王に代わる新しい君主号が必要とされたこともひとつの要因としてよいであろう。

なお、天皇の和名「スメラミコト」についても触れておきたい。まず「オホキミ」等と同様、「スメラミコト」も和語としては古くから用いられており、それが天皇と結合したのであって、その逆ではないという点に注意せねばならない。そして、その原義に関しては、(α)スブルミコト＝統治者、(β)最高の主権者を示す名詞スメラ＋行為者の敬語ミコト（『岩波古語辞典』）、(γ)「やすみしし」などと同じく、「スメ」・「スメラ」は「澄む」に由来し、公的に聖別された称号、といった説が見られるが、(α)が言語学的に成立しないという他は、容易には結論が出せない状態である。ただ、天皇号成立に伴って、君主号の神格化が進み、「明神御宇天皇」などの表現が現れていることを考慮すると、アメキミアメタリシヒコ＝天児の段階から、さらに神へと昇華する段階が想定され、(γ)の方向で考えていくのがよいように思われる。とすると、その時期としては、やはり壬申の乱後の君主の現人神化が行われる天武・持統朝頃が相応しいと言えよう。(40)

以上、不充分な点や未解決の問題は多いと思われるが、天皇号の成立時期についてはE説を支持することを明記して、ひとまず擱筆することにしたい。

註

(1) 天皇号の成立に関しては数多くの論著があるが、ここでは各説に関する主なもののみを掲げる（補注2も参照）。A欽明朝成立説――01肥後和男『天皇制の成立』（河出書房、一九四六年）、02栗原朋信「日本から隋へ贈った国書」（『日本歴史』二〇三、一九六五年）、03同「東アジア史からみた「天皇」号の成立」（『思想』六二七、一九七六年）。B推古朝成立説――04津田左右吉「天皇考」（『東洋学報』一九二〇年→『日本上代史の研究』岩波書店、一九四七年）、05竹内理三「「大王天皇」考」（『日本歴史』五一、一九五二年）、06坂本太郎「古事記の成立」（『古事記大成』四、歴史考古篇、平凡社、一九六四年）、07井上光貞「日本古代の政治形態の変遷」（『体系日本史叢書政治史』第一巻、山川出版社、一九六四年）、08栗原02論文、09下出積与『神仙思想』（吉川弘文館、一九六八年）第二章第五節、10栗原朋信「日・隋交渉の一側面」（『中国古代史研究』

第三、吉川弘文館、一九六九年）、11大橋一章「「天皇」号成立の時代について」（『歴史教育』一八の七、一九七〇年）、12石母田正『日本の古代国家』（岩波書店、一九七一年）第一章第二節、13角林文雄「日本古代の君主の称号について」（『日本史論叢』一、一九七二年）、14栗原03論文、15宮崎市定「天皇なる称号の由来について」（『思想』六四六、一九七八年）、16角林文雄「天皇号論」（『ヒストリア』八〇、一九七八年）、17本位田菊士「「大王」から「天皇」へ」（『ヒストリア』八九、一九八〇年）、18同「古代日本の君主号と中国の君主号」（『史学雑誌』九〇の一二、一九八二年）。

C大化改新時成立説――19竹内05論文、20林幹彌「上代天皇の呼び名」（『史観』四五、一九五五年）、21栗原02論文、22同03論文、23本位田17論文。

D天智朝成立説――24福山敏男「法隆寺の金石文に関する二、三の問題」（『夢殿』一三、一九三五年）、25山尾幸久「古代天皇制の成立」（『天皇制と民衆』東京大学出版会、一九七六年）。

E持統朝成立説――26渡辺茂「古代君主の称号に関する二、三の試論」（『史流』八、一九六七年）、27東野治之「天皇の成立年代について」（『続日本紀研究』一四四・一四五、一九六九年）、28石母田12書、29東野治之「「大王」号の成立と「天皇」号」（『ゼミナール日本古代史』下、光文社、一九八〇年）、30本位田18論文。

F大宝令制定時成立説……31佐藤宗諄「「天皇」の成立」（『日本史研究』一七六、一九七七年）。

（2）前掲02・03・11・12・17・25・31など。

（3）前掲13・15・16。

（4）『延喜式』巻十二中務省に「慰労詔書式」として、「天皇敬問云云〈大蕃国云天皇敬問。／小蕃国云天皇問。〉」とあることも参考になる。ただし、「大蕃国」と「小蕃国」の別については後考に俟ちたい。

（5）西嶋定生「皇帝支配の成立」（『岩波講座世界歴史』古代4、岩波書店、一九七〇年）。

（6）『延喜式』巻二十一玄蕃寮には新羅客入朝の際の儀について記載があり、そこでは割注に「但大唐使者迎船有ㇾ数」とみえる。

（7）『後紀』延暦二十四年六月乙巳条には遣唐使の報告の中で、唐朝の勅を掲げる。

（8）古記の解釈が誤りであることは、平野邦雄「記紀、律令における「帰化」「外蕃」の概念とその用例」（『東洋文化』六〇、一九八〇年）においても指摘されている。ただし、平野氏によれば、唐も「蕃国」となるようである。

(9) 谷川道雄『隋唐帝国形成史論』(筑摩書房、一九七一年)第三編第三章、前掲15。
(10) 前掲29。
(11) 前掲18。
(12) 坂元義種「古代東アジアの日本と朝鮮」(『史林』五一の四、一九六八年)。
(13) 前掲17・24・25・26・27・29・31。町田甲一「法隆寺金堂薬師像の擬古作たることを論ず」(『国華』九五一、一九七二年)、『日本古代の墓誌』(同朋舎、一九七九年)東野治之氏執筆部分など参照。
(14) 前掲02・03・25など。ただし、β説は以下に述べるように、さらにいくつかの見方に分かれる。
(15) 栗原朋信「文献にあらわれたる秦漢璽印の研究」(『秦漢史の研究』吉川弘文館、一九六〇年)。
(16) 一言付け加えておけば、王妻の「雞弥」、太子の「利歌弥多弗利」も称号と考えるのがよいと思う。
(17) 前掲02・03。
(18) 前掲13・25。
(19) 前掲09・11。09は「アメキミ」=「天君」、11は天皇とする。ただし、09・11は「阿毎多利思比孤」については論じていないため、(α)説か(β)説かは判断しかねる。
(20) 註(13)参照。
(21) 日本古典文学大系『日本書紀』下(岩波書店、一九六五年)補注一六の一。
(22) 徐先堯「倭国贈呈隋書国書之商権」(『華学月刊』第十五期、一九七三年)。
(23) 前掲25・26・27など。
(24) 前掲25。
(25) 関晃「律令国家と天命思想」(『東北大学日本文化研究所研究報告』第一三集、一九七七年)。
(26) 岡田精司「記紀神話の成立」(『岩波講座日本歴史』二、岩波書店、一九七五年)。
(27) 前掲02・03・10など。
(28) 西嶋定生「四～六世紀の東アジアと日本」(『ゼミナール日本古代史』下、光文社、一九八〇年)。

(29)　大業三年の国書に「天子」を明記して、対等意識を示してしまったことなどは「ズレ」が充分に調節されなかった例となるか。
(30)　石井正敏「第一回渤海国書について」（『日本歴史』三二七、一九七五年）。
(31)　栗原朋信「上代の日本へ対する三韓の外交形式」（『古代』五〇、一九六七年）。
(32)　この間の事情については、鈴木靖民「百済救援の役後の百済および高句麗の使について」（『日本歴史』二四一、一九六八年）に詳しい。
(33)　iでは省略したが、高句麗に続いて百済に対する詔があり、そこでは百済を「内官家」として位置付ける。また文言も高句麗に対する詔のような友好を求めるものではなく、百済の臣従を前提としたものである。
(34)　石井正敏「日渤交渉における渤海高句麗継承国意識について」（『中央大学大学院年報』四、一九七四年）。
(35)　鈴木靖民「奈良時代における対外意識」（『日本史籍論集』上巻、吉川弘文館、一九六九年）。
(36)　前掲03によると、「聖王」に対しては「治天下」、「皇帝」に対しては「御宇」が用いられるという。そして、皇帝支配は律令制を基盤とするから、「御宇」は律令制に連なる用語とされている。ただし、03は「治天下」から「御宇」の変化を『書紀』によって大化頃としているが、金石文による限りは、「御宇」の確実な初見は慶雲四年の威奈真人大村墓誌で、おそらく大宝令によって導入されたものと思われる。大宝令に至って、皇帝と緊密な「御宇」が天皇に結びつけられていることに注目しておきたい。
(37)　前掲12など。
(38)　青木和夫「日本書紀考証三題」（『日本古代史論集』上巻、吉川弘文館、一九六二年）。
(39)　前述のような元号の使用や註(36)などを考えると、F大宝令制定時成立説の可能性もあるが、F説の時期は天皇号に関する最終的な整備が行われた時期と考えておくのが妥当ではあるまいか。
(40)　西郷信綱「スメラミコト考」（『文学』一九七五年一月号、一九七五年）。
(補注)　アメキミについて、本稿のもととなった『日本歴史』四一八号（一九八三年）掲載の拙稿以後に公にした拙稿「天皇号の成立とその意義」（『古代史研究の最前線』第一巻、雄山閣、一九八六年）では、中国史書は原地語をかなり正確に表記していると思われること（たとえば『周書』異域伝百済条）、また音韻的にも「阿輩雞弥」は「オホキミ」でよく（『隋書』倭国伝で隋使裴世清を迎えた使者に小徳阿輩臺がおり、この阿輩臺は『書紀』推古十六年六月丙辰条の掌客の一人大河内直糠手に比定されるので、「阿輩臺」は「オホト」とでも読まれたと考えられる。とすると、「阿」で「オ」の音を表記した例となる。なお、三木太郎『倭人伝の用語の研究』(多賀出版、一九八四年)二三五頁〜二三七頁は「阿輩臺」を大伴囓連に比定し、これを「オホト」と読んでいる)、当時の日本の君主号は大王が妥当で、これを「オホキミ」と称したと考えられることなどにより、「オホキミアメタリシヒコ」説を支持している。そして、大業三年の天子の使用に関しては、単に中国の対外用の称号を用いて対等意識を示そうとしただけでなく、やはりアメタリシヒコの概念と関係し、それの漢訳として用いられたもので、中国では号を「阿輩雞弥」と考えていたので、f・gの「華言天児也」という解説はそちらに付された、つまり、本来はアメタリシヒコの注釈であったと見るのがよいとしている(一一七頁〜一一八頁)。したがって、以下の記述は全面的に改められねばならないが、アメキミに関する理解をアメタリシヒコに置き換えても、「華言天児也」が大業三年の天子をふまえた注釈であったことや天孫としての自覚が醸成されつつあったことには変わりないので、全体の結論には大きな齟齬は生じないと考え、とりあえずもとの記述を残し、アメキミ説で如何なる展開が可能かを追求する形に留めてみた。この点、ご了解をお願いしたい。

(付記)(補注)拙稿以後に呈された天皇号に関する主な論考を掲げておくと、次の通りである。川北靖之「日唐律令における君主の称号について」(『神道史論叢』国書刊行会、一九八四年)、鎌田元一「大王による国土の統一」(『日本の古代』六、中央公論社、一九八六年)、大和岩雄「「天皇」号の始用時期をめぐって」(『日本書紀研究』一五、塙書房、一九八七年)、角林文雄「天王号再論」(『日本古代の政治と経済』吉川弘文館、一九八九年)、高森明勅「天皇号と日本国号の成立年代」(『神道宗教』一四七、一九九二年)、本位田菊士「天皇号の成立と東アジア」(『アジアのなかの日本』二、東京大学出版会、一九九二年)、森田悌「天皇の呼称の一考察」(『政治経済史学』三三五、一九九四年)、石崎高臣「国号『日本』の成立と意義」(『国学院大学大学院紀要』二六、一九九五年)、梅村喬「天皇の呼称」(『講座前近代の天皇』青木書店、一九九五年)、坂上康俊「大宝律令制定前後における日中間の情報伝播」(『日中文化交流史叢書』二、大修館書店、一九九七年)、吉田孝『日本の誕生』(岩波書店、一九九七年)。近年は天皇号の始用は推古朝、制度的な定着・使用は天武・持統朝という考え方も示されており、天皇号の成立に関してはさらに検討する必要があると感じているが、他日を期したい。

第二章　古代日本における対唐観の研究

——「対等外交」と国書問題を中心に——

はじめに

古代日本の国際関係において主要な位置を占めたのは、朝鮮諸国（含渤海）と中国諸王朝であった。従来、外交史の分野では、通交の事実、文化的・人的交流の面などでは膨大な研究蓄積が行われ、日本とこれらの国々との関係が解明されてきた。しかし、外交のシステム面、外交意識、使人の迎接（賓礼）、国書、外交機関・機構などには、なお論究不充分な点があるといって過言ではない。

ただ、上記二地域のうち、朝鮮諸国は、古代日本の国際関係の主要部分を占め、史料も比較的豊富なことから、近年、システム面においても着実な研究が行われてきた。たとえば本稿の関心と関わる律令国家の対外意識については、七世紀末の律令国家成立期に、朝鮮諸国を「蕃国」・服属国と見なす意識が確立し、これが八世紀の朝鮮との通交形態をも規定したことが指摘されており(1)、また、律令国家に変容が見られる九世紀以降に関しても、優れた考察が呈されている(2)。その他、賓礼や国書の検討などにも、堅実な成果が見られる(3)。

一方、中国、特に今日でも中国＝唐という観念が残り、日本古代の中国との通交の中心を成した唐については如何であろうか。日本の第一次遣唐使（以下、遣唐使（1）〈舒明二〉の如く、次数・〈任命〉年次を略記する）(4)の来朝を記した『旧唐書』東夷伝倭国条には、「太宗矜二其道遠一勅二所司一無レ令二歳貢一」との記載が見える。これは毎年朝貢、冊封体制への編入を前提とした歳貢免除と解するのがよく、(5)唐は日本を冊封しようとしたが、遣唐使帰国とともに来日した唐使高表仁は、(6)「与レ王争レ礼不レ宣二朝命一而還」とあり、彼は使命を達し得ず、日本は冊封を拒否したものと思われる。したがって、古くから遣唐使が注目され、通交の事実面の解明が行われている割には、日本が唐の冊封を受けず、唐使来日もほとんどなく、政治・外交上の問題が稀少であり、遣唐使の役割も文化面が強調されるためか、(7)外交のシステム面での研究蓄積は必ずしも充分ではない。また国際通交上、両国間の意志を確認する国書についても、遣唐使が国書を携行したか否かという点の明快な結論は出ていないように思われる。特に国書不携行説は、日本の対唐外交の対等性と結びつけられることが多く、(8)本稿で課題とする日本古代の対唐観と関係するところが大きい。

私は先に外交の場での君主号の検討から、天皇号の成立に関する考察を試み、日本は対唐外交に際して、漢語の正式な君主号たる天皇号を用いていない旨を述べた。(9)この点については何人かの方からご批判を賜ったが、(10)今のところ一応見解を改める必要はないと考えている。(11)ただし、前稿では、その点を対唐外交のあり方全体の中に位置づけた訳ではないので、本稿では、遣唐使盛行期の八〜九世紀を中心に、外交のシステム面――唐使の賓礼、対唐意識、国書問題など――の検討により、古代日本の対唐観に一考を試みる次第である。

一　来日唐使に対する賓礼

賓礼は一国の対外観を推察させるものであり、その検討は重要である。「はじめに」で触れたように、近年、賓礼の研究も行われるようになったが、それは朝鮮諸国の使人の場合が中心で、唐使について明言されているのは、管見の限りでは、石母田正氏だけであろう。(12) 氏は、宝亀九年唐使の例から、それは「蕃例」＝朝鮮諸国の場合に準じたものであると見、遣唐使（7）〔大宝元〕の目的を大宝律令制定告知のためのもの、令文の天皇号や公式令詔書式条集解古記の唐＝隣国観は徐々に唐にも認められたとする立場と相俟って、唐を中心とした国際的秩序の中に留まりながらも、「小帝国」として朝鮮に対する優位の黙認を唐に求めようとした日本の主体性の一端を示すとされた。宝亀九年唐使は、大宝以降で唯一の正式な使人であり、唐使の賓礼を考える際に、大切な史料となる。ただし、遣唐使派遣目的も含めて、右の石母田氏の理解には同意し難い点があるので、本節では、まず唐使に対する賓礼を検討し、日本古代の対唐観を考える手懸かりとしたい。

唐からの使人は、百済鎮将派遣のものを含めて、大宝以前にも四度来日している。それらのうち、舒明四〜五年の唐使高表仁は、『延喜式』玄蕃式の難波での賓礼の唯一の実例である〔『書紀』舒明四年十月甲寅条〕が、すでに触れたように、彼は使命を果たさず帰国し、右の記事以外の具体的な賓礼は不明である。また百済の役後、天智三年郭務悰、同四年劉徳高、同十年郭務悰などの来日が見られるが、いずれも具体的な賓礼記事を欠いている。したがって以下では、宝亀九年の唐使の検討を中心に、唐使に対する賓礼を考えることになる。

その検討に入る前に、天平宝字五年八月、迎藤原河清使〔遣唐使（12）〔宝字三〕〕高元度を送って来日した「押水手官越州浦陽府折衝賞紫金魚袋沈惟岳等九人、水手越州浦陽府別将賜緑陸張什等卅人」について触れておきたい。彼らは水手であり、正式な唐使ではなく、入京を許されず、大宰府で供給を受けたに留まる（『続紀』天平宝字六年正月乙酉条）。また彼らを送るために遣唐使（13）（宝字五）が計画されるが、結局「風波無レ便」ため渡海せず（同六年三月庚辰朔、四月丙寅、七月是月条）、唐国荒乱により送使を派遣できない旨を告げられた彼らは、帰化か帰国かは各人の希望に委ねられ（同七年正月庚申条）、帰化した者も多かった[13]。

さて、この使人（水手）に関しては、『続紀』天平宝字六年五月丁酉条の、唐使の内部争いと日本の対応に注目したい。この事件は、副使紀喬容以下三十八人が大使沈惟岳の贓汙を訴え、更迭を求めたもので、日本側は、大宰府も贓汙の事実（内容不明）を認めているが、中央は「報曰、大使・副使並是勅使[14]謝時和与二蘇州刺史一相量所レ定、不レ可二改張一」という判断を示すに終ったというものである。つまり中央は唐使の内部争いへの関与を避けたと言えよう。一方、宝亀十年十一月丙子条の渤海使の内部争いの場合は、「太政官処分、渤海通事従五位下高説昌、遠渉二滄波一、数廻入朝、言思忠勤、授以二高班一。次二彼鉄利之下一、殊非二優寵之意一。宜下異二其列位一、以顕中品秩上」と、中央の介入が記されている。この場合、高説昌が日本の官位を持っていたので介入したとも解し得るが、やはり外国使の内部争いに関与するのは、先の唐使の例と比べて、著しい相違であろう。

したがって私は、以上二例の対比から、日本は唐使に対して一定の配慮を加えていたことを読み取りたい。このような予見を持って、次に宝亀九年唐使の賓礼の検討に進もう。

遣唐使（14）（宝亀六）は、渡海以前に副使の交替や大使佐伯今毛人の病による下船があり、帰路も第四船は耽羅に漂着し抑留され、新羅により救出されるなど[15]、波乱に富むものであったが、副使小野石根（帰路溺死）を送って来日した唐使趙宝英一行のうち、宝英を含む二十五人は途次に溺死し（宝亀九年十一月乙卯条）、わずかに判官孫興進、秦怤

期の一行だけが入京した。(16)

まず日時を追ってこの時の賓礼を瞥見すると、次の通りである（出典は『続紀』当該条）。

（宝亀九年）
十月　二十二日　遣唐使第三船が帰着
　二十八日　第三船寄乗唐使には大宰府が使者を派遣して労問
〈この間、他の三船も帰着〉
十一月　十九日　大宰府に労問使を派遣
十二月　十五日　唐客入朝に備え左右京に騎兵八百人を差発
　十七日　送唐客使任命／唐使趙宝英に絁八十匹・綿二百屯を賻贈
　二十六日　唐客拝朝儀衛に陸奥・出羽蝦夷二十人を召す
（宝亀十年）
四月　二十一日　領唐客使より唐客領送について質疑がある
　三十日　唐客入京、騎兵二百・蝦夷二十人が応接
五月　三日　唐客が唐朝書・信物を上る
　十七日　朝堂にて賜宴、唐客に授位・賜禄
　二十日　右大臣大中臣清麿第にて賜饗
　二十五日　唐客辞見、臣下による賜饗、唐客に賜物
　二十七日　唐客帰国

この中で宝亀十年の年頭記事がないのは、前年九月二十一日に来日した渤海使が、正月一日から二月二日に入朝したためであるが、日程上は唐使の正月入朝も可能であった。この点に関しては、（イ）唐使の正月入朝・拝賀を回避、（ロ）渤海使入朝との重複を回避、という可能性が考えられる。ただし、新羅使に付いて入京した例であるが、今回の唐使の一行である判官高鶴林らは、[17]宝亀十一年の正月拝賀に参加している（正月己巳条）ので、（イ）の見方は成立し難い。そこで、他に例はないが、（ロ）の蓋然性が高いと考えられる。後述の唐における争長事件を例に出すまでもなく、唐では複数諸蕃の入朝が通常であった。一方、（ロ）の見方に立てば、日本では外国使全般に対する普遍的賓礼が欠如していたことが窺われ、特に唐と朝鮮諸国とを同一に扱うことができなかったのではあるまいか。この点は、先の外国使の内部争いに関する私見とも合致する。

さて、話を賓礼の流れに戻すと、賓礼の基調（到着地、入京時等の各々の場面に応じた応接と使者の派遣など）は朝鮮諸国の場合と差異はないと言ってよかろう。もっとも、この点は、日本の賓礼は、遣隋使小野妹子が将来したと推定される、隋の礼書『江都集礼』により中国風の礼として確立したとされ、[18]推古十六年隋使と同十八年新羅・任那使の賓礼の基本型には共通性が窺われることなどからすると、[19]当然とも言える。ただし、難波での迎船は、隋使＝三十艘－新羅・任那使＝各一艘か、という賓礼規模の差、新羅・任那使には賜禄が見えるのに、隋使にはそれが不明である、等の差異は存した。一方、今回の唐使には授位・賜禄（詳細不明）も見えているし、また賓礼規模の点では、和銅七年新羅使の例は、差発騎兵九百九十人、蝦夷上京、入京時の迎接騎兵百七十騎であり、この他に数量的比較のできる事例がなく、やや不安は残るが、朝鮮諸国の例との差異はないと見てよいであろう。[20]なお、死去した大使への賻贈例には、『続紀』大宝元年正月戊子条の新羅大使金所毛があり、絁百五十疋、綿九百四十二斤、布百段が贈られている（いずれの例も、喪葬令職事官条の規定より大幅に多い）。

では、以上の点から、唐使の扱いは朝鮮諸国に対する賓礼＝「蕃例」に同じと見てよいのであろうか。先に二つの予見を示したが、推古十六年隋使と同十八年新羅・任那使の使旨奏上場面には、立礼・四拝―跪伏礼・再拝という差異が存し、隋使には跪伏礼という日本古来の敬礼方式を要求していないという一定の譲歩が見られた。[21] それと同様、実は今回の唐使にも、使旨奏上場面に重大な差異が存する。また賓礼方法をめぐる日本側の意見対立も窺われ、やはり「蕃例」と同じであったとは考え難い。以下、その点に言及したい。

まず『続紀』宝亀九年十月乙未条では、遣唐使第三船で帰朝した判官小野滋野が、帰朝報告の後、「但今唐客隨レ臣入朝、迎接祗供、令レ同二蕃例一。臣具牒二大宰府一、仰令二准擬一」と言上している。この場合、何故滋野（本官は勅旨大丞）[22]が賓礼について意見を述べることができたか不明で、また「牒二大宰府一」とある点から、大宰府の安置・供給を「令レ同二蕃例一」と求めたとも解されるが、「迎接祗供」となると、やはり賓礼全般とも考え得るので、賓礼全般を「同二蕃例一」と求めたとの理解も可能である。[23]

では、今、後者の理解に立つとして、「同二蕃例一」という滋野の意見は実施されたであろうか。宝亀十年四月辛卯条には、領唐客使より唐使の進退之礼・行列之次に関わる質疑が呈されている。まず唐使之行について、領客使は「唐使之行、左右建レ旗、亦有レ帯レ仗、行官立二旗前後一。臣等稽二之古例一、未レ見二斯儀一」という不審を示すが、中央は「唯聴レ帯レ仗、勿レ令レ建レ旗」という妥協案を示す。次に入京時の礼に関して、領客使は遣唐使（7）（大宝元）の長安入京の際の例、新羅王子金泰廉（天平勝宝四年）や渤海使の入京例などを掲げ、どの例に準拠すべきかを尋ねたのに対して、中央は「進退之礼、行列之次、具載二別式一。今下二使所一。宜下拠二此式一勿中以違失上。」と答えた。以上の事柄は、まず唐客の領送・迎接に定例がなかったことを示すと見てよかろう。また朝鮮諸国の使人の領客中の様子がわかる例はなく、入京時の詳細についても、本件の場合は『続紀』に具体的な記載がないので、別式の内容や朝鮮諸国の例との相違などは不明であるが、領客使が「未レ見二斯儀一」とした帯仗を認めた点、入京時の礼を朝鮮諸国の例に依拠できなかった点等から、中央政府は今回の唐使を「蕃例」とは異なる賓礼で迎えようとしたと考えることができるのではあるまいか。つまり、小野滋野や領客使が「蕃例」に准拠しようとしたのに対して、中央はそれと異なる賓礼で対処したことを物語り、今回の唐使の扱いに関して、日本側の意見対立の存在を窺わせると見るのである。

その点に関連して、次の史料に着目したい。

（大沢清臣本壬生家文書）(24)

（上略）維宝亀十年歳次己未四月卅日、唐国使孫興進等入レ京。五月三日将レ欲二礼見一。余奉レ勅撰二朝儀一。時有二大納言石上卿一、言儞（偁）、彼大此小、須レ用二藩国之儀一。余対曰、昔仲尼辱二斉侯於夾谷一、相如叱二秦王於澠（黽）池一、自レ古以来、賢人君子、皆欲レ致二己君於他君之上一、不下以二大小強弱一而推謝上、此忠臣義士之志也、今畏二海外一个使一、欲レ降二万代楷定天子之号一、是大不忠不孝之言也。時人皆服二此言之有レ理。然遂降二御座一（□□□□）。嗚呼痛哉。不レ任二憤欝（鬱）之懐一、聊緝二此論一垂二示後昆一。

この史料の上略部分には、石上宅嗣を指すと思われる儒林先生への反論が記され、先生は（A）日本は中国から礼教を習ったので、中国に対して「藩」と称すべきである、（B）中国は強国なので、畏怖すべきである、（C）中国から風を習ったので、致敬すべきであると言うが、（a）礼を習ったからといって、臣と称する必要はない、（b）中国は常に皇位不定で、来寇の畏れはない、（c）中国は殷周以降は革命ばかりで、師範とするに足らず、日本の方が皇位安定・民衆従順である、という具合である。従来、この史料は「余」の「憤欝」に注目し、彼我の対等を期す日本の外交態度を示すものとして利用されてきたが(25)、最近、田島公氏は、この時日本がとった「藩国之儀」について、天皇が「遂降二御座一」とある点から、『大唐開元礼』巻一二九「皇帝遣レ使詣レ蕃宣労」の、使人が南面し、北面した蕃主に使旨を告げる形式がとられたのであろうとし、この時の賓礼を窺わせるものとして紹介された。[26] もちろん、本史料は現在伝存不明で、[27] 石上宅嗣も宝亀十年五月には中納言物部宅嗣であり（同年十一月甲申条で石上大朝臣賜姓、同十一年二月丙申朔条で大納言）、史料中の「余」を田島氏は、賓礼総括者（式部下式に「受二蕃国使及信物一」、「賜二蕃国使宴一」等の規定がある）という観点からか、式部卿藤原是公に比定されるが、彼と本史料の成立や伝来との関係は不明である等、保留点は多い。しかし、先の小野滋野や領客使と中央との意見の相違と合せて、本史料は今回の唐使の賓礼をめぐって、日本側に意見対立があったことを如実に示すものとして用いてよいと考える。すなわち、宅嗣は日本が「藩国之儀」をとるべきであるとしたのに対して、「余」は「蕃例」と同じ、つまり唐使を「蕃国使」として扱うべきであるという立場をとったが、結局は前者の意見が採用されたということである。これは先の滋野や領客使の進言に対する中央の態度と符号している。ただし、本史料によると、後者の立場もかなりの支持を得たことがわかる。つまりそこには、日本は唐の「蕃国」なのか、唐も日本の「蕃国」として扱うべきなのかという二つの対唐観の存在が読み取れるのではあるまいか。

以上、本節では、宝亀九年唐使の賓礼を中心に、唐使に対する賓礼に検討を加え、日本が唐の諸蕃としてふるまうべきか（事大主義）、唐も日本の諸蕃として扱うべきか（日本中心主義）、という二つの立場の存在を抽出し得たものと考える。これらのうち、前者はすでに隋使に対する賓礼上の譲歩や、『書紀』は隋を「大国」と記し、『隋書』東夷伝倭国条の隋使と大王との相見場面では、大王は「我夷人」、「不レ聞二礼儀一」、「冀聞二大国維新之化一」と卑下している点などに窺われ、唐使に対する中央政府の態度等にも見出されるので、ある程度伝統的なものではなかったかと思われる。一方、平野邦雄氏は、日本律令の法理上は、唐も諸蕃であるとし、国史に唐を「蕃」と記す例（『日本紀略』延暦十四年七月辛巳、同十七年六月戊戌条）が存することを以て証左とされた。[28] しかし、唐を諸蕃とする見方だけでは一面的であることは、宝亀九年唐使の賓礼をめぐる争いの結果を見れば、明らかであろう。また唐を諸蕃とする立場が、律令国家当初からのものか否かも、事大的立場との競合と合せて、再検討する必要がある。(29) そして、それは日本の対唐外交の対等性要求や国書問題とも関わる論点である。次節では、以上のような二つの対唐観の形成過程やその発動の場などについて考察を試みたい。

二　律令国家における対唐観の形成

天平八年、唐は遣唐使(9)〈天平四〉の副使中臣名代の帰国に際して、「勅日本国王主明楽美御徳」の国書を付した（『唐丞相曲江張先生文集』〈以下『曲江集』と略す〉巻七）。この「主明楽美御徳」について、石母田正氏は令文の天皇号が唐に承認されたことを示すと解され、(30) この理解に立つ論者からは、宝亀九年唐使が「結二隣好一」ために来日したこと（『続紀』宝亀九年十一月乙卯条）と合わせて、日唐間の対等外交が樹立されたことを物語るとの見解も呈されている。(31) しかし、「勅日本国王書」は、唐の国際文書様式では「勅某王姓名」となるはずで、(32) 別稿で述べたように、(33) 決して天皇号使用やその承認を意味するものではあるまい。また「隣好」の語は、日渤交渉においても彼我の国書に散見しており、必ずしも対等外交を示すとは言えないように思われる。

私は前節の考察から、対唐外交の対等性という立場一辺倒には疑問を感じており、宝亀九年唐使の場合、日本中心主義的立場の主張といっても、それは直接唐使の耳目には達していないと思われる。したがって古代日本の対唐観の検討にあたっては、その作動の範囲も考慮する必要があると考えられる。本節では、まず唐の対日意識の考察から始めたい。その検討により、日本が如何なる主張を行い、それが唐にどのように受け取られていたかを知ることができ、日本の対唐観の一端を明らかにする手がかりになると考えるからである。

1　唐の対日意識

唐の対日意識は大別して、（1）君主国、（2）大国、（3）諸蕃・朝貢国、（4）絶域となる。以下、各々に検討を加えてみたい。

（1）君主国は、「承聞、海東有二大倭国一、謂二之君子国一。人民豊楽、礼儀敦行。」（『続紀』慶雲元年七月甲申朔条・遣唐使（7）（大宝元）の報告）、「彼礼儀国」（『曲江集』巻七・同（9）（天平四））、「有義礼儀君子之国」（『東大寺要録』巻一所引「延暦僧録」）・「因声二彼君子一」（同、玄宗の「送日本使」詩）・「服二聖人之訓一、有二君子之風一」（『文苑英華』巻二六八王維「送秘書晁監（阿倍仲麻呂）還日本国并序」〈以下、王維の詩と略称〉、以上、同（11）（勝宝二））などと見えるもので、従来はこれらにより、唐の日本に対する隣好観や日本の国際的地位の高さを唱える見方が有力であった[34]。しかし、同様の表現は、『旧唐書』東夷伝新羅条、『三国史記』羅紀孝成王二年（七三八）二月条の「新羅号為二君子之国一、頗知二書記一、有レ類二中国一」、同景徳王十五年（七五六）二月条の「興二言名義国一」（玄宗の詩）、『唐大詔令集』巻一二九大暦三年（七六八）、「冊新羅王金乾運（恵恭王）文」、「冊新羅太妃文」の「用二蕃君子之風一」、「儷二東方君子之国一」などと、新羅にも用いられている。したがってこれらの表現は、全く実質を伴わないものであったとは言わない――『旧唐書』東夷伝日本国条の遣唐使（7）（大宝元）粟田真人の評価（「好レ読二経史一、解二属文一、容止温雅」）等――が、多分に中国の伝統的な東方君子国観によったものであり[35]、日本のみに対する積極的評価と見ることはできないであろう。

次に（2）大国は、（a）「新羅・百済、皆以レ倭為二大国一、多二珍物一、竝敬仰之、恒通レ使往来」（『隋書』東夷伝倭国条）、（b）「海東之国日本為レ大」（王維の詩）などに窺われ、日本の朝鮮諸国に対する「小帝国」たるの地位を中国王朝が公認していたことを示すと解されてきた。[36] しかし、（a）・（b）をそのような積極的評価と結びつけてよいのであろうか。

右のうち、（b）は阿倍仲麻呂が帰国を企図した遣唐使（11）（勝宝二）の際のもので、この遣唐使は唐で争長事件を起こしたことで著名である。

（ア）『続紀』天平勝宝六年正月丙寅条

副使大伴宿禰古麻呂自二唐国一至。古麻呂奏曰、（中略・元日朝賀）是日、以レ我次二西畔第二吐蕃下一、以二新羅使一次二東畔第一大食国上一。古麻呂論曰、自レ古至レ今、新羅之朝二貢日本国一久矣。而今列二東畔上一、我反在二其下一、義不レ合レ得。時将軍呉懐実見二知古麻呂不レ肯色一、即引二新羅使一、次二西畔第二吐蕃下一、以二日本使一次二東畔第一大食国上一。

（イ）『東大寺要録』巻一所引「延暦僧録」

復元日拝朝賀正。勅二命日本使一、可レ於二新羅使之上一。

この事件に関しては、当時新羅使の入唐記事が見あたらない点などから、その信憑性をめぐる論争があるが、[37] 日本の対外観や唐の認識に関する日本の理解を知る上では、（ア）・（イ）は利用可能と思われるので、その立場で考察を進める。

この事件は元日朝賀の席次争いであるが、重要なのは、唐は日本使人の指摘で初めて席次を改めた点であろう。一般に唐での争長事件は、蕃国間の臣属・朝貢関係が反映されて解決に到ると考えられており、[38] 唐も諸蕃間の大小を認識していたようである（『大唐開元礼』巻七九蕃主奉見「若更有二諸蕃一以二国大小一為レ叙」）。そうすると、（ア）・（イ）の場合、唐は日本の席次を明確に認識しておらず、日本が新羅に対する「大国」であるという観念もなかったことになろう。

すなわち、この時までに数次の遣唐使派遣がありながら、日本＝「大国」観が唐に認識されていなかったことは、遣唐使の目的に「小帝国」黙認を得ることがあったとする立場[39]の論拠を失わせるのではあるまいか。（b）の王維の詩句はこの争長事件により生まれたもので、日本＝「大国」観の存続・定着を物語るものではないと考えたい[40]。

ちなみに、（a）の「大国」に関しては、『新唐書』東夷伝日本条の高宗璽書による新羅救援命令（永徽五年〔六五四〕）の際に、唐によって否定されたという見方もあり[41]、「大国」は唐の意向に左右される相対的なものであった。また唐は席次の上下により、同地域の諸国を互いに牽制させようとしたとの指摘も行われており[42]、「大国」表現を「小帝国」黙認につなげることは難しいと言わねばなるまい。

以上、諸先学が唐が日本の地位を肯定的に評価したと見る論拠とされてきた（1）君子国、（2）大国が、必ずしも積極的評価ではないことを述べた。とするならば、結局、唐の対日意識は（3）諸蕃・朝貢国の域を出なかったのではあるまいか。『隋書』では日本は「蛮夷」とされ、「以二王慕一レ化、故遣二使人一来レ此宣諭」ために来日した裴世清の国書には、「（倭王が）遠修二朝貢一」の句があった（『書紀』推古十六年八月壬子条）。また遣唐使に付された唐の国書や唐皇帝の勅にも、「或已達二彼蕃一」（『曲江集』巻七）、「卿等銜二本国王命一、遠来朝貢」（『後紀』延暦二十四年六月乙巳条）などの句が見え、遣唐使（17）（承和元）が「朝貢使」と見なされていたことは、『入唐求法巡礼行記』の記述に明白である[43]。そして、（3）諸蕃・朝貢国という唐側の扱いは日本および遣唐使一行も充分承知しており、「所レ朝諸蕃之中、倭客最勝」（『書紀』斉明五年七月戊寅条）、先述の諸蕃朝賀の際の争長事件、皇帝死去の際の挙哀を「其諸蕃三日」の規定で行ったこと（『後紀』延暦二十四年六月乙巳条）などは、その点を如実に物語るものであろう。

では、その諸蕃・朝貢国たる日本に対して、唐はどのような意識を持っていたのであろうか。金子修一氏は、唐代の諸蕃国名表記について、二つのタイプを抽出し、「新羅」の如きは唐の冊封下の国、「日本国」の如きは絶域の国であるとされた[44]。事実、王維の詩にも「伝二道経于絶域之人一」の句があり、『唐会要』巻一〇〇聖暦三年（七〇〇）三月六日勅「東至二高麗国一、（中略）並為二入蕃一、以外為二絶域一、其使応レ給料、各依レ式」によれば、日本は正に（4）絶域であった。

次にその絶域の国たる日本に対する唐の認識・関心を整理しておきたい。結論から言えば、少なくとも八世紀以降においては、唐の日本に対する関心は薄く、情報も不充分であった。たとえば『旧唐書』東夷伝日本国条冒頭には、「其人入朝者多自矜レ大、不二以レ実対一。故中国疑焉」との記載が見える。この部分は、日本使人が尊大にふるまったと解されてきたが[45]、やはり直前の倭国から日本国への国号変更事情が不明瞭であることへのコメントと見るのがよいであろう[46]。『新唐書』東夷伝日本条でも、国号変更事情の諸説を掲げた後に、「使者不レ以レ情、故疑焉。又妄夸二其国都方数千里一」と記されており、唐には日本の国号変更事情や地理などに疑問が残っていたのである。また、この点は日本の国情にも該当し、遣唐使（8）（霊亀二）が四門助教から儒教を教授された際の束修に潤幅布を贈った旨を記し、「題云、白（霊カ）亀元年調布。人亦疑三其偽二此題一」とのコメントを掲げている。「亦」は、先の国号変更事情への疑問に対応するものと思われるが、ここでは「霊亀元年調布」の存在が疑われている。これは年号よりも、「調布」という律令制的収取の存在を疑ったと解すると[47]、唐は日本の律令制施行など知らなかったと言えるのではあるまいか。この点は、遣唐使（7）（大宝元）が大宝律令制定告知のために派遣されたとする見方に有力な反証を呈するであろう[48]。その他、先述の争長事件の際の、日本＝「大国」観の欠如も、日本の外交のあり方についての認識欠如の例として、付け加えることができる。

以上、唐の対日意識に検討を加え、唐は日本を絶域の「化外慕礼」[49]——唐は日本を冊封しなかった——の朝貢国、諸蕃の一つとして遇したとの結論に達した。そして、絶域の国たる日本に対する関心、情報量は少なかった。

ちなみに、百済の役以前の遣唐使は、遣唐使（3）〔白雉五〕が「奉レ観二天子一。於レ是東宮監門郭丈挙悉問二日本国之地理及国初之神名一、皆随レ問而答」（『書紀』白雉五年二月条）、同（4）〔斉明五〕が「天子相見問訊之。（下略・天皇、臣下、人民の安否や蝦夷についての質問）」（斉明五年七月戊寅条）などと、唐皇帝の国情下問を受けている。また『隋書』にも、倭の風俗を聞いた文帝が「此大無二義理一、於レ是訓令レ改レ之」とあり、倭の風俗記事――来日隋使の報告もあろうが――には、冠位十二階をはじめ、かなり詳細な記述が存する。一方、大宝以降では、両唐書の記述は先掲の通りであり、皇帝の下問には答えたのであろうが、唐の満足を得られず、入宋僧奝然が「本国職員令・王年代紀各一巻」を献ずるまでは、中国側は必ずしも日本に関する充分な情報を得ていなかったようである（王年代紀は『新唐書』にも利用されている）。このような差異が生じた背景は詳らかではないが、一つの憶説として、日唐間の政治的関係の有無を指摘しておきたい。遣隋使派遣はもちろんのこと、百済の役以前の遣唐使も、「はじめに」で触れた唐の日本冊封の意図（遣唐使（1）〔舒明二〕）、先述の高宗璽書による新羅救援命令（同（3）〔白雉五〕）など、政治的関係や朝鮮諸国との国際関係との関連を有していた[50]。そして、百済の役敗戦後も、遣唐使（6）〔天智八〕が「遣レ使賀レ平二高麗一」とある（『新唐書』東夷伝日本条）ように、多少なりとも国際情勢を考慮した遣使が行われていたようである。しかし、その後三十余年を隔てて再開された遣唐使（8）〔大宝元〕以降には、そのような関係は見出し難い。それ故に、大宝以降においては、唐の対日意識も上記のようなものになったと考えるのである。

そこで、次に大宝以降の日本の対唐認識の検討に進み、以上のような唐の対日意識に対応する日本の対唐観に考察を加えたい。

2　日本の対唐認識とその形成過程

本項では、まず唐に対する日本の自国意識の検討からはじめる。前項で見たように、日本側の史料にも日本＝諸蕃・朝貢国の観念が存在し、また在唐中の詩文ではあるが、「戎蕃預二国親一」（『懐風藻』釈弁正、遣唐使（7）〈大宝元〉・李隆基〈玄宗〉の碁友）、「我是東番客、懐レ恩入二聖唐一」（『凌雲集』菅原清公・同（16）〈延暦二十〉）などの句が見えている。したがって前節末尾で触れたように、日本を唐の諸蕃とする事大的立場は、伝統的なものとして八世紀初より存在していたと考えてよいであろう。

ちなみに、『続紀』養老三年正月己亥条には、「入唐使拝見、皆着二唐国所レ授朝服一」との遣唐使（8）〈霊亀二〉帰朝記事がある。一方、『書紀』白雉二年是歳条には、「新羅貢調使知万沙飡等、着二唐国服一、泊二于筑紫一。朝庭悪二恣移レ俗、訶嘖追還」との記載が見える。唐服着用をめぐるこれら二つの記事の差異はどのように理解すればよいのであろうか。平野卓治氏は、『内裏式』正月七日儀の中の、蕃国使に位階と当色服を授与する儀式に関して、当初本国服を着していた使人が、日本の位階をもらうと、「我朝服」に着替えて改めて参上する点に注目し、これは位階とともに服という可視物の授与・着用により、天皇の臣下としての一体性を生み出す点に意義があると述べられた[51]。衣服のこのような機能を認めるならば、帰朝遣唐使の唐服着用は、唐での任官に対応し[52]、唐の臣下となったことを誇示するものであり、日本朝廷はそれを許容したと見ることができるのではあるまいか。一方、新羅使の場合は、当時日本の「朝貢国」と目された新羅が、勝手に唐の臣下となった点を問責したということになろう。すなわち、養老三年条は、八世紀の律令国家当初から、唐に対する事大的立場が存在していたことを物語るのである。

では、前節で示したもう一つの立場、唐が日本の「蕃国」であるという日本中心主義的立場は、どこから出てくるのであろうか。『隋書』の「大国」観などが、対唐外交の対等性要求として維持されたのではないことは、前項で見た通りである。そこで、ここでは、大宝以降の対唐観として、以上の日本＝諸蕃・朝貢国という自国意識とは別の対唐認識が存在していたことを手がかりに、考察を進めたい。

それは、唐＝絶域観である。唐の日本＝絶域観については前項で触れたが、唐＝絶域観も、遣唐使（7）〔大宝元〕帰朝時の叙位の際の「以レ奉二使絶域一也」（『続紀』慶雲元年十一月丙申条、同四年五月壬子条）を初見として、同（9）〔天平四〕の「遠境」（『万葉集』巻五―八九四）、同（11）〔勝宝二〕、（17）〔承和元〕の「奉二使絶域一」（『続紀』宝亀七年四月壬申条、『三代格』巻六承和元年八月二十日官符）などと、八世紀以降の史料に散見している。(53)そして、唐＝絶域観は八世紀初頃に出現したものと見てよいであろう。その傍証として、唐の日本＝絶域観も、天智朝までは日唐間に政治的関係が存在したこと、唐の国書の充書が「倭王」から「日本国王」に変化するのは(54)天智朝末から八世紀の間である（後掲の表3を参照）ことなどから、やはり七世紀末から八世紀初である点を掲げたい。また次の点は必ずしも截然としてはいないが、『書紀』は「大唐」という言い方が多く、五国史は「唐国」の方が多いように感じられる点も、(55)先の金子氏の見解に照らせば、唐＝絶域観の成立時期に関連してこよう。

では、八世紀初頃に成立した唐＝絶域観のもとで、唐への関心は如何であったろうか。唐が絶域たる日本に関心・情報量が少なかったことは前項で述べたが、これは日本側にも該当しそうである。遣唐使（7）〔大宝元〕は「先レ是大唐、今称二大周一、国号縁レ何改称」との問いを発しており（『続紀』慶雲元年七月甲申朔条）、天武・持統朝には遣唐使派遣がなかったとはいえ、新羅使等が来日していたにもかかわらず、国号変更（光宅元年〔六八四〕＝天武十三年）を知らなかったなど、唐の国内情勢への無知・無関心を窺わせる。(56)また遣唐使（7）〔大宝元〕の派遣目的に大宝律令制定告知があったとする見方に疑問があることは前項で触れたが、以下に想定する大宝令での唐の扱いも、日本が絶域たる唐に注意を払っていなかったことを示すであろう。

養老律令の外国に関する規定は、唐の律令条文・用語と相似し、蕃、外蕃、諸蕃、蕃客、化外人等に対する規定で

ある。そうした中で、賦役令外蕃還条には、

凡以二公使一外蕃還者、免二一年課役一。A 其唐国者、免二三年課役一。B

と、唯一唐に関する規定が見える。この条文には、（イ）唐＝隣国、新羅＝蕃国の区分（公式令詔書式条集解古記）に基づく、[57]（ロ）法理上は唐も「蕃」であり、在日唐人を「遠蕃」と記す例（前掲）や唐商人に関市令官司条（諸蕃との私交易禁止）を適用した例（『三代格』巻十九延喜三年八月一日官符）と合せて、「遠蕃」たる唐への遣使に優遇を加えた[58]、などの見方がある。（ロ）に関しては、前節末尾で触れたように、唐を「蕃」とした例が本来的なものであったかという疑問があるが、ともかく両説とも大宝令文も同文であったという前提で論をなしているようである。しかし、私は賦役令外蕃条に相当する大宝令文には「其唐国」以下の部分はなかった可能性が高いと考えている。以下、その点について私見を述べてみたい。

まず賦役令外蕃還条に付された集解を掲げておこう。

A穴云、使謂水手以上也。外蕃高・百・新等是。朱云、以二公使一外蕃還者、免二一年課役一。謂、還来後更免二一年一也。水手以上皆免也。問、以二公使一外蕃還、遭二風浪一経レ年漂流何。貞答云、比二没落一（賦役令没落外蕃条）耳。問、公〔春〕季・夏季未二還来一何。貞答云、唯折免耳。

B謂、水手以上有二課役一者也。釈云、依レ格経歴之年、同籍雑徭免レ之。古記云、其唐国者免二三年課役一者也。霊亀三年十一月八日太政官符、遣二大唐国一水手已上後家徭役事。正身一房徭役已免、不レ及二別房一。朱云、唐国免二三年課役一者、未レ知、此等色、被レ免二課役一之年内、若会二水旱・恩復・父母喪等一何、若更亦不レ免不。又上復給二条同、亦所レ疑何。

問題部分に注釈を施しているのは古記と朱説である。朱説が養老賦役令外蕃条を引用し、以下にその運用上の疑問

を記していることは明白であろう。では、古記の「其唐国者免二三年課役一者也」の部分は如何であろうか。

まず古記所引霊亀三年官符は、A穴・朱、B義解が説くように、賦役令外蕃条は水手以上の本人を対象とする規定であったので、その後家を優免した法令を補足として掲げたものと考えてよい（B釈も参照）。そうすると、古記の右引部分も、大宝令文に規定がなかったので、補足を加えたものと見る余地があるのではなかろうか。たしかにこの部分は一見大宝令文を掲げているようにも見えるが、以下の霊亀三年格は令文と対象を異にし、令文の内容説明としてはおかしい。また霊亀三年格を令文の補足と考えた場合でも、特に令文を掲げる必要はなく、B釈の形で充分であろう。そこで、次に賦役令外蕃条古記の右引部分の類例を捜すと、二例が存する。

α後宮職員令内侍司条・尚侍の職掌「兼知内外命婦朝参、及禁内礼式」

古記云、尚侍、兼二知諸司事幷妃以下宮人礼式一也。

β田令賃租条・「園任賃租及売」

古記云、園聴二任売一也。論語樊遅請学為レ圃、子曰、吾不レ如二老圃一。

αは大宝令文の復原はできず、これが大宝令文か、令文の補足かは不明であり、βも大宝令文復原に議論の多い部分である。ただ、βに関して、青木和夫氏が、古記は大宝令文に園の規定がなかったので、補足を行ったのではないかとの旨を発言されている点に留意したい[59]。令集解における類例は計三例で、これらから結論を出すことは慎まねばならないが、ここでは当該部分が大宝令文の引用ではなく、令文規定欠如に対する補足であるという可能性を強調し、若干の傍証を示してみたい。

第一に、『続紀』慶雲四年八月辛巳条「水手等給二復十年一」が注目される。これは遣唐使（7）〔大宝元〕の副使巨勢邑治らの帰朝（押使粟田真人は慶雲元年帰朝）時の叙位に続く部分である。この復十年について、鈴木靖民氏は、大宝・

養老賦役令外蕃条同文の立場から、この条文を拡大解釈して七年間延長したものと述べられた(60)。しかし、この場合、大宝二年六月出発の遣唐使（7）〔大宝元〕が、漂流等で帰国遅引となったとして、賦役令没落外蕃条の適用（准用？）を考えても(61)、外蕃没落三年以上は復五年であり、復十年には該当せず、賦役令外蕃条の拡大解釈といっても、拡大しすぎではあるまいか。そこで、私はむしろ大宝賦役令外蕃条には唐の規定がなく、絶域たる唐、遣使後の年数等を考慮して、特別に復十年と決定したものと考える。ちなみに、以後、国史にこの種の記事が見えないのは、養老賦役令外蕃条で課役三年免除が規定され、古記もそのように補足しているためであろう(62)。

次に令集解の「蕃」等の注釈において、注釈書間に差異が見られることを指摘したい。賦役令外蕃条集解A穴記を除けば、古記以外の注釈書は「蕃」の内容を注釈していないのに対して(63)、古記は、公式令詔書式条の隣国＝唐、蕃国＝新羅をはじめ、職員令玄蕃寮条、戸令官戸自抜条、選叙令散位条・贈官条、軍防令兵士以下条、公式令官人父母条など、「蕃」の内容を入念に注解しているという点である。たとえば軍防令兵士以下条の兵士歴名簿を作り、「並顕二征防遠使処所一」の部分は、次の如くである。

義解……遠使者、使二外蕃一

令釈……遣二蕃使射手一之類

古記……依二能射一遣二大唐・渤海一之類之

ちなみに、古記が「蕃」をそのまま用いるのは、律令条文に依拠した例（賦役令車牛人力条、儀制令五行条、公式令論奏式条）や「蕃」をその他と対照する例（職員令主計寮条、戸令官戸自抜条、考課令最条〔玄蕃之最〕）などで、直接「蕃」の内容が問題となる事例ではないように思われる。さて、以上のような古記の注釈の特色は、隣国＝唐、蕃国＝新羅の区別に代表されるように、古記の時代（天平十年頃）には「蕃」の内容が問題となったことを示すのではあるまいか。つまりそれまでは唐を「蕃」とするか否かの問題は、充分に意識されていなかったと見るのである。

以上、迂遠な説明に終始したが、要するに、私は大宝賦役令外蕃条は「凡以二公使一、外蕃還者、免二一年課役一」であり、唐に関する部分はなかったと考える。とするならば、大宝令制定時には、唐は絶域の国であり、日本の律令制定者の視野に入っていなかったと見るべきではあるまいか。つまり八世紀初において、唐が「蕃」に入るか否かは考慮外であったのである。

さて、以上では唐＝絶域観の存在を示し、八世紀初の日本の対唐観は一応白紙状態であったことを述べた。そして、遣唐使再開（7）（大宝元〈〉）による唐との通交の中で、新たな対唐観が形成されたのであり、前節で明らかにしたように、八世紀末の宝亀期には二つの対唐観が存在していた。それらのうち、事大的立場が生じる背景は、本項冒頭で触れたように、一応問題ないとして、一方の日本中心主義的立場の成因は依然不明である。ただ、この立場の明確な初見は宝亀期と考えられ、その生成過程を窺わせる材料は乏しい。そこで、以下では律令の運用と日本＝「中国」観の拡大という観点から、憶説を述べてみたい。

まず養老賦役令外蕃条の唐規定追加の意味を考える。結論から言えば、これはやはり唐を朝鮮諸国と同列の「諸蕃」として扱うことはできないという立場から成立したものと思われる。たとえば賦役令外蕃条と類似の規定である賦役令没落外蕃条の没落外蕃年数（64）（一年以上―復三年、二年以上―復四年、三年以上―復五年）には、唐規定追加は見られないが、これは復除年数が充分であるため、普遍法たる律令法を準用し得ると考えたからであり、先掲の関市令官司条を唐商人に適用した例も准用例と見ることができよう。とするならば、養老賦役令外蕃条の追加は、普遍法の枠に納まらないためであり、唐と「諸蕃」との区別を意識したものと言えるのではあるまいか。また古記の隣国＝唐、蕃国＝新羅の区別も、養老賦役令外蕃条に唐規定を追加した八世紀前半において、唐を朝鮮諸国と同列に扱うことができないという立場が強かったことを窺わせ、養老賦役令外蕃条の追加を右のように解する所以である。ただし、諸蕃規定の准用は、そこから唐＝「諸蕃」の解釈を生じる余地があり、事実、平安初の明法家説には、古記のように、「蕃」の内容を区別する立場はほとんど見られない。したがって、そこに日本中心主義的立場萌芽の一端が看取され、それは次の日本＝「中国」観と相俟って、発展・形成したものではなかろうか。

日本を「中国」と見る立場が八世紀初から存在したことは、朝鮮諸国との外交の例に照らして明らかにされている(65)。その他、南島人来日を「其度感嶋通二中国一於レ是始矣」（『続紀』文武三年七月辛未条）、漂着天竺人について、「後頗習二中国語一、自謂二天竺人一」（『後紀』延暦十八年七月是月条）と記す例などもある。このような観念が、唐の扱いを定める上で、全く影響しなかったとは言えまい。『続紀』天平三年七月乙亥条には、「其大唐楽生不レ言二夏・蕃一、取下堪二教習一者上、百済・高麗・新羅等楽生並取二当蕃堪レ学者一」という記事が見える(66)。この場合、在日唐人の数は少ないので、朝鮮諸国の音楽のように「当蕃」人に限定できず、「夏」＝日本人、「蕃」＝唐人の混用を認めたのであろう。とするならば、早くも八世紀前半には唐＝「諸蕃」観が存したことが知られ、このような日本＝「中国」観の拡大が一つの底流となり、宝亀期の日本中心主義的立場の表明につながっていくことになるのではあるまいか。

以上、乏しい知見の中で、日本中心主義的立場の成因に触れた。しかし、注意せねばならないのは、この立場が唐に対して表明された例は、管見の限りでは、見あたらないという点であろう。たとえば本節冒頭で掲げた「勅日本国王書」の「主明楽美御徳」は、別稿で述べたように(67)、日本には君主号の和名であるものを、唐には姓名と受け取らせる意図で、日本側が示した用字（令義解の用字とほとんど等しい）であると考えられる。これはたしかに事大的立場とは異なる日本の外交姿勢の存在を窺わせるが、対等意識や日本中心主義的立場を明示したものとは言えまい。すなわち、宝亀期の例に代表されるように、日本の日本中心主義的立場が対唐国際外交の場面で表明されることはなかったのである。

　建国後間もない唐から帰国した遣隋留学生達は、「其大唐国者法式備之珍国也、常須レ達」と奏上した（『書紀』推古三十一年七月条）。この言葉こそが日本の対唐外交の基調を示すもので、それは唐への尊崇に基づく事大的立場であったとすることができよう。日本は唐の冊封こそ受けなかったが、それを以て対等外交を展開したと見るのは早計で、日唐の史料の示すところは右の通りである。そして、この立場は九世紀以降の対中国外交においても、長く保持されたのであった(68)。

　本節では、事大的立場と日本中心主義的立場という、律令国家の二つの対唐観について、唐側の受け取り方、日本側の史料に見える各々の立場の成因などに検討を加えた。この二つの立場は、すでに八世紀前半の天平期には存し、いずれも八世紀初の唐＝絶域という白紙状態から、新たな対唐観として生成したものと考えられる。しかし、実際の対唐外交においては、伝統的に存在した事大的立場が主流を占め、もう一つの対唐観は国際的には表出すべくもなかったのである。もちろん、日本中心主義的立場は国内的には存続し、次節で触れるような、日本と唐とが対等であったと見る考え方を生んでいる。ただ、それはあくまで主観的、国内的な観念に留ったと見るべきで、実際の日唐通交において、「対等外交」がとられたという明証は見出し難いと言わねばならない。

　では、以上のように、日唐の通交形態上、「対等外交」を認めないとすれば、国書問題については如何であろうか。「対等外交」の根拠は、結局、遣隋使の国書（『隋書』東夷伝倭国条・大業三年「日出処天子、致二書日没処天子一、無レ恙云々」）を対等の書式と見る点、遣唐使が国書を携行しなかったとする点、に要約されよう。最後にこうした国書の書式や携行・不携行の問題に触れ、古代日本の対唐観に関する小考のまとめとしたい。

三　遣唐使の国書問題をめぐって

日本の遣唐使が国書を携行したか否かに関しては、従来、対唐外交における対等性要求という見方とともに、不携行説が有力であった[69]。その最大の論拠は、『性霊集』巻五「為二大使一与二福州観察使一書」に「又竹符・銅契、本備二奸詐一。世淳人質、文契何用」、「所レ献信物、不レ用二印書一」とあること、日唐の史料に国書携行が見えないこと、であると整理できよう。

しかし、不携行説の二つの論拠に対しては、最近相次いで疑問が呈された。まず『性霊集』については、先掲部分が国書とは無関係で、むしろ積荷の明細書の如きものを携行しなかったことを示すとする見方はすでに呈されていたが[70]、西嶋定生氏は、用語の詳細な検討から、あらためてその立場を明確にされた[71]。私もこの見解を支持したいと思う[72]。今、私なりに『性霊集』の文章構造を示せば、次の如くである。

a「賀能啓」で始まる冒頭部分、b「伏惟、大唐聖朝」〜「起レ昔迄レ今、相継不レ絶」・遣唐使派遣（過去）理由、c「故今、我国王」〜「非二我力之所一レ能也」・今次の遣使目的（「奉二献国信・別貢等物一」）と途次の苦労、d「又大唐之遇二日本一也」〜「君子之国、蓋為レ此歟」・過去の唐の日本使人の扱い（上客として扱い、「与二夫璅々諸蕃一、豈同日而可レ論乎」）と日本使人の態度（先掲部分はこの箇所に出てくる）、e「然今、州使責以二文書一」〜「率然禁制、手足無レ厝」・今回の州使の扱い、f「又建中以往」〜「不レ検二船物一」・建中年間（七八〇〜七八三）以前の唐の日本使人の扱い、g「今則、事与レ昔異」〜末尾・今回の州使の扱いへの不満と待遇改善要求

本文書の中心はe以下の部分、

e然今、州使責以二文書一、疑二彼腹心一、検二括船上一、計二数公私一。斯乃、理合二法令一、事得二道理一、官吏之道実是可レ然。雖レ然、遠人乍レ到、触レ途多レ憂、海中之愁、猶委二胸臆一、徳酒之味未レ飽二心腹一、率然禁制、手足無レ厝。f又建中以往、入朝使船、直着二楊・蘇一、無二漂蕩之苦一、州県諸司、慰労慇懃、左右任レ使、不レ検二船物一。g今則、事与レ昔異。遇将レ望疎、底下愚人、窃懐二驚恨一。伏願、垂二柔レ遠之恵一、顧二好レ隣之義一、従二其習俗一、不レ怪二常風一。

（下略）

にあると考えられる。つまりこの文書は、船物検括への不平を述べているのであり、州使に提出を求められた「文書」とは、船物に関する公憑（宋の公憑の実例は『朝野群載』巻二十参照）の如きものであったと見るのが至当であろう。ちなみに、今回州使が船物に関する文書提出を求めたのは、福州という場所（遣唐使到着の前例は括州が最南端）、安史の乱後の唐側の入京人数や貿易の制限(73)（例、遣唐使（14）〔宝亀六〕・『続紀』宝亀九年十月乙未条、十一月乙卯条）などによると思われ、また福州観察使の赴任直後という事情（『後紀』延暦二十四年六月乙巳条）も関係したのかもしれない。したがって『性霊集』は、船物に関する文書の不携行―唐の貿易統制への認識不足のためか――を示すだけで、国書不携行説の根拠にはなり得ないのである。

次に日唐の史料に国書携行が見えないという点に関しては、『冊府元亀』巻九九九外臣部請求「（開元）廿三年（七三五）閏十一月、日本国遣二其臣名代一来朝、献レ表懇下求二老子経本及天尊像一、以帰二于国一、発中揚聖教上。許レ之」、巻九九七同技術「倭国、以二徳宗建中初（七八〇）一、遣二大使真人興能一、自二明州路一、奉レ表献二方物一」と、遣唐使（9）〔天平四〕、（15）〔宝亀九〕が「表」を献じた記事の存在が指摘されている(74)。

以上により、国書不携行説は最大の論拠を失ったと言うことができる。しかし、携行説にとっても、『性霊集』は問題解決の論拠にならないことが判明しただけであり、中国史料における「表」の存在は、中国側の受け取り方はわ

表3　隋・唐から日本に宛てた国書

年　次	使 人 名	概　要　・　出　典　等
推古16	隋使裴世清	「皇帝問倭王」〔ａ〕／『善隣国宝記』所載元永元年諸家勘文所引「経籍後伝記」
舒明4	唐使高表仁	（日本を冊封する国書があったか？）
白雉5	遣唐使(3)	高宗の「璽書」〔ａカ〕（新羅救援命令）／『新唐書』東夷伝日本条
天智3	唐使郭務悰	表函を進める／『書紀』天智3年5月甲子条　◎『善隣国宝記』天智3年条所引「海外国記」…「将軍牒書」（＝百済鎮将の牒）を進上
天智4	唐使劉徳高	表函を進める／『書紀』天智4年9月壬辰条
天武元	唐使郭務悰	「大唐皇帝敬問倭王書」〔ａ〕／上掲諸家勘文　◎天智10年のものは「大唐帝敬問日本国天皇」，天武元年のものは上掲の如くであったというが，『書紀』によると，郭務悰は天智10年11月来日，天武元年4月に書函を進めており，後者をとる
養老2	遣唐使(8)	「皇帝敬到〔致カ〕書於日本国王」〔ｃ〕／上掲諸家勘文　◎(7)大使坂合部大分に付す
天平8	遣唐使(9)	「勅日本国王主明楽美御徳」〔ｂ〕／『曲江集』巻七
勝宝4	遣唐使(11)	「懐敬問之詔」（「皇帝敬問」カ）〔ａ〕／王維の詩
宝亀10	唐使孫興進	唐朝書を上る／『続紀』宝亀10年5月癸卯条
延暦24	遣唐使(16)	勅書〔ａカ〕函を附す／『後紀』延暦24年6月乙巳条
承和6	遣唐使(17)	大唐勅書〔ａカ〕を奏す／『続後紀』承和6年9月乙未，丙申条

かるものの（ただし、表3天智三年の例のように、正史には「表」とあっても、実際の書式は異なる場合もあり、書式決定はできない）、依然日本側史料の明証を得ておらず、必ずしも日本側の積極的な携行を裏付けるものではあるまい。つまり、日本側史料に国書携行の明証を求めることと、国書携行とすれば、その書式如何を考えることが必要になるのである。私は対唐外交は「対等外交」ではなく、基本的に朝貢であったと見ており、やはり遣唐使は国書を携行したのではないかと考えている。そこで、以下では、上記の二点について私見を明らかにし、国書携行説をより確実なものにしたい。

まず唐がほぼ毎回遣唐使に国書を付している点に、注意を喚起しておきたい(75)。日本側正史に唐の国書掲載がないのは、日本よりの国書不携行との釣り合いを保つためであるという見方もあるが(76)、表3のように、正史にも唐からの国書があったことは記されており、この見解は必ずしも的を射たものとは言えまい。また唐の国書は内記が保管したらしく（『続後紀』承和六年九月丙申条）、表3の諸家勘文に利用されているように、秘蔵されていた訳ではない。したがって正史への内容不掲載については、別の理由を考えるべきで、『書紀』には隋の国書が掲載されていること（推古十六年八月壬子条）、五国史の時代には日本＝「中国」観が成立していること等により、ここでは国内的に一定の地歩を占めた日本中心主義的立場と唐の国書が矛盾するものであったため、正史に不掲載となったと憶断しておきたい。

なお、唐の国書の書式は、中村裕一氏の研究によると、[77] a慰労制書＝「皇帝（敬）問某」の形式、「璽書」「勅書」とも称す、b論事勅書＝「勅某」の形式、aよりも劣る相手に出す、の二つであり、いずれも皇帝が臣僚に下す文書であった。またc「致書」は、対等関係を示す国家間の文書であり、君臣関係がない場合にも用いられることが指摘されている。[78] そうすると、唐の国書は、大宝以前のaから、大宝以後はc→b→aと変化し、aに落ち着いたと見ることができる。これは八世紀初には絶域たる日本の扱いは未定で、当初は君臣関係を示さないc、次いで朝貢国としてb→aとなったと解し得るのではあるまいか。ちなみに、遣唐使（8）（霊亀二）に付された（実際は（7）（大宝元）大使坂合部大分に付す）「致書」文書を右のように解すると、遣隋使の「致書」も対等関係以外の考え方ができそうであるが、如何であろうか。ただ、この文書には「天子」「日出処」と「日没処」など、他の要素の問題も残っており、[79] ここでは右の視点を記すに留め、識者の御教示を俟ちたい。

さて、以上のように、唐は日本の遣唐使に国書を付すのを通例としていた。また『入唐求法巡礼行記』開成三年（八三八＝承和五）九月二十日条に、円仁の台州行き申請に対して、唐が「須下待二本国表章到一、令中発赴上者」と応じたという「表章」を、国書と解せば、[80] 唐は遣唐使に国書提出を期待していたことがわかる。この場合、円仁は入京しておらず、国書奉呈場面の有無は不明であるが、先の中国側史料の「表」の存在と合せて、ともかく中国側の意識を看取することはできよう。

では、日本側史料に国書携行の明証が存するであろうか。五国史には国書提出の記事は見えない。また表3中の諸家勘文は、来日宋商人が齎した宋の国書を「此書叶二旧例一否、命二諸家一勘レ之」時のものであり（『善隣国宝記』鳥羽院元永元年条）、『百錬抄』元永元年六月八日条にも返牒・方物差遣の当否が勘申されたことが見える。しかし、現存勘文による限りは、日本側の例としては、推古紀の隋への国書（後掲）と表3の天智三年の場合（「日本鎮西筑紫大将軍牒」を百済鎮将に付す）しか勘申できていない。一方、『玉葉』承安二年九月二十二日条には、「上古相互送レ使贈レ物、其牒状、自二大唐一ハ天皇に送上と書、彼国王ヲハ天子ト書、自二我朝一ハ又送ト書、相互無二差別一」との記載が見える。ただし、「上古」とはいつのことか不明で、少なくとも表3の唐の国書の書式とは合致しないし、また「対等外交」の見方に立っている点でも、この史料には信頼はおき難いと思われる。

次に公式令詔書式条集解の記載から、遣唐使の国書持参が想定されていたとする意見もある[81]。

古記云、御宇日本天皇詔旨、対二隣国及蕃国一而詔之辞。問、隣国与二蕃国一何其別。答、隣国者大唐、蕃国者新羅也。

穴云、（中略）問、蕃国与二隣国一有レ別哉。答、合レ有也。仮、遣二蕃国一者、用二此式一、使来時亦同。通二隣国一者合二別勘一、不レ依二此式一。但使来明合レ放二用此式一也、無二別条一故也。未レ審、可レ検。

しかし、穴記中略部分でも「宣」が問題とされているように、詔書式は宣命の書式であり、国書の書式は別に存したので[82]、やはり国書携行の証左とはならないのではあるまいか。

そこで、次のような例に注目したい。まず遣唐使(14)（宝亀六）の大使佐伯今毛人が病により渡海を辞退した際、『続紀』宝亀八年六月辛巳朔条には、「到レ唐下レ牒之日、如借三問無二大使一者、量レ事分疏。其石根著レ紫、猶称二副使一、其持節行事一如二前勅一」との指示が見える。この場合、「牒」は国書ではなく、『入唐求法巡礼行記』にも見える（開成三年八月三日・十日条など）ように、遣唐使が唐の官人と意志を交換する時に用いる文書であろうが、ともかくも遣唐使が文書を使用したことが確認される。そして、『続後紀』承和六年九月丙午条には、帰朝遣唐使を慰労した詔の中に、「大唐天子止毛治労礼、返事毛早速申賜倍利」と見えることに注意したい。遣唐使（17）（承和元）は「大唐勅書」を齎しており（表3）、「返事」とあるからには、日本からも国書を持参した可能性を窺わせるのではあるまいか。日本の遣唐使派遣は、「本与利朝使其国尓遣之其国与利進渡祁理、依此弖使次止遣物曾。悟二此意一弖、其人等乃和美安美応為久相言部、驚呂驚呂之岐事行奈世曾」（『続紀』宝亀七年四月壬申条、『続後紀』承和三年四月丁酉条）とあり、和順・平穏な通交が期待されていた。とするならば、形式的とはいえ、「君子国」の評を得た日本が、約二十年毎とはいうものの、何度も遣使を行いながら、国際通交の儀礼上もっとも重要な国書（『延喜式』では元日、即位と「受蕃国使表」が大儀）を携行しなかったとは考え難いのである。

以上、結局、国書携行の明証は得られなかったが、ごくわずかながら、国書携行説の可能性を高めることができたと思われる。そこで、最後に国書携行とすれば、その書式は如何であったかに触れ、本稿の論述を終えたい。

まず日本の国書の実例は、二例が存する。

（1）『隋書』東夷伝倭国条大業三年

日出処天子、致二書日没処天子一、無レ恙云々。

（2）『書紀』推古十六年九月辛巳条

東天皇敬白二西皇帝一。（中略）謹白不レ具。

最近、西嶋定生氏は、（1）の「致書」を対等の文書と見る立場から、「致書」では問題が起こる（『隋書』には「帝覧レ之不レ悦。謂二鴻臚卿一曰、蛮夷書有二無レ礼者一、勿二復以聞一」とある）ので、（2）、公式令詔書式条、「勅日本国王書」などを勘案して、大宝以降は「明神御宇日本主明楽美御徳敬白大唐皇帝、云云。謹白不具。」の書式を用いたのではないかとされた。[83] 前述のように、国書の書式とは異なる詔書式に拘泥した点、右の書式を対等性を示すためのものとした点[84]などは支持し得ないが、対唐外交での実例が不明である現時点において、たとえ対隋外交の例とはいえ、日本の国書の実例が（1）・（2）の如く、「表」形式ではない点を考慮する時、右のような書状（私状）形式を想定されたのは優れた着想であると思う。

そこで、注目したいのが、日渤交渉における渤海の国書である。新羅の亢礼要求以後の日羅間の国書のあり方（日本＝慰労詔書（「天皇敬問」の形式）―新羅＝国書なし）を参照して、「日本の遣唐使が唐帝よりの勅書を授かりながら日本天皇よりの国書を携行しなかったと思われる事情とよく似ている」と解する意見もあるが、[85] 日本の対唐外交が「対等外交」でなかったことは前二節で述べた通りである。また新羅使は、国書不携行の明確な最初の使人王子金泰廉の時こそ入京を許されたが、今後の表文携行を指示され（『続紀』天平勝宝四年六月壬辰条）、以後は特例を除いて、[86] 国書なき場合は放却を命じられている（天平宝字四年九月癸卯条、同七年二月癸未条、宝亀五年三月癸卯条など）。したがって、ほとんど問題なく受け入れられた遣唐使と比することはできず、この見方を支持する訳にはいかない。そこで、日本の対唐外交が基本的には朝貢で、国書携行の可能性が高いという立場に立つ時、むしろ日渤交渉に注目せねばならない。日渤交渉では、日本＝慰労詔書――渤海＝啓、という形がとられた。[87] 渤海の「王啓」は、王名の前に「臣」字がなく（「某啓」の形）、「永敦二隣好一」と述べることより、書式上は上長に奉ずる形式をとりながら、内容上は相手を同格に扱うという渤海の対日外交姿勢に基づくものであったと言われている。[88] 先述のように、「隣好」が即対等関係を示すかは疑問もあるが、日本側も、日渤間を「族惟兄弟、義則君臣」（『続紀』天平勝宝五年六月丁丑条、宝亀三年二月己卯条）と認めており、「隣好」の表現、(89)貢献物の名称も互いに信物、土毛等――新羅には許さなかった――の表現を用いるな(90)ど、あくまで朝貢を要求して対立した日羅関係とは異なるところがあった。

以上のような日渤関係を参照する時、私は遣唐使の国書は、「日本国王主明楽美御徳」ではじまる書状形式（啓、敬白など）ではなかったかと考え、先の西嶋氏の見解を支持したい。しかし、冊封下になかったとはいえ、「東蕃」の一国たる日本が、「表」ではなく、書状形式によって通交を認められたか否かは問題の残るところで、唐の外交形式に関するより深い理解が必要であろうが、今は右の憶測を記すに留め、今後の検討に委ねたい。

むすび

本稿では、対唐外交が「対等外交」であり、遣唐使は国書を携行しなかったという「通念」に再検討を試みた。いずれの点についても曖昧な解答しか出せなかったが、対唐外交は基本的には朝貢であり、遣唐使は国書を携行したという立場を、いささかなりとも補強し得たと考えている。ただ、日本の律令国家には二つの対唐観があり、日本中心主義的立場――「対等外交」主張の一つの根拠ともなる――は、国際的には表明されなかったが、正史に唐の国書の内容を掲載しないなど、国内的には一定（以上）の影響力を有していた。そうしたいわば二重の対唐観の存在が、いかにして日本の対唐外交方針の決定に作用したか、また外交方針を決める場は如何であったか、などは未解明であり、「はじめに」で触れた外交機関・機構の研究と合せて、今後の課題としたい。

文中、憶測に頼った部分も多く、不充分な点は多々あろうかと思われるが、諸賢の照覧に委ね、ひとまず擱筆することにしたい。

註

（1）鈴木靖民「奈良時代における対外意識」（『日本史籍論集』上巻、吉川弘文館、一九六九年）、酒寄雅志「古代東アジア諸国の国際認識」（『歴史学研究』別冊、一九八三年）など。

（2）石上英一「日本古代一〇世紀の外交」（『日本古代史講座』七、学生社、一九八二年）、「古代国家と対外関係」（『講座日本歴史』二、東京大学出版会、一九八四年）など。

（3）田島公「日本律令国家の「賓礼」」（『史林』六八の三、一九八五年）、平野卓治「律令位階制と「諸蕃」」（『日本古代の政治と制度』続群書類従完成会、一九八五年）、ブルース・バートン「律令制下における新羅・渤海の接待法」（『九州史学』八三、一九八五年）、中野高行「慰労詔書に関する基礎的考察」（『古文書研究』二三、一九八四年）など。

（4）本稿では、『国史大辞典』五（吉川弘文館、一九八五年）「けんとうし（遣唐使）」の項の「遣唐使一覧」を参照し（天智六年十一月の伊吉博徳らは唐本国に行っていないので除いた）、遣唐使の次数を次のように数える（次数、任命・出発年月）。（1）舒明二年八月、（2）白雉四年五月、（3）同五年二月、（4）斉明五年七月、（5）天智四年、（6）同八年、（7）大宝元年正月任→同二年六月、（8）霊亀二年八月→養老元年三月、（9）天平四年八月任→同五年四月、（10）同十八年任→中止、（11）天平勝宝二年九月任→同四年閏三月、（12）天平宝字三年正月任→同三年二月、（13）同五年十月任→同六年四月再編→中止、（14）宝亀六年六月任→同八年六月、（15）同九年十二月任→同十年五月、（16）延暦二十年八月任→同二十二年四月→同二十三年三月、（17）承和元年正月任→同三年五月→同四年七月→同五年七月、（18）寛平六年八月任→中止。

（5）西嶋定生「七世紀の東アジアと日本」（『日本古代史講座』五、学生社、一九八二年）。

（6）『旧唐書』は「王子」と記すが、池田温「裴世清と高表仁」（『日本歴史』二八〇、一九七一年）により、「王」とするのがよい。

（7）森克己『遣唐使』（至文堂、一九六六年）、井上秀雄『変動期の東アジアと日本』（日本書籍、一九八三年）など。

（8）木宮泰彦『日支交通史』上巻（金刺芳流堂、一九二六年）、森註（7）書、山田英雄「日・唐・渤間の国書について」（『日本考古学・古代史論集』吉川弘文館、一九七四年）など。

（9）拙稿「「天皇」号の成立をめぐって」（『日本歴史』四一八、一九八三年、本書所収）。

（10）平野邦雄「書評・森公章「天皇」号の成立をめぐって」（『法制史研究』三四、一九八五年）、川北靖之「日唐律令における君主の称号について」（『神道史論叢』国書刊行会、一九八四年）など。

(11) 拙稿「天皇号の成立とその意義」（『古代史研究の最前線』第一巻、雄山閣、一九八六年）。なお、西嶋定生「遣唐使と国書」（『遣唐使研究と史料』東海大学出版会、一九八七年）も同様の見解を呈している。

(12) 石母田正「天皇と「諸蕃」」（『日本古代国家論』第一部、岩波書店、一九七三年）。

(13) 佐伯有清『新撰姓氏録の研究』考証篇第四（吉川弘文館、一九八二年）四〇六頁～四一九頁参照。

(14) 国史大系本、朝日本はともに「……勅使ナリ。謝時和……」と読んでいるが、天平宝字五年八月甲子条では、中謁者謝時和と蘇州刺史李岵が造船、水手選定の平章を行っている。もちろん、彼らは勅命によったのであろうが、選定主体は彼らであり、水手を勅使と見ることはできないので、本稿のように読む。なお、新日本古典文学大系『続日本紀』三（岩波書店、一九九二年）四〇七頁脚注も参照。

(15) 拙稿「耽羅方脯考」（『続日本紀研究』二三九、一九八五年、本書所収）。

(16) 宝亀十年十月癸丑条で新羅使とともに来日した唐客高鶴林ら五人は、この新羅使が耽羅漂着の第四船救出に関連したこと（註(15)拙稿）、同十一年正月己巳条に唐使判官高鶴林と見えることなどから、今回の唐使の一行で、遣唐使第四船に同乗していたものと考えられる。なお、『唐大和上東征伝』に「都虞天侯冠軍大将軍太常卿〔正三品相当〕上柱国高鶴林」とあるのは、大使趙宝英の帯官〔掖庭令〔従七品下〕〕と比べて疑問が残り、後考を俟ちたい。

(17) 註(16)参照。

(18) 滝川政次郎「江都集礼と日本の儀式」（『岩井博士古稀記念論文集』一九六三年）。

(19) 鍋田一「六・七世紀の賓礼に関する覚書」（『律令制の諸問題』汲古書院、一九八四年）。以下、両使の比較はこの論文による。

(20) 石母田註(12)論文も同様の指摘を行う。

(21) 坂本太郎『聖徳太子』（吉川弘文館、一九七九年）一二〇頁～一二二頁、鍋田註(19)論文など。

(22) 角田文衛「勅旨省と勅旨所」（『古代学』一〇の二～四、一九六二年）は、宝亀期の勅旨省は内蔵寮と重複する機能を有していたとする。

(23) 石母田註(12)論文。

(24)『栗里先生雑著』巻八「石上宅嗣補伝」(明治二十年十二月九日稿)による。『古事類苑』外交部八四六頁〜八四七頁所収のものとの校異は〔　〕で示した。
(25) 由水生「遣唐使」(『歴史地理』五の二・三、一九〇三年)、西岡虎之助「遣唐使」(『中央史壇』六の四、一九二三年)など。
(26) 田島註(3)論文。
(27) 大沢清臣に関しては、石井庄司「大沢清臣が事ども」(『神道大系月報』六一、一九八六年)、『大日本人名辞書』上巻(大日本人名辞書刊行会、一九二五年)などを参照。
(28) 平野邦雄「国際関係における『帰化』と『外蕃』」(『大化前代政治過程の研究』吉川弘文館、一九八五年)。なお、『平安遺文』四三三〇号大同二年四月二十九日大宰府牒にも、唐＝「遠蕃」の意識が見えている。
(29) 対隋外交については、徐先堯「隋倭国交の対等性について」(『文化』二九の二、一九六五年)など参照。
(30) 石母田註(12)論文。
(31) 川北註(10)論文など。
(32) 金子修一「唐代の国際文書形式について」(『史学雑誌』八三の一〇、一九七四年)など。
(33) 註(9)(11)拙稿参照。
(34) 石原道博「中国における隣好的日本観の展開」(『茨城大学文理学部紀要』二、一九五二年)、森註(7)書など。
(35) 湯浅幸孫「遣唐使考弁二則」(『日本歴史』四六四、一九八七年)も同様の指摘を行う。
(36) 石母田註(12)、平野註(28)論文など。
(37) 山尾幸久「遣唐使」(『日本古代史講座』六、学生社、一九八二年)は否定説、石井正敏「唐の将軍『呉懐実』について」(『日本歴史』四〇二、一九八一年)、「大伴古麻呂奏言について」(『法政史学』三五、一九八三年)は肯定説。
(38) 浜田耕策「唐朝における渤海と新羅の争長事件」(『古代東アジア史論集』下巻、吉川弘文館、一九七八年)。
(39) 石母田註(12)論文など。
(40) ちなみに、唐の日本への国書は慰労制書に定着し(後掲の表3参照)、唐末の『翰林学士院旧規』「答蕃書幷使紙及宝函等事例」によると、新羅・渤海はそれより劣る論事勅書であるという。ただし、右の書には日本の規定は見えず、この時の「大国」との関係の有無については後考を俟ちたい。

(41) 石上英一「古代東アジア地域と日本」（『日本の社会史』第一巻、岩波書店、一九八七年）八六頁。

(42) 浜田註(38)論文。

(43) 田中健夫『中世対外関係史』（東京大学出版会、一九七五年）一七頁〜一八頁にも同様の指摘がなされている。

(44) 金子修一「唐代冊封制一斑」（『東アジア史における国家と農民』山川出版社、一九八四年）。

(45) 研究史は増村宏「旧新両唐書日本伝の理解」（『鹿児島経大論集』一八の三、一九七七年）参照。

(46) 増村宏「矜大、不以実対について」（『鹿児島経大論集』二〇の一、一九七九年）、井上註(7)書。

(47) 田中健夫・石井正敏「古代日中関係編年史料稿」（『遣唐使研究と史料』東海大学出版会、一九八七年）二七八頁にも同様の見方が示されている。なお、年号については、唐の冊封下に入った新羅が、独自の年号使用を譴責された例がある（『三国史記』羅紀真徳王二年冬条、四年是歳条）ので、独自の年号の存在は疑われなかったと考える。

(48) 石母田註(12)論文。

(49) 西嶋定生「六―八世紀の東アジア」（『岩波講座日本歴史』二、岩波書店、一九六二年）。

(50) 西嶋註(5)(49)論文、金鉉球「初期の日・唐関係に関する一考察」（『日本歴史』四二三、一九八三年）など。

(51) 平野註(3)論文。

(52) 遣唐使の唐での任官例は次の通りである。(7) 押使粟田真人→司膳卿、副使巨勢邑治→率、大使坂合部大分（(8) とともに帰国）→衛尉少卿、(11) 大使藤原清河→特進、副使大伴古麻呂→銀青光禄大夫光禄卿、同吉備真備→銀青光禄大夫秘書監、(16) 判官高階遠成→中大夫試太子中允（その他、『後紀』延暦二十四年六月乙巳条に「賜二使人告身一」とある）、(17) 大使藤原常嗣→雲麾将軍検校太常卿兼左金吾衛将軍員外置同正員。

(53) 唐以外に「絶域」を用いた例は、『続紀』養老元年十一月甲辰条「高麗・百済二国士卒、遭二本国乱一、投二化於聖化一。朝庭憐二其絶域一、給レ復終レ身」、『類聚国史』巻一九四弘仁十一年正月甲午条（渤海への国書）の「悠々絶域」の二例であろう。前者は滅亡国のため、後者は文字通りの地理的遠隔を示すために「絶域」を用いたと考えておきたい。

(54) 国名表記については、金子註(44)論文参照。

(55)『書紀』でも「唐国」を用いた例がいくつかあるが、五国史では「大唐商人」という言い方を除けば、「大唐」の用例は少ない（原史料の引用は除く）ように思われる。
(56) ただし、那須国造碑には「永昌元年」の年号が見え、一定の知識は流入していたか。
(57) 鈴木靖民「「賦役令」外蕃条覚え書」（『国学院雑誌』六八の一〇、一九六七年）。
(58) 平野註(28)論文。
(59) 井上光貞・青木和夫・亀田隆之「〔輪講〕賦役令・田令」（『日本歴史』一四九、一九六〇年）。
(60) 鈴木註(57)論文。
(61) 賦役令没落外蕃条は大宝令文の復除年数は復原できないが、その他の部分は大宝・養老両令文は同文である。また唐・開元二十五年令文の構造・復除年数は養老令文と同じである。
(62) 古記が養老令文を知っていたことは、賦役令免期年傜役条、衣服令親王条集解などに明らかであり、その他、大宝令文にはなかった陵戸の語の使用例もある。
(63) ただし、註(15)拙稿で触れたような、令釈や義解が古記の説・例を継承した結果、「蕃」に区別が見られるもの（職員令玄蕃寮条・公式令官人父母条の令釈、〔雑令蕃使往還条義解〕）は除いた。
(64) この条文については註(61)参照。
(65) 鈴木、酒寄註(1)論文など。
(66)『続紀』は編纂史料であるから、正史に窺われる日本＝「中国」観により、後に改変が加わった可能性もあるが、本条の場合、もとになる法令に依拠した蓋然性が高い。
(67) 註(9)(11)拙稿参照。
(68) 森註(1)書、石母田正「日本古代における国際意識について」（『日本古代国家論』第一部、岩波書店、一九七三年）など。
(69) 註(8)の諸論文、バートン註(3)論文、王金林『奈良文化と唐文化』（六興出版、一九八八年）一〇六頁〜一〇八頁など。
(70) 板沢武雄「日唐通交に於ける国書問題について」（『史林』二四の一、一九三九年）など。
(71) 西嶋註(11)論文

(72) 川北註(10)、西嶋註(11)論文などは、dの「建中以往」を「建中以降」と解しているが、建中元年＝宝亀十一年であり、この間、遣唐使（16）〔延暦二十〕まで遣使はないので、「以往」は「以前」と解すべきであろう。
(73) 中国における貿易統制のあり方は、森克己『新訂日宋貿易の研究』（国書刊行会、一九七五年）三三頁～四五頁などを参照。
(74) 山尾註(37)論文。
(75) 板沢註(70)論文などでも指摘されている。
(76) 山田註(8)論文。
(77) 中村裕一「唐代の慰労制書に就いて」（『律令制』汲古書院、一九八六年）。
(78) 中村裕一「隋唐五代の「致書」文書に就いて」（『武庫川女子大史学研究報告』五、一九八六年）。
(79) これらをめぐる論争については、西嶋定生「遣隋使と国書問題」（『学士会会報』七七六、一九八七年）に簡便な整理がある。
(80) 足立喜六訳注・塩入良道補注『入唐求法巡礼行記』一（平凡社、一九七〇年）四四頁。
(81) 西嶋註(11)論文。
(82) 中野高行「慰労詔書と「対蕃使詔」の関係について」（『古文書研究』二七、一九八七年）は、詔書式は和文を宣し、その内容が漢文化されて慰労詔書に盛り込まれると見ている。
(83) 西嶋註(11)論文。
(84) ただし、西嶋註(11)論文八四頁～八五頁では、対等姿勢は国内向けのポーズ、国書には「国王」の字を入れ、君臣関係を示した、書式は「表」の可能性もある、などの示唆も示されている（西嶋氏自身はこれらを否定）。
(85) バートン註(3)論文。
(86) 『続紀』天平宝字八年七月甲寅条・唐国勅使韓朝彩に日本僧戒融の本国達不を告げるため、宝亀元年三月丁卯条・藤原河清、朝衡の書を齎す、同十年十月乙巳条・耽羅漂着の遣唐使救出（ただし、十一年二月庚戌条では、「表」なくして入京なしという原則が示されている）。
(87) 『続紀』天平勝宝五年六月丁丑条では上表文でない点が問責され、天平宝字三年正月庚午条には「表」奉呈の記事も見えるが、啓形式が基本であった。

(88) 石井正敏「第一回渤海国書について」(『日本歴史』三二九、一九七五年)。
(89) 『続紀』宝亀三年二月己卯条、『類聚国史』巻一九四弘仁十三年正月癸丑条、天長三年五月二十五日条、『都氏文集』巻四元慶元年六月十八日太政官牒など。
(90) 拙稿「古代耽羅の歴史と日本」(『朝鮮学報』一一八、一九八六年、本書所収)参照。

第三章　古代日本における在日外国人観小考

はじめに

天平七年、大伴氏の佐保宅で寄住の尼理願が死去した。この時、その葬儀を執行した坂上郎女の歌が『万葉集』に残っている（巻三―四六〇・四六一）。左注によると、理願は新羅人で、「遠感二王徳一帰二化聖朝一」したもので、坂上郎女や旅人の父大納言安麻呂の代から大伴家に起居していたと記されている。

このように貴族家に外国人（と目される人々）が寄住していた例は、近年出土した長屋王家木簡にも、次のような史料を見出すことができる（城二十三―一一は『平城宮発掘調査出土木簡概報』二十三の一一頁を示す）。

・新羅人一口一升　受持万呂○
　七月卅日甥万呂　○　（城二十三―一一）　（一八二）×一八×三　〇一九

・新羅人二口二升受田［
　八月十三日石角書吏　（城二十七―一三）　（一三三）×二三×二　〇一九

・狛人給米一升受田人　○

・正月六日書史　○　（城二十一－二二）　一九八×一八×三　〇一一
百済人　（城二十八－九）　〇九一

これらは何らかの職務を以て長屋王家に仕え、米支給に与った人々と考えられ、尼理願と同列には扱えないが、「新羅」「狛（＝高句麗）」「百済」などを冠し、日本人とは区別される外国人が貴族家にも存したのはまちがいないであろう。

近年、古代日本において来住・滞留している外国出自の人々の呼称を帰化人とするか、渡来人とするかについては論争がある。(1)現代語の「帰化」とは異なる、記紀の「帰化」の用語の分析から、帰化人でよいとする意見もあるが、(2)たとえば『書紀』推古三年五月丁卯条「高麗僧恵慈帰化。則皇太子師之。」とある恵慈は、同二十三年十一月癸卯条で帰国し、高句麗で死去しており、史料用語としての「帰化」には、帰化人・渡来人と言う時に一般的にイメージする、外国から来帰・定住し、日本人と同様にヤマト王権に出仕する人々（現代語の「帰化」にニュアンスは近い）というものよりも、多様な意味が含まれているようである。帰化人・渡来人の論争にはこれ以上言及しないが、帰化人・渡来人が対象とするのは、主に東漢氏・西文氏・秦氏などの帰化・渡来系の人々であると思われる。彼らは確かに外国出自であると認識されているが、通常は日本人とほとんど同じで、「〇〇人」という外国名を冠して区別されることはない。本稿で取り上げようとするのは、外国出自で、日本に来住・滞留し、ある場合には朝廷に仕えたりしていても、なお「〇〇人」と称される人々であり、こうした人々を以下では「在日外国人」と表現して論を進めることにしたい。(3)

尼理願は、大伴安麻呂が死去した和銅七年五月から数えても二十年以上大伴家に寄住しており、「帰化」したと記されているが、「新羅国尼」と表記されており、つまりあくまでも新羅人であって、日本人とは異なった存在であると認識されていたようである。これは『万葉集』の編者大伴家持に限られる意識なのだろうか。上掲の東漢氏なども当初は外国人であったはずであるが、彼らが「〇〇人」と識別されないのは何故か。長期間日本に滞留し、朝廷に出仕する者もいるという在日外国人から「〇〇人」の称がなくなるのはいつなのか。また在日外国人に対しては、どのような意識が存したのであろうか。このような検討を行うことは、国境・国籍に対する観念や対外姿勢の根底にある外国観を知る上で大いに得るところがあり[4]、古代日本の外交のあり方、あるいは帰化・渡来の当否などを考える際にも資するものがあると思われる。

従来、外交史の分野では、通交の事実や文化面での交流については膨大な研究蓄積が存するが、外交のシステム面、外交意識、使人の迎接（賓礼）、国書、外交機関・機構、外交政策など、にはなお論究不充分な点もあると考えている。以下では、在日外国人の存在形態、彼らに対する法規や待遇などの実態面を検討し、その背景にある古代日本の外国観、外国人観を考究するという形で論をすすめる。外交史の中の上記の課題に対して、いささかなりとも研究蓄積に寄与することができればと思う次第である。

一　在日外国人の存在形態

職員令玄蕃寮条の頭の職掌には「在京夷狄」の項があり、その内容は令集解諸説によると、次のように理解されている。

釈云。謂二堕羅・舎衛・蝦夷之類一。除二朝聘一外、蕃人亦入二夷狄之例一。古記云。在京夷狄、謂二堕羅・舎衛・蝦夷等一。又説。除二朝聘一外、在京唐国人等、皆入二夷狄之例一。穴云。夷狄、謂非二朝聘一来、皆是也。跡云。雖二蕃人一、而非二国使一、皆是也。朱云。知而戸令与二寛国附貫安置一別何若。戸令為レ主二外国一、此説為レ来〔主カ〕二在京一歟何。
〈師云。国司申奏之日、貫国之輩、国司掌。貫京之徒、京職。但此寮召二取其身一、未レ定レ所レ貫之間掌耳。〉
解釈は古記以来ほぼ一致しており、正式な外交使節で来日・滞在している者以外のすべての外国人を「在京夷狄」と見なしていたようであり、例挙されている堕羅・舎衛は、『書紀』天武四年正月丙午朔条の正月の行事にも参加しているので、こうした在日外国人が京内に存したことはまちがいない。[5] また朱説によると、諸国にも同様の人々がいたことを窺うことができよう。

ただ、これはあくまで法解釈であって、その実際の存在形態は如何であったか。堕羅・舎衛以外にどのような人々が存したのか。以下、いくつかの類型に分けて検討を試みたい。[6]

1　品部・雑戸、伴部的存在の人々

職員令を繙くと、百済手部・百済戸（内蔵寮・大蔵省）、狛部・狛戸（大蔵省）や唐・高麗・百済・新羅各々の楽師（雅楽寮）などと、外国名を冠する品部・雑戸や伴部的存在の人々が存することがわかる。大蔵省条集解古記所引官員令別記によると、

忍海戸狛人五戸・竹志戸狛人七戸、合十二戸、役日無レ限。但年料牛皮廿張以下令レ作。村々狛人三十戸・宮郡狛人十四戸・大狛染六戸。右五色人等為二品部一、免二調役一也。紀伊国在狛人・百済人・新羅人并卅人戸、年料牛皮十張、鹿皮・麕皮令レ作。但取二調庸一免二雑徭一。

とあり、彼らは高句麗人・百済人・新羅人、すなわち在日外国人に他ならなかった。『書紀』仁賢六年是歳条には「日鷹吉士還レ自二高麗一、献二工匠須流枳・奴流枳等一。今倭国山辺郡額田邑熟皮高麗、是其後也。」と見え、これは官員

令別記とは必ずしも合致しないが、外国出自の伝承と、「今」、すなわち『書紀』成立の八世紀初においても在日外国人として認識されている皮革関係の人々の存在を裏付けるものとなろう。

　音楽関係の在日外国人の存在は、『続紀』天平三年七月乙亥条「定二雅楽寮雑楽生員一。大唐楽卅九人、百済楽廿六人、高麗楽八人、新羅楽四人、度羅楽六十二人、諸県舞八人、筑紫舞廿人。其大唐楽生不レ言二夏・蕃一、取下堪二教習一者上。百済・高麗・新羅等楽生並取二当蕃堪レ学者一。但度羅楽、諸県・筑紫舞生並取二楽戸一。」が注目される。これは雅楽寮の雑楽生の採用規定で、唐楽については、在日唐人の数は少ないので、「夏」＝日本人、「蕃」＝唐人の混用を認め、百済・高麗・新羅楽に関しては、「当蕃」＝各々の蕃人を採用するように定めている。逆に言えば、当時百済人・高句麗人・新羅人と認識された人々がそれだけ多かったことを如実に物語るものと言えよう。(7)『書紀』雄略十一年七月条「有下従二百済国一逃化来者上、自称レ名曰二貴信一。又称、貴信呉国人也。磐余呉琴弾壃手屋形麻呂、是其後也。」によれば、外国出自の伝承を持つ楽人が存した。また『文徳天皇実録』嘉祥三年十一月己卯条興世朝臣書主卒（七十三歳）伝には「能弾二和琴一。仍為二大歌所別当一、常供二奉節会一。新羅人沙良真熊、善弾二新羅琴一。書主相随伝習、遂得二秘道一。」、天安二年五月乙亥条高枝王薨（五十七歳）伝「習二沙良真熊之琴調一。」などとあり、平安初期においても、新羅琴の名手として「新羅人」沙良真熊がいたことが知られる。ちなみに、沙良真熊は『続紀』宝亀十一年（七八〇）五月甲戌条に「武蔵国新羅郡人沙良真熊等二人賜二姓広岡造一。」とあるが、興世朝臣書主（七七七年生）、高枝王（八〇一年生）への教習の頃にもなお「新羅人沙良真熊」と認識されていたことが窺われ、興味深い。

　こうした音楽関係では、やはり各々の国の人の技能が卓抜しており、在日外国人の存在が伝統的に保たれたのであろう。唐楽についても、『続紀』神護二年十月癸卯条「授二従五位下李忌寸元環従五位上、正六位上袁晋卿、従六位上皇甫東朝・皇甫昇女並従五位下一。以三舎利之会奏二唐楽一也。」と見え、ここに登場する人々はいずれも在日唐人であり、本格的技能を持つ唐人による奏上を重んじた様子が窺われる。百済王氏が「本国舞」や「種々之楽」を奏する（『続紀』神護元年十月戊子条、延暦六年十月己亥条、同十年十月己亥条、『紀略』天長十年四月戊午朔条など）のも、同様に伝統技能の重視によるものと思われる。(8)

以上により、品部・雑戸や伴部的存在の人々の中に在日外国人がいたことが知られ、これを在日外国人の存在形態の一類型とする所以である。藤原京跡右京七条一坊の便所遺構ＳＸ七四二〇出土木簡中の「百済手人」「志良木人毛利」（『飛鳥・藤原宮跡発掘調査出土木簡概報』十一―一二頁）や、東大寺大仏殿の天井を彩色した「新羅人伏麻（万）呂、飯万呂」（『大日本古文書』四―二五九～二六一、画工司に所属か）もこの類型の実例であり、先述の長屋王家木簡に登場する人々もここに分類できると思われる。(9)

品部・雑戸に関しては、『続紀』天平十六年二月丙午条にいわゆる雑戸解放令が出されたことが著名である。ただし、「汝手伎如不レ伝ニ習子孫一、々々弥降ニ前姓一、欲レ従ニ卑品一」と、技術伝習は義務づけられており、勝宝四年二月己巳条では一部の人々は元の身分に戻されている。伴部にも「凡諸司伴部者、各以ニ負名氏入色者一補レ之。」（延喜式部上式）という規定があり、伝統的な奉仕が続いている。したがって品部・雑戸や伴部的存在の在日外国人はその奉仕形態故に、在日外国人の存在を取り続けねばならなかった人々であったと言うことができよう。

2　一般人としての在日外国人

品部・雑戸や伴部的存在の在日外国人の来日伝承が記される『書紀』の中には、次のような記事も散見される。

01欽明二十三年七月己巳朔条

新羅遣レ使献ニ調賦一。其人知ミ新羅滅ニ任那一、恥レ背ニ国恩一、不ニ敢請レ罷。遂留不レ帰ニ本土一、例同ニ国家百姓一。今河内国更荒郡鸕鷀野邑新羅人之先也。

02欽明二十三年十一月条

新羅遣レ使献、并貢二調賦一。使人悉知四国家憤三新羅滅二任那一、不二敢請レ罷。恐レ致二刑戮一、不レ帰二本土一、例同二百姓一。

今摂津国三嶋郡埴廬新羅人之先祖也。

03欽明二十六年五月条

高麗人頭霧唎耶陛等投二化於筑紫一。置二山背国一。今畝原・奈羅・山村高麗人之先祖也。

04斉明六年十月条

百済佐平鬼室福信遣二佐平貴智等一来献二唐俘一百余人一。今美濃国不破・片県二郡唐人等也。

05『三代実録』貞観三年八月十九日条

（大伴狭手彦）磯城島天皇世、還来献二高麗囚一。今山城国狛人是也。

これらは外国出自で、「今」＝『書紀』成立の八世紀初頃も「〇〇人」と認識されている在日外国人の存在を示すもので、「例同二百姓一」、つまり一般百姓と同じ扱いであるが、「〇〇人」と称される人々のあり方を示すものである。たとえば、『続紀』文武三年正月壬午条「京職言。林坊新羅子牟久売、一産[10]二二男二女一。賜二絁五疋・綿五屯・布十端・稲五百束、乳母一人一。」は、他の多産記事と比較して特異なものではなく、正に「例同二百姓一」の在日外国人の存在を物語っていよう。

ここに京職管下の在日外国人が見え、上掲01〜05では畿内あるいは畿外の諸国の在日外国人が見えるように、一般人としての在日外国人は広範囲に分布したものと思われる。在京の一般人の例は少ないが、官人の中に在日外国人は広く存しており（『続紀』神亀元年五月辛未条、宝字七年八月甲午条など）、京内、地方ともに多くの人々が生活していた。その来日の最大の契機としては、七世紀後半の百済・高句麗の滅亡や朝鮮半島の混乱が挙げられ、その動向を整理すると、表4のようになる。

安置先や処遇に関する問題は後述することにして、まず多くの外国人の来日と定住の様子がわかる。そして、彼らは先に触れた沙良真熊や「新羅人中衛少初位下新良木舎姓前麻呂等六人賜二姓清住造一。漢人伯徳広道姓雲梯連。」（『続紀』宝字七年八月甲午条）のように、「○○人」と認識される在日外国人として存した。表中にも各々の記事の時点で「○○人」と称される例が見え、一般人としての在日外国人（含官人出仕者）を在日外国人の存在形態を示す一類型として立てる所以である。

3　学芸・技能者、僧侶、遣使滞留者など

以上は主に奈良時代以前に来日あるいは亡命して来た人々およびその子孫のあり方を整理した。次に遣唐使に従って来日した人々が主であるが、奈良時代になってから来日・滞住し、在日外国人となった者が存する。彼らは学芸・技能や宗教など、特殊な能力によって招聘された人々であった。また外国使節として来日し、事情によって滞留した者、あるいは日本の遣唐使の一員が在唐中に妻帯し、その妻や子が来日した例もある（遣新羅使・遣渤海使は滞在期間が短いので、このような事態は起こり難いと考えられる）。事情はさまざまであるが、奈良時代になってから来日・滞住したという共通性に着目し、これらを在日外国人の存在形態の一つとして整理を試みたい。

（1）学芸・技能者

01『続紀』養老六年四月辛卯条（参考）

唐人王元仲始造二飛舟一進レ之。天皇嘉感歎、授二従五位下一。

表4　一般人としての在日外国人の存在

出　　典	内　容・人　数	安　置　先	備　　考
斉明7・11条分註	佐平福信所献唐俘106口	近江国墾田	斉明6・10条
天智4・2・是月条	百済百姓男女400余人	近江国神前郡	
天智4・3・是月条			神前郡百済人に給田
天智5・是冬条	百済男女2000余人	東　国	延暦18・12・甲戌条
天智8・是歳条	佐平余自信・鬼室集斯等男女700余人	近江国蒲生郡	
天武4・10・丙戌条	唐人30人	遠江国	筑紫より貢上
天武13・5・甲子条	化来百済僧尼・俗人男女計23人	武蔵国	
持統元・3・己卯条	投化高麗56人	常陸国	「賦田受稟使安生業」
持統元・3・丙戌条	投化新羅14人	下野国	
持統元・4・癸卯条	投化新羅僧尼百姓男女22人	武蔵国	
持統2・5・乙丑条	百済敬須徳那利	甲斐国	
持統3・4・庚寅条	投化新羅	下野国	
持統4・5・壬申条	帰化新羅12人	武蔵国	
持統4・8・乙酉条	百済男女21人		帰化
持統4・8・乙卯条	帰化新羅人等	下野国	
霊亀元・7・丙午条	尾張国人席田君邇近・新羅人74家	美濃国	席田郡建郡
霊亀2・5・辛卯条	駿河・甲斐・相模・上総・下総常陸・下野7国高麗人1799人	武蔵国	高麗郡建郡
天平5・6・丁酉条	武蔵国埼玉郡新羅人徳師等男女53人		金姓賜与
宝字2・8・癸亥条	帰化新羅僧尼男女計74人	武蔵国開地	新羅郡建郡
宝字4・4・戊午条	帰化新羅131人	武蔵国	
宝字5・5・丙申条	河内国志紀郡人達沙仁徳・牛養		朝日連（→嶋野連）賜姓百済人か
神護2・5・壬戌条	上野国新羅人子午足等193人		吉井連賜姓
宝亀11・5・甲戌条	左京人莫位百足等14人		清津造賜姓
	右京人莫位真士麻呂等16人		
	左京人斯﨟行麻呂		清海造賜姓
	右京人燕乙麻呂等16人		御山造賜姓
	韓男成等2人		広海造賜姓
	武蔵国新羅郡人沙良真熊*等2人		広岡造賜姓
	摂津国豊島郡人韓人稲村等18人		豊津造賜姓

（表4つづき）

出典	内容・人数	安置先	備考
弘仁2・8・己丑条	山城国人高麗人東部黒麻呂		広宗連賜姓
弘仁4・3・辛未条	新羅人一清等10人		化来
弘仁5・8・丙辰条	化来新羅人6人	美濃国	
弘仁5・10・庚午条	新羅人26人		遠投風化
弘仁7・10・甲辰条	新羅人180人		帰化→入京
弘仁8・2・乙巳条	新羅人43人		帰化
弘仁8・4・辛亥条	新羅人144人		帰化
弘仁11・2・丙戌条	遠江・駿河の新羅人700人		反叛
弘仁13・7・乙巳条	新羅人40人		帰化
天長元・3・丁丑条	新羅人165人		乗田を授け，口分田に「賜種子幷農調度価」
天長元・5・己未条	新羅人54人	陸奥国	乗田を口分に充て，給復
天長10・4・乙丑条	投化新羅人男女40人	左京五条	
貞観12・2・20条	新羅人潤清・宣堅ら30人	陸奥国	天長元・8・20格

注　＊『続後紀』嘉祥3・11・己卯条「新羅人沙良真熊」とあり，ここに現れる外国系の姓を持つ人々も「○○人」と認識される在日外国人と考え，表に掲げた．

9世紀以降の新羅の政情不安による「帰化」例に関しては，奥村註⑭論文参照．

02『続紀』天平八年十一月戊寅条

天皇臨朝。（中略）唐人皇甫東朝・波斯人李密翳等授レ位有レ差。

03『続紀』勝宝二年二月乙亥条

幸二春日酒殿一。唐人正六位上李元環授二外従五位下一。

04『続紀』宝字五年十二月丙寅条

唐人外従五位下李元環賜二姓李忌寸一。

05 神護二年十月癸卯条

授二従五位下李忌寸元環従五位上、正六位上袁晋卿、従六位下皇甫東朝・皇甫昇女並従五位下一。以三舎利之会奏二唐楽一也。

06『続紀』宝亀九年十二月庚寅条

玄蕃頭従五位上袁晋卿賜二姓清村宿禰一。晋卿唐人也。天平七年随二我朝使帰朝一。時年十八九学二得文選・爾雅音、為二大学音博士一。於レ後、歴二大学頭・安房守一。

07『三代実録』元慶元年六月九日条

先レ是、貞観十三年八月十三日太政官処分、令三唐人崔勝寄二住右京五条一坊庶人伴中庸宅地卅二分之八一。至レ是、崔勝言。帰化之後、廿二八年於茲一矣、未レ有二立錐之地一、曽無二処レ身之便一。平生之日、無二復所一レ愁、身亡之後、妻孥何頼。請永給二此宅一、以為二私居一。

08『三代実録』元慶七年十月二十七日条

加二賜唐人崔勝居宅地卅二分之二一。元是庶人伴中庸没官之宅地卅二分之十也。元慶元年勅賜二崔勝卅二分之八一。其残二分在二四至之内一、崔勝申請、故賜レ之。

奈良時代に遣唐使の帰国とともに来日した人物は僧侶が多く、俗人の例はあまり多くない。01は、大宝、養老度の遣唐使には来日者が知られず、たとえば『書紀』持統二年九月壬申条の「音博士大唐続守言・薩弘恪」のように、七世紀後半の百済の役の際に捕囚として来日した人（斉明七年十一月戊戌条分註、天智二年二月是月条）、あるいはその子孫であった可能性もあるので、参考として掲げた。07・08の崔勝も嘉祥二年頃来日したらしいが、彼が如何なる技能等を持っていたか不明であり、やはり参考とするに留める。とすると、奈良時代に遣唐使に従って来日した学芸・技能者は天平七年帰朝の天平度の遣唐使の場合しかないことになり、それが02〜06に見える人々である[(11)]。波斯人李密翳を除いて、先に触れたように、全員が05の唐楽奏上にも関わっているのは興味深い（天平七年五月庚申条にも「入唐廻使及唐人奏二唐国・新羅楽一」とある）。各々の学芸・技能の分野は異なっていたであろうが、唐人として、在日外国人の扱いを受けており、本国の音楽奏上に与ったのである。

04・06には唐人に対する賜姓が見えているが、この時点でも彼らは「唐人」と称され、在日外国人として認識されている。賜姓その他の処遇については後述するので、ここでは触れないが、05の時点で唐楽奏上を行わせたのは、やはり彼らは「唐人」であり、唐楽に長じていることを考慮してのことと推定され、在日外国人としての存在を示すものと見なしたい。

（2）僧　侶

奈良時代に来日した僧侶としては鑑真が最も著名であり、鑑真は唐大和上、唐僧などと称された。ここではその他の若干の例を掲げる。

01『続紀』養老四年十二月癸卯条

詔曰、釈典之道、教在二甚深一、転経唱礼、先伝二恒規一、理合二遵承一、不レ須二輙改一。比者、或僧尼自出二方法一、妄作二別音一、遂使二後生之輩積習成一レ俗、不レ肯二変正一。恐汙二法門一、従レ是始乎。宜レ依二漢沙門道栄・学問僧勝暁等転経唱礼一、余音並停レ之。

02『続紀』天平元年八月癸亥条

（上略：賀茂子虫による負図亀献上）又勅、唐僧道栄、身生二本郷一、心同二皇化一、遠渉二滄波一、作二我法師一。加訓二導子虫一、令レ献二天瑞一。宜レ擬二従五位下階一、仍施二緋色袈裟幷物一、其位禄料一依二令条一。

03『続紀』天平八年十月戊申条

施二唐僧道璿・波羅門僧菩提等時服一。

04『南天竺波羅門僧正碑幷序』（景雲四年四月二十一日弟子修栄作）（参考）

（上略）印度聖種、梯レ山航レ海、弘二化聖朝一、而今聖徳作而異人至、昌運起而大化隆、非二但諸仏悲願之感一、抑亦聖朝崇法之応也。（下略）

05『東大寺要録』巻四所引大和尚伝(12)

勝宝六載甲午二月一日、至二難波駅一。国師郷僧崇道及大僧正行基弟子法義等、設供共叙二寒暄一。

06『紀略』延暦十七年正月乙未条
唐僧恵雲為二律師一。
07『後紀』弘仁六年正月己卯条
少僧都伝灯大法師位如宝卒。大唐人。不レ知二何姓一。固二持戒律一、無レ有二缺犯一、至二於咒願一、天下絶疇。局量宏遠、有二大国之風一、能堪二一代之壇師一者也。
08『三代実録』仁和二年六月七日条
勅　唐僧湛誉供料、日白米三升二合・塩三合・味醬二合・滓醬二合・醬一合・海藻二両・滑海藻二両、節料白米十斛。毎年五月十五日以二近江国正税一充レ之。

天平七年来日の道璿・菩提、鑑真に従って来日した如宝など、やはり遣唐使の帰朝とともに来日した人々がほとんどであり、如宝のように、咒願に優れているといった、宗教者として著名な者が多い。01・02の道栄は来日年次は不明で、すでに養老年間から見えることを考えると、先述の王元仲と同様、奈良時代以前から在日していた可能性もある。彼は読経の際の発音の手本とされたようで、従来の呉音から漢音への切り換えに果した役割は大きいと考えられていることを考慮すると、01以前といっても、比較的近い時期の新来の人であった可能性も存する[13]。その他、05では摂津国の国師として唐僧が起用されていることが知られ、京外の寺院にも在日外国人たる僧侶がいたことが窺われる。なお、『日本霊異記』上巻第七話の百済の役後来日し、備後国三谷郡の三谷寺に居住した百済人の禅師弘済、後掲の（3）史料15の近江国国分寺に居住した天竺人なども、地方寺院における在日外国人の寄住例に加えることができる。

（3）　遣使滞留者

奈良時代以降で唐使の来日は二度ある。そのうち宝字五年八月遣唐使高元度の送使として来日した沈惟岳一行は、

『続紀』宝字七年正月庚申条で唐国荒乱により、日本から使者を派遣して送ることができないので、滞日か帰国（駕船・水手を給付）かの選択を迫られ、安史の乱による唐の荒廃もあって、滞日した者が多かった。以後、八世紀後半から九世紀初の史料に、この時の遣使滞留者と判断できる人々、あるいは来由不明であるが、「唐人」と記される者が散見する。後者も沈惟岳一行であった可能性もあり、一応遣使滞留者の項に入れて整理しておきたい。なお、彼らは『新撰姓氏録』左京諸蕃上に「沈惟岳同時也」と記されていることから、沈惟岳一行と判断できる者が多く、まずそれを表示しておく（表5）。

表5　『新撰姓氏録』左京諸蕃上に見える唐人

姓　氏	祖　　名	官職等	入朝年次	備考
清海宿禰	唐人・従5下・沈惟岳			02
嵩山忌寸	唐人・外従5下・張道光	船典・賜緑	沈惟岳同時也	04
栄山忌寸	唐人・正6上・晏子欽	国岳・賜緑	〃	03
長岡忌寸	唐人・正6上・五税児	押官・賜緑	〃	04
栄山忌寸	唐人・正6上・徐公卿	判官・賜緑	〃	03
嵩山忌寸	唐人・正6上・孟恵芝	丑倉・賜緑	〃	04
清川忌寸	唐人・正6上・盧如津	賜緑	〃	05
清海忌寸	唐人・正6上・沈庭勗	賜緑	〃	
新長忌寸	唐人・正6上・馬清朝			07

01『続紀』宝亀十一年十一月丙戌条
授㆓唐人正六位上沈惟岳従五位下㆒。

02『続紀』宝亀十一年十二月甲午条
唐人従五位下沈惟岳賜㆓姓清海宿禰㆒、編㆓附左京㆒。

03『続紀』延暦三年六月辛丑条
唐人賜緑晏子欽・賜緑徐公卿等賜㆓栄山忌寸㆒。

04『続紀』延暦三年六月辛巳条
唐人正六位上孟恵芝・正六位上張道光等賜㆓姓嵩山忌寸㆒、正六位上吾税児賜㆓永国忌寸㆒。

05『続紀』延暦五年八月戊寅条
唐人盧如津賜㆓姓清川忌寸㆒。

06『続紀』延暦六年四月乙卯朔条
唐人王維清・朱政等賜㆓姓栄山忌寸㆒。
07『続紀』延暦七年五月丁巳条
唐人馬清朝賜㆓姓新長忌寸㆒。
08『続紀』延暦十年五月乙亥条
唐人正六位上王希逸賜㆓姓江田忌寸㆒、情願也。
09『紀略』延暦十四年七月辛巳条
唐人等五人授㆑官、以㆑優㆓遠蕃人㆒也。
10『紀略』延暦十五年三月庚子条
唐人賜㆑姓。
11『類聚国史』巻七八延暦十七年六月戊戌条
唐人外従五位下嵩山忌寸道光・大炊権大属正六位上清川忌寸是麻呂・皷吹権大令史正六位上清根忌寸松山・官奴権令史正六位上栄山忌寸諸依・造兵権大令史正六位上栄山忌寸千嶋等、遠辞㆓本蕃㆒、帰㆓投国家㆒、雖㆑預㆓品秩㆒、家猶乏。宜㆓特優恤、随㆑便賜㆑稲。
12『後紀』延暦十八年正月甲戌条
唐人大学権大属正六位上李法琬・大炊権大属正六位上清川忌寸斯麻呂・造兵権大令史正六位上栄山忌寸千嶋・官奴権令史正六位上栄山忌寸諸依・皷吹権大令史正六位上清根忌寸松山等、給㆓月俸㆒。愍㆓其羈旅㆒也。
13『後紀』延暦二十四年十一月丁卯条

授二唐人正六位上清河忌寸斯麻呂外従五位下一。

14『後紀』延暦二十四年十一月甲申条

左京人正七位下浄村宿禰源言。父賜緑袁常照、以二去天平宝字四年一奉レ使入朝、幸沐二恩渥一、遂為二皇民一。其後不幸、永背二聖世一。源等早為二孤露一、無二復所レ恃。外祖父故従五位上浄村宿禰晋卿養而為レ子。依二去延暦十八年三月廿二日格一、首露已訖、儻有二天恩一、無レ追二位記一。自レ天祐レ之、欣幸何言。但賜レ姓正レ物、国之徴章。伏請改二姓名一、為二春科宿禰道直一。許レ之。

15『後紀』延暦十八年七月是月条

有二一人一、乗二小船一、漂二着参河国一。以レ布覆レ背、有二犢鼻一、不レ着レ袴、左肩着二紺布一、形似二袈裟一。年可レ廿、身長五尺五分、耳長三寸余。言語不レ通、不レ知二何国人一。大唐人等見レ之、僉曰、崑崙人。後頗習二中国語一、自謂二天竺人一。常弾二一弦琴一、歌声哀楚。閲二其資物一、有下如二草実一者上、謂二之綿種一。依二其願一、令レ住二川原寺一。即売二随身物一、立二屋西墎外路辺一、令二窮人休息一焉。後遷二住近江国々分寺一。

沈惟岳一行は、宝字六年八月乙卯条「勅唐人沈惟岳等着レ府。依二先例一、安置供給。其送使者、海陸二路量レ便咸令二入京一。其水手者、自レ彼放二還本郷一。」とあり、宝字六年八月に来日しているが、14によると、唐での任命は宝字四年であったらしい（宝字四年に遣唐使が唐に到着している）。その後、遣使滞留者となった彼らは、「唐人」と称せられ、位階の授与、賜姓、官職への就任などに与っている。15は漂着者として来日し、在日外国人となった天竺人の例で、漂着者の事例はこれ以外には九世紀の新羅人の例しかない（表4）ので[14]、便宜上ここに合せて掲げたものであるが、15の「大唐人」は01〜14の「唐人」であった可能性が高い。

その他、11のうち、嵩山忌寸道光は04の張道光であり、清川忌寸是（斯）麻呂はあるいは音の類似と氏姓の点から

05の盧如津に比定される。とすると、11・12で彼らとともに見える人々は、その氏姓と合せて考えると、やはり沈惟岳一行として来日した者ではなかったかと思われる。したがって奈良時代の遣使滞留者としては、沈惟岳一行があるだけで、八世紀後半から九世紀初の「唐人」史料はほとんどが彼らに関わるものであったことがわかる。彼らの処遇に関しては興味深い点が存するが、後に一括して検討することにしたい。

（4）新帰朝者

次に新帰朝者として、遣唐使の一員が在唐中に妻帯し、その妻や所生子が来朝する例を掲げる。

01『懐風藻』釈弁正

弁正法師者、俗姓秦氏、性滑稽、善㆓談論㆒。少年出家、頗洪㆓玄学㆒。大宝年中、遣㆓学唐国㆒。時遇㆓李隆基龍潜之日㆒、以㆑善㆓囲碁㆒、屢見㆓賞遇㆒。有㆓子朝慶・朝元㆒。法師及慶在㆑唐死。元帰㆓本朝㆒、仕至㆓大夫㆒。天平年中、拝㆓入唐判官㆒、到㆓大唐㆒見㆓天子㆒。天子以㆓其父故㆒、特優詔、厚賞賜。還至㆓本朝㆒、尋卒。

02『類聚国史』巻一八七延暦十七年五月丙午条

正五位下羽栗臣翼卒、云云。父吉麻呂、霊亀二年、以㆓学生阿倍朝臣中麻呂傔人㆒入唐、娶㆓唐女㆒生㆓翼及翔㆒。翼年十六、天平六年、随㆑父帰㆑国。以㆓聡頴㆒見㆑称、多㆑所㆓通渉㆒、出家為㆑僧。未㆑幾学業優長、朝廷惜㆓其才㆒而還俗、特賜㆓度者二人㆒。

03『続紀』宝亀九年十一月乙卯条

第二船到㆓泊薩摩国出水郡㆒。又第一船海中々断、舳艫各分。（中略）判官大伴宿禰継人幷前入唐大使藤原朝臣河清女喜娘等卌一人、乗㆓其舳㆒、而着㆓肥後国天草郡㆒。（下略）

04『続紀』宝字七年十月乙亥条

左兵衛正七位下板振鎌束至レ自二渤海一。以レ擲二人於海一、勘当下レ獄。（中略）使下鎌束便為二船師一、送二新福等一発遣上。事畢帰日、我学生高内弓・其妻高氏及男広成・緑児一人・乳母一人、并入唐学問僧戒融・優婆塞一人、転自二渤海一相随帰朝。海中遭レ風所レ向迷レ方、柁師・水手為レ波所レ没。于レ時鎌束議曰、異方婦人今在二船上一、又此優婆塞異二於衆人一、一食数粒、経レ日不レ飢。風漂之災未レ必不レ由レ此也。乃使下水手撮二内弓妻并緑児・乳母、優婆塞四人一、挙而擲上レ海。風勢猶猛、漂流十余日、着二隠岐国一。

05『紀略』延暦十一年五月甲子条

唐女李自然授二従五位下一。自然従五位下大春日浄足之妻也。入唐娶二自然一為レ妻、帰朝之日、相随而来。

まず所生子の場合は在日外国人とは意識されていないことに注意される。在日外国人と認識されるのは、やはり唐人たる妻やその随行者だけであった。01～03が所生子の例で、秦忌寸朝元や羽栗臣翼・翔が「〇〇人」と称された例はない。これは律令の父系主義により、父が日本人であれば、日本人とされたものとも考えられよう。

一方、04で海に投擲された高内弓の妻や乳母は「異方婦人」とあり、内弓は、『続紀』宝亀四年六月丙辰条によると、渤海に留学していたことがわかるので、彼女たちは渤海人であったようである。彼女たちは来日すれば、05の李自然同様、「〇〇女」とされ、在日外国人になったものと思われる。

以上四項目に分けて、奈良時代以降来日して在日外国人となった人々の存在を整理した。（2）の僧侶は妻帯しないので、子孫が残らないが、その他の人々は日本に子孫を残す可能性があり、事実『新撰姓氏録』には彼らを始祖とする氏が記されている。また（3）史料14の浄村宿禰源は、父袁常照は沈惟岳一行として来日した人で外祖父浄村宿禰晋卿は（1）史料06の袁晋卿であるから、天平七年に来日しており、その女と袁常照が結婚して源が生まれたことになる。在日外国人間の婚姻例として注目されよう。また晋卿は来日した時に十八、九歳であったというから、日本で妻帯（日本人か唐人かは不明）し、子孫を残したことも知られるのである。

では、以上の在日外国人に対する国家の扱いは如何であったか。品部・雑戸的存在の人々と、百姓・官人などの一般人や特に政府から滞留を望まれ招聘された人々とは自ずと身分が異なるので、一概には言えないが、より普遍性を持つ後者を中心に、在日外国人に関する法規や待遇を検討することにしたい。

二　法規と待遇

ここでは在日外国人に対する法規という法制面と実際に付与されたさまざまな待遇＝実態面とについて検討を加え、在日外国人に対する意識・処遇など、在日外国人の存在状態を考察する手がかりとしたい。

まず法制面の考察を行い、次いで先の在日外国人の存在形態の類型説明の際に保留した実際の待遇について整理するという順序で論究を進める。

1　律令の規定

律令条文の中には、「諸蕃」「外蕃人」などの表現で、外国使節や外国人に関わる事柄を規定したものが散見する。これらの条文については、最近詳細な検討を行った論考が呈されたが[15]、関心の所在や視角が異なることもあって、以下、私なりに考察を試みる。

まず律令の中で、帰化者の扱いや在日外国人のあり方に関する条文を掲げる（〈唐〉は特に律条において日本律が復原されていないものについて、参考のために唐律を掲げたことを示す。唐令は仁井田陞『唐令拾遺』による）。

01名例律八虐条（↓賊盗律謀叛条に処罰方法あり）

三曰謀叛。（謂謀二背レ国従レ偽*。）

*謂有レ人謀下背二本朝一、将上投二蕃国一、或欲二翻レ城従レ偽、或欲二以レ地外奔一。

02名例律化外人相犯条

凡化外人同類自犯者、各依二本俗法一。異類相犯者、以二法律一論*。

*依二其俗法一断レ之。異類相犯者、若高麗与二百済一相犯之類。

03〈唐〉衛禁律越度縁辺関塞条(16)

諸越二度縁辺関塞一者、徒二年。共二化外人一私相交易、若取与者、一尺徒二年半、三疋、加二一等一、十五疋、加役流。私与二禁兵器一者絞。共為二婚姻一者、流二千里。未入・未成者、各減二三等一。即因レ使私有二交易一者、準盗論*。

*（上略：語義解釈）又準二別格一（『唐会要』巻一〇〇貞観二年六月十六日勅か）、諸蕃人所二娶得一漢婦女為二妻妾一、並不レ得レ将二還蕃内一。又準二主客式一、蕃客入朝、於二在路一不レ得二与レ客交雑一。亦不レ得レ令二客与レ人言語一。州・県官人若無事亦不レ得二与レ客相見一。即是国内官人・百姓不レ得二与レ客交関一。私作二婚姻一同二上法一。如是蕃人入朝、聴レ住之者、得レ娶二妻妾一。若将二還蕃内一、以二違勅一科レ之。

04職制律漏泄大事応密条

凡漏二泄大事応レ密者絞。（大事、謂潜謀二討襲一及収二捕謀叛一之類。）非二大事一応レ密者、徒一年。漏二泄於蕃国使一者、加二一等一*。仍以二初伝者一為レ首、伝至者為レ従。即転二伝大事一者、杖六十。非二大事一者勿レ論。

*国家之事、不レ欲二蕃国聞知一。若漏二泄於蕃国使一、加二一等一、合二徒一年半一。其大事縦漏二泄於蕃使一、亦不二加至レ斬。

05〈唐〉擅興律征討告消息条……日本律微存

諸密有二征討一、而告二賊消息一者斬。妻子、流二千里。其非二征討一而作二間諜一、若化外人来為二間諜一或伝二書信一与二化内人一、幷受、及知レ情容止者、並絞＊。

＊（上略）化外人来為二間諜一者、謂声教之外、四夷之人、私入二国内一、往来覘候者、或伝二書信一与二化内人一、幷受二化外書信一、知レ情容止停蔵者、並絞。

06〈唐〉詐偽律証不言情条……日本律微存

諸証不レ言レ情、及訳人詐偽、致三罪有二出入一者、証人減二二等一、訳人与同罪。（謂夷人　有レ罪、訳伝其対者。）＊

＊（上略）証人不レ吐二情実一、遂令三罪有二増減一、及伝二訳番人之語一、令三其罪有二出入一者。（下略）

07職員令玄蕃寮条

頭一人。（掌下仏寺・僧尼名籍・供済・蕃客辞見・讌饗送迎、及在京夷狄＊、監二当館舎一事上。）（下略）

＊集解は前掲

08職員令大宰府条の帥の職掌……蕃客・帰化・饗讌事。

09職員令大国条の壱岐・対馬・日向・薩摩・大隅国守の職掌……総知二鎮捍・防守、及蕃客帰化一。

10戸令没落外蕃条……唐・戸令十九ほぼ同文

凡没二落外蕃一得レ還、及化外人帰化者、所在国郡、給二衣粮一。具レ状発二飛駅一申奏。化外人、於二寛国一附レ貫安置。没落人、依二旧貫一。無二旧貫一任於二近親一附レ貫。並給レ粮逓送使レ達二前所一。

11戸令化外奴婢条

凡化外奴婢、自来投レ国者、悉放為レ良、即附二籍貫一。本主雖二先来投一レ国、亦不レ得レ認。若是境外之人、先於二化内一、充レ賎、其二等以上親、後来投レ化者、聴二贖為一レ良。

12賦役令没落外蕃条……唐・賦役令十六・十八ほぼ同文

凡没二落外蕃一、得レ還者、一年以上復三年、二年以上復四年、三年以上復五年。外蕃之人投レ化者復十年。其家人・奴、被レ放附二戸貫一者復三年。

13公式令駅使至京条

凡駅使至レ京、奏二機密事一者、不レ得レ令二共レ人語一。其蕃人帰化者、置レ館供給、亦不レ得二任来往一。

14公式令遠方殊俗条……（唐・補遺二あり、『新唐書』巻四六百官志・職方郎中条も参照）

凡遠方殊俗人、来入レ朝者、所在官司、各造レ図、画二其容状・衣服一、具序二名号処所幷風俗一、随レ訖奏聞。

15雑令蕃使往還条

凡蕃使往還、当二大路近側一、不レ得下置二当方蕃人一、及畜中同色奴婢上＊。亦不レ得レ充二伝馬及援夫等一。

＊謂、仮如、西海道側近、不レ可レ畜二新羅奴婢一之類。

律条はもちろんであるが、注記したように、令条においても唐令を踏襲したものが多い。そこで、まず唐における滞留外国人の扱いについて、先学の見解を整理しておきたい[17]。

唐代法における外国人の待遇は、外国人を化外人・蕃客・胡人などと賎称するものであるが、その扱い・処遇は寛大であったといわれる。中国法の下において、その信教ならびに葬祭に関する郷法は出来る限り尊重され（『宋刑統』巻一八唐主客式、『太平広記』巻二八五河南妖主条など）、また特に禁止されない限りは、中国法に従って中国人と通商取引し、互いに婚姻を通じ（03、『冊府元亀』巻九七九外臣部和親二の唐・文宗太和五年六月蕃客の本銭挙取の禁止など）、中国の裁判所に民事・刑事の訴訟を提起して、その身体・生命・財産の保護を求める権利を享有していたのである（『宋刑統』巻一二唐主客式によると、外国人の遺財はその近親に収管されるという）。外国人の権利能力、適用すべき法律（02）、遺産相続法、信教・葬祭などの点において、外国人の地位を重んじたと言われる所以であろう。

　では、日本の場合は如何であろうか。先にも触れたように、律条、令条ともに唐制とほとんど同じである場合が多く、日本独自の規定は見出し難いが、まず唐における滞留外国人の扱いに倣って、日本の在日外国人の扱いを検討する。唐制の検討の場合でも、律令条文だけでなく、それ以外の格式や実例を混じえながら考察されているが、在日外国人の扱いに関わる条文はきわめて限られており、日本の場合についても同様の方法を採る。また唐制のあり方から推察すると、在日外国人の場合も、基本的には一般の国民と同じく、国内法に准拠する場合が多かったと考えられ、それ故、特別に条文を立てているわけではないと思われる点を指摘しておく。なお、04～06は在日外国人に関する規定というよりは、外国使節や在外の外国人・夷狄等に関する規定であり、参考として掲げるに留め、考察対象外とする。

　02によると、在日外国人の裁判は、同国人間はその国の法律により、異国人間は日本の法律によるとあり、これは唐律の属人法主義と属地法主義に依拠したものである。ただし、この条文について、『法曹至要抄』上五十二化外事には、説者や撰者坂上明兼の「案」には「使還日……」の句が見えるので、実はこれも外国使節間の争いに際しての規定と考えられていたのかもしれない。また「釈云、即如与二化内人一相犯并犯二此土制法一者、皆依二法律一断耳。」とあるように、日本人と（在日）外国人の争いは、「異類相犯」ということになるので、当然日本の法律で裁判が行われることになる。

　今、在日外国人間の裁判例を見出すことができないので、管見に入った外国使節内部の争いの例を掲げる（なお、『百錬抄』康平元年閏十二月二十七日条に「諸卿定二申大隅国流来唐人、守道利殺害罪名事一」とあり、日本人が唐人を殺害した事例がある)。

a 『書紀』敏達元年六月条

高麗大使謂二副使等一曰、磯城嶋天皇時、汝等違二吾所レ議、被レ欺二於他一、妄分二国調一、輙与二微者一、豈非二汝等過一歟。其若我国王聞、必誅二汝等一。副使等自相謂之曰、若吾等至レ国時、大使顕二噵吾過一、是不祥事也。思レ欲三偸殺而断二其口一。(中略・大使殺害)明旦領客東漢坂上直子麻呂等推二問其由一。副使等乃作二矯詐一曰、天皇賜二妻於大使一、大使違レ勅不レ受、無礼茲甚。是以臣等為二天皇一殺焉。有司以レ礼収葬。

b 『書紀』敏達十二年是歳条

(上略)於レ是、恩率参官臨二罷レ国時一(註略)窃語二徳爾等一言、計下吾過二筑紫一許上、汝等偸二殺日羅一者、吾具白レ王、当レ賜二高爵一、身及妻子垂二栄於後一。徳爾・余奴皆聴許焉。(中略・日羅殺害)日羅更蘇生曰、此是我駈使奴等所レ為、非二新羅一也。言畢而死。〈属二是時一、有二新羅使一、故云レ爾也。〉天皇詔二贄子大連・糠手子連一、令レ収二葬於小郡西畔丘前一、以二其妻子・水手等一居二于石川一。於レ是、大伴糠手子連議曰、聚二居一処一、恐生二其変一。乃以二妻子一居二于石川百済村一、水手等居二于石川大伴村一。収二縛徳爾等一、置二於下百済河田村一、遣二数大夫一推二問其事一。徳爾等伏レ罪言、信、是恩率参官教使レ為也、僕等為二人之下一不二敢違一矣。由レ是下レ獄復二命於朝庭一。乃遣二使於葦北一、悉召二日羅眷属一、賜二徳爾等一、任レ情決レ罪。是時葦北君等受而皆殺、投二弥売嶋一。(下略)

c 『続紀』宝字六年五月丁酉条

大宰府言、唐客副使紀喬容已下卅八人状云、大使沈惟岳、贓汙已露、不レ足レ率レ下。副使紀喬容・司兵晏子欽堪レ充二押領一、伏垂二進止一。府官商量、所レ申有レ実。報曰、大使・副使並是勅使謝時和与二蘇州刺史一相量所レ定、不レ可二改張一、其還レ郷之禄亦依レ旧給。

d『続紀』宝亀十年十一月丙子条

検二校渤海人一使言、鉄利官人争二坐説昌之上一、恒有二凌侮之気一者。太政官処分、渤海通事従五位下高説昌、遠渉二滄波一数廻入朝、言思忠勤、授以二高班一。次二彼鉄利之下一、殊非二優寵之意一。宜下異二其列位一以顕中品秩上。

cは同国人間の争いということで、中国の法に任せ、唐使の内部争いへの関与を避け、dは渤海人と鉄利人という異類間の争いであったので、日本の法によって判断を示したという相違を読み取ることができる。ただし、別稿で触れたように、dでは渤海人の通事高説昌が日本の官位を持っていたために関与した、あるいは唐使に対しては遠慮があるが、渤海使には強権的に介入するという日本の対外姿勢の相違によるといったさまざまな要素を考慮しておく必要があり[18]、容易には断定できない。aは高句麗使の内部争いであり、同類間の争いであったためか、死骸埋葬は行ったが、紛争に介入したり、犯人を逮捕しようといった形跡は窺えない。一方、bも百済使の内部争いであるが、日羅は「於二檜隈宮御寓天皇之世一我君大伴金村大連奉二為国家一使二於海表一火葦北国造刑部靫部阿利斯登之子、臣達率日羅」とあり、倭系百済官僚であったので、日本人と百済人間、異類間の争いと見たためか日本側の介入が行われている。ただし、日羅は対朝鮮半島策を諮問するために日本側が使者を派遣して呼び寄せたという経緯もあり、要人であったためとも考えられる。しかし、aの大使も要人であり、またbでは犯人を火葦北国造一族に引き渡すなどしており、日本人に対する犯罪として扱ったと評価でき、異類間の争いという見方をとってみたい。

以上、a・bは律令国家成立以前の事例であるが、異類間の争いには日本の法によって介入（b・d）、同類間の争いには当事者国の法に任せ不介入（a・c）という区分が窺われる。これらはいずれも外国使節の例であるが、02に即して、在日外国人に対しても同様の適用が行われたのではないかと推定しておきたい。とすると、「同類自相犯」の場合は、各々の集団の法によって処理されるので、表面に出ることはないし、「異類相犯」もすべて日本の法で一般の事件と同様に処理されるとすれば、余程特別なものでなければ、国史には掲載されないので、在日外国人に対する適用例が見出し難いと考えられる。

次に中国の事例に見える信教・葬祭に関しては、次の史料が存する。

e 『書紀』皇極元年五月丙子条

翹岐児死去。是時翹岐与レ妻畏二忌児死一、果不レ臨レ喪。凡百済・新羅風俗、有二死亡者一、雖二父母兄弟夫婦姉妹一、永不二自看一。以レ此而観、無レ慈之甚、豈別二禽獣一。

f 『書紀』皇極元年五月戊寅条

翹岐将二其妻子一、移二於百済大井家一。乃遣レ人葬二児於石川一。

翹岐は、百済から人質として来日した王子扶余豊璋であり[19]、この時から六六〇年百済滅亡まで滞日しており、一般的な在日外国人とは同列に扱えないが、在日外国人の一例としてもよいと思われる。『三国志』魏志倭人伝や『書紀』神代下の天稚彦の葬儀などに窺われる倭人の葬礼は、家族・親族が同席して行うものであり[20]、eの百済・新羅の習俗とは異なっている。この場合、百済・新羅の習俗に批判は加えているが、その習俗の挙行には反対・干渉しておらず、外国人の葬祭を認めている例とすることができよう。

13は04とも若干関係するかと思われるが、帰化者を館に安置・供給して他との接触を避けようとしたものである。その他、外国使節に対する規定であるが、15も同国人同士の接触、在日外国人が来日した本国の使者と接触を行うのを防止しようとした規定と解釈できる。しかし、先に鑑真来日時に「郷僧」、すなわち郷土＝唐の僧が出迎えを行った事例を見た（第一節第三項（2）史料05）ように、外国使節の来日に際して、在日外国人等を以て接待した事例がいくつか存する。

g『書紀』斉明五年是歳条

又高麗使人持二羆皮一枚一、称二其価一曰、綿六十斤。市司咲而避去。高麗画師子麻呂設二同姓賓於私家一日、借二官羆皮七十枚一而為二賓席一。客等羞怍而退。

h『三代実録』貞観十四年五月十五日条

右京人左官掌従八位上狛人氏守賜二姓直道宿禰一。氏守為レ人長大、容儀可レ観、権為二玄蕃属一、向二鴻臚館一、供二讌饗・送迎之事一。故随二氏守申請一、聴レ改レ姓。其先高麗国人也。

gは律令国家成立以前の事例であるが、「同姓賓」はとがめられていない。hも渤海使に対して、同じ高句麗出身の祖先伝承を有し、「狛人」というそのままの姓を負っている人物を饗応に充てようとしたものである。ただし、hでは本人の申請によって、日本風の姓を与えており、あるいは15の規定が念頭にあっての行為かとも推定される。それを政府が認めた（鴻臚館での讌饗・送迎への従事の「故随二氏守申請一、聴レ改レ姓」とある）のは、そのような観念が政府側にも存したためと見ることができるとすれば、15の適用例となる。ただ、『東大寺要録』巻一所引延暦僧録によると、勝宝度の遣唐使に対して、唐は朝衡（阿倍仲麻呂）に「領二日本使一於二府庫一一切処遍宿」させたとあり、その外国使節と同国人を接待に充てることは広く行われたと考えられるので、15の厳密な適用例は求め難いと言わねばなるまい。しかし、gでは朝廷が羆皮を貸与しており、「同姓賓」は政府が認めたものであり、またhも政府の饗応の場への登用であるから、国家の認可の下に行われたという条件は考慮しておく必要があり、やはり一般的には13による規制が存したのであって、外国使節と自由な接触はできなかったものと思われる。なお、15の規定外となるが、京内には天平五年右京計帳の「韓人智努女」（『大日本古文書』一－四八八）、「烏那」姓の者（一－四九三～四九四）などが見え、「烏那」姓は『続紀』宝字五年三月庚子条に「百済人」烏那龍神が知られるので、彼らは在日外国人であったと推定される。入京途次については15で規定されているが、京内でも在日の同国人と接触する機会はあったことになる。ただし、関市令官司条では外国使節との私交易は規制されており、やはり自由な交流は不可能であった。

次に03のうち、婚姻を取り上げる。唐律では、国内での婚姻は自由であるが、滞留外国人が帰国を企図し、配偶者を伴って帰国するのは禁止するという規定である。03に関しては日本律にはこの規定がなかったとする意見が呈されており[21]、この見解は、先に触れたように、日本の遣唐使の一員が唐で婚姻を行い、その妻たる唐人が日本人の夫の帰国に従って来日した例、しかもそれが咎められることなく、むしろ唐女も高い処遇を受けていること、つまり、元来03の規制が存したとすれば、国際法・自国法上も譴責を受けないのはおかしいと考えられることとよく符合しており、支持したいと思う。とすると、日本の場合は国境観念がもうひとつ曖昧であったことになり（ただし、01を根拠とした「渡海制」は存した）、この点で唐制と相違すると言うことができる（あるいは先進国人の来日を歓迎したのかもしれない）。なお、先に言及した袁晋卿の女と袁常照の婚姻は在日外国人間の婚姻例を示すものであり、注目される。もちろん国内での行為であり、また03が存在しなかったとすれば、何の問題もないが、在日外国人が在日外国人同士で婚姻関係を結ぶことがあったことに注意を喚起しておきたい。

10の寛国安置、12の給復は在日外国人の処遇とも関わる問題であり、次項で言及することにしたい。

以上、在日外国人に関する律令の規定について、若干の事例と合せて、検討を試みた。その知見を整理すると、次のようになろう。在日外国人に対する裁判は、唐律と同様、属人法主義と属地法主義の使い分けをしており、同国人間の争いはその本国法や慣習に委ね、異国人間の場合は日本の法で介入することになっていたようである。在日外国人の場合の実例はないが、来日した外国使節にはそのような区別が窺われる。その他、葬祭の自由や在日外国人間あるいは日本人との婚姻も自由が認められている。ただし、唐律では本国に帰郷する際に、結婚した唐女を伴うことは禁止されていたが、日本ではこの点に規制がなく、遣唐使帰朝者が伴って帰国した唐女の来日は歓迎された。これは国際結婚や国境観念に寛大な日本の特徴を読み取るべきか、あるいは先進国の女性の来日が何らかの付加価値を日本に齎すことを期待してのことなのかは断定できない。外国使節をその同国人によって接待することは中国にも事例があるが、日本の場合、外交や饗応に従事する人材の不足の状況を反映したものではないかとも推定され、後進性を示す事柄とも見ることができる（この点は外交機構のあり方という観点から、別途考究したい）。

以上を要するに、在日外国人も通常は日本の法によって、一般人や官人として扱われ、権利能力や信教・婚姻の自由が認められ、おおむね寛大な扱いを受けていたとまとめることができよう。なお、在日外国人の把握については、雑戸籍や僧尼名籍の如き、特別な籍帳が存したとは考え難い。先に触れた天平五年右京計帳における韓人や烏那姓者の登載は、一般人と同様の戸籍・計帳によって把握されたことを示していよう。玄蕃寮集解にも在京者は京職、在国者は国で把握するとあり、特別な籍帳を作成していた訳ではないようであり、また唐人沈惟岳が「編附左京」（第一節第三項（3）史料02）と左京の通常の戸籍に登載されたことを窺わせる例も存する。では、在日外国人に対しては何の区別もなかったのであろうか。次に在日外国人に対する待遇を検討し、その処遇面をみたい。

2　在日外国人に対する処遇

ここでは在日外国人に対する処遇を検討する。ただし、何らかの技能を有する者や僧侶・知識人のように、日本側の要請によって来日した者と一般人としての在日外国人とを同列に扱うことはできず、以下では一般人や一般の官人として勤務する人々に対する待遇を考察対象としたい。

（1）寛国安置

律令条文10は唐令とほぼ同文であるが、化外人帰化者を寛国、すなわち班田額に不足しないだけの広大な土地を持つ国（田令寛郷条「凡国郡界内、所部受田、悉足者、為二寛郷一、不レ足者、為二狭郷一。」）に安置することを規定している。ここでは「帰化」となっているが、先に一般人としての在日外国人の存在形態を見た際に整理したように、寛国に安置された人々は、その後も「〇〇人」と称されており（表4）、在日外国人として認識されたのである。

表4によると、七世紀後半以降の亡命人・帰化者などの安置先は東国であった。なかには当初近江に安置され、後に東国に移配される例もある。これは近江、あるいは東国の開発を主眼とした計画的な配置であったとされており(22)、国家としては寛国安置により充分な土地を与えるとともに、彼らによる土地開発を期待しての措置であったのである。なお、『書紀』に畿内の在日外国人が見えるのは、当初それらの畿内の土地にも開発の余地があったためであろう。

安置から三十年程経過した段階、つまり在日二、三世が増加する時期になると、美濃国席田郡（新羅人・加羅人）、武蔵国高麗郡（高句麗人）、さらに後には武蔵国新羅郡（新羅人）などの建郡例が見られる。これらは各地に散らばる各々の在日外国人を一カ所に集住させて建郡したものであり、ある意味では隔離策とも評価される。しかし、一郡を成すほど、在日外国人が増加したこと、彼らの生活・慣習を維持できる場として、同国人による地域区画の形成と支配とを認めたものと考えることもでき、融和・優遇策の一つであったと見なしたい(23)。

なお、土地班給に関連して、京内の宅地収得の例である唐人崔勝の場合に触れておく。第一節第三項（1）史料07・08によると、崔勝は来日して二十八年経過しても自己の所有地・宅地を得ることができなかったという。ただし、右京五条一坊の庶人伴中庸宅地＝応天門の変で没官地となった伴中庸の宅地跡のうち三十二分の八の地に寄住していたとあるから、寄住地は与えられていたのである。申請により、この寄住地をそのまま賜与されることになっており、特に法律論議もないので、在日外国人に不動産所有を認めない方針があったとは考えられない。むしろ後に慶滋保胤

『池亭記』が述べるように、京内の住宅事情や住宅を所有できない者が寄住を行う例から見て、平安京内の宅地事情によるところが大きいと思われる。[24] とすると、宅地を賜与されたのは、むしろ在日外国人故の優遇と見ることができよう。

（2）租税免除

a『書紀』天智五年是冬条

以二百済男女二千余人一居二于東国一。凡不レ択二緇素一、起二癸亥年一（天智二年）至二于三歳一、並賜二官食一。

b『書紀』天武十年八月丙子条

詔二三韓諸人一曰、先日復二十年調税一既訖。且加以帰化初年倶来之子孫、並課役悉免焉。

c『続紀』養老元年十一月甲辰条

高麗・百済二国士卒、遭二本国乱一、投二於聖化一。朝庭憐二其絶域一、給レ復終レ身。

d賦役令没落外蕃条集解古記所引霊亀三年十一月八日官符

外蕃免二課役一事。高麗・百済敗時投化、至二于終身一課役倶免。自余依レ令施行。

e『三代格』巻十七延暦十六年五月二十八日勅

勅、百済王等遠慕二皇化一、航レ海梯レ山、輸レ欵久矣。神功摂政之世、則肖古王遣レ使貢二其方物一、軽島御宇之年、則貴須王択レ人献二其才士一。文教以レ之興蔚、儒風由レ其闡揚、煥乎斌々于レ今為レ盛。又属三新羅肆虐并二呑扶余一、即挙レ宗帰レ仁、為二我士庶一、陳レ力従レ事、夙夜奉レ公。朕嘉二其忠誠一、情深衿愍。宜三百済王等課并雑徭、永従二蠲除一、勿レ有レ所レ事。主者施行。

律令条文12によると、帰化者は復十年、すなわち十年間は租税を免除すると見える。12は唐令とほぼ同文であるが、大宝令以前のｂに同様の措置が見える。ｂは百済・高句麗の滅亡などにより日本に亡命して来た在日外国人に対して、租税免除の措置を示したものである。十年の給復は12と合致し、時あたかも浄御原令の編纂がはじまったところであり（天武十年二月甲子条）、あるいは唐令の条文を参考に、復十年としたものかと考えられる。ｂについては「ここの措置は、帰化の際に伴われて来た幼少の子孫に対しても、課丁の年齢に達したのち十年間は課役を免除すべきことを指示したものか」とする解釈がある。[25] この解釈に従うと、「先日」はすでに亡命時に課丁年齢に達していた者に対する措置と理解でき、発令の時期は不明であるが、ｂ以前にすでにこの措置がとられていたことがわかる。ただし、帰化者一世のみに対する12に比して、ｂは亡命という在日形態を考慮してか、その子孫についても給復を認めており、優遇措置と言えよう。

亡命百済・高句麗人等に対しては、さらに優遇措置が存する。まず百済人に関しては、ａによると、癸亥年＝天智二年（六六三）、すなわち白村江の敗戦により百済人が大量に亡命して来た時からａの時点までの三年間、官食による資養を行い、東国移配の方策が決まるまでの間の生活を保障している。安置供給→土地班給による自立自存＝在日外国人としての定着という過程をとっている訳である。そして、ｂよりもさらに優遇措置となるｃ・ｄが発令される（百済王族についてはさらにｅがある）。ｂでは来日時に生まれていた者について、課丁年齢に達した際の給復十年であったが、ｃ・ｄでは終身の課役を免ずるとある。ｃでは対象が明瞭でないが、ｄによると「敗時投化」とあり、ｂと同様、来日時に生存していた者すべてが対象となる。世代的には三世代くらいの者を含んでいた可能性があり、東国開発と課役免除によって、彼らの日本での生活基盤を確立するのに手厚い保護を与えていると言えよう。

ただ、以上はいわば亡命難民に対する優遇措置であり、在日外国人一般に対するものではない。『類聚国史』巻一五九天長元年五月己未条に「新羅人辛良金貴・賀良水白等五十四人安二置陸奥国一。依レ法給レ復、兼以二乗田一充二口分一。」

とあるのは、12による給復十年であったと考えられ、これが一般的であった。

（3）　官人出仕

以上のように生活基盤を得た在日外国人の中には官人として朝廷に仕える者も多かった。白村江の敗戦により来日した亡命百済人が日本の古代国家形成に寄与したことはよく知られており[26]、律令制下でも、その知識や文筆能力を期待されてか、多くの在日外国人が官人として登場する。遣唐使などに従って来日した人々は当然のこととして、中・下級官人の中にも在日外国人が存した。

官人出仕した人々に対する処遇として、『延喜式』巻二十二民部上に次のような規定が見える。

凡諸蕃人任二国司一者、不レ得レ差二四度使一。

これは在日外国人で国司に任じられた者は四度使として起用してはならないというもので、四度使は地方の政務を報告する使であるから、政務報告を任せるほどには信用しないというのであろうか。しかし、天平六年周防国正税帳には「即付二史生少初位上汶旦才智一進上」（『大日本古文書』一―六二七～六二八）と、「蕃人」風の姓名を持つ汶旦才智が税帳使になっている。また『続紀』和銅五年七月甲申条に「播磨国大目従八位上楽浪河内、勤造二正倉一、能効二功績一。進二位一階一、賜二絁十疋・布卅端一。」とある楽浪河内は、白村江の敗戦後日本に亡命した百済人沙門詠の子であり（景雲二年六月庚子条）、神亀元年五月辛未条で在日外国人と思われる人々とともに高丘連という日本風の氏姓賜与に与るまでは、「楽浪」の姓が示す通り、在日外国人であったと思われる。神亀元年条には「○○人」とは記されていないが、同様の改氏姓記事である宝字五年三月庚子条では、百済人・高麗人・新羅人・漢人などと明記されており、外国出自を窺わせる姓を持つこれらの人々が在日外国人としての扱いを受けていたことを物語っていよう。とすると、「蕃人」に相違ない人物が国司としての治績を評価されており、「蕃人」であっても充分信頼されていたと考えられる[27]。

式条についてはその法源が不明で、どのような経緯で成立したものか不詳であるが、実例の上からは在日外国人の官人が特別視されたとか、警戒の念を持たれたとかいう状況は窺えない。

玄蕃頭になった袁晋卿など、正官として重要な役職に就く在日外国人の例は少なくないし、何よりも天皇の近辺を守る中衛（『続紀』宝字七年八月甲午条、表4参照）や後宮に仕える宮人（養老七年正月丙子条〈命婦薩妙観（薩弘恪の子か）〉、天平十七年正月乙丑条〈古仁、上部姓者〉、景雲二年七月壬午条〈女孺沙宅万福〉など）の中にも在日外国人は散見しており、在日外国人に対する信頼が薄かったということはない。したがって官人出仕した在日外国人に対する処遇は日本人の場合と何ら変わるところはなかったと思われる。

なお、遣唐使の送使として来日し、滞留して在日外国人となった唐使沈惟岳一行に関しては、次のような優遇が見られる。彼らの中には官人となった者がおり、いずれも権任であったが、官位を有していても「家猶乏」として、賜稲や特別の月俸など、経済的な賜物・給与の給付に与っているのである（第一節第三項（3）史料11・12）。彼らは在日外国人の中では比較的最近の来日者（宝字四年（七六二）来日＝四十年ほど前）であり、安史の乱後の唐の混乱や日本側の事情もあって、帰国できなかった人々であった。また彼らは基本的には水手であり、教養等官人としての能力が充分であったか否か不明のところがあり、この時点ではかなりの年齢に達していたと思われる。官人出仕といっても、いずれも権任であり、その能力に期待したというよりは、官人の地位を与えて、給与面などで優遇したのではないかと推定される。つまりこれは在日外国人の官人一般に対する処遇ではなく、彼らのみに対する特別措置であったのである。

以上の官人出仕の様子を整理すると、在日外国人の扱いは基本的には日本人と同じであったと見ることができる。優遇はあっても、在日外国人故の差別はなかったと考えたい。ちなみに、給与の優遇は七世紀後半に次のような例が存する。

『書紀』天武六年五月甲子条

　勅、大博士百済人率母授二大山下位一、因以封二卅戸一。是日、倭画師音檮授二小山下位一、乃封二廿戸一。

『書紀』朱鳥元年五月戊申条

　是日、侍医百済人億仁病之臨レ死。則授二勤大壱位一、仍封二一百戸一。

『書紀』持統五年九月壬申条

　賜二音博士大唐続守言・薩弘恪、書博士百済末士善信銀人廿両一。

ただし、これらは「〇〇人」であるためというよりは、学問・技術者に対する特別の賜与例とすべきであり、日本人の留学生・学問者や僧侶に対する学業奨励の賜与と同様に考えておきたい。したがって給与の優遇は、管見の限りでは、八世紀末の唐人に対する例しかないということになろう。

（4）氏姓賜与

『続紀』宝字元年四月辛巳条に「其高麗・百済・新羅人等、久慕二聖化一、来附二我俗一。志二願給レ姓、悉聴許之。」とあり、宝字五年三月庚子条の百済人・高麗人・新羅人・漢人と称される外国風の氏姓を持つ人々への大量の氏姓賜与をはじめ、その他、宝字二年六月甲辰条、同二年十月丁卯条、同五年五月丙申条、同七年八月甲午条、神護二年五月壬戌条、宝亀十一年五月甲戌条、延暦十八年十二月甲戌条、弘仁二年八月己丑条など、八世紀後半以降に在日外国人の改姓記事が散見しており、日本風の氏姓が賜与されることになった[28]。

　こうした日本風の氏姓賜与は、先に触れた楽浪河内が高丘連賜姓に与った神亀元年五月辛未条でも百済・新羅・高句麗人と思われる外国風の氏姓を持つ人々に大規模に改氏姓を行っており、八世紀前半にも事例が存した。ただし、同じ大規模な改氏姓でも、宝字五年三月庚子条は「〇〇等△人」という具合に複数の人々を対象としているのに対して、神亀元年条にはそのような表現が一切なく、いずれも位階を有し、官人出仕している者個人に対する措置ではなかったかと考えられる。天平六年九月戊辰条「唐人陳懐玉賜㆓千代連姓㆒」も個人に対するものと見なされる。

また宝字元年以前の事例について言えば、

『続紀』天平五年六月丁酉条

武蔵国埼玉郡新羅人徳師等男女五十三人依㆑請為㆓金姓㆒。

『続紀』天平十九年六月辛亥条

正五位下背奈福信・外正七位下背奈大山・従八位上背奈広山等八人、賜㆓背奈王姓㆒。

『続紀』勝宝二年正月丙辰条

従四位上背奈王福信等六人賜㆓高麗朝臣姓㆒。

などのように、日本風の氏姓ではなく、外国風の氏姓を認めるという例であり、在日外国人に日本風の氏姓を賜与しようとする意識はあまり窺えない（高麗朝臣福信は宝亀十年三月戊午条で高倉朝臣と改姓している）。したがって宝字元年に到って、外国風の氏姓から日本風の氏姓への切り換えが試みられたと見てよく、この段階で七世紀後半の百済・高句麗の滅亡や朝鮮半島の混乱によって来日・滞留し在日外国人となった人々、一般大衆に日本風の氏姓が与えられることになったのである。[29]

このような改氏姓が行われた背景として、次のような要望が存した。宝字元年四月辛巳条にも「来附㆓我俗㆒、志㆓願給㆑姓」とあるが、その他「当時未㆑練㆓風俗㆒、不㆑著㆓姓字㆒」（宝字二年十月丁卯条）、「未㆑改㆓蕃姓㆒」（延暦十八年十二月甲戌条）、「賜㆑姓正㆑物、国之徴章」（延暦二十四年十一月甲申条）という記述が見えており、「風俗」に馴染んだことや「蕃姓」を改めるため、「正㆑物」たる日本風の氏姓賜与を求めたのである。また先祖が「韓国」に使者として派遣されたという功績によって韓国連を名乗った者たちが、「今号㆓韓国㆒、還似㆓三韓之新来㆒、至㆓於唱導㆒、毎驚㆓人聴㆒」として高原連への改姓を求めた例も存し（『続紀』延暦九年十一月壬申条）、外国人風の姓に対する忌避の風潮が窺われる。宝字元年条については、七世紀後半の大量の亡命人の受け入れから百年ほど経過し、在日外国人として過ごしてきた人々も日本に定着・生活基盤を形成しており、日本人への同化を求めて、このような日本風の氏姓賜与を希望するに至ったと考えたい。八世紀後半に来日・滞留した唐使沈惟岳一行は滞日後二十年ほど経過した時点で日本風に改称したり、戸籍に編附されたりしている。これも八世紀後半の同化の風潮の中でとられた方策と見なしたい。

ただし、改氏姓記事によって、すべての在日外国人が日本風の氏姓を得た訳ではない。神亀元年五月辛未条、宝字五年三月庚子条などの大量の改氏姓の中に見える外国人風の氏姓のうち、『新撰姓氏録』によると、右京諸蕃下春野連（宝字五年条面得敬ら四人が改姓）は面氏・己汶氏・汶斯氏、摂津国諸蕃豊津造（宝亀十一年五月甲戌条韓人稲村ら十一人が改姓）は韓人と同祖とあり、同族に外国人風の氏姓を残す者が存したことがわかる。また左京諸蕃下の後部薬使主・王・高、右京諸蕃下の賈氏・後部王、摂津国諸蕃の温義、未定雑姓右京の筆氏・弓良公・堅祖氏・古氏・加羅氏・呉氏・後部高、同大和国の漢人、摂津国の川内漢人、河内国の狛染部・狛人・賀良姓、和泉国の古氏など、外国人風の氏姓の事例が依然として存している。したがってすべての在日外国人が日本風の氏姓に改称した訳ではないが、宝字元年条によって多くの外国人風氏姓が日本風の氏姓に改称されたということができ、それは在日外国人の要望にも応じたものであるから、在日外国人に対する処遇の一例として掲げた次第である。

なお、前節で触れた新羅琴の名手「新羅人」沙良真熊は、『続紀』宝亀十一年五月甲戌条で広岡造を賜姓されたはずであるが、その後もなお「新羅人」と認識されたようである（前節第一項参照）。唐使沈惟岳一行も、日本風の氏姓賜与後、依然として「唐人」と記されている。とすると、日本風の氏姓賜与と在日外国人に対する意識とは別問題であるらしく、改めて古代日本における在日外国人観を検討せねばならない。この点については節を改めて論じることにしたい。

以上、いくつかの項目について、在日外国人に対する処遇を概観した。律令条文に即した寛国安置や一定期間の給復が行われていることはもちろんであるが、特に八世紀代の在日外国人対策は、七世紀後半になって大量に発生した亡命在日外国人の存在と彼らへの対策と八世紀後半の唐使滞留者への対応を大きな柱とするものであって、在日外国人による建郡認可や終身の課役免除、宅地班給など、それ以上の優遇が与えられていたと見ることができる。また官人出仕に際しては、在日外国人故の区別はなく、むしろ彼らの能力に期待して積極的に登用している面も存するし、在日外国人を信用しないととれる式条もあるが、実際には後宮等天皇・皇后の周囲にも多くの在日外国人が起用されており、信用の点でも日本人と変わりなかった。唐人の例であるが、官人出仕に加えて、その生活維持のために特別な賜与も行われており、在日外国人には手厚い保護が加えられていたと見るべきであろう。そして、来日後、一定期間が経過すると、彼らからの要望もあって、日本風の氏姓を与え、ますます日本人との区別がないようにしている。したがって在日外国人に対する処遇としては、基本的に日本人と変わるところはないが、生活基盤の確立や生活維持のための保護など、むしろ優遇が加えられているとまとめることができよう。

三　在日外国人に対する意識

前二節では、古代日本における在日外国人の存在形態および彼らに対する法規や待遇などについて検討した。では、実際のところ、こうした在日外国人に対して、古代日本の人々はどのような意識を持っていたのであろうか。外国人に対する意識を探ることは、外交政策の基調をなす外国観をも解明する手がかりとなるのではないかと思われ、以下、在日外国人に対する認識に考察を加えたいと考える。

まずいくつかの項目に分けて、在日外国人に対して古代日本の人々がどのような認識を示したかを考えてみたい。そうした認識の総合の上に立って、外国意識、外国人観を整理することができると期待される。そのような意識を探ることは、先に見た在日外国人の存在形態や法規・処遇を規定する背景・由来を理解する上でも資するところは大きいものと思われる。また外国人観に時代的な変化はなかったか否かについても検討したい。

（1）　羈　旅

先に触れたように、唐使沈惟岳一行は多くの者が滞日し、位階を授与され、在日後二十年ほど経てから日本風の氏姓の賜与や戸籍への登載に与っており、さらにいずれも権官であるが、官職を得る者もあった。彼らは「遠辞二本蕃一、帰二投国家一」（第一節第三項（3）史料11）と、もはや日本に永住しているが如くに評されているが、同史料12で彼らに特別に月俸を給付することにした際には「愍二其羈旅一」との認識が示されているのである。この時点では四十年ほど在日し、位階・官職、日本風の氏姓や戸籍登載といった日本人と変わらない処遇を得ており、ほとんど永住し、日本人に同化したかと思われるのに、なお彼らは「旅」の途中であるという認識が国家に存したことがわかる。その他、『三代実録』元慶元年十二月二十一日条「是日、令三大宰府、量二賜唐人駱漢中幷従二人衣粮一。入唐求法僧智聡、在レ彼廿余載、今年還レ此。漢中随二智聡一来。智聡言曰、漢中是大唐処士、身多二伎芸一、知二其才操一、勧令二同来一。不レ事二躁求一、独取二艱渋一。願加二優恤一、以慰二旅情一。詔依レ請焉。」と、やはり在日外国人となるであろう駱漢中に対して「旅」という認識が示されている。

そう言えば、沈惟岳一行の人々は史料11・12の時点でも「唐人」と記されており、在日外国人が外国人であるという認識は決してなくなっていない。したがってたとえ何十年滞日していようとも、彼らは仮の滞在であるという意識が存したと考える。在日外国人に対する認識として、まず「羇旅」を掲げる所以である。

（2）氏　姓

在日外国人の改氏姓が行われた背景には、「来附二我俗一、志二願給一レ姓」（『続紀』宝字元年四月辛巳条）、「当時未レ練二風俗一、不レ著二姓字一」（同二年十月丁卯条）、「未レ改二蕃姓一」（『後紀』延暦十八年十二月甲戌条）、「賜レ姓正レ物、国之徴章」（同二十四年十一月甲申条）といった認識や在日外国人側からの希望が存した。そのようにして日本風の氏姓が賜与されるに至るのであるが、新羅琴の名手沙良真熊や前述の唐人の例に窺われるように、日本風の氏姓賜与後も、彼らが在日外国人であるという認識は容易になくならなかったのである。

a『新撰姓氏録』序

（前略）勝宝年中、特有二恩旨一、聴二許諸蕃一、任レ願賜レ之。遂使二前姓・後姓文字斯同、蕃俗・和俗氏族相疑一。万方庶民、陳二高貴之枝葉一、三韓蕃賓、称二日本之神胤一。時移人易、罕知而言。宝字之末、其争猶繁、仍聚二名儒一、撰二氏族志一。抄案弗レ半、逢二時有一レ難、諸儒解体、輟而不レ興。（下略）

b『後紀』大同四年二月辛亥条

勅、倭漢惣歴帝譜図、天御中主尊標為二始祖一、至レ如二魯王・呉王・高麗王・漢高祖命等一、接二其後裔一、倭漢雑糅、敢垢二天宗一。愚民迷執、輙謂二実録一。宜二諸司官人等所レ蔵皆進一。若有二挟レ情隠匿乖一レ旨不レ進者一、事覚之日、必処二重科一。

a・bはこうした改氏姓の結末と国家の対策を窺わせるものであり、在日外国人に対する認識を知る上で重要な材料となる。これらによると、改氏姓の結果、出自が混乱したとあり、日本風の氏姓賜与によって、従来から存する日本人の氏姓との混在が進んだようである。[30] 在日外国人の同化を図るにはこれは好都合とも言える。しかし、政府はこの事態を好ましいこととは考えず、「蕃俗」、「蕃賓」出自を区別するために藤原仲麻呂の『氏族志』編纂に至ることになったという（a）。また天御中主尊を始祖とする系図に外国の王等の系図が接続され、外国出自であっても、日本人であると称するための「倭漢惣歴帝譜図」が各種作成されたようであるが、これも「倭漢雑糅、敢垢二天宗一」として没収されている（b）。とすると、在日外国人が日本人と混じて同化することは阻止すべきという認識が存したのであろうか。

先に先祖が「韓国」に使者として派遣されたという功績によって韓国連を名乗った者たちが、「今号二韓国一、還似二三韓之新来一、至二於唱導一、毎驚二人聴一」として高原連への改姓を求めた例（『続紀』延暦九年十一月壬申条）を紹介した。すなわち、在日外国人風の氏姓であることが一見してわかるので、日本風の氏姓に改めたいというのであり、そこには在日外国人を日本人と区別しようとする意識が窺われる。また『三代実録』貞観十四年八月十三日条「左京人主税頭従五位上兼行笇博士家原宿禰氏主（中略）等、賜二姓朝臣一。氏主父宿禰富依、天長三年、賜二姓家原連一之日、富依修レ解偁、富依先、出レ自二後漢光武皇帝一也。氏主今言曰、先出レ自二宣化天皇第二皇子一。延暦十八年、進二本系一之日、以二後漢光武皇帝一為レ祖者誤也。父子所レ称、始称之所レ出、先後不レ同、未レ知二誰是一矣。但姓氏録所レ記、可レ謂レ得二実正一焉。」という記載があり、当初外国出自としていた者が、日本出自に変更した例もある。この場合、現存の『新撰姓氏録』には家原姓の者が見えず、このような過程をとった理由や事の真実が不明であるが、あるいは外国出自を嫌う風潮を反映しての行為とも憶測される。

したがって氏姓という可視的な区別とともに、さらにその出自についても区別し、在日外国人をあくまで外国人として認識しようとした様子が看取される。では、その在日外国人への認識はどのように顕現するであろうか。

（3）　蕃　人

『後紀』延暦二十三年四月辛未条の中納言従三位和朝臣家麻呂薨伝には、次のような記述が見える。

　其先百済国人也。為レ人木訥、無二才学一。以二帝外戚一、特被二擢進一。蕃人入二相府一、自レ此始焉。

和朝臣は『新撰姓氏録』左京諸蕃下和朝臣条に「出レ自二百済国都慕王十八世孫武寧王一也」とあり、『続紀』延暦二年四月丙寅条「左京人外従五位下和史国守等卅五人賜二姓朝臣一」によると、和史から改姓したものである。[31] 和乙継の女新笠が即位前の光仁天皇に嫁し、桓武天皇らの母になったのが躍進の始まりで（延暦九年正月壬子条和新笠薨伝）、新笠の甥家麻呂は中納言まで昇進した。「以二帝外戚一、特被二擢進一」とは以上のような家麻呂をめぐる系譜関係を指す。この和史（朝臣）氏の来日年次は不明であるが、史を称することから考えて、白村江の敗戦による百済系の在日外国人の大量流入以前から日本に定着していたのではないかと推定される（武寧王を祖とすることを信じるならば、六世紀以降の来日となる）。[32]「蕃人」は先述のように律令用語としても存し、外国使節を指す用法もあるが、在日外国人を示す表現である。たしかに百済王氏など、百済や高句麗等外国出自の者で、三位（以上）に達した例はあるが、議政官になった者はおらず、「蕃人入二相府一、自レ此始焉」と言える。

　家麻呂は延暦十五年に参議として議政官入りしており、『公卿補任』同年条尻付は「贈正二位大納言高野朝臣弟嗣之孫。其先百済人也。天平六年甲戌生。」と記す。その後、延暦二十四年には坂上田村麿と菅野真道が参議になっており、真道については、『公卿補任』同年条に「其先百済人」と見えている。真道は『続紀』延暦九年七月辛巳条で百済国貴須王の後裔たることを述べ、津連から菅野朝臣賜姓に与っており、「其先百済人」であった。田村麿に関しては、『公卿補任』に出自記載はないが、『後紀』弘仁二年五月丙辰条薨伝に「其先阿智王、後漢霊帝之曾孫也」と出自が明記されている。家麻呂や田村麿・真道ら本人が「〇〇人」と称された事例は、管見の限りでは皆無であり、彼らはいずれも七世紀後半の大量の在日外国人発生以前に来日していた古い渡来人の子孫であった（田村麿の坂上氏が五世紀の来日、真道の津連や家麻呂の和史は六世紀に来日した新漢人であるという相違が、『公卿補任』の出自注記の有無を生じた可能性は考慮しておく必要があろう）。普段は在日外国人として意識されることのない彼らに対して、わざわざ出自を記したり、「蕃人」と記したりすることは、通常「〇〇人」と称されている在日外国人、また日本風の氏姓賜与後も「〇〇人」と称される人々に対しては、常に外国人たることを意識した区別、「蕃人」という観念が存したことを窺わせるものとして注意されるのである。

以上、史料に見える在日外国人に対する意識を見た。在日外国人は「旅」の途次であり、日本に永住するか否かわからない。また日本風の氏姓賜与に与っても、外国人だという認識は決してなくならず、出自の区別を維持しようとしたのである。出自の区別が在日外国人の日本での生活に支障を生じたり、処遇面での不利益を齎すことはなかったと考えられるが、在日外国人が外国人であるという意識は常に存したと思われ、「蕃人」という評言が現れる所以があった。このように在日外国人に対しては、あくまで外国人と見なす認識が続いたと整理できるが、そこには出自の区別や外国人の同化を認めない風潮が存したのではないかと思われる。そこで、こうした点が史料に顕現する九世紀前半について、いくつかの事象を指摘することにしたい。あるいは古代日本の在日外国人観を窺うことができるかもしれないと考えるからであり、また八世紀の在日外国人の存在の行方を検討する材料が得られるものと期待される。

まず品部・雑戸的な存在形態を持つ在日外国人の例について、九世紀は品部・雑戸制の解体の時期である(33)。『三代格』巻四大同三年十二月十五日官符「停二止并減三定諸司才長上一事」に見える内蔵寮の典革長上の廃止は皮革関係の在日外国人たる狛戸・狛人の動向に大きな影響を及ぼしたものと推定され、また『三代実録』天安二年十一月二十六日条「左京職言、毎年進二鍛冶戸・百済品部戸等計帳一、無レ益二於公家一、有レ煩二於職吏一、請除棄而不レ進。従レ之。」によると、この時点ですでに百済手部・百済戸が有名無実化していたことが知られる。品部・雑戸の解体に際しては代替者への転換が行われる場合もあるが、これらはいずれも代替者への転換は不明である。彼らのその後の専業従事の有無は不詳であるが、少なくとも朝廷の管理外となり、品部・雑戸的存在の在日外国人の存在形態は公的にはなくなってしまうことになる。

次に一般人としての在日外国人の中にも、新しい型の在日外国人が出現する。八世紀の秦忌寸朝元、羽栗臣翼・翔などのように、外国生まれで彼我を往来する国際的日本人の例は、九世紀にも（大）春日宅成・大神巳井・多治安江などの例があるが、これらはいずれも正式な遣使としての彼我往来である。[34] 周知のように九世紀には商客の来航が盛んになっていき（『続紀』宝字三年九月丁卯条、宝亀五年五月乙卯条によると、八世紀後半には大宰府に新羅人が頻繁に来航していたことが知られる）、その中で新しい型の在日外国人が登場する。

a『三代実録』貞観六年八月十三日条

先レ是、大宰府言、大唐通事張友信渡海之後、未レ知二帰程一。唐人来往、亦無二定期一。請友信未レ帰之間、留二唐僧法恵一、令レ住二観音寺一、以備二通事一。太政官処分、依レ請。

b『三代実録』貞観十二年二月二十日条

勅二大宰府一、令下新羅人潤清・宣堅等卅人及元来居二止管内一之輩、水陸両道給二食馬一入京上。先レ是彼府言、新羅凶賊掠二奪貢綿一、以二潤清等一、処二之嫌疑一。（中略）加レ之、潤清等久事二交関一、僑二寄此地一。（中略）又従来居二住管内一者、亦復有レ数。此輩皆外似二帰化一、内懐二逆謀一、若有二来侵一、必為二内応一。請准二天長元年八月廿日格旨一、不レ論二新旧一、併遷二陸奥之空地一、絶二其覬覦之奸心一。従レ之。

aの大唐通事は、延喜民部下式などにも見える大宰府の役職の一つであるが、大唐通事張友信は中国系の人物で、通事でありながら、「渡海」を行い、また「帰程」は未定とあるので、ふたたび戻って来ることが期待されている。つまり日本の官職を持ちながら、彼我を自由に往来して国際的に活躍する人物であった。bの新羅人潤清らは交易のために大宰府に滞在しており、「外似二帰化一、内懐二逆謀一」とあるので、一応日本に滞留する在日外国人の範疇に含めることができよう。こうした交易活動により外国に長期滞在しながら、本国を往来する滞留外国人の例としては、九世紀半ばの新羅人張宝高の事例が著名であるが[35]、潤清らの例に見られるように、日本にもそうした存在形態をとる外国人は少なくなかったと推定される。こうした在日外国人の存在とも関連してか、九世紀後半には日本人と新羅人の通謀事件がいくつか存する[36]。肥前国の郡司たちが新羅に渡り、兵弩・器械を教造してともに対馬を襲撃しようとした（『三代実録』貞観八年七月十五日条）、隠岐国の前守（同十一年十月二十六日条）や大宰少弐（同十二年十一月十三日条）が新羅との通謀を密告されたなどである。肥前国の例では郡内の百姓にも参加が打診されており、国郡司だけでなく、広い階層にわたっている。このような国際的活動を行う人々は、これ以前からも存したかもしれないが、史料には現れてこず、九世紀後半に顕現する事象と考えたい。とすると、新しい型の在日外国人の出現と相俟って、国境や国籍観念の希薄化の事例も出現すると言うことができるのではあるまいか。ちなみに、『続後紀』承和九年正月乙巳条の文室宮田麻呂の新羅商人掠奪事件では、前筑前守文室宮田麻呂が張宝高と交易関係を有したことが知られ、大宰府を中心に官人が国際交易に従事する例も増加する[37]。宮田麻呂は同十年十二月丙子条で謀反を密告され、処罰されている。「謀反」の内容は不明であるが、あるいは外国との関係に関わるものもあったのではないかと想像され、国際的活動や新羅との通謀例に付加することができよう。

なお、九世紀後半以降は新羅の政情不安もあって、新羅人よりも唐人の商客来航が増加する。『小右記』万寿三年六月二十四日条、同四年八月三十日条、『宇槐記抄』仁平元年九月二十四日条などには、父が宋人、母が日本人の宋人の来航や滞留の事例が見えており、これらは新しい型の在日外国人の延長線上に誕生したものと思われる。十世紀以降、こうした人々が活躍する基盤は拡大していくことになるのである。

では、品部・雑戸的在日外国人の解消や新しい型の在日外国人の登場などにより、外国人に対する区別の意識はなくなったのであろうか。一方でこうした新しい型の在日外国人の登場には、bにも見えるように、警戒の念が強かったことが知られる。

c『紀略』弘仁十一年二月丙戌条

配二遠江・駿河両国一新羅人七百人反叛、殺二人民一焼二屋舎一。二国発レ兵撃レ之、不レ能レ勝。盗二伊豆国穀一、乗レ船入レ海。発二相模・武蔵等七国軍一、戮レ力追討、咸伏二其辜一。

表4によると、九世紀以降の帰化例・在日外国人としての滞留例はほとんどが新羅人である。そうした中で、弘仁十一年にc遠江・駿河の新羅人七百人の反叛が起きる。表4ではこの地域に八世紀あるいはそれ以前に新羅人が配せられた記録はなく、cに「配二遠江・駿河両国一新羅人」とあり、彼らは移配後間もない人々であったと見なしたい。八世紀には、七世紀後半に大量に発生した亡命在日外国人に対する対策もあって、在日外国人に対して終身給復や集住による建郡など、律令の規定以上の優遇措置がとられ、日本での生活基盤の確立が図られたが、九世紀以後は主に唐人の特殊な事例以外は、そのような例は見られない。またbの潤清らは、貞観十二年六月十三日条に三十人中七人逃亡、九月十五日条には二十人を諸国に配置したが、同十五年六月二十一日条、九月八日条、元慶三年四月二日条に移配地よりの逃亡が散見し、bの措置には大きな不満があったと推定される（大宰府から移配されると、彼らの滞留の最大の目的である交易に従事できない）。とすると、cの新羅人の反叛も、処遇に対する何らかの不満が爆発したものと見る

こともでき、[38]八世紀とは異なる在日外国人に対する扱いを窺わせるのではあるまいか。

　このような事件が起こると、在日外国人に対する警戒はますます強まる恐れがあり、cと直接関係するかどうかは確言できないが、bには天長元年八月二十日格で（新羅人の）陸奥移配の方針が打ち出されたことが記されている。また『三代格』巻一八承和九年八月十五日官符「応レ放二還入レ境新羅人一事」により、新羅人の「帰化」を認めず、交易は許可するが、供給はしないという方策が示されている。ただし、『三代実録』貞観十六年七月十八日条、同十八年八月三日条などでは、唐商人に対して「准二帰化例一、安置供給」と令されており、以上の新羅人に対する措置は、日羅関係の悪化、新羅の政情不安と新羅海賊の活動などに基づいた特定の政策であったという点も考慮しておかねばならないと考える。ただ、cのような在日外国人の行動、あるいは本国との関係状況が、在日外国人の待遇に影響を及ぼす場合も存した可能性には注意しておきたい。

　九、十世紀の対外政策や外交意識については他日考察を期したいと考えるが、[39]たとえば『三代実録』貞観十四年正月二十日条には渤海使入京による「異土毒気」が京内の咳逆病を齎したとあり、三月二十三日条・五月十九日条にも「就二蕃客来一天、不祥之事可レ在」との意識が見えており、外国や外国人に対する警戒が存したのは事実である。その他、『寛平御遺誡』第七条にも「外蕃之人必可二召見一者、在二簾中一見レ之、不レ可二直対一耳」と記されている。先掲の延喜民部上式の「蕃人」国司を四度使に起用してはならないという規定は、あるいはこうした風潮の中で九世紀になって生まれたものである可能性もあり、外国・外国人観の変化を窺わせる材料ともなるのではあるまいか。あるいは八世紀にも底流として存した外国人観や在日外国人に対する区別が、さまざまな外交問題、国内の在日外国人をめぐる事件の中で顕在化したものとも理解され、古代日本における在日外国人観を知る手がかりとなるとも言えよう。

むすび

小稿では古代日本における在日外国人の存在形態、彼らに対する法規・処遇を整理し、在日外国人を外国人と見なす意識はなくならなかったことを示した。そして、九世紀以降、在日外国人に対する待遇は八世紀と異なるものがあり、あるいは九世紀の対外関係や外交政策、対外観などの変化と対応するのではないかとの展望を示した。ただし、八世紀の在日外国人対策には、七世紀後半の大量の亡命在日外国人の発生に対処したものという性格も読み取ることができ、八世紀以来底流として存した外国人観がいくつかの事件で顕在化したと見ることも可能であり、この点も考慮して、さらに外交政策や外国人対策全体の考察の上に立って、総合的に勘案する必要性を感じる。また五世紀頃の渡来・帰化人と言われる東漢氏・西文氏・秦氏などが、史料上は在日外国人として意識されたことがない（出自の区別は残った）のに対して、六世紀の欽明朝以降、また七世紀後半以降に来日・滞留した人々には外国人としての認識が残ったのであろうか。この点は、国家、国境、国籍概念の成立とも関わる問題と考えられ、外交のシステム面からこうした課題に迫ることができると思われることを指摘し、九世紀以降の外交のあり方、対外意識などについての検討とともに、今後の課題として、擱筆することにしたい。

註

（1）中野高行「『帰化人』という用語の妥当性について」（『日本古代史叢説』慶応通信、一九九二年）、上田正昭「日朝古代交渉史の問題点」（『古代学評論』三、一九九三年）、平野邦雄『帰化人と古代国家』（吉川弘文館、一九九三年）、遠山美都男「日本古代の畿内と帰化氏族」（『古代王権と交流』五、名著出版、一九九四年）など。

（2）平野邦雄「国際関係における〝帰化〟と〝外蕃〟」（『大化前代政治過程の研究』吉川弘文館、一九八五年）。

（3）律令には「蕃人」という言葉がある。ただし、「蕃人」には外交使節を指す用法もあるので、意味を限定するために、在日外国人の語を用いることにする。石上英一「古代東アジア地域と日本」（『日本の社会史』一、岩波書店、一九八七年）は、A日本列島内に居住する集団（1蝦夷、2隼人、3南島人、4国栖）、B日本列島外から居住してきた集団（a中国系（1唐以前の王朝を出自とするもの、2唐人）、b朝鮮系（1百済人、2高句麗人、3新羅人、4加羅人）、c北東アジア系　粛慎、dその他　舎衛人・堕羅人・波斯人など）という日本列島内での示差的特徴を有したと考えられる諸民族集団の分類を示しているが、在日外国人への具体的論究は行われていない。

（4）拙稿「古代日本における対唐観の研究」（『弘前大学国史研究』八四、一九八八年、本書所収）では、唐に対する観念を整理した。

（5）堕羅・舎衛については、井上光貞「吐火羅・舎衛考」（『古代史研究の世界』吉川弘文館、一九七五年）参照。

（6）なお、謝海平『唐代留華外国人生活考述』（台湾商務印書館、中華民国六七年）は唐代の留華外国人の形態を次のように分類している。A入仕・a行伍出身、b以特殊身分賜官出身（質子授官、宿衛授官、使節授官、帰附授官、俘虜授官）、c以特異才能授官出身、d貢挙出身、B文化事業・a求学、b求法、c伝教（仏教、景教、摩尼教）、d絵画、e訳語・嚮導、f娯楽業（楽舞・雑戯・優伶）、C商業・a香薬業、b珠宝業、c質挙業、d飲食業（鬻餅胡・酒家胡）、e馬販、Dその他・a行医、b奴僕、c盗窃乱賊、d嫁作唐人婦、e職業不明。

（7）この史料解釈は註(4)拙稿でも言及した。なお、荻美津夫『日本古代音楽史論』（吉川弘文館、一九七七年）二三二〜二三三頁では、雅楽寮の楽生に渡来系の人々が多かった例証として、この史料を掲げている。

（8）承和の遣唐使准判官として入唐した藤原貞敏（『三代実録』貞観九年十月四日条）、『宇津保物語』俊蔭巻の入唐者清原俊蔭などは、秘曲伝授に与るために苦労した様子が記されている。容易に他人に伝授を行わないことが、在日外国人の伝統を保持した一因ではないかと思われる。

（9）拙稿「卜部寸考」（『日本歴史』五三九、一九九三年）では、長屋王家に卜部が勤務していたことを指摘した。とすると、品部・雑戸や伴部的存在の者が仕えていた可能性もあり、このように考える次第である。なお、東野治之「長屋王家の木簡」（『書の古代史』岩波書店、一九九四年）、鈴木靖民「平城京の新羅文化と新羅人」（『朝鮮社会の史的展開と東アジア』山川出版社、一九九七年）も狛人・新羅人を同様に理解し、その他、木簡に見える鍛冶・矢作・大刀造・沓縫・土塗・皮作なども品部・雑戸と見る。

(10) 直木孝次郎「続日本紀の多産記事」（『続日本紀研究』一の六、一九五四年）。

(11) 遣唐使に従って来日した人物については、東野治之a「唐の文人蕭穎士の招聘」（『遣唐使と正倉院』岩波書店、一九九二年）参照（なお、池田温「蕭穎士の招聘は新羅か日本か」（榎博士頌寿記念『東洋史論叢』汲古書院、一九八八年）は、蕭穎士の招聘は新羅が正しいと見ている）。また袁晋卿の学芸については、東野治之b「平安時代の語学教育」（『新潮45』一二の七、一九九三年）参照。なお、天平七、八年頃を中心とする二条大路木簡にも「召李今国」（城二十四―六）と、李姓の者が見えている。

(12) 読みは『新修大阪市史』第一巻（一九八八年）九四四頁による。「郷僧」は郷土＝唐の僧の意で、『唐大和上東征伝』には「二月一日、至㆓難波㆒。唐僧崇道等迎慰供養。」とある。

(13) 道栄については、田中卓「道栄」（『続日本紀研究』三の四、一九五六年）、東野註(11)b論文参照。田中氏は藤原麻呂と何らかのつながりがあったのではないかと推測する。

(14) 新羅人については、奥村佳紀「新羅人の来航について」（『駒沢史学』一八、一九七一年）参照。

(15) 今泉隆雄「律令における化外人・外蕃人と夷狄」（『中世の政治と宗教』吉川弘文館、一九九四年）。

(16) 榎本淳一「『小右記』に見える「渡海制」について」（『摂関時代と古記録』吉川弘文館、一九九一年）は、03に対応する日本律は存在しなかったとする。

(17) 中田薫「唐代法に於ける外国人の地位」（『法制史論集』第三巻下、岩波書店、一九四三年）、仁井田陞「中華思想と属人法主義および属地法主義」（『補訂中国法制史研究』刑法、東京大学出版会、一九八〇年）、謝註(6)書など。

(18) cの読み方、c・dの事件については、註(4)拙稿参照。

(19) 西本昌弘「豊璋と翹岐」（『ヒストリア』一〇七、一九八五年）参照。

(20) 魏志東夷伝中の韓族の葬礼は同席の有無は不明である。倭人では「始死停喪十余日、当㆑時不㆑食㆑肉、喪主哭泣、他人就歌舞飲酒。已葬、挙㆑家詣㆓水中㆒澡浴、以如㆓練沐㆒。」とその葬礼が特記されている。

(21) 榎本註(16)論文。なお、利光三津夫「衛禁律後半写本における条文脱落の存否について」（『常葉学園富士短期大学研究紀要』三、一九九三年）は存在説をとる。存在説の場合でも、外国人女性が来日していることはまちがいないので、遵守云々とは別問題と解することができる。

(22) 大津透「近江と古代国家」（『律令国家支配構造の研究』岩波書店、一九九三年）。

(23) その他、『隋書』巻八一東夷伝倭国条「又至二竹斯国一、又東至二秦王国一、其人同二於華夏一、以為二夷洲一、疑不レ能レ明也。」とあり、中国系の人間が集住する地域が存在したことがわかる。

(24) 平安京の住宅事情については、京楽真帆子「平安京における居住と家族」（『史林』七六の二、一九九三年）参照。

(25) 日本古典文学大系『日本書紀』下（岩波書店、一九六五年）四四八頁頭注。

(26) 拙稿「朝鮮半島をめぐる唐と倭」（『古代を考える　唐と日本』吉川弘文館、一九九二年、本書所収）。

(27) その他、下野国府跡の土坑ＳＫ〇二三（八世紀後半～延暦十年頃の遺構）出土木簡四一四〇号に「□〔去ヵ〕上　員外史生陳廷荘」、天平八年度薩摩国正税帳に「新任国司史生正八位上勲十二等韓柔受郎」（『大日本古文書』二―一五）、『万葉集』巻五―八二九・八三五に「薬師張氏福子」・「薬師高氏義通」（大宰府の下級官人）、『続紀』和銅二年十一月甲寅条で伯耆守となった金上元など、外国人風の姓名を持つ人物が見えており、「蕃人」国司の実例に加えることができよう。

(28) 宝字元年条の解釈については、平野邦雄「無姓と族姓の農民」（『大化前代社会組織の研究』吉川弘文館、一九六九年）、遠山註（1）論文などを参照。

(29) 『新撰姓氏録』序には「勝宝年中、特有二恩旨一、聴二許諸蕃一、任レ願賜レ之。」とあるが、佐伯有清『新撰姓氏録の研究』考証篇第一（吉川弘文館、一九八一年）一四二頁が指摘するように、これは勝宝九歳＝宝字元年条を指すものであり、宝字元年の方策が画期をなすことが知られる。

(30) 佐伯有清「新撰姓氏録の成立」（『新撰姓氏録の研究』研究篇、吉川弘文館、一九六三年）は、『新撰姓氏録』編纂の契機として、冒名冒蔭を指摘している。

(31) 『新撰姓氏録』右京諸蕃下高野造条「百済国人余自信之後也」とある高野造は、旧姓は余ということになるので、和朝臣や新笠の称した高野朝臣とは別氏と考える。

(32) 平野邦雄「今来漢人」（『大化前代社会組織の研究』吉川弘文館、一九六九年）は、『書紀』武烈七年四月条「百済王遣二斯我君一、

進レ調。（中略）奉レ事二於朝一、遂有レ子、曰二法師君一、是倭君之祖也。」の倭君を和史と関係あるものと見て、六世紀初の来日と考えている。

(33) 新井喜久夫「品部雑戸制の解体過程」（『日本古代の社会と経済』上、吉川弘文館、一九七八年）参照。

(34) 春日宅成・大神巳井については、佐伯有清「承和の遣唐使の人名の研究」（『日本古代氏族の研究』吉川弘文館、一九八五年）参照。

(35) 張宝高については、蒲生京子「新羅末期の張保皐の抬頭と反乱」（『朝鮮史研究会論文集』一六、一九七九年）、石井正敏「九世紀の日本・唐・新羅三国間貿易について」（『歴史と地理』三九四、一九八八年）など参照。

(36) 遠藤元男「貞観期の日羅関係について」（『駿台史学』一九、一九六六年）。

(37) 宮田麻呂の新羅人を仲介とした外国交易従事の様子については、戸田芳美『日本領主制成立史の研究』（岩波書店、一九六七年）一三三頁～一三八頁を参照。

(38) 佐伯有清「九世紀の日本と朝鮮」（『日本古代の政治と社会』吉川弘文館、一九七〇年）は、班田制崩壊により、ほとんど土地が与えられない状態での移配に対する不満と見る。ちなみに佐伯氏は九世紀の二〇年代の前後で新羅人に対する意識が大きく変化するとし、排外意識の発生を指摘するが、外国人に対する区別の観念はすでに八世紀から存したと思われ、その拡大・顕現化といった視角も必要ではないかと思う。

(39) 九、十世紀の外交については、とりあえず最近の研究として、石上英一「日本古代一〇世紀の外交」（『日本古代史講座』七、学生社、一九八二年）、「古代国家と対外関係」（『講座日本歴史』二、東京大学出版会、一九八四年）、佐藤宗諄「平安貴族の国際意識について」（『奈良女子大学文学部研究年報』三六、一九九二年）などを参照。

第四章　袁晋卿の生涯

――奈良時代、在日外国人の一例として――

はじめに

袁晋卿は天平度の遣唐使帰朝に従って来日した唐人であり、その後、日本の朝廷に仕え、日本で死去した人物である。その事跡については、『日本古代人名辞典』『日本古代氏族人名辞典』（ともに吉川弘文館刊）などに簡便な整理が行われており、(1)同時期に来朝した唐人皇甫東朝や波斯人李密翳、またその他の来日唐人と比べても、その足跡がよくわかる事例となっている。(2)ただし、袁晋卿を在日外国人としてとらえ、奈良時代の在日外国人の生活ぶりを知るという視角からの検討は、管見の限りではほとんど見られず、奈良時代以前の渡来人（帰化人）に関する研究が膨大な蓄積を持つのに比較して、奈良時代以後のこの種の人々についての考察には不充分なところがあると思われる。在日外国人全般については、拙稿「古代日本における在日外国人観小考」（高知大学人文学部人文学科『人文科学研究』三、一九九五年、本書所収。以下、前稿はこれを指す）で分析を試みたので、それを参照していただくとして、小稿では、個別具体的な事例の検討として、比較的史料が豊富な袁晋卿を取り上げて、上記の課題に接近したいと考える。

まず袁晋卿の関係史料を掲げておく。

a『続紀』神護二年十月癸卯条(3)

授二従五位下李忌寸元環従五位上、正六位上袁晋卿、従六位上皇甫東朝・皇甫昇女並従五位下一。以三舎利之会奏二唐楽一也。

b『続紀』景雲元年二月丁亥条

幸二大学一釋奠。座主直講従八位下麻田連真浄授二従六位下一、音博士従五位下袁晋卿従五位上、問者大学少允従六位上濃宜公水通外従五位下、賛引及博士弟子十七人賜二爵人一級一。

c『続紀』景雲三年八月甲寅条

従五位上袁晋卿為二日向守一。

d『続紀』宝亀九年二月庚子条

従五位上袁晋卿為二玄蕃頭一。

e『続紀』宝亀九年十二月庚寅条

玄蕃頭従五位上袁晋卿賜二姓清村宿禰一。晋卿唐人也。天平七年随二我朝使一帰朝、時年十八九、学二得文選・爾雅音一、為二大学音博士一。於レ後、歴二大学頭・安房守一。

f『続紀』延暦四年正月辛亥条

従五位上浄村宿禰晋卿為二安房守一。

g『後紀』延暦二十四年十一月甲申条

左京人正七位下浄村宿禰源言。父賜緑袁常照、以二去天平宝字四年一奉レ使入朝、幸沐二恩渥一、遂為二皇民一、其後不幸、永背二聖世一。源等早為二孤露一、無三復所一レ恃、外祖父故従五位上浄村宿禰晋卿養而為レ子。依二去延暦十八年三月廿二日格一、首露已訖、儻有二天恩一、無レ追二位記一、自レ天祐レ之、欣幸何言。但賜レ姓正レ物、国之徴章。伏請改二姓名一、為二春科宿禰道直一。許レ之。

h『三代実録』元慶七年六月十日条

従五位下行丹波介清内宿禰雄行卒。雄行字清図、河内国志紀郡人也。本姓凡河内忌寸、後賜二清内宿禰姓一。昔者唐人金礼信・袁晋卿二人帰二化本朝一云々。年七十三。昔文徳天皇龍潜、御二梨本院一之時、雄行侍読、奉レ講二孝経一。

i『性霊集』巻四「為三藤真川一挙二浄豊一啓」（弘仁七年十二月二十七日か）

真川等啓。昧金照レ面、必待二瑩拂一、童矇開レ眼、定因二師訓一。然則恩重者、師徳為レ最。如今、故中務卿親王之文学正六位上浄村宿禰浄豊者、故従五位上勲十一等晋卿之第九男也。父晋卿遥慕二聖風一、遠辞二本族一。誦二両京之音韻一、改二三呉之訛響一、口吐二唐言一、発二揮嬰学之耳目一、遂乃位登二五品一、職践二州牧一。男息九人、任中而生。弘・秀両人、則任経二中外一、俸食二判官一、並皆降年短促、不幸殞。最弟一身、孑然孤留、是則真川等受業之先生也。文雅陶レ心、廉貞養レ素。去延暦中、沐二天恩於駿州録事一、次遷二親王文学一、忽遇レ罹二時変一、進仕途窮。今儻頼二震宮之大造一、朝参暮謁、年歳推移、欣厚過レ望、還歎二薄命徒老一、原憲之室、紫炭如レ金、孔伋之家、米菜似レ玉、既而風朝月夕、与二飢蟬一而繞レ悲、雪夜霜晨、将二旅鴈一以多レ歎、至レ如二冒レ雨渉レ泥藜杖為レ馬、戴レ星帰レ舎蔬飡支一レ命、充レ庭黄口、無レ粒二啄拾一、巣裏寒婦、珠泣向レ隅、毎尚二一忠於百君一、還悲二五尺之無一レ容。悲哉春雨栄レ林、新栽無レ蕊、秋風茂レ野、孤幹未レ実。真川等、潤レ訓有レ年、酬レ徳無レ日、無レ勢無レ力、空竭二肝膽一。伏惟相国閣下、帝寵二伊霍一、済レ物為レ心、天假二仁慈一、博愛是務、飛沈生二其一眄一、栄悴因二其咳唾一。伏願貸二恩波於涸鱗一、賜二徳花乎窮翼一、則漢語易レ詠、呉音誰難。敢抽二愚款一、煩黷二簪珪一。謹奉啓不宣。謹言。

j『新撰姓氏録』左京諸蕃下浄村宿禰条

出レ自二陳袁濤塗一也。

k『続後紀』承和元年正月戊午条

正六位上清村宿禰浄豊↓外従五位下

l『類聚符宣抄』第六承和九年五月二十六日宣旨

即召二仰式部少録清村是嶺一訖。

m『続後紀』嘉祥三年正月丙戌条

正六位上清村宿禰是嶺↓外従五位下

n『文徳実録』仁寿元年七月戊寅条

外従五位下清村宿禰是嶺↓大和権介

o『文徳実録』仁寿三年正月丁未条

外従五位下清村宿禰是嶺↓大和介

一　天平度の遣唐使

『続紀』天平四年八月丁亥条「以二従四位上多治比真人広成一為二遣唐大使一、従五位下中臣朝臣名代為二副使一、判官四人、録事四人一」とあり、天平度の遣唐使が発令された。その後、同年九月甲辰条で遣唐使船四隻の造船が命じられ、翌年三月戊午条拝朝、閏三月癸巳条辞見・節刀授与、四月己亥条難波津より発遣（『万葉集』巻十九―四二四五・四二四六に難波津での送迎の歌が見える）と順調に出発が行われたようである。唐での動向については、『冊府元亀』巻九七一外臣部朝貢四に「（開元二十三＝天平七年）三月、日本国遣レ使献二方物一。」、巻九九九外臣部請求に「（開元）二十三年閏十一月、日本国遣二其臣名代一来朝、献レ表懇下求二老子経本及天尊像一、以帰二于国一、発中揚聖教上。許レ之。」とあり（年次は名代の南海漂流後、再度の入唐の年に懸けられているか）、また、『唐丞相曲江張先生文集』巻七「勅二日本国王一書」ではこの時唐の国書が託されたことが知られる。なお、『三代実録』貞観八年二月二十一日条によると、大使多治比真人広成は在唐中には氏名を中国に受け入れられやすい二文字表記の丹墀と称していたこともわかり、唐に対する日本の態度を窺わせる一例となろう。こうした唐での滞在を経て、『続紀』天平六年十一月丁丑条「入唐大使従四位上多治比真人広成等来二著多禰嶋一」とあり、大使多治比広成は若干南に流されたようであるが、無事帰国している。ただし、副使中臣名代らは南海に漂流（「勅二日本国王一書」参照）、判官平群広成らは崑崙（実は林邑国）に漂着し（『続紀』天平十一年十一月辛卯条・「勅二日本国王一書」参照）、各々多くの人々が死去するなど辛酸を嘗めた後、天平八年八月、十一年十一月（渤海経由）にようやく帰国することができた。第四船については行方不明となっている。

以上が天平度の遣唐使の概要であり、日本・中国双方に史料が残ること、また唐の国書の内容がわかるなど、日唐通交のあり方を考える上で興味深い検討材料を呈している。また今回の遣唐使は、後に鑑真招聘を実現した栄叡・普照などが渡海し、その帰朝とともに、玄昉・吉備真備などの著名な留学僧・留学生が帰国、道璿・菩提・仏哲などが来日したものとしても重要であり、奈良時代の政治・文化・宗教史上の意義も大きい。これらのうちの一部の問題については別稿で検討したこともあり[4]、また本稿の主題とは外れるので、これ以上は言及しない。ただし、前稿でも触れたが、僧侶を除くと、奈良時代の遣唐使帰朝とともに来日した学芸・技能者は、すべて天平度の来日であった点に

は大いに注目しておきたい（勝宝度には蕭穎士の招聘が計画されたが、実現していない）。(5)

さて、話を袁晋卿に戻すと、彼はいつ来日したのであろうか。天平度の遣唐使の帰朝年次は三回に分かれており、一般に流布している遣唐使一覧表などでは天平八年帰国の中臣名代の第二船で来日したと見るのが有力な説である。(6)しかし、私は天平六年末帰国の第一船とともに来日したと見るのがよいと考える。(7)

まず第二船の中臣名代帰朝に関しては、『続紀』天平八年七月庚午（七月には庚午の干支がなく、八月か）条「入唐副使従五位上中臣朝臣名代等率二唐人三人・波斯人一人一、拝朝」とあり、十月戊申条「施二唐僧道璿・波羅門僧菩提等時服一」、十一月戊寅条「天皇臨朝、詔授二入唐副使従五位上中臣朝臣名代従四位下一、故判官正六位上田口朝臣養年富・紀朝臣馬主並贈二従五位下一、准判官大伴宿禰首名・唐人皇甫東朝・波斯人李密翳等授レ位有レ差」などによって、この時に帰朝・来日した人々が知られる（その他、『南天竺波羅門僧正碑幷序』により、林邑僧（林邑国漂着と関連か）仏哲もこの時に来日したことがわかる）。これらのうち、七月（八月）条の「唐人三人・波斯人一人」に袁晋卿が含まれるか否かが問題となる。波斯人一人はもちろん李密翳であり、唐人三人のうち皇甫東朝は確実である。僧侶については唐僧と記されるのが通例で、道璿・菩提・仏哲のうち、唐人は道璿だけであるが、彼は常に「唐僧」と冠称されているので、唐人三人の中には含まれていないと考える。残りの二人の候補としては、皇甫東朝とともにaに現れる皇甫昇女をまず推したい。(8)同姓という点以外に根拠はないが、同時来日の可能性は高いと思われる。次にやはりaに登場する李忌寸元瓌が有力な候補である。(9)彼は『続紀』勝宝二年二月乙亥条「幸二春日酒殿一、唐人正六位上李元瓌授二外従五位下一」、宝字五年十二月丙寅条「唐人外従五位下李元瓌賜二姓李忌寸一」とあり、唐人であったことはまちがいないし、他に来日年次を推定する史料がないので、第二船帰朝時に来日したと考えてみたい。したがって名代とともに来日した「唐人三人」に袁晋卿が含まれていた可能性は極めて低いと言えよう。

一方、第一船の帰朝後、『続紀』天平七年五月庚申条には「天皇御二北松林一、覧二騎射一。入唐廻使及唐人奏二唐国・新羅楽一、挊レ槍。五位已上賜レ禄有レ差。」とあり、第一船に従駕して来日した唐人が存したことは確実である。eによると、袁晋卿は天平七年に来日したとあり、aで天平八年来日の三名とともにやはり唐楽奏上に与っていることを考慮すると、五月条の唐国楽を奏上した「唐人」の中に袁晋卿が含まれていたと推定することは許されるのではあるまいか。とすれば、hに袁晋卿とともに記される金礼信もこの時に来日したと見ることができよう[10]。瑕疵ではあるが、遣唐使一覧表のこの部分の訂正を望みたい。

eによると、袁晋卿はこの時十八、九歳であり、皇甫東朝のように来日直後に叙位に与るなどの注目・期待を浴びることはなかった。つまり無名の青年として来日した訳である。次節で触れるように、その後、彼は語学・音韻の能力によって登用されるのであるが、天平七年五月条の「唐人」には具体的に名前の明記された人はいないものの、彼のような多くの無名の唐人が来日していた可能性を推察させる（あるいは遣唐使全般にも該当するか）材料として注意しておかねばなるまい。最近出土した二条大路木簡の中に「召　李今国」（『平城宮発掘調査出土木簡概報』二十四―六頁）と見えるのも[11]、天平七、八年を中心とする木簡群の年次を考慮すると、あるいは新来の唐人の姿を窺わせるものかもしれない。

二　官人出仕

袁晋卿の事跡を年表風に整理すると、次のようになる（年齢は天平七年を十八歳として計算した）。

天平七年　（十八歳）　来日……e

神護二年　（四十九歳）　舎利会に唐楽奏上、正六位上→従五位下……a
景雲元年　（五　十　歳）　釋奠の座主、時に音博士、従五位下→従五位上……b
景雲三年　（五十二歳）　日向守……c
宝亀九年　（六十一歳）　玄蕃頭、清村宿禰賜姓……d・e
?　大学頭……e
延暦四年　（六十八歳）　安房守……e・f
延暦二十四年　時に故人（直前まで生存とすれば八十八歳となる）……g

まず袁晋卿の出仕の契機は、eに記されているように、『文選』『爾雅』の修得にあり、iに「誦二両京之音韻一、改二三呉之訛響一、口吐二唐言一、発二揮嬰学之耳目一」とあるように、呉音から漢音への切り換えに貢献したところに、彼の功績があった。『続紀』養老四年十二月癸卯条「詔曰、釈典之道、教在二甚深一、転経唱礼、先伝二恒規一、理合二遵承一、不レ須二輙改一。比者、或僧尼自出二方法一、妄作二別音一、遂使二後生之輩積習成一レ俗、不レ肯二変正一。恐汙二法門一、従レ是始乎。宜下依二漢沙門道栄・学問僧勝暁等一転経唱礼、余音並停上レ之。」によると、経典読経に関しては唐僧道栄の発音が手本とされたことがわかり、同様に外典については袁晋卿の発音が規範とされたのであろう。ただし、東野治之氏が指摘されるように(12)、袁晋卿は来日時に十八、九歳であり、唐の太学などの修了者とは考えられず、『文選』『爾雅』の音読ができるというだけで起用されたのであって、一流の知識人とは言い難い人物である。また来日時には無名の青年であった訳であるから、学識故に来日したのではなく、来日後にたまたま『文選』『爾雅』の音読ができることが判明して登用されたというのも、七世紀後半の音博士薩弘恪・続守言＝百済の役の捕虜の中の唐人（＝一流の知識人とは考えられない）の出自と合せて、東野氏の御指摘の通りであろう。

袁晋卿の音博士就任年次は不明であるが、音博士は従七位上相当の官なので、正六位上に達していたa以前であった可能性がある。ただし、その時点でも来日後三十年以上が経過しており、この間袁晋卿がどのようにして日本で生活していたかは不明とせねばならない。戸令没落外蕃条・賦役令没落外蕃条には帰化者に対する寛国安置・給復十年などの優遇措置が存在するが、官人としての経歴を勘案して、在京していたと見た方がよいと思われるので、土着の措置がとられたとは考え難い（後述のように、袁晋卿には九男があり、iに「任中而生」とあることと彼の年齢を考慮すると、a以前に官人として出仕していたと推定できる）。在日後三十年以上経過してからの史料への出現という点では、皇甫東朝・皇甫昇女・李元環らも同様であり、また、後述の沈惟岳一行の唐人も戸籍編附や俸給の優遇に与るのは来日後二十年以上経過した時点以降であった。袁晋卿は無名の唐人として来日したのであるから、著しく不利な境遇にあったとも言えない。

ちなみに袁晋卿の歴任した官職を、皇甫東朝や李元環と比べてみると（注記したもの以外の出典は『続紀』）、晋卿はすべて正官を歴任しており、国司でも守の経歴が目立つといった相違はあるが、皇甫東朝・李元環にも正官の経歴はあり、音博士としての晋卿の重用を考慮すれば、著しい差はないと見たい。

皇甫東朝
景雲元年　雅楽員外助兼花苑司
景雲三年　従五位下↓従五位上
？・　　花薗正・従五位上（『大日本古文書』五－七〇八）
宝亀元年　越中介
李元環

勝宝二年　正六位上↓外従五位下
宝字五年　李忌寸賜姓
宝字七年　織部正兼出雲介
宝字八年　出雲員外介
宝亀二年　従五位上↓正五位下

一方、宝字五年八月遣唐使高元度の送使として来日し（gの浄村宿禰源の父袁常照もこの時に来日しているが、gに宝字四年とあるのは任命の年次か）、唐国荒乱により、日本から使者を派遣して送ることができないので、滞日か帰国（駕船・水手を給付）かの選択を迫られ（『続紀』宝字七年正月庚申条）、安史の乱による唐の荒廃もあって、滞日した者が多かった唐使沈惟岳の一行は、官人としては権官の経歴しか知られず（『類聚国史』巻七十八延暦十七年六月戊戌条、『後紀』延暦十八年正月甲戌条。ここに登場する人々が沈惟岳一行であったことは前稿で触れた）、天平度来日の人々とは様相を異にする。これは沈惟岳一行が越州浦陽府の折衝・別将などを中心とする人々で（『続紀』宝字五年八月甲子条）、基本的には軍官・水手であり、また来日後内紛を起こすなどもしており（同六年五月丁酉条）、学識・人品の点で問題もあったためではないかと考えられる。また次のような事情も想定されるのではあるまいか。先述のように、袁晋卿の学識も二流以下であったと思われるが、彼は呉音から漢音への切り換えに功績があり、またhの記述は、清内氏には御園（天長二年〜承和二年以前）、雄行（貞観六年〜十一年頃）と音博士就任者がいることを考慮すると、その学芸は袁晋卿・金信礼から教授されたものである可能性が高いことを窺わせる。(13) つまり奈良時代には語学・音韻面で唐人に匹敵する者がいなかったので、たとえ二流以下とはいえ、唐人が登用される余地が大いに存したが、日本人の中にもその弟子が出現し、学芸を取得する者が出ると、一流の知識人とは言えない唐人の採用は見送られ、ただ俸給面での優遇のために権官を与えるに留まるようになったのではないか、と。とは言うものの、袁晋卿は大学頭にもなっており、大学寮官人には吉備真備などの学識者や藤原武智麻呂・仲麻呂のような学問を重んじた人々が就任する例が多いといわれる(14)。二流以下の学識しかないとはいえ、日本では立派な権威となるものであり、東野氏が指摘されるように、日本の文化程度を過大に評価することはできず、袁晋卿を以てこそ評価の基準とすべきであろう。

次に袁晋卿の官歴の中で特筆すべきものとして、dの玄蕃頭就任に触れたい。玄頭頭は「掌下仏寺・僧尼名籍・供済・蕃客辞見・讌饗送迎、及在京夷狄、監二当館舎一事上」（職員令玄蕃寮条）とあり、外交儀礼も掌握した。東野氏は、その任用は宝亀度の遣唐使帰朝に従って来日した唐使に、やがて彼らを接待すべき玄蕃頭の職にある袁晋卿の姿を見せ、唐で大した前歴もない晋卿を日本の朝廷ではこのように遇しているということを唐使に見せる意味があったのではないかと述べられている(15)。しかし、唐使の来日は『続紀』宝亀九年十月乙未条であって、遣唐使の歴史から見て、唐使が来日するということは自明の事柄ではない。したがってdの玄蕃頭就任は唐使来日云々とは別に考えねばなるまい。試みに平安初期くらいまでの玄蕃頭就任者を一覧する（表6）と、諸王とともに外交官人経験者も散見することが指摘されており、外交実務の能力も玄蕃頭に期待される要素であった(16)。外交使節接待のために漢詩文に長じた人物や容儀の優れた者を仮に治部省や玄蕃寮の官人とする例がある（『三代実録』貞観十四年五月十五日条、元慶七年四月二十一日条など）ことも、玄蕃頭の役割を窺わせる材料となろう。とすると、袁晋卿の玄蕃頭任用はやはり彼の語学力を評価してのことであったと見なされる。

袁晋卿の玄蕃頭就任と唐使来日の関係では、むしろeの清村宿禰賜姓に注目したい。前稿でも指摘したが、雑令蕃使往還条「凡蕃使往還、当二大路近側一、不レ得下置二当方蕃人一、及畜中同色奴婢上。亦不レ得レ充二伝馬及援夫等一。」とあり、同国人による外国使節との接触を避けるべきだとする規定が存した。実例の上では、『書紀』斉明五年是歳条「又高

表6　奈良時代・平安時代初期の玄蕃寮官人

職　名	年　月　日	記事	位　階	人　　名
玄蕃頭	和銅元年3月22日	任	従5下	鴨朝臣吉備麻呂*
玄蕃頭	天平9年12月23日	任	外従5下	大倭宿禰清国
玄蕃頭	天平10年⑦月7日	任	従4下	安宿王
玄蕃頭	天平17年2月20日	見	従4上	？（大2-390）
玄蕃大允	天平17年2月20日	見	従6下	津嶋朝臣（大2-390）
玄蕃少允	天平17年2月20日	見	正8下	榎井朝臣（大2-390；別当）
玄蕃少属	天平17年2月20日	見	大初上	秦大蔵連道成（大2-390）
玄蕃頭	天平19年3月10日	任	従5下	阿部朝臣毛人
玄蕃頭	感宝元年⑤月11日	見	従5上	市原王（大3-238）
玄蕃頭	勝宝元年8月30日	見		市原王（大3-280）
玄蕃頭	勝宝元年9月9日	見	従5上	市原王（大3-320）
玄蕃頭	勝宝元年12月19日	見		市原王（大3-343）
玄蕃少属	勝宝2年2月29日	見		間人宿禰鹿島（大3-393）
玄蕃少属	勝宝2年12月28日	見		間人宿禰鹿島（大3-477；知興法寺事）
玄蕃頭	勝宝3年3月25日	見	正5下	市原王（大3-493・494）
玄蕃頭	勝宝4年4月9日	見	外従5下	秦忌寸首麻呂（東大寺要録巻2）
玄蕃頭	勝宝6年7月13日	任	外従5下	壬生使主宇陀麻呂*
玄蕃助	宝字2年10月15日	見		石川弟人（大14-197）
玄蕃助	宝字5年10月1日	任	従5下	石川朝臣弟人
玄蕃頭	宝字7年正月9日	任	従5下	大蔵忌寸麻呂
玄蕃助	景雲3年6月9日	任	従5下	相模宿禰伊波
玄蕃頭	宝亀3年4月20日	任	従5下	中臣朝臣常
玄蕃頭	宝亀5年3月5日	任	従5下	山辺真人笠〔笠王〕
玄蕃頭	宝亀9年2月23日	任	従5上	袁晋卿
玄蕃頭	宝亀9年12月18日	見	従5上	袁晋卿　清村宿禰賜姓
玄蕃？	？	見		相模伊波（城5-9）
玄蕃頭	延暦4年正月14日	任	従5下	県犬養宿禰伯麻呂
玄蕃頭	延暦4年10月12日	任	従5上	文屋真人子老
玄蕃頭	延暦5年10月8日	任	従5下	高倉朝臣殿嗣*
玄蕃助	延暦8年9月12日	任	従5下	紀朝臣伯
玄蕃助	延暦16年2月9日	任	外従5下	上道朝臣広成
玄蕃少属	延暦24年2月25日	見	少初上	安倍朝臣御笠

注　年月日の⑦などは閏月を示す.「任・見」は任命・所見記事であることを示す. 人名の項の（　）は六国史以外の出典を示す. 大＝大日本古文書の巻数・頁数, 城＝平城宮発掘調査出土木簡概報の冊数・頁数. 人名の後ろの*印は外交官人経験者.

麗使人持㆓羆皮一枚㆒、称㆓其価㆒曰、綿六十斤。市司咲而避去。高麗画師子麻呂設㆓同姓賓於私家㆒日、借㆓官羆皮七十枚㆒而為㆓賓席㆒。客等羞怍而退。」のように、同姓賓が行われた場合もあり、また唐でも勝宝度の遣唐使を朝衡（阿倍仲麻呂）に接待させたとする記録が存する（『東大寺要録』巻一所引「延暦僧録」）。ただし、次の例には注意したい。

p『三代実録』貞観十四年五月十五日条

右京人左官掌従八位上狛人氏守賜㆓姓直道宿禰㆒。氏守為㆑人長大、容儀可㆑観、権為㆓玄蕃属㆒、向㆓鴻臚館㆒、供㆓讌饗・送迎之事㆒。故随㆓氏守申請㆒、聴㆑改㆑姓。其先高麗国人也。

狛人氏守はその名の通り高句麗出身の祖先伝承を有し、pは彼が同じ高句麗の後裔である渤海使の接待を勤めるにあたって、日本風の姓への改称を申請したというものである。それを政府が認めたのは、やはり同国人による接待を回避するべしという観念があったのではないかと考えてみたい。前稿では袁晋卿の例に触れることができなかったが、在日何世かの氏守でさえこのような便法をとらねばならなかったのであるから、唐人であって在日一世の袁晋卿が清村宿禰という日本風の賜姓に与ったのは、唐使接待に備えての措置であったと見なしたい。唐使の入京は宝亀十年四月であり、唐使との関係ではeの改姓をこそ重視すべきであると思う。宝亀度の唐使の接待をめぐってはさまざまな問題が存したが(17)、袁晋卿に限って述べれば、東野氏の評価とは逆に、日本人による接待という外面を保つために、実際には唐人としてその学識や語学能力を買って登用した晋卿に、日本風の氏姓を称させたのがeの措置であったのである。

最後に袁晋卿の国司としての官歴について、次の点を指摘しておきたい。

q『延喜式』巻二十二民部上

凡諸蕃人任㆓国司㆒者、不㆑得㆑差㆓四度使㆒。

ｑは在日外国人で国司に任じられた者は四度使として起用してはならないというもので、四度使は地方の政務を報告する使であるから、政務報告を任せるほどには信用しないという意味が存すると考えられる。しかし、前稿で示したように、少なくとも奈良時代に関してはこの規定の存在や実効性は疑問である。袁晋卿・皇甫東朝・李元環などの唐人、白村江の敗戦後日本に亡命した百済人沙門詠の子である楽浪河内（『続紀』和銅五年七月甲申条播磨国大目として正倉勤造により報償に与る）が国司として活躍しており、天平六年度周防国正税帳には「即付二史生少初位上汶旦才智一進上」（『大日本古文書』一―六二七～六二八）と、四度使に「蕃人」が起用されている例がある。その他、下野国府跡の土坑ＳＫ〇二三（八世紀後半～延暦十年頃の遺構）出土四一四〇号木簡に「□（去ヵ）上　員外史生陳廷荘」と中国人風の姓名を持つ人物が見えており、実際に地方官衙で勤務する者が知られ、「蕃人」国司の実例に加えることができよう。したがって「蕃人」であっても充分信頼されており、日本人と同様に地方官としての職責を果たすことが期待されたものと考えられ、在日外国人故の差別はなかったと見たい。ただし、袁晋卿の場合は音博士として語学力を評価されており、実際には中央に留まり、赴任していない可能性もある。特に兼官云々の記述はないので確言できないが、日向守は五十二歳、安房守は六十八歳の時とかなりの高齢であるので、そのような見方もできるかということである（ｉに「職践二州牧一」とあるので、赴任していた見ることも可能であるが）。

三　族的結合と子孫

袁晋卿が改姓した清村宿禰はｊ『新撰姓氏録』にも掲載されており、ｋ～ｏには九世紀中葉までの氏人の活躍が知られる。在日外国人の日本への定着過程として、袁晋卿の親族関係や子孫の動向を取り上げることにしたい。

まずiによると、袁晋卿には九人の男子があった。名前がわかるのは、弘・秀（名前の一字をとった漢文的表現で、実際には浄弘・浄秀の如き名であったかもしれない）と浄豊の三人で、浄豊が第九男である。その他、gによれば、袁常照と結婚して、源を生んだ女もあったはずで、男子九人・女子一人（以上）の子がいたことが知られる（gの源は袁晋卿の養子となったとあるが、後に位記を追奪されそうになっており、正式の届けが出ていたか否か疑問が残るので、男子九人の中には含まれていないと考える）。

この中ではまずgの袁常照と結婚した女の存在が注目される。先述のように、袁常照は宝字五年に沈惟岳一行として来日した唐人の一人であった。この当時、袁晋卿は四十四歳くらいで、その官人としての地位は不明であるが、来日後二十五年以上を経ており、日本でそれなりの生活基盤を築いていたものと想像される。晋卿は来日した時に十八、九歳であったというから、日本で妻帯（日本人か唐人かは不明）したと考えられよう。この袁晋卿の女と袁常照との結婚は、在日外国人同士の婚姻関係形成の事例として注意される。在日外国人を一定地域に集住させる方策については前稿で言及したが、それは百済・高句麗・新羅・加耶の人々についてであり、摂津国百済郡（その建郡は『平城宮発掘調査出土木簡概報』二十一―三六頁「・百済郡南里……／・（霊亀か）元年十月十三日……」木簡により、奈良時代初期（以前）に遡る）、美濃国席田郡（『続紀』霊亀元年七月丙午条・宝字二年十月丁卯条、新羅人・加羅人）、武蔵国高麗郡（霊亀二年五月辛卯条、高句麗人）、武蔵国新羅郡（宝字二年八月癸亥条、新羅人）などの建郡例も見られる。おそらく各々の集団では生活基盤確立への努力や習俗・慣習の維持、また婚姻による族的結合の保持などが図られたものと推定される。

一方、唐人は『書紀』斉明六年十月条や同七年十一月条分註に唐俘一百余人を美濃国不破・片県郡あるいは近江国に、天武四年十月丙戌条に筑紫から貢上された（それまでは筑紫に居住か）唐人三十人を遠江国に安置した例や信濃国の唐人田の存在（『別聚符宣抄』延喜十四年八月八日官符）から集住の例も知られるが、たとえば『続紀』天平三年七月乙亥条には「定㆓雅楽寮雑楽生員㆒。大唐楽卅九人、百済楽廿六人、高麗楽八人、新羅楽四人、度羅楽六十二人、諸県舞八人、筑紫舞廿人。其大唐楽生不㆑言㆓夏・蕃㆒、取㆘堪㆓教習㆒者㆖。百済・高麗・新羅等楽生並取㆓当蕃堪㆑学者㆒。但度羅楽、諸県・筑紫舞生並取㆓楽戸㆒。」とあり、雅楽寮の雑楽生の採用に際して、百済・高麗・新羅楽に関しては、「当蕃」＝各々の蕃人を採用するように定める一方で、唐楽については、「夏」＝日本人、「蕃」＝唐人の混用を認めており(18)、在日唐人の数はそれほど多くなかったことを窺わせる。また唐に対する崇拝の念や唐人の持つ学識（たとえ二流以下としても）への期待もあって、多くの唐人は在京したのではないかと考えられる。なお、先には遣唐使帰朝に従って来日した無名の唐人もかなりいたのではないかと推定したが、これも十人単位程度であろうと思われるので、朝鮮諸国の人々のような集住政策は想定し難い。ただし、京内の一定地域に彼らを居住させたとの推定は充分に成り立つであろう（天平五年右京計帳には百済系の鳥那姓の者の居住が知られる）。gによると、袁晋卿は左京に貫附されていたと考えられる。沈惟岳も左京に編附されており（『続紀』宝亀十一年十二月甲午条）、その一行の人々は『新撰姓氏録』では左京諸蕃に登載されているので、平城京でも左京に居住したのであろう。したがって袁常照も左京に住んでおり、袁晋卿と近接の地に居住した可能性が想定され、在日唐人同士に緊密な連絡が存したと考えてみたい。そのような関係が、袁晋卿の女と袁常照との婚姻の契機、また常照の早世後、孫の源を晋卿が養子として育てるといったことになる背景を成したと思われる。この点を在日唐人の生活の一齣として呈示したい。

次に袁晋卿の男子については、iには弘仁七年の時点では浄豊だけが生存しているとあるので、l〜oの是嶺は孫以下の世代に属する。浄豊の兄の弘・秀は、iに内・外官、しかも判官クラスを歴任したとあり、浄豊も駿河国の目の経歴を有しているので、晋卿の子孫は中下級官人として定着するに至ったようである。是嶺も式部少録、大和権介・介など、五位クラスを到達点とする中下級官人の一人であった。さて、以上の中で比較的経歴がわかるのは浄豊であり、彼は駿河目から伊予親王の文学となったが、大同二年伊予親王の変に連座しており、嵯峨天皇即位の恩赦で赦されたものの、弘仁七年まで無役であったという。その後、kには外従五位下昇叙に与っていることが知られ、iの藤原真川の藤原園人への推挙が功を奏したのか、官界復帰が叶ったものと推定される。この中では文学の経歴に注目したい。文学は「執㆑経講授」（家令職員令親王一品条）を職掌とし、職務遂行には相応の学識が必要であった。彼は藤原真川等の授業之師であったとあり、またiに彼を登用すれば「漢語易㆑詠、呉音誰難」と述べられているので、父の学業を継承し、漢音・呉音の両方に通暁する語学力を有しており、学識面で優れた人物であったと考えられる。ちなみに、奈良時代の家令職員には、大伴旅人の資人余明軍、橘諸兄の家令余義仁、藤原仲麻呂の書吏（のち大書吏）徳廉進など、その文筆能力に期待してか、百済系の人々が任用されている例が知られる[19]。在日唐人袁晋卿の子浄豊の文学への登用はもちろんその学識を買ってのことであろうが、以上のような在日外国人の任用例も考慮されてのことであったのではあるまいか。

是嶺以降の清村宿禰氏の動向は不詳であるが、袁晋卿の子孫は中下級官として日本に定着していったものと考えられる。前稿では在日外国人がいつ日本人として区別されなくなるかについて検討を加えたが、日本風の氏姓賜与が即外国人扱い・意識の消滅を示すものではないことを指摘した。桓武天皇の母高野新笠の甥百済朝臣家麻呂のように、六世紀頃来日の渡来人の子孫であっても、「蕃人」という評価は容易に消えなかった（『後紀』延暦二十三年四月辛未条）し、九世紀に入ってからも出自を区別しようとする動向は存した。ただし、袁晋卿の子孫に限って言えば、浄豊や是嶺が「○○人」と称された史料はなく、浄豊の文学就任には唐人の子という出自への配慮も存したかもしれないが、基本的にはその学識によると見れば、晋卿の子の世代には、在日外国人という認識は薄れて、日本人化していたのではないかと考えられる。

なお、袁晋卿の養子となった源は、先述のように、その手続きが不備なものであったためか、延暦十八年三月二十二日格により、位記を追奪されそうになった。延暦十八年格の内容は不詳であるが、当時冒名・冒蔭が大きな問題となっており、それが『新撰姓氏録』編纂の契機の一つであったとする見解も呈されている[20]。先述のgの理解が正しいとすれば、延暦十八年格はそのような事柄の検査に関わる内容のものではなかったかと推定されるのである。この事件では源は位記追奪を免れたが、gでは晋卿から受け継いだ浄（清）村宿禰から春科宿禰への改姓、また名前をも改めることを願い出ている。その理由は「賜レ姓正レ物、国之徴章」とあり、前稿で触れた在日外国人の日本風の氏姓への改称誓願の理由と類似した表現になっており、あるいは在日外国人の子孫たる清村宿禰からの脱却を欲してのものではなかったかと考えられる。春科宿禰については『新撰姓氏録』に登載されておらず、その子孫も知られないので、不明であるが、gの改姓誓願の背景には、そのような意識が存したのではないかと憶測してみたい。とすると、在日外国人の子孫に対しては依然として彼らを外国人として見る認識・区別が残存したことになり、在日外国人がいつ日本人として認識されるのか、日本における在日外国人観は如何であったという課題には容易に解答を出せないということになる。

むすび

袁晋卿は、漢文唱読において呉音から漢音への切り換えに功績のあった唐人として、永く国史にその名を留められるべき人物であった。小稿では、袁晋卿の来日、官人としての活動、その家族と子孫の動向などについて、注意すべき点に触れたが、袁晋卿の生涯と題した割には、その生活ぶりを充分には描くことができなかった。しかし、前稿に補足すべきいくつかの問題について、私なりの意見を整理できたのではないかと思う。袁晋卿の場合は日本に定着し、その子孫も中下級官人としての位置を得るに至っている。一方、九世紀後半には、前稿で触れたように、日本に定着せず、彼我を往来する新しい型の在日外国人が登場する。たとえば、唐人では次の事例がある。

r『三代実録』貞観六年八月十三日条

先レ是、大宰府言、大唐通事張友信渡海之後、未レ知二帰程一。唐人往来、亦無二定期一。請友信未レ帰之間、留二唐僧法恵一、令レ住二観音寺一、以備二通事一。太政官処分、依レ請。

張友信は、『続後紀』承和十四年七月辛未条で遣唐留学僧円載の弟子らの帰朝に従って来日した唐人であるが、rによると、唐に帰っており（『入唐五家伝』頭陀親王入唐略記によると、貞観三年に造船を命じられ、同四年七月柁師として渡海したとある）、ふたたび日本に来ることが期待されているから、彼我を往来して、おそらく貿易に従事する者であったと考えられる。そのような唐人を大宰府では大唐通事として官人に起用しているのである。「帰程」が期待されているのは、彼我往来を認めながら、官人としての出仕も行うという条件ではなかったかと推定され、東アジアを広く活動の場とし、日本への定着を前提としない在日形態という新しい型の出現を示す事例と見なしたい。十世紀以降、国際関係が交易主体になると、このような滞日形態をとる唐・宋商人は多く見られることになる。十世紀以降の国際関係の展開や滞日外国人のあり方などについては他日を期することとし、袁晋卿の生涯は、八世紀という時代に規定された（自由な往来への規制、国家に奉仕する人材を求める＝来日唐人も国家で把握する）在日外国人の存在形態、日本への定着の一つの例となることを強調して、拙い稿を終えたい。

註

（1）佐伯有清『新撰姓氏録の研究』考証篇第四（吉川弘文館、一九八二年）一六一頁〜一六二頁、四〇二頁〜四〇五頁でも関係史料の検討が行われている。

（2）遣唐使に従って来日した人物については、東野治之a「唐の文人蕭穎士の招聘」（『遣唐使と正倉院』岩波書店、一九九二年）、b「平安時代の語学教育」（『新潮45』一二の七、一九九三年）、鈴木靖民「ペルシャ人李密翳をめぐる憶説」（『古代対外関係史の研究』吉川弘文館、一九八五年）、荻美津夫『日本古代音楽史論』（吉川弘文館、一九七七年）二二五頁〜二三一頁などを参照。なお、橋本政良「秦忌寸朝元」（『続日本紀研究』二〇〇、一九七八年）、中村修也「秦朝元」（『史聚』二七、一九九三年）、角田文衞「葉栗臣翼の生涯」（『古代文化』九の二・三、一九六二年）などでは、日本の遣唐使一行の者で在唐中に妻帯し、その所生子が帰国して日本の朝廷に仕えた事例について検討が加えられている。

（3）新日本古典文学大系『続日本紀』四（岩波書店一九九五年）四九〇頁補注により、「元環」を「元瓌」に改めた。

（4）対唐観全般については、拙稿「古代日本における対唐観の研究」（『弘前大学国史研究』八四、一九八八年、本書所収）参照。

（5）東野註(2)a論文参照。ただし、蕭穎士に関しては、池田温「蕭穎士招聘は新羅か日本か」（榎博士頌寿記念『東洋史論叢』汲古書院、一九八八年）は新羅招聘説をとっており、日本の遣唐使に従って来日（含計画）した人物ではないことになる。

（6）竹内理三「古代国交一覧」（『日本史総覧』1、新人物往来社、一九八三年）、『国史大辞典』5（吉川弘文館、一九八五年）「けんとうし」の項（鈴木靖民氏執筆）、鈴木靖民『古代対外関係史の研究』（吉川弘文館、一九八五年）などの遣唐使一覧表。

（7）田島公『日本、中国・朝鮮対外交流年表（稿）』（便利堂、一九九〇年）は、袁晋卿・金礼信の来日を天平七年としている。

（8）新日本古典文学大系『続日本紀』二（岩波書店、一九九〇年）三〇二頁脚注は皇甫昇女を皇甫東朝と同時来日したと推定している。

（9）『日本古代氏族人名辞典』（吉川弘文館、一九九〇年）六八五頁は李元瓌を第一船帰朝とともに来日したと見て、天平七年五月条の「唐人」の中には彼も含まれていたとしている。

（10）hの唐人云々は清内宿祢雄行の祖先が唐人であることを示す記述ではなく、雄行の祖先が教導を受けた先生に関する記載であったと理解されることは、佐伯註(1)書一六一頁〜一六二頁を参照。

(11) 二条大路木簡については、渡辺晃宏「二条大路木簡の内容」(『平城京長屋王邸宅と木簡』吉川弘文館、一九九一年)、「二条大路木簡と皇后宮」(『平城京左京二条二坊・三条二坊発掘報告書』奈良国立文化財研究所、一九九五年)参照。
(12) 東野註(2)b論文。
(13) 註(10)に同じ。
(14) 桃裕行『上代学制の研究』(吉川弘文館、一九八三年)参照。
(15) 東野註(2)b論文。
(16) 田村圓澄『飛鳥仏教史研究』(塙書房、一九六九年)八七頁〜九三頁。
(17) 註(4)拙稿参照。拙稿では事大主義と日本中心主義の対立を抽出したが、袁晋卿の改姓もそうした事柄に関わるものと見ることができるかもしれない。
(18) この史料解釈については、註(4)拙稿でも言及した。
(19) 渡辺直彦「令制家令の研究」(『日本古代官位制度の基礎的研究』吉川弘文館、一九七二年)。
(20) 佐伯有清「新撰姓氏録の成立」(『新撰姓氏録の研究』研究篇、吉川弘文館、一九六三年)。

第五章　大唐通事張友信をめぐって

——九世紀、在日外国人の存在形態と大宰府機構の問題として——

はじめに

張友信は九世紀中葉に日本に来航した唐人で、大宰府の大唐通事として名前が知られる最初の人物である[1]。私は先に「袁晋卿の生涯」（『日本歴史』五八〇、一九九六年、本書所収。以下、前稿はこれを指す）なる論考において、律令国家の充実期である八世紀の在日外国人の一例として、唐人袁晋卿の来日と日本での生涯を整理し、遣唐使などによる国家間の公的な通交以外での自由な往来への規制、国家に奉仕する人材としての把握の必要性という時代に規定された在日外国人の存在形態、日本への定着の様相を窺わせるものと位置づけた。その際に、九世紀後半には、日本に定着せず、交易などへの従事により彼我を往来する新しい型の在日外国人が登場するという見通しを示し、その事例として張友信の史料を掲げておいた。ただし、十世紀以降の国際関係の展開や滞日外国人のあり方などについては他日を期するとして、保留している。そこで、十世紀以降の交易主体の通交の中で、多く見られることになる唐・宋商人の滞日形態の先駆的存在として、小稿では張友信を取り上げて、彼をめぐるいくつかの問題を検討してみたいと思う。

まず張友信の関係史料を掲げておく。(2)

a 『続後紀』承和十四年七月辛未条

天台留学僧円載傔従仁好及僧恵萼等至レ自二大唐一、上二表円載之表状一。唐人張友信等卌七人同乗而来着。

b 『入唐求法巡礼行記』大中元年（＝承和十四年）六月九日条

得二蘇州船上唐人江長、新羅人金子白・欽良暉・金珍等書一云、（中略）書中又云、春太郎・神一郎等、乗二明州張友信船一帰レ国也。来時得二消息一、已発也。春太郎本擬下雇二此船一帰上国、太郎往二広州一後、神一郎将二銭金一付二張友信一訖。仍春太郎上二明州一船発去。春太郎児宗健兼有レ此、物今在二此船一云々。（下略）

c 『安祥寺伽藍縁起資財帳』（『平安遺文』一六四号）

天長十年奉レ勅、被レ拝二鎮西府観世音寺講師一兼二筑前国講師一、以為二九国二島之僧統一。（中略）寧楽経二半紀一而叨為二首領之浮事一。儻値二大唐商客李処人等化来一、恵運就レ化要望、乗二公帰船一入レ唐、巡二礼薦福・興善曼荼羅道場一、得レ見二青龍義真和尚一、請二益於秘宗一、兼看二南岳・五台之聖迹一。船主許諾云、東西任レ命、駈馳随レ力。遂則承和九年、即大唐会昌二年〈歳次壬戌〉夏五月端午日、脱二躧両箇講師一、即出二去観音寺一、在二太宰府博多津頭一始上レ船、到二於肥前国松浦郡遠値嘉島那留浦一。而船主李処人等、棄二唐来旧船一、便採二島裏楠木一、新織二作船舶一、三箇月日、其功已訖。秋八月廿四日午後上帆、過二大洋海一入レ唐（注略）。経二五箇年一巡礼求学、承和十四年即大唐大中元年〈歳次丁卯〉夏六月廿一日、乗二唐人張友信・元静等之船一、従二明州望海鎮頭一而上帆（注略）、旋二帰本朝一。

d 貞観五年十一月十三日円珍奏状（『平安遺文』四四九二号）

嘉祥四年四月十五日、辞二京輦一向二大宰府一、五月廿四日得レ達二前処一。訪二問唐国商人張友信廻船一、其年二月已発帰レ唐。（下略）

e『入唐五家伝記』所収「頭陀親王入唐略記」

(貞観三年)八月九日到二着大宰府鴻臚館一。于レ時主船司香山弘貞申レ府、即大弐藤原冬緒朝臣・筑前守藤原朝臣貞庭等率二随身騎兵百余人一到来、頂拝存問。于レ時大唐商人李延存、在前居二鴻臚北館一。(中略)十月七日仰二大唐通事張友信一令レ造二船一隻一。四年五月造レ舶已了。時到二鴻臚館一、七月中旬、率二宗叡和尚、(中略)柁師絃張友信・金文習・任仲元〈三人竝唐人〉・建部福成・大鳥智丸〈二人竝此間人〉、水手等、僧俗合六十人一、駕レ舶離二鴻臚館一、赴二遠値嘉島一。(中略・明州揚扇山に到着)見二其涯上一、有二人数十許一、喫レ酒皆脱レ被坐二倚子一。乃看二船之来着一皆驚起、各衫群二立涯辺一。見二張友信一問二由縁一、友信答云、此日本国求法僧徒等。於レ是彼群居者皆感歎、差レ使存問、兼献二送彼土梨・柿・甘庶・沙糖・白蜜・茗茶等数般一。親王問二友信一云、此何等人。友信申云、此塩商人也。親王歎曰、雖二是商人一、体貌用麗如レ此也。即謝答、贈以二本国土物数種一。(下略)

f『三代実録』貞観六年八月十三日条

先レ是、大宰府言。大唐通事張友信渡海之後、未レ知二帰程一。唐人往来、亦無二定期一。請友信未レ帰之間、留二唐僧法恵一、令レ住二観音寺一、以備二通事一。太政官処分、依レ請。

一 張友信の来日・滞日

張友信は、aによると、承和十四年(八四七)天台留学僧円載の弟子仁好や僧恵蕚等の帰国に随伴して来日したことが知られる。bによれば、友信は明州にいた人で、春日宅成・大神己井の帰国のために雇われたようであり[3]、恵蕚等はそれに便乗したのであろう。またcにはこの時に恵運も友信の船で帰国したことが記されており、さらに友信一行の唐人として元静という人物がいたこともわかる。

この時期は、実質的に最後の遣唐使となった承和の遣唐使の帰朝後であり、日本から唐への公的な通交は行われていなかった。しかし、八世紀後半以降の新羅商人の来航、そしてこの頃から頻繁になる唐商人の来航を利用して、文物の入手とともに、彼我往来の便を得ることができ、そのことが遣唐使派遣停止の環境を準備したともいわれている所以である[4]。今、九世紀代の唐商人の来航例を整理すると、表7のようになり[5]、国史に記されない事例も多い。

表7によると、唐（商）人来日の初例である周光翰らは、新羅人船で来航し、帰路は渤海使の帰国に随伴しているので、九世紀前半においては新羅人張宝高（八四六＝承和十三年死去）の活躍に代表されるように、新羅人の活動が隆盛であったと考えられる[6]。事実、弘仁十一年の李少貞は張宝高と関係を有する人物であった（『続後紀』承和九年正月乙巳条）。またcの恵運は天長十年から承和九年に大宰府観世音寺・筑前国の講師を勤めていたが、その頃には「新羅商客頻々往来、貨㆓賚銅鋺・疊子等㆒」（『平安遺文』一六四号）という状況であり、承和十年の円載の弟子仁好、同十四年の円仁の帰朝にもやはり新羅商船が利用されていた（『続後紀』承和十年十二月癸亥条、同十五年三月乙酉条）。

とすると、唐商人独自の来日例としては、承和九年の李処人やa〜cの張友信の来航が草分け的存在であったことになる。承和五年頃大宰少弐に就任した藤原岳守の任期中（承和十一年までか）に「因㆑検㆓校大唐人貨物㆒、適得㆓元白詩筆㆒奏上。帝甚耽悦、授㆓従五位上㆒」（『文徳実録』仁寿元年九月乙未条）というのも、唐商人が来航し始めた頃であり、唐物の直輸入が珍重された時代であったという事情を背景としたものではあるまいか。したがって張友信の来日は、まず九世紀後半以降頻繁になる唐商人の来航の先駆をなすものであったと位置づけることができる。

では、彼ら唐商人はどのような契機で来日することになったのであろうか[7]。新羅商人の場合は古来からの日・羅関係があり、また八世紀後半以来の交易、中継貿易の流れが存した。唐人の場合は、八世紀には基本的に遣唐使という公的使節を介した通交・来日しかなく、私的な通交は見出し難い[8]。とすると、先述の周光翰のように、頻繁に来航していた新羅人船を利用するか、あるいは日本の私的渡唐者（当初はやはり新羅人船を利用か）の帰朝を送るという形で来日の契機を作るという方法で、日本への来航が始まったと考えることができ、張友信の来日は、a～cに窺われるように、後者のタイプに属するのである。

ところで、張友信とともに唐商人来航の草分け的存在であった李処人については、cでは来日の契機は不明である。その点は措くとして、彼の後に李延孝という人物がしばしば日本と唐とを往来していることが注意される（表7）。後代の例になるが、唐・宋商人の中には、周文徳（裔）―良史（『小右記』長元二年八月二日条）、章承輔―仁昶（万寿四年八月三十日条）、林養―皐（『参天台五台山記』延久四年三月二十二日条）など父子で交易に従事する者、また蔣承勲（『紀略』承平六年七月十三日条（忠平）、『本朝文粋』巻七天暦七年七月「為二右丞相一贈二大唐呉越公一書状」（師輔））、李洸（『朝野群載』巻二十天仁三年四月二十六日宋人書状（二度にわたる源基綱との交流））など複数世代あるいは複数回の日本の権力者とのつながりを有する者も存した。周、章父子に関しては、父が日本に来航・滞在の間に日本人の女性と結婚し、子息が生まれたことがわかっており（『宇槐記抄』仁平元年九月二十四日条所引万寿三年六月二十四日条春記、『小右記』万寿四年八月三十日条）、良史、仁昶は生まれながらにして国際人としての活躍を期待された人物であった。なお、日本人の母が国内にいるということで、十世紀初に定められた年紀制の規則の例外として[9]、日本にしばしば来航する口実となっていたことが知られるので、交易活動の上でも日本に拠点を有することは都合がよかったと思われる。以上のような事柄を参照して、同姓という点以外に根拠はないが、李処人と李延孝には同族関係など何らかの情報を共有し得る関係があって、延孝は処人の先蹤にならって来日したと想定してみたい。表7の崔岌、崔鐸に関しても、同様の憶測をめぐらしてみたい。

このような視点で張友信の来日を考えてみると、表7の張継明の存在が注目される。

表7　9世紀代の唐人の来航例

年次	主な出典	出身・出発地	人名	備考
弘仁10・6・16	紀略	越州	周光翰・言升則	新羅人船で来着
弘仁10	入唐求法巡礼行記開成4・1・8条	揚州	張覚済	新羅人らと出羽国に漂着
弘仁11・1・22	紀略	越州	周光翰・言升則	渤海使に随伴して帰国
弘仁11・4・27	紀略		李少貞ら20人	出羽国に漂着
承和元・3・16	続後紀		張継明	大宰府に滞在中→入京
承和5	文徳実録 仁寿2・12・22条		沈古道	大宰府鴻臚館に滞在し，小野篁と詩賦を唱和
承和5～11	文徳実録 仁寿元・9・26条			大宰府少弐藤原丘守が「大唐人貨物」を検校
承和9・5・5	平安遺文164		李処人	恵運の入唐，b a・b・c
承和14・7・8	続後紀	明州	張友信ら47人 元静	
嘉祥2・8・4	続後紀		大唐商人53人	大宰府に来着
嘉祥2・⑫・24	高野雑筆集付収「唐人書簡」	蘇州	徐公祐	在日中の唐僧義空に贈物，大中年間に何度か来航
嘉祥2	三代実録 元慶元・6・9条		崔勝	帰化
仁寿2・2	平安遺文4492		張友信	d
仁寿3・7・15	平安遺文102～110		王超，李延孝	円珍の入唐
仁寿3・12	平安遺文103～109		李延孝	円珍の従者の帰朝
斉衡3・3・9	平安遺文124～127	越州	詹景全・劉仕献 李延孝・李英覚	日本より帰国し，在唐の円珍に会う
天安2・6・8	平安遺文4492		李延孝・高奉・蔡輔・李達・詹景全	円珍の帰朝
貞観3・8・9	入唐五家伝	明州	李延存	e
貞観4・7	入唐五家伝		張友信・金文習 任仲元	e
貞観4・7・23	三代実録		李延孝ら43人	大宰府に来着
貞観5・1・4	平安遺文4539		陳泰信	大宰府に滞在か
貞観5・4 5・8・4	入唐五家伝 平安遺文4541・42，4488～90		詹景全・徐公直 李達	真如の従者の帰朝 徐公直は公祐の兄

(表7つづき)

年次	主な出典	出身・出発地	人名	備考
貞観6	平安遺文4541・42		詹景全	来日
貞観7・7・27	三代実録		李延孝ら63人	大宰府に安置・供給
	入唐五家伝		任仲元	真如の天竺出発を報告
貞観7	平安遺文4541・42		詹景全	来日
貞観8・5・21	三代実録		任仲元	過所なしで入京企図
貞観8・10・3	三代実録		張言ら41人	大宰府で安置・供給
貞観9	寺門伝記補録	蘇州	詹景全	円珍の依頼品を将来
貞観16・7・18	三代実録		崔岌ら36人	大宰府に安置・供給
貞観18・8・3	三代実録		揚清ら31人	大宰府に安置・供給
元慶元・8・22	三代実録	台州	崔鐸ら63人	大宰府に安置・供給
元慶元・12・21	三代実録		駱漢中	智聡の帰朝
元慶元	平安遺文4541・42		李延孝・詹景全	円載・智聡の帰朝 円載とともに溺死
元慶5	平安遺文4541・42	蘇州	李達・張蒙	円珍の依頼品将来
元慶6・7・15	平安遺文4541・42	蘇州	李達	円珍の書状を託され帰国
仁和元・10・20	三代実録		(大唐商人)	大宰府に来着→王臣家使の私交易を禁止
仁和2・6・7	平安遺文4548	揚州		円珍に写経50巻を送り,返礼の砂金を与えられる
寛平5・3	菅家文草巻9・10		王訥	在唐僧中瓘の書状を届ける
寛平8・3・4	紀略		梨懐(李環)	入京させる

g『続後紀』承和元年三月丁卯条

勅、在二大宰府一唐人張継明、便令三肥後守従五位下粟田朝臣飽田麻呂、相率入二京一。

gによると、承和元年の時点で張継明という者が大宰府に滞在していたことがわかる。承和元年という時期から見て、継明は独力で来航したと考えるよりは、やはり新羅人船に便乗して来日したのではないかと推定しておきたい。gではこの継明の入京を命じているが、時あたかも承和度の遣唐使の派遣準備中であり、唐の国情などを尋ねるために、上京を求めたものと思われる。[10] 弘仁十年来日の周光翰らに対しても唐の情勢を尋ねていることから考えて、当時日本が唐の情報把握に留意していた様子が窺えよう。さて、このように張友信以前に張姓の者が日本に来航しており、大宰府に滞在していたとすると、あるいは友信はこの継明の情報をもとに、来日を決心したのではあるまいか。[11] 張継明のその後は不明であるが、承和度の遣唐使とともに、あるいは前後して唐に戻り、友信に日本の情報を伝えた可能性を想定してみたいのである。

次に張友信の滞日状況である。a〜cによると、友信が来日したのは承和十四年（八四七）であった。そして、fでは貞観六年（八六四）の時点ではすでに唐に渡海していたことが知られ、その渡海はeによって貞観四年（八六二）真如親王の入唐の際であったことがわかる。fによると、「未レ知二帰程一」、すなわちeの渡海からfまでの間に二年以上が経過しているが、ふたたび日本に戻って来ることが期待されていたことが窺われるのである。この点に関連して、dを見ると、友信は嘉祥四年（八五一）には一度唐に戻っていることが知られ、その後eまでの間に再度来日したものと考えられる。このような彼我往来は何度かくり返されていた可能性もあり、それゆえにfでも「帰程」が待たれていたのだと解することができよう。したがって張友信は承和十四年から貞観四年（結局、貞観四年以後は日本に戻って来たか否かは、管見の限りでは不明である）までの間、一貫して日本に滞在していた訳ではなく、一定期間の滞在（d

以後まもなく来航し、dとeの間、一度も唐に戻らなかったとすると、約十年間の滞日期間が最長となる）と彼我往来を行うという、八世紀の在日外国人とは異なる新しい型の滞日形態をとったとまとめられるのである。

a〜cとdの間、友信が一度も唐に戻らなかったとすると、約四年間滞日したことになるが、交易従事者の場合でも、『三代実録』貞観十六年六月十七日条で香薬購入のために渡唐した多治安江・大神己井らは、元慶元年八月二十二日条で帰国しており、約四年間の唐滞在であったことがわかる。表7の唐商人の例では、李延孝や任仲元など複数回来日する者は多いが、その滞在期間は不詳とせねばならない。貞観八年に過所を所持せず入京しようとしたとある任仲元は、eで真如親王とともに渡海し、その後真如に随行して、真如の天竺への出発を報告するために貞観七年李延孝の船で来日している（『入唐五家伝記』所収「頭陀親王入唐略記」）ので、一年近くは滞日していたものと推定される。その真如の消息を伝えるために（種々の手段を構じた上でか）、「関門之禁」を犯してでも、入京を企図したのであろう。その他、後代の例ではあるが、十〜十一世紀の宋商人の中には、朱仁聡（長徳元年〜長保二年）、曾令文（長徳四年〜長保三年）、周文徳（長保元年〜四年）、莫晏誠（長暦元年〜長久元年）、孫忠（承暦三年〜永保二年）などのように、数年にわたって滞日する者もいた。また『今昔物語』巻二十四第二十二話「俊平の入道の弟、算の術を習ひし語」では、主人公が鎮西の地で来日宋人に算を習い、渡海の約束をしながら、上京後に親族に制止されたために下向できないでいると、宋人は暫く待っていたが、怒って帰国したとあって、算道の習得やその後の経緯から見て、やはり一定期間宋人が滞日していたものと考えられる。張友信の場合は、後述のように大宰府の大唐通事としての役割を担っていたが、ある程度長期間の滞日と彼我往来という形は、九世紀後半以降の唐・宋商人の滞日形態にも一般化し得るものと見なされるのである。

なお、eによると、張友信は造船の技術に通暁しており、また柁師としての技能も評価されていたらしい。渡海して交易に従事する人々であるから、自らも航海の諸技術に通じていることは望ましい事柄である。同様の事例として、cの李処人も値嘉島で船を新造しており、造船技術を有していたか、あるいは技術者を従えていたことがわかる。とすると、友信の技能も彼のみの特技ではなく、当時の唐商人が身につけておくべき技能の一つであったと見ることができるかもしれない。

二　大唐通事就任

前節では張友信の来日事由や滞日期間・形態をめぐる検討を行った。彼の滞在中の事跡として、fの大宰府の大唐通事就任には注目される。この任務ゆえに九世紀の唐人としては比較的長期間にわたる滞日形態をとったとも考えられる。友信は、九世紀以後頻繁になる唐人の来航の中では初期の滞日例であり、そのために早く大唐通事に起用されたものと想定される。ここではこの大唐通事の制度について検討し、友信の滞日のあり方を考える手がかりとし、また大唐通事という大宰府の外交機能を担う機構の具体像を考究することにしたいと思う。(12)

まず大唐通事の関係史料を掲げると、次の通りである。

h『延喜式』巻十八式部上式

凡太宰及対馬官人季禄者、於二太宰府一給レ之。其大唐通事禄、准二大初位官一。

i『延喜式』巻二十三民部下式

凡太宰府充二仕丁一者、(中略)音博士・陰陽師・医師・笇師・主船各五人、大唐通事四人、史生・新羅訳語・弩師・傔仗各三人、(下略)

j『延喜式』巻二十六主税上式

凡太宰府処二分公廨一者、(中略)主城・陰陽師・医師・竿師・主船・主厨一分半、大唐通事一分少半、史生・弩師・新羅訳語・傔仗一分。

k『三代格』巻五承和七年九月二十三日太政官奏

(上略)置二品官二員一。(中略)主船一員〈正八位下官〉。右創レ法之時置二主船吏一、而依二同前(弘仁十四年正月二十九日)論奏一既従二停廃一。如今得二彼府解一偁、「案二警固式一云『簡二練舟檝一備二於不虞一』者。加以年中例貢絹・綿幷御贄・別貢等物毎年有レ数、仍常雇二民船一、多費二正税一。又遣唐廻使所レ乗之新羅船、授二於府衙一令レ伝二彼様一、是尤主船之所レ掌者也。其大唐通事有レ職無レ掌。望請、更置二主船一俾レ兼二通事一、即充二傜人一令レ護二其舟一。然則公家無レ損、職掌有レ愸」者。伏望、更置二件官一令レ摂二両職一。(下略)

l『三代実録』貞観十五年七月八日条

先レ是、大宰府馳レ駅言、渤海国人崔宗佐・門孫・宰孫等漂二着肥後国天草郡一。遣二大唐通事張建忠一覆二問事由一、審二実情状一。是渤海入唐之使、去三月著二薩摩国一逃走之一艦也。仍奉レ進二宗佐等日記幷所レ齎蠟封函子・雑封書・弓剣等一。(下略)

m『菅家後集』五〇一

題二竹床子一〈通事李彦環所レ送〉。彦環贈与竹縄床、甚好施来在二草堂一。応是商人留別去、自レ今遷客著二相将一。空心旧為二遥踰一レ海、落涙新如二昔植一レ湘。不レ費二一銭一得二唐物一、寄レ身偏愛惜二風霜一。

n『朝野群載』巻二十長治二年八月二十二日存問大宋国客記

府使の中に「通事巨勢友高」あり。

o『興禅護国論』第五門・第九門

予日本仁安三年戊子春、有㆓渡海之志㆒、到㆓鎮西博多津㆒。二月遇㆓両朝通事李徳昭㆒、聞㆓伝言㆒、有㆓禅宗㆒弘㆓宋朝㆒云々。四月渡㆑海到㆓大宋明州㆒。／一昔鎮西筑前州博多津両朝通事李徳昭、八十歳之時語曰、余昔二十有余歳、於㆓東京㆒見㆓梵僧㆒、下著㆓単裙㆒、上披㆓袈裟㆒、冬苦㆑寒而不㆑著㆓余衣㆒。明春帰㆓西土㆒。曰若在㆑此犯㆓仏制㆒矣。〈宋乾道四年、日本仁安三年戊子。〉

p『日吉山王利生記』第七

建久の比、東大寺大勧進の聖俊乗坊、一切経奉請の志有ければ、鎮西博多津の前通事李宇を相語て、遂に同五年十一月七日ぞ迎え奉りけり。

大宰府には大唐通事、新羅訳語などの通訳が置かれていたことは、h〜jの延喜式文に見えている。新羅訳語は史生待遇（後述の対馬の新羅訳語も史生待遇である）、大唐通事は仕丁支給人数や公廨の配分割合によると、それよりは少し上位に位置しており、大初位に准じた季禄が支給されることになっていた（賦役令内舎人条の別勅才伎長上の如き扱いか）。ただし、こうした通訳関係の官人の存在は職員令大宰府条など律令条文には規定されておらず、彼らがいつから大宰府に存したのか、またその役割は如何であったかという問題は、大宰府機構のあり方を考える上でも重要な論点となろう。[13]

大唐通事の検討に入る前に、まず新羅訳語について瞥見しておきたい。新羅訳語の初見史料は『後紀』弘仁三年正月甲子条であり、九世紀初にはその存在が確認される。この時期は新羅下代の混乱期に入り、新羅人の来日・帰化例も散見している。[14]また八世紀後半の藤原仲麻呂の征新羅計画の中では、『続紀』宝字五年正月乙未条「令㆔美濃・武蔵二国少年、毎㆑国廿人習㆓新羅語㆒。為㆑征㆓新羅㆒也。」と、新羅語の学習への関心が持たれており、[15]同時期の交易を目的とする頻繁な新羅使の来航と大宰府での交渉と合せて、その頃には大宰府に新羅訳語が置かれていたとしても不思議ではない状況が存した。そして、律令体制成立時において日羅関係が重視されていたのは改めて指摘するまでもないことであるから[16]、大宝令制定当初の時点で大宰府に新羅訳語が存した可能性を想定することも許されるのではないかと思う。

ただし、八世紀あるいはそれ以前から新羅人が頻繁に経過していた筈の対馬において、新たに新羅訳語などの設置の必要性が痛感されるようになるのは、九世紀初のことであった。すなわち、先述の『後紀』弘仁三年正月甲子条によると、前年十二月に対馬島西海中に来航した新羅船二十余艘が海賊船と判明し、先着していた「言語不レ通、消息難レ知」の十人のうち五人は対馬側で殺害し、逃走した五人のうち四人を捕獲するという事件が起きている。言語不通のため対馬では尋問不可能なので、大宰府は「為レ問二其事一、差二新羅訳語幷軍毅等一発遣」という措置を講じ、大宰府の新羅訳語の活躍の場が生じたのであった。この事件を契機に、対馬では『三代格』巻五弘仁四年九月二十九日官符「応下停二対馬島史生一員一置中新羅訳語一人上事」で新羅訳語の新設を申請し、『後紀』弘仁六年正月壬寅条で実現している[17]。さらに『三代格』巻五弘仁十二年三月二日官符「応下停二対馬島史生一置中博士上事」では、「縦令諸蕃之客卒尓着レ境、若有二書契之問一誰以通答。望請、特置二件博士一、且以教二生徒一、且以備二専対一」と、外交機能の強化に努めていることがわかる。大宰府の外交機能については別に検討することにしたいと考えているが、大宰府が外交問題の判断に関与するようになるのは八世紀末と見るのがよいようであり[18]、その中で、新羅訳語の位置も重要になっていくと予想される。したがって大宰府の新羅訳語がたとえ大宝令制当初から存していたとしても、外交の場面で特にその活躍が要せられることはなかった可能性もあり、新羅訳語の初見である九世紀前後からその重要性が認識されたものと推定してみたい。

では、本題である大唐通事に関しては如何であろうか。大唐通事の初見史料はkである。kによると、承和七年以前に大唐通事が存していたことはまちがいない。ただし、kでは弘仁十四年に廃止された主船を復置するために、「其大唐通事有レ職無レ掌。望請、更置二主船一俾レ兼二通事一」と提言しており、主船に大唐通事を兼任させることで、その復置を実現しようと企図している。主船は「掌レ修二理舟檝一」（職員令大宰府条）という職掌を有し、大宝令当初から設けられていた部署であり、一旦は廃止されたが、この頃、承和度の遣唐使が帰国時に用いた新羅船の管理が大宰府に委ねられ、主船を必要とする状況が存した。一方、大唐通事は「有レ職無レ掌」と記されており、これを利用して主船の復活が実現しているのである。したがって、大唐通事はこれ以前から（あるいは大宝令制当初から）存在していたとしても、実際の職務はほとんどなかったと考えてよいと思われる。[19] 遣唐使の帰国に随伴した唐使が来日することはほとんど予想されておらず、また八世紀の在日唐人の数は少なく、しかも中央で奉仕していたと考えられるので、大宰府で大唐通事の通訳を必要とする場面は少なかったと推定されることは、こうした見方を裏付けるものであろう。[20]

kの次に大唐通事のことが登場するのが、fの大唐通事張友信である。fによると、eの友信の渡海後、「唐人往来、亦無二定期一。請友信未レ帰之間、留二唐僧法恵一、令レ住二観音寺一、以備二通事一。」と、通事不在の不便さとその対策が示されており、友信は大唐通事としての役割が期待されていたことが窺われる。kに描かれた大唐通事のあり方に比すると、この張友信こそ大唐通事として実質的な役割を果した最初の人物ではなかったかと考えられるのである。その理由として、友信が唐人の来航が頻繁になる九世紀後半以降の時期の初期に来日していること、そしてこれ以後唐人来航が頻繁になって大唐通事を必要とする状況が出現したことはもっとも重要であると思われる。また彼以後の大唐通事は、管見の限りでは、一例を除いてすべて唐人であり、もちろんその言語能力にも期待されたのであろう。[21]

なお、kによると、大唐通事は主船が兼任することになっており、前節で触れたように、張友信は造船・航海技術に通じていたと推定される（e）。ただし、eによれば、友信が大唐通事であった際に、主船には香山弘貞という人物が任用されていることが知られるので、友信の頃からは大唐通事の役割も重視されていることと合せて、主船と大唐通事とはそれぞれの役割を有するものとして、別個に設置されていたと理解したい。h～jの延喜式文は弘仁式文としての存否が不詳であるが[22]、実質的な初代（?）大唐通事張友信は少なくともh～jの如き待遇を受けていたのではないかと考えられる。

さて、fではその帰任が期待されていた張友信であるが、eで渡海した後、ふたたび来日したか否か、またその後の消息も不明である。この友信の次に大唐通事として見えるのが、lの張建忠ということになる。張姓という中国人に多い姓であり、同姓ということ以外に根拠はないが、先述の張継明と張友信との関係と同様、ここでも張友信と張建忠の間に何らかの親族関係等を想定してみたい。その他、これも李姓というやはり中国人に多い姓であるが、o・pという比較的近接する時期に同姓者の大唐通事就任例があり、張建忠は友信の後継者として来日し、大唐通事に起用されたという可能性を考えたいのである。すなわち、大唐通事の職務が親族間等で継承されたこともあったと見るのである[23]。

ちなみに張友信以降の大唐通事就任者の例から、大唐通事の役割を整理すると、次のようになろう。まず大唐通事本来の役割である唐・宋人との通訳に関しては、l・nがある。nは存問記に署名を加えた何人かの官人の一人として見えるものであり、具体的な行動は不明であるが、lでは渤海の遣唐使の尋問や関係書類の押収等に大唐通事が活躍していることが知られる[24]。次に時代が下るが、o・pによると、中国の情報を教えたり、唐物の斡旋をする者もいた。ただしoの李徳昭はこの時八十歳であり、現役の通事であったか否かは不明であるし、pの李宇も「前通事」と記されている。とすると、これらは大唐通事の役割とは別個に考えるべきであろうか。mには流寓の菅原道真に通事李彦環が唐商人が遺留して行った竹床子を贈った旨が見えており、大唐通事は唐物の調達にもたけていたことが窺えよう。またeで日本の皇族である真如親王の入唐に際して、大唐通事張友信が指名されたのは、造船・航海技術に優れているというだけではなく、大唐通事として来航する唐人からの中国の情報にも通じていたという理由があったのではないかと考えられる。友信以降の大唐通事も唐・宋商人から、あるいは時には自らが彼我を往来して、中国の情報を集めようとしたことが想定され、それは来日唐・宋人の尋問の際にも役立つ知識であったと見ることができよう。

以上、張友信をめぐる問題として、大唐通事についての知見を整理した。大唐通事の実態を以上のように考えると、対馬の外交機能のあり方や通訳・外交文書取り扱い者の整備と合せて、大宰府の外交機能としては九世紀中葉以降に充実が図られると解することができる。大宰府の外交機構の整備とその外交機能の変遷との関係如何を考察する上では、本稿で触れた大唐通事のあり方は一つの手がかりとなるのではないかという点を強調しておきたいと思う。

三　国際的活動形態の相違

前二節では、唐人張友信の来日・滞日の様子や大唐通事としての勤務などに言及し、前稿で展望した九世紀以降の、日本への定着を前提とせず、交易などに従事して彼我を往来する新しい型の在日外国人の様相を見た。こうしたいわば国際人としてのあり方に関しては、八世紀代にも日本の遣唐使として渡唐した者（留学生やその従者の場合、十年、二十年と滞唐する例も珍しくはない）と唐の女性との間に生まれた秦朝元、羽栗翼・翔などの例が知られる。彼らは唐で生まれ、彼らの父親は唐で死去しているが、自身は日本に帰国することができ、官人として出仕し、また遣唐使に起用されて、ふたたび唐に渡ることもあった。さらに九世紀になると、遣唐使という公的なルート以外でも渡航して、交易等に従事する者として、越智貞厚、春日宅成、大神己井、多治安江などの存在がある。[25] なかでも春日宅成は、男児宗健を唐に残して帰国するなどしているようで（b）、独自に交易に従事していたことが推定される。また後に渤海通事に起用された際には、渤海使が献上しようとした玳瑁の酒盃を見て、「昔往二大唐一、多観二珍宝一、未レ有二若レ此之奇恠一」（『三代実録』元慶元年六月二十五日条）という所感を述べており、唐への滞在経験や唐物の鑑識眼にも秀でていた人物であったと考えられる。

ただし、九世紀の交易従事等による彼我往来の日本人は、独自の渡航手段を持っていた訳ではなく、唐商人などの便船を利用するものであったことには留意しておきたい。bの春日宅成・大神己井の帰国はその好例であり、張友信の来日契機を作っている。『三代実録』貞観十八年三月九日条の値嘉島の管理強化（郡の設置）の理由として、「唐人等必先到二件島一、多採二香薬一以加二貨物一、不レ令三此間人民観二其物一。又其海浜多二奇石一、或鍛練得レ銀、或琢磨似レ玉。唐人等好取二其石一、不レ暁二土人一。」と記されており、唐人がこの島の資源利用に長じていたことが窺われる。c・eでも値嘉島が日唐間の通交路上で重要な位置を占めたことがわかり、また唐人の資源利用の例が見られる。日本人は自分で船を動かすことをしなかったので、この島の重要性、あるいは交易品となり得る資源の存在を充分に認識していなかったのではあるまいか。ちなみに、『今昔物語』によると、唐人は日本人の行くことのできない不思議な場所に立ち寄ることが可能な存在であり（巻二十六―九）、宝物を見分ける能力にも優れている（巻二十―四十六、二十六―十六）と描かれており、その背景として唐人の自由な航海や交易に対する貪欲さなどがあったと考えることができよう。

次に九世紀に活躍する日本人の特色として、たとえば春日宅成は後に渤海通事として外交の場に登場したり、地方官としての任に就いていることが知られており、その他の人々も国家とのつながりが濃厚であったと見なされる点が指摘できる。文室宮田麻呂のように、大宰府や筑前国の官人が交易に関与する事例も存する。[26] また次の例にも注意したい。

q 『中右記』寛治六年九月十三日条

検非違使等於二左衛府一勘二問商人明範一。件明範越土趣二契丹国一、経二数月一帰朝、所二随身一之宝貨多云々。仍日者為レ勘二問事元一、雖レ賜二使庁一、例幣先後之斎間、引及二今日一也。契丹者本是胡国也、有二武勇聞一。僧明範多以二兵具一売却、金銀条、已乖二此令一歟。

r 『中右記』寛治六年六月二十七日条

有二陣定一。是大宰府解状也。唐人隆琨為二商客一初通二契丹国之路一、銀宝貨等持来。子細見二解状一。

s 『中右記』寛治七年二月十九日条

今日有二陣定一。（中略）渡二契丹国一商人僧明範事〈彼明範已於二検非違使庁一、被二拷訊一之処、為二帥卿使一申下渡二彼国一之由上〉。（下略）

t 『中右記』寛治七年十月十五日条

重有二陣定一、左府以下被レ参二仗座一。是彼契丹事可レ被レ問二対馬守敦輔等一者、件敦輔依レ召近日上洛也。

u 『中右記』嘉保元年五月二十五日条

大雨終日下。今日左大臣以下参二仗座一、有二彦山定一。次前帥権中納言伊房卿、已依二契丹国事一、減二一階一被レ止二中納言職一。又依二同事一、前対馬守敦輔追二位記一云々。大殿并殿下此間令レ参給也。

『百錬抄』寛治六年六月二十七日条「諸卿定下申本朝商客渡二契丹一事上」とあり、これが日本の商人僧明範の契丹渡航事件の審議のはじまりであった。[27] qによると、明範は契丹に渡り、武器を売却して多くの利益を得たとある。武器売却については、唐・衛禁律越度縁辺関塞条に「諸越二度縁辺関塞一者、徒二年。共二化外人一私相交易、若取与者、一尺、徒二年半。三疋加㆓一等㆒、十五疋加㆓役流㆒。私与㆓禁兵器㆒者絞。共為㆓婚姻㆒者、流二千里。未入・未成者、各減㆓三等㆒。即因㆑使私有㆓交易㆒者、准㆑盗論。」とあるが、これに対応する日本律の存否は不詳である。(28) また明範の売却した武器が「禁兵器」であったかどうかも不明であるという留保が存する。この点は措くとして、qによると、明範は単独で契丹に入国したかにも読めるが、おそらくrの唐人隆琨とともに渡航したものと考えられる。したがって通交手段としては、この唐人の船を利用した可能性が高い。では、明範は全くの自由意志で契丹に行ったのであろうか。この点についても、s～uによると、大宰府権帥藤原伊房や対馬守藤原敦輔の関与があったことが知られ、彼らの意向によって渡航したと見るのがよいであろう。すなわち、「官」とのつながりが存したと理解されるのである。

　以上を要するに、日本人の交易従事者は、独自に活動していた訳ではなく、交通手段にしても唐・宋人の船に依存する面が大きかった。そして、彼らは「官」とのつながりを有していたり、あるいは自らが官人であったりと、何らかの意味で「官」との関係を持つのが特色である。これに対して、唐・宋商人は独自に活動の場を求めて来航しており、独立した人々であった。時に中国の地方官の牒状等を齎して、年紀制をかいくぐって入国・交易に従事することもあるが、「官」に利用されているのではなく、自らの交易活動のために「官」を利用しているのである。(29) そこには必ずしも国家を背景としない唐・宋商人の独自の活動があり、自らの運命を切り開くため、国際的な舞台に活躍の場を求める人々の積極的な行動が看取されるのではあるまいか。この点がこれらの時期の日本人の交易従事者や国際的活動のあり方との大きな相違点であり、張友信をはじめとする、九世紀後半以降に出現する新しい型の在日外国人の登場を生む一つの原動力であったと考えたい。

むすび

小稿では、九世紀中葉に来日・滞日した唐人張友信を取り上げて、この時期以降の在日外国人、滞日外国人のあり方の変化の様相に触れた。合せて、大宰府の外交機能の一翼を担う大唐通事の制度にも言及し、大宰府における外交の様子を考える手がかりを得ることができたと思う。結論めいた事柄はないので、各節の要旨はくり返さないが、今後さらに張友信のような事例の「発掘」を期して、稿を終えることにしたい。

註

（1）張友信の略歴は、『日本古代氏族人名辞典』（吉川弘文館、一九九〇年）の当該項、田島公「真如（高丘）親王一行の「入唐」の旅」（『歴史と地理』五〇二、一九九七年）を参照。

（2）b・eの張友信は「張支信」と記されているが、杉本直治郎『真如親王伝研究』（吉川弘文館、一九六五年）により、張友信の誤写であるとして、訂正して掲げた。

（3）bの春太郎、神一郎の人物比定は、佐伯有清「承和の遣唐使の人名の研究」（『日本古代氏族の研究』吉川弘文館、一九八五年）を参照。

（4）佐伯有清『最後の遣唐使』（講談社、一九七八年）、佐藤宗諄「寛平遣唐使派遣計画をめぐる二、三の問題」（『平安前期政治史研究序説』東京大学出版会、一九七七年）など。

（5）田島公『日本、中国・朝鮮対外交流史年表（稿）』（便利堂、一九九〇年）を参照した。なお、明らかに新羅人であるのに、「大唐国商人」などと記されている例もある者（bの欽良暉など）は除いた。また李延孝は「渤海国商主」と記される例もあるが、唐人と見なして、表示した。

(6) 張宝高については、蒲生京子「新羅末期の張保皐の抬頭」(『朝鮮史研究会論文集』一六、一九七九年)、石井正敏「九世紀の日本・唐・新羅の三国間貿易について」(『歴史と地理』三九四、一九八八年)などを参照。

(7) 東野治之「鳥毛立女屏風下貼文書の研究」、「正倉院氈の墨書と新羅の対外交易」(『正倉院文書と木簡』塙書房、一九七八年)、「文化の様相」(『古代を考える奈良』吉川弘文館、一九八五年)など参照。

(8) 『唐大和上東征伝』によると、鑑真らは独自に船を準備して何度か渡海を試みているが、結局は日本の勝宝度の遣唐使帰朝に随伴して来日を実現している。

(9) 年紀制については、榎本淳一「『小右記』に見える「渡海制」について」(『摂関政治と古記録』吉川弘文館、一九九一年)を参照。

(10) 佐伯註(4)書三六頁は、粟田飽田麻呂は宝亀度の遣唐使で入唐留学し、延暦度に帰国した人物であるとし、その言語能力によって張継明から最大限の情報を得るために起用されたと解している。

(11) 表7の貞観八年の張言らの来日は、あるいは張友信の情報伝達を受けてのものとも憶測される。

(12) 大宰府の外交機能については、石井正敏a「大宰府の外交面における機能」(『法政史学』二二、一九七〇年)、b「大宰府および縁海国司の外交文書調査権」(『古代文化』四三の一〇、一九九一年)、ブルース・バートン「律令制下における新羅・渤海使の接待法」(『九州史学』八三、一九八五年)、「大宰府の国境機能」(『古代王権と交流』八、名著出版、一九九五年)、中西正和「新羅使・渤海使の来日と大宰府」(『古代史の研究』八、一九九〇年)、田島公「大宰府鴻臚館の終焉」(『日本史研究』三八九、一九九五年)などを参照。ただし、大唐通事について詳しく論じたものは見あたらない。

(13) 通訳全般の検討としては、酒寄雅志「渤海通事の研究」(『栃木史学』二、一九八八年)を参照。

(14) 奥村佳紀「新羅人の来航について」(『駒沢史学』一八、一九七一年)。

(15) 宝字五年条で美濃・武蔵に命令が下されているのは、席田郡・新羅郡といった在日新羅人によって建郡された郡があり、在日新羅人が居住していたことによるものと考えられる。なお、『続紀』天平十二年正月戊子朔条、宝亀十一年正月辛未条によると、新羅学語が新羅から貢上されていたことが知られる。

(16) 鈴木靖民『古代対外関係史の研究』(吉川弘文館、一九八五年)を参照。

(17) 対馬の新羅訳語としては、『扶桑略記』延長七年五月十七日条に新羅人と応対した擬通事長岑望通の活躍例がある。
(18) 石井註(12)b論文を参照。
(19) 酒寄註(13)論文八五頁〜八六頁。
(20) 拙稿「古代日本における対唐観の研究」(『弘前大学国史研究』八四、一九八八年)、「古代日本における在日外国人観小考」(『高知大学人文学部人文学科人文科学研究』三、一九九五年)など参照(いずれも本書所収)。
(21) 東野治之「平安時代の語学教育」(『新潮45』一二の七、一九九三年)によると、当時の語学教育では会話教育の面は不充分であったとされる。
(22) 弘仁式は弘仁十一年撰進、天長七年施行、そして承和七年改正版施行であるから、主船の扱いは微妙なところになる。
(23) 大宰府における唐・宋人の居住形態については、高倉洋彰「寧波市現存の太宰府博多津宋人刻石について」(『大宰府と観世音寺』海鳥社、一九九六年)、佐伯弘次「大陸貿易と外国人の居留」(『よみがえる中世』一、平凡社、一九八八年)などを参照。
(24) 酒寄註(13)論文は、日本と渤海の外交交渉の公用語は漢語(中国語)であったと見ており、1では渤海から唐に派遣された使者であるから、当然中国語を話せる者が乗船していたと考えられるので、大唐通事派遣は適切な処置であったといえよう。
(25) 佐伯註(3)論文を参照。
(26) 宮田麻呂については、戸田芳実『日本領主制成立史の研究』(岩波書店、一九六七年)一三三〜一三八頁を参照。
(27) 大津透「摂関期の律令法」(『山梨大学教育学部研究報告』四七、一九九七年)二八頁は、『中右記』嘉保元年五月二十五日条により、伊房は罪は徒三年の刑で、「五位以上なので、名例律八・九条により一等を減じて徒二年半となり、敦輔は五位の官当により徒二年、伊房もおそらく中納言＝正四位上により徒二年半に当て、残り半年が贖銅十斤にあたるということだろう」としている。
(28) 榎本註(9)論文は対応する日本律は存在しなかったとする。一方、利光三津夫「衛禁律後半写本における条文脱落の存否について」(『常葉学園富士短期大学研究紀要』三、一九九三年)は存在説を主張している。
(29) 拙稿「平安貴族の国際認識についての一考察」(本書所収)で触れた、承暦度の宋商人孫忠はこうした事例の一つとなる。

第六章　平安貴族の国際認識についての一考察

――日本中心主義的立場の「定立」――

はじめに

私は先に「古代日本における対唐観の研究」（『弘前大学国史研究』八四、一九八八年、本書所収。以下、別稿Aと称する）なる論考において、対隋・唐外交が対等外交であり、日本の遣唐使は国書を携行しなかったというかつての通説（現在では通説たりえないと考える）を検討した際に、八世紀の日本には日本が唐の諸蕃であるという立場（事大主義）と、唐も日本の諸蕃として扱うべきであるとする立場（日本中心主義）の二つが存したことに触れた。実際の対唐外交では後者の立場が表明されることはなく、古代日本の対唐外交は基本的には朝貢であり、対等外交は存在し得なかったが、この日本中心主義的立場は国内では一定の効力を有し、正史に唐の国書の内容を掲載しない、あるいは後代において対唐外交を「対等外交」と見る意見を生み出すなどの作用をもたらしたのである。

また「古代日本における在日外国人観小考」（『高知大学人文学部人文学科人文科学研究』三、一九九五年、本書所収。以下、別稿Bと称する）では、来日唐人をはじめとする在日外国人は、八世紀代には律令国家の定着のためにその技能・学芸等により優遇されており、さほど在日外国人に対する警戒が顕著ではなかったという状況にあったのに、九世紀に入ると、在日外国人（およびその子孫）を外国人と見なす意識が強くなり、日本人との区別や外国人に対する警戒感なども窺われるという変化を描き、その背景として九世紀になって新しい外国人観が登場したというよりは、むしろ八世紀以来底流として存した外国人観が顕在化するという見通しを示しておいた。(1)ただし、別稿Bではそうした変化と関連するであろう九・十世紀の対外政策や外交意識についての変化は他日を期すとして、保留している。

九世紀以降の外交のあり方に関しては、史料面では国史の記載内容が詳しくなり、外交関係記事もよく残り、彼我の国書が全文掲載されるなどし、より正確な状況の読み取りが可能である。また十世紀以降では古記録（日記）によって、外交政策決定に至る貴族達の審議過程がわかる例も散見し、その結論を導き出す思想的背景となる対外観をかいまみることのできる場合が存する。そこで、本稿ではこれまで保留してきた九世紀以降の対外意識の問題について、別稿Aで示した日本中心主義的立場を軸にして、平安貴族の国際認識を探求するという方法によって、考察を試みることにしたいと思う。

古代日本における国際認識としては、中国の中華思想に範を取り、朝鮮諸国を「蕃国」・服属国と見なす日本＝「小帝国」観が存したとする見方が有力である。(2)そして、対唐外交に際しても、唐を中心とした国際的秩序の中に留まりながらも、「小帝国」として朝鮮に対する優位の黙認を唐に求めようとした点に日本の主体性が示されていると言われる。その後、八世紀中葉には新羅が亢礼関係を求め、日羅関係が悪化し、さらに九世紀後半には新羅下代の政治混乱による新羅海賊の跳梁への警戒感や貿易を目的として頻繁に来日する渤海の入貢を規制する動きなどが醸出され、排他的思想が現れること、また新羅滅亡と高麗の成立、契丹による渤海滅亡などの朝鮮諸国の変化や唐の衰退等による遣唐使の廃止によって、正式な外交関係がなくなることなどを背景として、十世紀以降は消極的な外交、受動

的外交の姿勢に陥ることになるとされている。(3)

しかし、「小帝国」観の基盤をなす中華意識については、朝鮮諸国もそれぞれに有していた観念であることが指摘されている。(4) とすると、日本の「小帝国」観がどれほど有効であったかは疑問となる。事実、八世紀では新羅は亢礼的態度をとっているし、渤海も決して朝貢という形式はとっていない。(5) また日本の対唐外交が「小帝国」の承認を求めたものであるという点に関しても、別稿Aで検討したように、「小帝国」観とも関連する日本中心主義を隠したままに、事大主義的立場に基づく朝貢を行ったと位置づけるのがよいと考える。なお、白村江の敗戦に至る七世紀中葉までの外交政策については、概括的なものではあるが、私は日本には一貫した方策や外交理念があったと見ることはできないという考え方を示しておいた。(6)

したがって、私は古代日本の外交のあり方を「小帝国」観で説明しきるのは難しいと思い、別稿Aで指摘した二重構造の外交観を以て臨むのがよいと考える。唐に対しては二つの外交観を抱きながらも、事大主義が表面に現れる形をとり、朝鮮諸国に対しては、「小帝国」観という明確な構造を持ったものというよりは、日本中心主義的立場を基盤としたより主観的な外交観が顕現したのではないかと想定される。(7) そして、朝鮮諸国もそれぞれに「中華意識」を有していたことが明らかになっているので、自国中心主義と事大主義の二重構造の外交観は東アジア世界の周縁部の国々には共通の事象であったと見ることができよう。朝鮮諸国の場合、その後も中国王朝との冊封関係を保有し続けたので、中国王朝とその他の国々に対する場合とでは基盤となる外交観が異なったままであったことが予想されるが、先述のように、日本の場合は十世紀以降正式な外交関係がなくなっていくので、対唐外交も含めて、二重構造の外交観が解消される可能性が存したのではないかと憶測できる。

一方、「小帝国」観を支持する立場からではあるが、十世紀以降も外交の基調に変化はなく、日延と奝然の入宋事例には中央に外交権が存したことが読みとれる点、刀伊の入寇では朝鮮諸国に対する外交方針・国際意識に変化がなかったことなどから考えて、律令的な小帝国主義的国際意識はなお存在したという見方も呈されている(8)。「小帝国」観云々は措くとして、別稿Bで述べたように、九世紀以降に新たな外国人観・外交観が生じたというよりは、八世紀以来底流として存したものが顕在化したという視点に立つ時、この意見には注目される。ただ、そうであれば、そのような意識のままで外交政策を取り得た理由、八世紀以来底流として存在したものの顕在化のあり方は如何であったが検討されねばならないであろう。

別稿B・Cでも同様の見通しを示しておいたが、近年九世紀後半を中世的な外交意識への変化の画期とする見方が中世史研究者の側から呈示されている(9)。日本の国土を「現世浄土」と見なし、この浄土の中心である天皇の居住する平安京がもっとも清浄であり、平安京から離れるに従って穢観が強くなるという国家領域観の萌芽や神国思想に基づく日本の不可侵性への確信等々である。ただし、これらは主に朝鮮諸国との通交事例から帰納されたものであり、八世紀における二重構造の外交観の存在は視野に入っていない。そこで、以下では別稿Aでこうした視角を得るに至った契機でもあり、九世紀以降の対外意識の変化の考察の際に不充分であると思われる、対唐観についての平安貴族の国際意識のあり方の検討として、日本中心主義の行方を中心に据えて、九世紀以降の対外観の様相を分析したいと考える次第である。

一　意見十二箇条に見える国際意識

実質的に最後の遣唐使となった承和度の遣唐使派遣頃までの対唐観については別稿Aで述べたので、本節ではそれ以降十世紀初頃までを視野に入れて、対唐観を中心に対外認識の検討を行う。この時期は寛平度の遣唐使が計画されるが、中国との公的な通交はなく、唐人の船で入唐留学する僧も何人かはいるものの、まだ後代の宋商人ほどには唐商人の来航は頻繁ではなかった。したがって時代環境としては九世紀代あるいは八世紀以来の従前からの対唐観が保持されており、その展開の様子を窺うことのできる事例が存するものと期待される。

そうした考察材料として、ここでは延喜十四年四月二十八日奏上の三善清行の意見封事十二箇条（『本朝文粋』巻二）を手がかりとして取り上げたい。意見十二箇条は九世紀後半から十世紀初の律令国家変容の様子を伝えた史料として重要なものであるが、そこにはあるべき姿としての国家像が描かれており、その中に国際意識に関わる部分も存する。律令国家変容の様相を考える上で意見十二箇条が占める位置は、対外認識の展開を検討する際にも依拠すべき素材として重要であると思われるからである。

1　序文の記述

意見十二箇条の中で国際観に関係する記述は、序文の中の次の一節である。

a 意見十二箇条・序文

臣伏案二旧記一、我朝家神明伝レ統、天険開レ疆、土壌膏腴、人民庶富。故東平二粛慎一、北降二高麗一、西虜二新羅一、南臣二呉会一、三韓入朝、百済内属、大唐使訳、於レ焉納レ賝、天竺沙門、為レ之帰化。其所二以爾一者何也、国俗敦厖、民風忠厚、軽二賦税之料一、疎二徴発之役一、上垂レ仁而牧レ下、下尽レ誠以戴レ上、一国之政、猶如二一身之治一。故范史謂二之君子之国一、唐帝推二其倭皇之尊一。

この部分は次の「自後風化漸薄、法令滋彰、賦斂年増、徭役代倍、戸口月減、田畝日荒」云々という、仏教の崇拝、長岡京・平安京の相次ぐ造都や応天門・大極殿の焼失に伴う修造、また奢侈の風潮などによるその後の国家衰退の様子の前段階をなすものであり、日本のあるべき姿、本来の姿と想定されるものが描かれていると考えられる。aによると、天皇家の継続と国土平定、国土の豊穣と人民の生活保持、そして周辺諸国の平定と朝貢、中国からの使者来日や天竺人の帰化といった状況が指摘され、その背景として優れた国民性、租税負担が少なく、上下の心が一つになった政治の実施などが掲げられ、それ故に中国からも多大な評価を得ているというのである。

以上の評言は意見封事奏上という紀伝道の学者の一大栄誉をなす行為の中で現れており、また序文という本文の前置きとして人々を納得させる文となるべき部分に記されたものであることを考慮すると、作者三善清行のみの観念ではなく、当時の貴族達に通有の教養であったと見ることができるのではあるまいか。それ故、平安貴族の国際認識を探ろうとする小稿の検討の手がかりとして呈示した次第である。そこで、まずaの記述の事実関係の確認・当否から考察をはじめ、こうした観念がいかにして形成されたのかを明らかにすることにしたい。

aの諸外国との関係を記した部分について、日本思想大系『古代政治思想』（岩波書店、一九七九年）三七三頁補注は、粛慎を『書紀』斉明四年是歳条・同五年三月条・同六年三月条の阿倍比羅夫の北方遠征、高麗・新羅を神功摂政前紀元年十月条の「三韓征討」による高句麗・新羅・百済の服属、呉会を応神三十七年二月条・仁徳五十八年十月条・雄略六年四月条などの「呉国」との通交や「呉国」からの朝貢、大唐使訳を舒明四年八月条・天智四年九月壬辰条などの唐使来日の記事に典拠を求め、天竺沙門来日は『続紀』天平八年十月戊申条の波羅門僧菩提の来日が対応すると見ている。これらの典拠比定はほぼまちがいないものと思われ、「百済内属」に関しては神功四十六年三月乙亥朔条以降、『書紀』に記された百済からの朝貢全般を指すのか、あるいは六六〇年百済滅亡、日本の百済復興運動への支援（百済の役）、六六三年白村江の敗戦と亡命百済人の来日といった七世紀後半の出来事に限定されるのか不明であるが、いずれにしても『書紀』の記述に依拠しながら、日本が周辺諸国を服属させ、中国からの遣使来日、天竺僧の帰化など、中国・天竺からの崇仰をも得たとするのである。

ただし、以上はあくまで『書紀』の記述のみに依拠した日本側の観点であり、たとえば五世紀の中国南朝との関係が「呉会を臣とす」といったものではなく、『宋書』倭国伝に記されているように、日本の朝貢であったのは周知の通りであろう。『続紀』景雲三年十月甲辰条に「大宰府言、此府人物殷繁、天下之一都会也、子弟之徒、学者稍衆。而府庫但蓄二五経一、未レ有二三史正本一、渉猟之人、其道不レ広。伏乞、列代諸史、各給二一本一、伝二習管内一、以興二学業一。詔賜二史記・漢書・後漢書・三国志・晋書各一部一。」とあり、『宋書』は見えないが、中国史書の学習は当時行われていたはずである。(10)

では、なぜ清行は『書紀』のみの記述に依拠した論述を行ったのであろうか。『書紀』に依拠した国際意識が世人の間に定着していたためであろうか。また仮にそのような状況が認められるとすれば、それはどのような要因に基づくものであったのだろうか。

2 『日本書紀』の影響

意見十二箇条の作者三善清行の生涯についてはすでに詳しい検討が行われているので、そちらを参照していただくとして、(11)ここでは彼の学問修行の時期に留意してみたい。『公卿補任』延喜十七年条によると、清行は「貞観十五年春文章生（字三輝）、同十六年得業生、同十九二廿九越前権少目、元慶四正十一播磨権少目、同五四廿五対策（不第）、同七五一改判（丁第）、同八正十一任二大学少允一」とあり、生年は承和十四年（延喜十八年条）であった。(12)この学問修行期と『書紀』との関係という点では、『書紀』講書への参不、あるいは影響の有無が注意される。清行の師は巨勢朝臣（もと味酒首）文雄（『三代実録』貞観二年六月十四日条で対策及第）である（『江談抄』五）が、特に『書紀』に通暁していた様子は看取できず、『三代実録』には何度か勘申を行っているものの、いずれも漢籍に基づいたものである。また、所功氏は清行が元慶二年二月二十五日（『三代実録』）の日本紀講書の都講を勤めたと推定し、『書紀』精読の可能性を指摘されているが[13]、やや根拠に欠けるところがある。したがって清行が『書紀』に通じていたか否かについては不明と言わざるを得ないが、『書紀』の講書は養老五年、弘仁三年、承和十年、元慶二年、延喜四年、承平六年、康保四年が知られており[14]、特に九世紀に入ってから回数が増加している点に注目したい。

『書紀』の当時の人々に与えた影響については、平安初期の改氏姓の増加や『新撰姓氏録』編纂の中にあって、氏姓の事を糺すという面では援用されたものの、思想的意義において支配者によって政治的に活用された形跡は乏しいというのが通説的な評価であるが[15]、最近制度制定の際の根拠として利用されたとする可能性を指摘した研究も呈されている[16]。そこで、以下では国際意識の面で『書紀』の影響が及ぶ環境の有無について検討を試みることにしたい。

先述のように、改氏姓記事の中で先祖の事跡に触れるという形で『書紀』への依拠を窺わせるものはあるが、五国史の中で明白に『書紀』に記された故事の影響を思想的に被っていると判断できるのは、次の賀陽朝臣豊年の卒伝中の一節であろう。

b　『後紀』弘仁六年六月丙寅条

（播磨守）在レ任三年、移レ病入レ京、臥二于宇治別業一。昔仁徳天皇与二宇治稚郎一相譲之事、具著二国典一、故老亦語二風俗一、病裡聞レ之、追感不レ已、託二左大臣一、慕為二地下之臣一。卒日有レ勅、許レ葬二陵下一。

bは、『書紀』仁徳即位前紀に描かれた仁徳天皇と弟宇治稚郎の間での皇位相譲の話で、豊年は宇治稚郎の行動に感銘したというもので、この話は仁徳天皇を聖帝と見る記紀の観念と関係する事柄である。豊年の播磨守就任は弘仁元年九月（『後紀』弘仁元年九月癸丑条）で、それから三年で病床に臥したとあるから、弘仁三年の講書への参加は微妙であるが、豊年は「該二精経史一」していたとあり、またbにも「国典」への言及がなされているので、やはり『書紀』の記述との関係での出来事であったと考えたい。なお、『類聚国史』巻一九四天長三年三月戊辰朔条の藤原緒嗣奏言にも「日本書紀云」としてこの皇位相譲の話が引載されており、当時の貴族官人が『書紀』に通じていたことを示していよう。

　五国史における仁徳朝の扱いとしては、『続紀』天平元年八月壬午条の光明立后の際の臣下よりの立后の先例や宝字二年六月乙丑条・神護元年五月庚戌条・延暦十年十二月丙申条の改氏姓等に伴う先祖の事跡への言及が見られるくらいで、特に仁徳＝聖帝観は看取できない。ただし、前掲の二箇所における皇位相譲の話の引用、そして意見十二箇条・序文（a）中の「国俗敦厖、民風忠厚、軽二賦税之料一、疎二徴発之役一、上垂レ仁而牧レ下、下尽レ誠以戴レ上」は、『書紀』仁徳四年二月甲子条・三月己酉条、同七年四月辛未朔条・九月条、同十年十月条など、高台への登壇と百姓の窮乏察知による課役免除の故事をふまえたものと理解できることなどから、豊年、清行などの文人や緒嗣の如き貴族官人にも仁徳＝聖帝観が影響を与えていたことを読み取れると考えたい。

　このように当時の人々に対して『書紀』の思想的影響を窺うことができる例が指摘できるとすると、国際認識の面についてはいかがであろうか。先述のように、意見十二箇条・序文の諸外国との関係についての記述は、『書紀』の内容をふまえたものである可能性が高く、その『書紀』の中では外交関係と言えば、しばしば神功皇后および「胎中之帝」としての応神天皇の事跡が取り上げられている。特に朝鮮諸国との通交においては、問題が起こるたびに、この過去の「事実」への言及が行われているのは周知の通りである（継体六年十二月条、同二十三年四月戊午条、宣化元年五月辛丑朔条、欽明二十三年六月条、大化元年七月丙子条、持統三年五月甲戌条など）。では、八世紀以降の五国史の段階に関してはどうであろうか。

c『続紀』天平九年四月乙巳朔条

遣二使於伊勢神宮、大神社、筑紫住吉・八幡二社及香椎宮一、奉レ幣以告二新羅無礼之状一。

d『続紀』勝宝四年閏三月乙亥条

遣二使於大内・山科・恵我・直山等陵一、以告二新羅王子来朝之状一。

e『続紀』勝宝四年六月壬辰条

新羅国来奉二朝庭一者、始レ自三気長足媛皇太后平二定彼国一、以至二于今一、為二我蕃屏一。

f『続紀』宝字三年八月己亥条

遣二大宰帥三品船親王於香椎廟一、奏下応レ伐二新羅一之状上。

g『紀略』大同二年正月辛丑条

是日、遣レ使奉二大唐綵幣於香椎宮一。

h『後紀』弘仁元年十二月壬午条（薬子の乱平定）

遣下二参議正四位下巨勢朝臣野足一奉中幣帛於八幡大神宮・樫日廟上。賽二静乱之禱一也。

i『続後紀』承和三年五月庚申条

為二遣唐使一奉二山階・田原・柏原・神功皇后等陵幣帛一曰。（下略）

j『三代実録』貞観十二年二月十五日条（新羅海賊の豊前国貢調船襲撃事件）

勅遣下二従五位下行主殿権助大中臣朝臣国雄一奉中幣八幡大菩薩宮及香椎廟・宗像大神・甘南備神上。（下略）

神功皇后や応神天皇の名前が直接出て来る史料は少ないが、五国史においても、eのように、日羅関係の原点として神功皇后を位置づけるのは『書紀』の記述を念頭に置いてのことと言えよう。また神功皇后を奉祀した香椎廟[17]にはしばしば言及が行われており、cの住吉・八幡・香椎は『書紀』の神功皇后の「三韓征討」をふまえての奉幣（従軍神としての住吉の三神、「胎中之帝」応神と神功皇后自身）であるし、dの恵我山陵も「胎中之帝」としての応神天皇を意識したものと考えることができる。

ただし、八世紀代では天平九年の新羅問責問題（c）、新羅王子金泰廉の来日（d・e）、藤原仲麻呂の征新羅計画（f）と、いずれも『書紀』の伝承に基づいた対新羅の場面だけに限定され、回数もあまり多いとは言えない。[18]一方、九世紀以降は新羅下代の混乱により、jの如き新羅来襲に対する防備・警戒心の宣揚もあって、[19]まず香椎廟等への奉幣例が増加する。そして、国内の争乱等の際にも奉幣が行われる場合があり（h、『続後紀』天長十年四月壬戌条・仁明即位、『三代実録』元慶元年二月二十一日条・陽成即位）、外交問題における『書紀』の神功皇后の伝承の浸透とそれに対する尊崇が高まっていく様子を看取することができる。[20]また中世の神国思想の先蹤をなす日本＝神国が現れるのは、jの新羅海賊の豊前国貢調船襲撃事件の際の香椎廟等に対する宣命の中においてであると言われているが、[21]六国史の中にはもう一箇所、『書紀』神功摂政前紀十月辛丑条の新羅王の言葉として「吾聞、東有二神国一、謂二日本一」と見えている。jの「神国」もあるいは『書紀』の神功皇后の伝承をふまえたものである可能性を考慮しておく必要があり、外交観に対する『書紀』の影響は重視せねばならないと思われる。[22]

以上は主に対新羅関係の事例であり、神功皇后伝承をはじめとする『書紀』の記載は朝鮮諸国との関係を中心とするものであるから、その影響は当然のこととも言えるが、九世紀以降の事例の中での特色として、遣唐使派遣・帰朝の際にも神功皇后陵や香椎廟への奉幣が行われる場合があること（g・i）に注目される。すなわち、『書紀』の伝承が存する朝鮮諸国だけでなく、外交関係全般において、認識の拠り所に求めようとしているのである。『書紀』には舒明四・五年条の唐使高表仁の来日や白村江の敗戦後の唐使の来日（天智三年条の郭務悰、同四年条の劉徳高、同六年条の司馬法聡、同十年条の李守真・郭務悰など）が記されているが、いずれもその明確な目的が記されていない。これらが日本に対する冊封や唐の戦略網の中に入ることを要求したものであったことは別稿Aでも述べたところであり[23]、また『書紀』では推古朝の遣隋使が朝貢であったことがぼかされている。こうした過去の「事実」を無視して、『書紀』のみに依拠した国際認識を形成しようとしている点に九世紀以降の特色を見出すことができるのではあるまいか。

以上、本項では意見十二箇条・序文の国際認識の背景に『書紀』に依拠した過去の対外関係の解釈があり、特に九世紀以降、八世紀にはあまり表面化していなかった対中国関係も含めて律しようとしたところに大きな変化があるのではないかと考えた。では、なぜ対中国関係も含めてそのような意識が生じたのであろうか。こうした国際認識は十世紀以降もますます顕著になることが予想されるので、その方向性を考える手がかりの意味でも、対中国観の変化の有無について検討しておきたい。

3　唐に対する認識

「はじめに」で触れたように、八世紀の対唐観としては事大主義的立場と日本中心主義的立場の二つが存したが、実際の対唐外交では事大主義的立場が顕現しており、日本中心主義的立場が表面化することはなかった。しかし、別稿Aで指摘したように、たとえば宝亀度の唐使の賓待をめぐっては、（A）日本は中国から礼教を習ったので、中国に対して「藩」と称すべきである、（B）中国は強国なので、畏怖すべきである、（C）中国から風を習ったので、致敬すべきであるという意見に対して、（a）礼を習ったからといって、臣と称する必要はない、（b）中国は常に皇位不定で、来寇の畏れはない、（c）中国は殷周以降は革命ばかりで、師範とするに足らず、日本の方が皇位安定・民衆従順であるという評価も示されている（大沢清臣本壬生家文書）。特に（c）などは意見十二箇条・序文と相通ずるところを含む評言であると言えよう。

このような日本中心主義的立場に立った対唐観はどのような状況において顕現して来るのであろうか。『書紀』の国際認識＝日本中心主義的立場に基づく[24]記述の定着の背景として、対中国観の面における日本中心主義的立場の顕在化の問題を跡づけておく必要があると思われる。

まず八世紀中葉の安史の乱以降に出現する唐の不安定な政情とその様子の伝達・日本側の受け取り方である。

k『続紀』宝字七年正月庚申条（唐使沈惟岳一行の送使として計画された遣唐使の中止）

（上略・渤海使の唐の国情報告）於レ是、勅二大宰府一曰、唐国荒乱、両家争レ雄、平殄未レ期、使命難レ通。

l『後紀』延暦二十四年六月乙巳条

（上略・遣唐大使藤原葛野麻呂の帰朝報告）其唐消息（中略・節度使の反乱と唐・吐蕃関係の悪化）内疑二節度一、外嫌二吐蕃一、京師騒動、無二蹔休息一。

m『紀略』弘仁十年六月壬戌条

大唐越州人周光輪・言升則等、乗二新羅人船一来。問二唐国消息一、光朝等対曰、己等遠州鄙人、不レ知二京邑之事一。但去元和十一年、円州節度使李師道反、所レ擁兵馬五十万、極為二精鋭一、天子発二諸道兵一討、未レ克、天下騒擾。

n『入唐求法巡礼行記』開成三年（承和五）十月二十三日条

沈弁来云、彗星出、即国家大衰及兵乱。東海至二鯤鯨二魚一死、占、為二大怪一、血流成レ津。此兵革衆起、征二天下一、不二揚州一、合二上都一。前元和九年三月廿三日夜、彗星出二東方一、到二其十月一、応二宰相反一。王相公已上、計レ殺二宰相及大官都廿人一、乱二殺計万人已上一。

o『菅家文草』巻十「奉レ勅為二太政官一報二在唐僧中瓘一牒」（寛平六年七月二十二日）

太政官牒在唐僧中瓘報上表状。牒。奉レ勅省二中瓘表一悉之。久阻二兵乱一、今稍安和。（中略）如レ聞商人説二大唐事一之次多云、賊寇以来、十有余年、朱褒独全二所部一、天子特愛二忠勤一、事之髣髴也。雖レ得二由緒於風聞一、苟為二人君一者、孰不二傾レ耳以悦一之。（下略）

p『菅家文草』巻九「請レ令三諸公卿議二定遣唐使進止一状」（寛平六年九月十四日）

右臣某、謹案下在唐僧中瓘、去年三月附二商客王訥等一所レ到之録記上、大唐凋弊、載レ之具矣。更告二不朝之問一、終停二入唐之人一。中瓘雖二区々之旅僧一、為二聖朝一尽二其誠一。代馬越鳥、豈非二習性一。臣等伏検二旧記一、度々使等、或有二渡レ海不レ堪レ命者一、或有二遭レ賊遂亡レ身者一、唯未レ見三至レ唐有二難阻飢寒之悲一。如三中瓘所二申報一、未然之事推而可レ知。（下略）

遣唐使の帰朝報告などを見ると、唐の消息として、「唐国荒乱」（k）、「京師騒動」（l）、「天下騒擾」（m）等の表現が散見されるようになり(25)、寛平度の遣唐使中止の要因もこうした唐の国情を考慮してのことであったと位置づけることができる(26)（o・p）。寛平度の遣唐使に関しては、o下略部分に「朝議已定、欲レ発二使者一、弁整之間、或延二年月一」とあり、一旦は派遣が決定していたが、pによって中止に至ったのである。そこにはあえて危険を犯してまで遣唐使を派遣する必要はないという考え方が根底に存し、遣唐使の相対化が看取される(27)。

では、唐の国情に対する評価以外に、そうした判断を導き出す対唐観の変化を見出すことができないであろうか。そのような視点に立つ時、以下の史料に注目してみたい。

q大同二年四月二十九日大宰府牒（『平安遺文』四三三〇号）

（上略）右件僧（空海）、負二笈遠蕃一耽二嗜大道一、空往満帰、優学可レ称。（下略）

r 『三代実録』元慶元年八月二十二日条
先レ是、大宰府言、去七月廿五日、大唐商人崔鐸等六十三人駕二一隻船一、来二着管筑前国一。問二其来由一、崔鐸言、従二大唐台州一、載二貴国使多治安江等一、頗齎二貨物一、六月一日解レ纜、今日得レ投二聖岸一。是日、　勅、宜二依レ例安置供給一。

s 『文徳実録』仁寿元年九月乙未条（藤原丘守卒伝）
（上略）出為二大宰少弐一、因レ検二校大唐人貨物一、適得二元白詩筆一奏上。帝甚耽悦、授二従五位上一。（下略）

t 『三代実録』貞観十六年六月十七日条
遣二伊予権掾正六位上大神宿禰己井・豊後介正六位下多治真人安江等唐家一、市二香薬一。

u 『朝野群載』巻一総持寺鐘銘
（上略）多以二黄金一、附二入唐使大神御井一、買二得白檀香木一、造二千手観世音菩薩像一躰一。（下略）

v 『類聚国史』巻一三七延暦二十二年三月己未条（行賀〔勝宝度入唐→帰国・延暦三年頃〕卒伝）
（上略）廿五被レ宛二入唐留学一、学二唯識・法花両宗一。住レ唐卅一年、帰来之日、歴二試身才一、東大寺僧明一難二問宗義一、頗有レ所レ塞。明一即罵云、費二粮両国一、学植庸浅、何違二朝寄一、不二実帰一乎。法師大愧、涕泣滂沱。久在二他郷一、頗忘二言語一。（下略）

w 『文徳実録』仁寿二年十二月癸未条（小野篁薨伝）
（上略）太宰鴻臚館、有二唐人沈道古者一、聞三篁有二才思一、数以二詩賦一唱レ之、毎レ視二其和一、常美二艶藻一。（下略）

x 『三代実録』貞観四年八月十七日条（讃岐永直卒伝）
（上略）嘗大判事興原敏久・明法博士額田今人（足）等、抄二出刑法難義数十事一、欲レ遣二問大唐一。永直聞レ之、自請

詳二解其義一。累年疑滞、一時氷釈、遣唐之問、因レ斯止矣。（下略）

y『扶桑略記』貞観十九年（元慶元年）閏二月十七日条[28]

（上略）智証大師伝云、惣持院十禅師済詮将三入唐求法、幷供二養五台山文殊一。主上及公卿、多捨二黄金一、以為下供二養文殊一之資上。済詮辞レ山之日、拝二別和尚一、便問二大唐風俗一、兼将レ習二漢語一。和尚黙然、無二一所レ対。済詮深有二恨色一、起レ座。和尚語二門人一言、此師雖レ有二才弁一、未レ暁二空観一、入唐之謀、似レ衒二名高一。若心殿未レ掃、何得二三尊之加持一、若加持不レ至、何踰二万里之険浪一。済詮果不レ着二唐岸一、又不レ知レ所レ至。和尚先識二機鑑一皆此類等也。

別稿Aで述べたように、遣唐使は朝貢の使者であり、その基調には唐に対する尊崇の念が存したことはまちがいない。と同時に、唐において日本が高い評価を得ているという認識が八世紀から散見している。入朝の際の席次や容姿・文雅面での他の諸蕃諸国に対する優越感（『書紀』斉明五年七月戊寅条分註所引伊吉連博徳書、『続紀』勝宝六年正月丙寅条、『入唐求法巡礼行記』開成四年二月二十七日条など）、そして「君子国」の評価（『続紀』慶雲元年七月甲申朔条、『東大寺要録』巻一所引延暦僧録第二勝宝感神聖武皇帝菩薩伝、『性霊集』巻五「為二大使一与二福州観察使一書」など）である。これらはしょせんは諸蕃の中での相対的位置に過ぎず、また「君子国」に関しては新羅も同様に評されており、これらが東方君子国観に基づく評言であったことは別稿Aで指摘した通りである。しかし、延暦度の遣唐使に関連する史料の中には、「与二夫璅々諸蕃一、豈同日而可レ論也」（『性霊集』巻五「為二大使一与二福州観察使一書」）と、唐が日本を優遇してきたという「錯覚」（意識的誤解）も見られることになり[29]、唐に対する日本の自意識を窺わせる材料となる。

こうした自意識の存在をふまえて、九世紀初の史料を見ると、明白に唐を日本の「蕃」と位置づける例が知られる(q)。これは大宰府牒という公文書の中の一句であり、唐も「蕃」と見なす認識が醸成されていたことがわかる。別稿Bで触れたように、延暦年間の史料に在日外国人たる唐人を「遠蕃人」と記すものがあり（『紀略』延暦十四年七月辛巳条、『類聚国史』巻七八延暦十七年六月戊戌条)、あるいはこれもその一例とすることができるかもしれない。また九世紀中葉以降、国家的遣使によらない通交、すなわち唐商人の来航例が増加し、来日した唐商人は大宰府で安置・供給を受けた(r)が、これは「帰化例」(『三代実録』貞観十八年八月三日条)に基づくものであって、国家対国家の正式な通交ではないから、「人臣無ㇾ境外之交ㇾ」の原則から言って、唐商人を日本への「帰化」に仮託して交易を認可したものであろう。rによると、唐商人は日本に対して「貴国」「聖岸」などの言辞を用いており、唐人からのこうした評言も唐を日本の「蕃」と見る認識の顕在化に寄与したと考えられる。

そして、唐に対する尊崇の念が即物的なものになったり、学芸・技能の面で唐と対等あるいは優位にあるとする意識の登場である。九世紀前半の嵯峨朝においては宮城門等の唐風名称への改称や唐風儀礼の採用(『紀略』弘仁九年三月丙午条)、また漢詩文の盛行など唐の文物への尊崇が存した。しかし、その尊崇の念は、唐物の尊重(『後紀』大同三年十一月戊子条、『三代実録』仁和元年十月二十日条)、唐の書物や香薬などの入手(s・t・u)といった物質によって満たされるものであったらしく、精神面での尊崇は看取できない。入唐留学に関しても、九世紀中葉には「入唐之謀、似ㇾ衒ㇾ名高ㇾ」(y)の目的で留学を求める者が出て来ている。その背景としては、別稿Cで触れたような、在日外国人への依存からの脱却、唐の学芸・技能(実際には二流以下であるが)を講じることができると見なされる日本人の出現、そして唐への憧憬の根底にある唐の学芸・技能を凌駕したとする認識の生成を考慮せねばならないであろう。vには入唐留学の価値を厳しく査定する例が描かれており、xではあえて入唐留学をしなくても、国内で充分な知見を得ることができる場合もあることが示されている。wによると、小野篁の詩文が来日唐人に評価されたとする話があり、日本人の学芸が唐にも通用するという意識と関わるのではないかと思われる。八世紀代については、『続紀』宝亀六年十月壬戌条吉備真備薨伝に「我朝学生播ㇾ名ㇾ唐国ㇾ者、唯大臣及朝衡二人而已」という厳しい状況・評価にあったようであるが、やや説話的ながら、九世紀以降の例ではたとえば空海は唐で五筆和尚の評価を得たとあり（『扶桑略記』延暦二十四年条、『今昔物語』巻十一第九話）、日本の学芸・技能が唐で通用するという見方が生まれていくのであった。

以上を要するに、九世紀前後に、八世紀には底流として存した対唐外交における日本中心主義的立場が顕在化したと見るのであり、その背景には八世紀中葉以降の唐の国情不安定が続く中で、唐＝日本の「蕃」という意識が顕現したこと、唐に対する尊崇の念が即物的なものになりはじめ、また学芸・技能面において唐と同等か日本の方が優れているという認識が散見するようになることなど、唐に対する評価が変化したことが考えられる。このような日本中心主義的立場の顕在化をふまえて、『書紀』に記された対外関係上の「事実」が文字通りに認定され、意見十二箇条・序文の如き歴史認識に至るのではないかと思われる。そして、『書紀』は元来日本中心主義的立場に基づいて叙述されているから、『書紀』を基準とする対外関係の歴史の理解は、日本中心主義的立場に立った対外認識を助長していくことになると予想される。そこで、次に節を改めて、十世紀以降の展開の様相の検討に進み、日本中心主義的立場に立った対唐観がどのように平安貴族の国際認識に影響を及ぼしていくかを明らかにしたい。

二　元永元年勘文とその背景

元永元年勘文は、鳥羽天皇の代に元永元年宋よりの国書が宋商人の手によって齎された際、それに対する対応を決定する参考として、菅原在良、清原信俊、中原師安・広忠・師遠・広宗らが奉った勘文で、推古朝の隋使来日をはじめとして歴代の対中国外交の様子が整理されている。ここではこの元永元年勘文の検討によって、当時の人々が対中国外交のあり方をどのように理解していたかを考究し、平安貴族の国際認識を知る手がかりとしたい。また十世紀以降は貴族の日記の存在によって、外交案件に対して、彼らがどのような議論を行い、なぜそのような結論を出すに至ったかがわかる事例がいくつか存するので、そうした外交政策決定の過程にも言及しながら、その背景をなす十世紀以降の国際認識の変遷を辿ることができればと思う。

元永元年勘文は、現在『善隣国宝記』の中に逸文として残されており、まず元永元年勘文を復原して呈示することからはじめねばならないが、一応『大日本史料』に逸文が塊集されているので、長文にわたることもあり、以下では必要部分のみを掲げることにしたい。(30)

1　元永元年勘文の検討

『善隣国宝記』元永元年条によると、元永元年勘文による勘申が求められた詳しい事情は次の通りである。

宋国附二商客孫俊明・鄭清等一書曰。矧爾東夷之長、実惟日本之邦、人崇二謙遜之風一、地富二珍奇之産一。曩修二方貢一、帰二順明時一、隔二濶弥年一、久缺二来王之義一。遭二逢熙旦一、宜レ敦二事レ大之誠一云云。此書叶二旧例一否、命二諸家一勘レ之。

（下略）

すなわち宋の国書が「旧例」に叶っているか否かを知るためであり、勘文が逸文であるという留保はあるものの、現存する限りでは、「旧例」としては主に隋使裴世清、天智三年の唐使郭務悰の事例が掲げられ、勝宝五年遣唐副使大伴古麻呂の唐での争長事件にもかなりの分量を充て、その他天智十年から天武元年の唐使郭務悰来日時、養老度の遣唐使とともに帰朝した大宝度の遣唐副使坂合部大分に付せられた唐の国書、承暦二年・同四年に宋商人孫忠が齎した宋・明州の牒などの国書の記載内容の断片が言及されるという構成になっている。

別稿Aで述べたように、中国側の使節の来日は隋使裴世清、唐使高表仁、百済の役後の唐使郭務悰や劉徳高、そして八世紀以降では宝字五年の沈惟岳一行（ただし、送使として水手を率いたもの）、宝亀九年の趙宝英一行などがある。これらのうち、高表仁が日本に冊封を強要しようとしたものであり、宝亀九年の趙宝英一行に対する賓礼の実態が日本が「諸蕃」としての礼をとるものであったことに関しては、別稿Aで明らかにしておいた。ただし、国史では国書奉呈時の様子や国書の内容が明確でないためか、いずれも元永元年勘文では言及されていない。元永元年勘文で対象となっているのは、国書奉呈とその対応についての先例となるべき、これらの場面がよくわかっている事例であり、国書の記載内容の断片のみを掲げているのも、唐の国書の字句・形式の先例を示すためであろう。したがって元永元年勘文はすべての通交事例を掲げている訳ではなく、一定の意図・目的に従って選択が行われていることに留意しておかねばなるまい。この点を念頭において、ここでは元永元年勘文の検討として、過去の外交事例に対して、平安貴族が如何なる理解を示していたのか、先例に何を求めようとしたのかという観点から分析を試みることにしたい。

まず隋使裴世清をめぐる議論を見る。元永元年勘文では、『書紀』『経籍後伝記』を引用し[31]、この時の外交の様子を明らかにしようとしている。

『善隣国宝記』推古十五年条

（上略）就レ中元永元年四月廿五日、中原朝臣師安・同氏広忠・清原真人信俊・中原朝臣師遠・同氏広宗五人、同引二日本書記（紀）一。又引二経籍後伝記一曰、以二小治田朝〈今按推古天皇〉十二年歳次甲子正月朔一、始用二暦日一。是時国家書籍未レ多。爰遣二小野臣因高於隋国一、買二求書籍一、兼聘二隋天子一。其書曰、日出処天皇致二書日没処天子一。隋煬帝覧レ之不レ悦、猶怪二其意気高遠一、遣二裴世清等十三人一、送二因高一来観二国風一。其書曰、皇帝問二倭王一。聖徳太子甚悪下其黜二天子之号一為中倭王上、而不レ賞二其使一。仍報書曰、東天皇白二西皇帝一云々。

その議論の内容は不明であるが、『善隣国宝記』の著者瑞渓周鳳によると、『書紀』推古十六年八月壬子条の隋の国書「皇帝問二倭皇一」云々が『経籍後伝記』では「皇帝問二倭王一」になっている点、『隋書』倭国伝で煬帝が倭の国書「日出処天子致二書日没処天子一」云々に不悦であったにもかかわらず、使者を派遣したことについて、『経籍後伝記』では「猶怪二其意気高遠一」ためという説明がある点に注意が喚起されており、元永元年勘文で『経籍後伝記』を引用しているのはそこに要諦が存したからであると考えられる。「倭王」の方は、『善隣国宝記』では「倭皇」の方が正しいとされており（この他に『経籍後伝記』には隋使来日年次の誤りも存する）、元永元年勘文でも同様の結論であったのかもしれないが、不明であるので措くとして、「猶怪二其意気高遠一」の方に注目したい。

先に元永元年勘文に引かれている先例として、勝宝五年遣唐副使大伴古麻呂の唐での争長事件が存することを述べたが、争長事件は唐におけるものであり、元永元年勘文が問題とすべき、宋商人の来日・国書奉呈への対応を直接考える材料とはならないように思われる。しかし、周知の通り、大伴古麻呂の争長事件は元日朝賀の際の新羅と日本の席次について唐に注文をつけたものであり、やはり日本の中国に対する毅然たる態度の先例として掲げられるべきものだったのではあるまいか。(32)とすると、推古紀以外に『経籍後伝記』が引用されているのも、「意気高遠」が眼目であったと見ることができよう。すなわち、元永元年勘文の論点の一つとして、日本は過去においても中国に対して毅然とした態度をとってきたことを明示する必要があったと考えるのである。

次に天智三年の郭務悰の例である。ここでは『海外国記』を引載して、この時の応対の様子が参考とされている。

『善隣国宝記』天智三年条

海外国記曰、天智天皇三年四月、大唐客来朝。大使朝散大夫上柱国郭務悰等卅人・百済佐平禰軍等百余人到二対馬島一。遣二大山中釆女通（造カ）信侶・僧智弁等一来、喚二客於別館一。於レ是智弁問曰、有二表書并献物一以不。使人答曰、有二将軍牒書一函并献物一。乃授二牒書一函於智弁等一而奉上。但献物検看而不レ将也。九月、大山中津守連吉祥・大乙中伊岐史博徳・僧智弁等、称二筑紫大宰辞一、実是勅旨、告二客等一。今見二客等来状一者、非二是天子使人一、百済鎮将私使、亦復所レ齎文牒、送二上執事私辞一、是以使人（不脱カ）レ得レ入レ国、書亦不レ上二朝廷一、故客等自事者、略以二言辞一奏上耳。十二月、博徳授二客等牒書一函一、函上著二鎮西将軍一。日本鎮西筑紫大将軍牒下在二百済国一大唐行軍揔管上、使人朝散大夫郭務悰等至、披二覧来牒一、尋二省意趣一、既非二天子使一、又無二天子書一、唯是揔管使、乃為二執事牒一、牒是私意、唯須二口奏一、人非二公使一、不レ令二入京一云々。〈是亦師安・広忠・信俊・師遠・広宗五人同所レ勘也。〉

郭務悰は唐本国よりの使者ではなく、百済鎮将劉仁願の使者であるから、「非二是天子使人一、百済鎮将私使、亦復所レ齎文牒、送二上執事私辞一、是以使人不レ得レ入レ国、書亦不レ上二朝廷一」というのが、この時の対応の論拠となった。ただし、表面上は牒状を受納せず、筑紫大宰が応答した言辞となっているが、実際は勅旨によって対応したものである旨が記されており、また唐側の牒状に対しては「日本鎮西筑紫大将軍牒下在二百済国一大唐行軍揔管上」云々という形での返書が発給されている。この事例は唐の意図を帯してはいるが、来日した使者の性格に問題がある場合の対応例ということになろう。

そして、中国側の国書の文言の事例が勘申されているので、最後にそれらを整理しておこう（『善隣国宝記』元永元年条）。

推古十六年隋使裴世清　「皇帝問二倭皇一」
天智十年　唐使郭務悰　「大唐帝敬問二日本国天皇一」
天武元年　唐使郭務悰　「大唐皇帝敬問二倭王一」
養老度の遣唐使帰朝時　「皇帝敬致二書於日本国王一」

承暦二年宋人孫忠の齎した牒「賜二日本国大宰府令藤原経平一」

承暦四年宋人孫忠の齎した牒「大宋国明州牒二日本国一」

これは今回の宋の文書が先例に叶っているか否かを検討するために、実例を掲げたものである。

以上、元永元年勘文は、(1)日本が中国に対して毅然たる態度をとってきたこと、(2)来日した使者の性格に問題がある場合の対応の先例、(3)中国側の国書の事例との照合などを内容とするものであったことを明らかにした。では、元永度の宋人に対する対応は如何であったろうか。

『中右記』元永元年二月二十九日条

又大宋国商客陳次明申、給二本朝返牒一、可レ帰レ唐事、人々一同被レ申云、本自無レ牒、日本国書付二商客一申調遣二返牒一事惣不レ可レ有也。先年下知、件日被二廻却一処、今年又来着、何又可二申請一哉。如レ初可レ被二廻却一者。

『百錬抄』元永元年六月八日条

諸卿定下申諸道勘申大宋商客牒可レ遣二返牒幷方物一哉否上。

『師守記』貞治六年五月九日条

(元永元年)六月八日、左大臣已下参入、有二直物事一。又被レ定下申諸道勘申、大宋国所レ献之書状叶二先例一否事上。今度依レ無下進二公家一之趣上、不レ遣二返牒一。

結局のところ、宋の文書が書状形式で朝廷に宛てたものではないということで、返書は出さないという結論に達している。ただし、その論拠にはやはり元永元年勘文に記された三つの点、特に日本の「意気高遠」を示し、たとえ宋の国書であっても不備のあるものは放却すべしという態度が存したためと見ることができるのではあるまいか[33]。

そこで、以下、こうした元永元年勘文に見られる外交意識の淵源やその一般化の可否を探って、十世紀以降の実際の外交事例とその政策決定過程や背景をなす外交意識のわかる例を検討し、平安貴族の国際認識のあり方を考究することにしたい。

2　十〜十一世紀、対唐観の変化の様相

ここでは前節で述べた九世紀における日本中心主義的立場の顕在化とそれに伴う事象をふまえて、十〜十一世紀の対唐観のあり方、日本中心主義的立場の展開の様子に考察を加えることにする。いくつかの項目に整理して、前項で見た元永元年勘文の背景となる対唐観の変化の様相を検討できればと思う。

（1）大唐（宋）・大国・聖旨

まず別稿Aで述べた日本の対唐観の基底に存した事大主義立場は、決して消失してはいない。十〜十一世紀の外交意識を窺わせる事例においても、中国を「大唐」「大宋」と尊崇の念を込めて記す呼称法が散見している。『本朝文粋』巻十三天元五年七月十三日「奝然上人入唐時為母修善願文」（巨唐）、『朝野群載』巻十天元五年八月十五日日本国東大寺牒（大唐）、『続左丞抄』第一永延二年二月八日官符（大宋）〔奝然の入宋〕、『紀略』長和四年五月七日条（大宋）、『小右記』長和四年七月二十一日条（大宋国＊）〔寂照の入宋〕、『権記』長保五年七月二十日（大宋）、『紀略』長徳二年十二月二十六日条、『本朝文粋』巻十二「牒大宋国杭州奉先寺伝天台智者教講経論和尚」（大宋国）、『小右記』・『百錬抄』長徳三年六月十三日条（大宋国）、『小右記』長和三年六月二十五日条（大宋国＊）、『百錬抄』・『紀略』・『扶桑略記』長和四年閏六月二十五日条（大宋国）、『小右記』寛仁四年九月十四日条（大宋国＊）、『左経記』万寿三年七月十七日条（大宋国）、『小右記』万寿四年八月三十日、九月十三日・十四日条（大宋国＊）、『百錬抄』万寿四年九月八日条（大宋国）、『小右記』長元元年十月十日、十一月二十三

日・二十九日、同二年三月二日・十日条（大宋国＊）、『百錬抄』長暦元年閏四月今月条（大宋＊）、『春記』長久元年四月二十七日条（大宋国＊）、『百錬抄』・『扶桑略記』永承二年十一月九日条（大宋国）、『扶桑略記』康平三年七月条・『百錬抄』康平三年八月七日条（大宋＊）、『百錬抄』・『扶桑略記』・『帥記』・『水左記』承保二年〜永保二年条（成尋の入宋とその後の出来事、次節参照）（大宋国）、『朝野群載』巻五延久二年十二月七日陣定（大宋国）、某年大宰府言上（宋商王瑞来日）（大宋国）、巻二十長治二年八月二十二日存問記（大宋国）

＊は一連の記事の中に、「大」の付かない別の表現を含むことを示す。

ただし、この概観によると、編纂書類ではたしかに「大宋国」といった表記で安定しているが、貴族の日記の場合は「唐」「宋」という書き方も併用されていることが多い点には留意しておく必要がある（この点は後述）。

とはいうものの、唐・宋が「大国」であるという意識は存続しており、詳しくは次項で整理することにしたいが、承暦度の宋からの牒状の受け取り可否の決定に際しては、「大国皇帝被レ献方物早被二交納一、於レ事可レ穏」、「大国有レ所レ鬱重牒示」（『帥記』承暦四年閏八月十四日・二十六日条）といった記述が見られる。また同時期に起こった高麗よりの医師派遣要請[34]への対応の中では、高麗の牒に用いられていた「聖旨」（『朝野群載』巻二十承暦三年十一月高麗国礼賓省牒）に関して、「聖旨者宋朝所レ称也」（『水左記』承暦四年九月四日条）・「曰二聖旨一、非二蕃王可レ称」（『朝野群載』巻二十承暦四年日本国大宰府牒）とも述べられている。諸橋轍次『大漢和辞典』によると、「聖旨」は「聖人の意志。又、天子のおぼしめし。天子の命令。睿旨。」とあり、日本は「聖旨」は宋の皇帝のみが用いるべきことを認識しており、宋に対して尊崇の念を抱いていたことを窺わせると考えられるのである。

そして、唐物の希求等に示されるように、中国の文物に対する尊重の念も強かった。周知の通り、延喜十一年には唐商人の来航に対して年紀制が定められていたが、唐・宋商人は年紀を遵守せずに往来し[35]、日本側も内裏が焼亡し、唐物が焼失したので、唐物入手が必要であるといった理由（『小右記』寛弘二年八月二十一日条）、すなわち唐物希求の風潮によって、しばしば商人の滞在を黙認しているのである[36]。先掲の『小右記』で記主藤原実資は年紀制を曲げた藤原道長らの行為を批判しているが、こうした場合、実資の下にも、実は関係する大宰府官人や筑前国に存した小野宮家の領地から唐物が齎されているのであり（長和二年七月二十五日・二十六日条）、実資自身も唐物を希求する一人であった。『小右記』長和三年六月二十五日条によると、実資は「小児病中生虫」治療のために、「予乞下遣来レ自二大宋国一之医師僧許上」と薬を求めている。この時の宋人は『御堂関白記』長和元年九月二十二日条によれば、当初年紀を遵守していないので放却すべしとの意見もあったが、唐物を希求する貴族達の仗議で滞在が認められたものであり、実資も大いに恩恵を被っているのであった。したがって、唐物希求と唐物を通じてその背景に存する中国の文化・技術などへの尊崇の念は維持されたと考えられるのである[37]。

（2）　異国・異方・異人

以上の中国に対する尊崇の念に対して、それとは異なる認識のあり方も存していたことを指摘することができる。中国を日本の異国として位置づけ、相対化・一般化しようとする見方である。別稿Aで触れたように、律令法上はすべての外国は「蕃国」であるが、実際には八世紀には中国＝隣国、朝鮮諸国＝蕃国とされ、中国に対しては特別な位置づけが存していたのであった。ところが、後代の編纂書の中においてであるが、十世紀初には唐と朝鮮諸国の使者の混同例が見られる。たとえば『扶桑略記』（成立は十二世紀後半）寛平六年五月条、延喜二十年五月八日条の「唐客」は、『紀略』によると渤海使が正しい。また延喜八年五月十二日条には本文では「法皇賜二唐客一書」とあるが、分註には「已上法皇賜二渤海客徒一書也」と記されているので、この混同は意識的に行われているものとも考えられよう。その背景として「唐」がすべての外国を代表するようになる、あるいは中国を含めてすべての外国が相対化・一般化

され、それらを代表するのが「唐」の表現であったといった想定がされてくるのである。(38)

とすると、そこには日本とそれ以外の国という区別の仕方の成立を窺わせ、それを如実に物語るのが、異方・異国・異人・異境（郷）や境外といった意識である。これは先述の医師要請事件の際に、高麗を「異国」「異境（郷）」と称している例がある（『朝野群載』巻二十承暦四年三月五日大宰府解、『水左記』承暦四年閏八月五日・十四日条）ので、唐・宋だけではなく、日本とそれ以外の国という区分方法であることが知られる。このような異国観の用例としては、『三代実録』貞観十四年正月二十日条「是日、京邑咳逆病発、死亡者衆。人間言、渤海客来、異土毒気之令レ然焉」、『三代格』巻五寛平七年七月二十日官符「応下停二史生一員一置中弩師上事」（対新羅のための方策か）の「（越前国）此国西帯二大海一、遠向二異方一」など、朝鮮諸国に対するものが九世紀後半に見られる。また中国に対しても、「恐レ交二於境外一」「人臣之道、交不レ出レ境」（『本朝文粋』巻七天暦元年閏七月二十七日「為二清慎公一報二呉越王一書」、同七年七月「為二右丞相一賜二太唐呉越公一書状」）の「境外」をその端緒と位置づけることができるとすれば、十世紀中葉には存しており、『紀略』長和四年閏六月二十五日条、『小右記』万寿三年六月二十六日条、『帥記』承暦四年五月二十七日条、『永昌記』天永元年六月十一日条、『朝野群載』巻二十の「異国」の表題などに「異域」「異朝」「異国」「異客」といった表現が散見している。(39)

以上のような異国としての一般化に関連して、中国も日本の「諸蕃」とする見方が明確に表明されはじめていることにも注意しておきたい。

『寛平御遺誡』第七条

外蕃之人必可二召見一、在二簾中一見レ之、不レ可二直対一耳。李環朕已失レ之。新君慎レ之。

ここに登場する李環は、『紀略』寛平八年三月四日条「唐人利懐依レ召入京」の利懐と同一人物と考えられるので、(40)十世紀前後には唐＝「諸蕃」という位置づけも示されていることがわかり、その他『三代格』巻十九延喜三年八月一日官符「応㆑禁㆔遏諸使越㆑関私買㆓唐物㆒事」でも、唐商人との交易について「諸蕃」「蕃人」との交易を規定した律令条文を以て規制しようとしている例を掲げることもできる。[41] したがって前節で述べた、九世紀以降の日本中心主義的外交意識の顕在化に伴って、唐も日本の「諸蕃」であるという認識が確立し、朝鮮諸国とともに一括して「諸蕃」と位置づける、あるいは本項で触れたような唐と朝鮮諸国との混同も行われて、そして日本以外の国を一般化して「異国」と見なす観念が生じたのではないかとまとめることができよう。[42]

（3）　日本の「徳化」

このような中国も「異国」の一つに過ぎないという相対化のなかで、さらに日本中心主義的立場を支える外交観が成立して来る。中国人が日本の「徳化」を慕って来航するという認識であり、それとともに日本は中国と同等ないしは優越しているという見解も呈されることになるのである。まずここでは日本の「徳化」の問題を整理してみたい。

日本に中国の正使が来る例は、八世紀末の宝亀度の遣唐使帰国に付随した唐使以後はなく、宋代にはもちろん正使の来日はなかった。来日したのは唐・宋の商人であり、次項で見る承暦度の孫忠のように、明州牒などの中国の地方官の文書を齎す場合は存した。彼ら商人は基本的には日本の年紀制の網を何とかかいくぐり、滞日して交易に従事することを目的としており、牒携行もその一手段であったと考えられる。一方、前述のように、日本側にも唐物への需要が存したので、たてまえ上は年紀制を掲げるが、実際上は滞在を黙認し、商人達の交易を許可するという対応がとられている。こうした対応の論拠として、唐物不足以外に、彼ら商人が日本の「徳化」を慕って来航した旨を述べているという事例が散見しているのには注意される。

a『小右記』万寿三年六月二十六日条

彼門客（宋人周良史）云、徳化亘二異域一、尤足二感歎一。

b『小右記』万寿四年八月三十日条

（陳）文祐等申云、文祐誠雖レ仮二名宋人一、従二幼少之時一存二売買之心一、数度参来、廻二当朝一、深蒙二徳化一。

c『小右記』万寿四年九月十四日条

大臣・大中納言・参議等定申云、商客来朝憲法立レ限、而文祐等去秋帰去、今年秋重来、然則於二安置一雖二年紀未一レ至、存問詞中或感二仁化一、或訪二父母一者、暫被二優許一令レ遂二孝誠一、明春待二巡風一可レ随二廻却一歟。

d『左経記』長元元年十一月二十九日条

而然（周）文裔等可レ進解状、感二聖化一頻参来之間已如二土民一者、頗可レ有二哀憐一、就レ中待二海安一之間暫可二経廻一云々。

e『小右記』長元二年三月二日条

其書云、大宋国台州商客周文裔誠惶誠恐頓首謹言、言二上案内一事。右、文裔以二去万寿三年七月一辞二聖朝一帰二本国一、復以二今秋九月一参来。是即仰二徳化之無一レ涯、冀二忠節之有一レ終也。抑従二弱冠一及二今衰邁一、伏聞二殿下徳声政誉一、其来久矣。

f『扶桑略記』康平三年七月条

同月、越前国解状云、大宋商客林表・俊改等参二着敦賀津一。即有二朝議一、従二廻却一。而林表等上奏曰、逆旅之間、日月多移、粮食将レ竭、加レ之、天寒風烈、海路多レ怖、委二命聖朝一而已者。所レ奏不レ能二黙止一、賜二宣旨一令二安置一矣。

g『帥記』治暦四年十月二十三日条

抑件孫吉年記相違、頻企二参来一、尤被二放却一者。但如二陳申一者、依レ為二先求案一、又慕二王化一、重企二参来一者、所レ陳有レ謂、加レ之厳寒之比風波難レ陵歟。然則暫被二安置一、相二待海安一、慥可レ被二廻却一歟。

但如二存問日記一者、雖レ被二廻却一、為レ慕二皇化一、遠渡二蒼溟一、重以参来者。就レ之言レ之、誠雖レ侵二愆紀之過殆一、盖憐二大徳之遠情一乎。況歳及二臘月一寒限可レ畏。仍下二知旨趣一、被レ免二安置一、殊有二何難一乎。

h『朝野群載』巻五延久二年十二月七日陣定

これらの例では、当初は廻却を指示しているが、たとえ何度も年紀制を遵守せず来航していることがわかっている場合であっても、来航者が日本の「徳化」を慕って来日した旨を言上すると、滞在を許すというのが特色であり、それによって中国が日本の「徳化」を仰いでいるという充足感も得ることができたのではあるまいか。そして、宋商人の中には周文裔・良史父子（『小右記』長元二年八月二日条）、章承輔・仁昶（万寿四年八月三十日条）や蔣承勲（『紀略』承平六年七月十三日条（忠平）、『本朝文粋』巻七天暦七年七月「為二右丞相一贈二大唐呉越公一書状」（師輔））、李侁（『朝野群載』巻二十天仁三年四月二十六日宋人書状（二度にわたる源基綱との交流））などのように、父子で、あるいは複数世代にわたる日本の権力者と複数回の交流を有する例も存し、日本の貴族達には世代を重ねて彼らの慕化を得ているという意識も形成されたと推定される。周良史（『宇槐記抄』仁平元年九月二十四日条）、章仁昶は宋人たる父と日本人の母の間に生まれた国際人であり、cで「訪二父母一」・「令レ遂二孝誠一」と記されているのは、この一行の中に、章仁昶が含まれており、前年の来日時に老齢のため日本に留まった父承輔と日本人の母に会うという目的が言上されていたためであった（『小右記』万寿四年八月三十日条）。また周良史や劉文冲のように、名籍を捧げて日本の官位授与に与ろうとする例も知られており（『宇槐記抄』仁平元年九月二十四日条）、官位を与えるには至らなかったが、宋商人が臣属を求める（実際にはより円滑に交易を行う手段の一つであったと思われる）、中国が日本の臣下であるという認識が生じる余地が存したと考えられるのである。

以上を要するに、正式な国交の絶えた中で、日本の「徳化」を慕うと称する宋商人達の言辞は、平安貴族が中国は日本の臣下であるという日本中心主義的立場をますます確立していく一つの因子ではなかったかと見るのである。そして、そうした観点に立った対中国観は、中国への尊崇の念の源の一つであった学芸・技能の面においても窺うことができる。

（4）対唐優越感と「日本の恥」

別稿Cで触れたように、八世紀代の日本は在日外国人たる唐人の学芸・技能に依存するところが大きかったが、その弟子たる日本人の学者等が育って来ると、前節でも若干の事例を掲げたように、日本の学芸に対する評価が現れはじめることになる。そして、十～十一世紀にはさまざまな方面で日本が中国と匹敵する、あるいは優越しているという認識を示す例を指摘することが可能である。

i『扶桑略記』延喜二十年十二月二十八日条（唐僧長秀の来日）

爰長秀父病不覚之由、啓二聞天台座主増命和尚一。座主云、我朝有二十人之験者一、浄蔵是日本第三験者也。招請遣レ之、浄蔵乗レ撰、往致二加持一、薬師真言一百八遍、即時応レ声其病平痊。長秀感歎云、唐朝隣二於印度一、仏法霊応、甚以掲焉、然未レ有二如レ此之人一矣。東海別島聖人、効験奇異。因レ此定知、可レ無二第一・第二一矣。〈已上伝。〉

j『扶桑略記』延長四年五月二十一日条（寛建の入唐時）

又請二此間文士文筆一。菅大臣（道真）・紀中納言（長谷雄）・橘贈中納言（広相）・都良香等詩九巻、菅氏・紀氏各三巻、橘氏二巻、都氏一巻。但件四家集、仰二追可レ給。道風行・草書各一巻、付二寛建一、令レ流二布唐家一。

k『本朝文粋』巻十三天元五年七月十三日「奝然上人入唐時為レ母修レ善願文」

其謗者云、凡入唐求法之人、自宗者弘法大師、天台者伝教大師、皆是権化之人、希代之器也。此外之倫、才名超レ衆、修学命レ世。如二仏子一者、不レ及二古人一之喩、猶レ不レ可二天之階一矣。定知表二我朝無一レ人也。窃以不レ得レ意人、所レ陳宜レ然。夫非レ魚、不レ可三以知二魚楽一、非レ我者、不レ可三以覚二我心一。奝然聊露二膽於三宝一、兼解二嘲於衆人一、仏子其行不二必得一レ待二綸言一、縦帰何敢貪二職任一、為二是斗薮一也、為二是菩提一也。若適有二天命一、得レ到二唐朝一、有レ人問レ我、是汝何人、捨二本土一朝二巨唐一、有二何心一有二何願一乎。答曰、我是日本国無才・無行一羊僧也、為二求法一不レ来、為二修行一即来也。其詞如レ是者、於二本朝一有二何耻一乎。

l　『善隣国宝記』永観元年条所引楊文公談苑

雍熙初、日本僧奝然来朝、献二其国職員令・年代紀一。（中略）奝然善二筆札一、而不レ通二華言一、有レ所レ問書以対レ之。（中略）呉越銭氏多因二海舶一通レ信。天台智者教五百余巻、有レ録而多レ闕、賈人言、日本有レ之、銭俶置二書於其国主一、奉二黄金五百両一、求レ写二其本一尽得レ之訖、天台教布二江左一。

m　『宋史』巻四九一外国伝日本国条

上聞、其国王一姓伝継、臣下皆世官、因歎息謂二宰相一曰、此島夷耳、乃世祚遐久、其臣亦継襲不レ絶。此蓋古之道也。（中略）亦以為二子孫之計一、使三大臣之後、世襲二禄位一、此朕之心焉。其国多有二中国典籍一、奝然之来、復得二孝経一巻・越王孝経新義第十五一巻一。皆金縷紅羅標、水晶為レ軸。孝経即鄭氏注者、越王者乃唐太宗子越王貞、新義者記室参軍任希古等撰也。（下略）

n　『朝野群載』巻二十「恵心僧都贈二往生要集於大宋国一書」（寛和二年）

著二往生要集三巻一、備二于観念一。夫一天之下、一法之中、皆四部衆何親何疎、故以二此文一、敢附二帰帆一。抑在二本朝一、猶慙二其拙一、況於二他郷一乎。然而本発二縁一願一、縦有二誹謗一者、縦有二讃嘆一者、併結下共レ我往二生極楽一之縁上焉。

又先師故慈恵大僧正（諱良源）作二観音讃一、著作郎慶保胤作二十六想観讃及日本往生伝一、前進士源為憲作二法華経賦一、同亦贈欲レ令レ知三異域之有二此志一。

o『元亨釈書』巻五（慧解四）安海条（長保五年寂照の入宋時か）

当時源信・覚運、為二台門両輪一。海常曰、慧心浅広、掲厲可レ渡、檀那深狭、不レ過二踰跨一。信法師作二二十七疑一、問二宋之知礼法師一。海見二問目一曰、是等膚義豈須二遠問一、乃作二上中下三答一曰、宋国答釈不レ出二我三種一而已。及二礼答来一、海已死。台徒曰、礼之決釈、多海之中下義也。海之徒便持二宋答及海釈一、如レ墓読祭。時人曰、海骨放レ光。

p『紀略』長和四年五月七日条（『百錬抄』同日条も参照）

入唐僧寂昭・元燈・念救・覚因・明蓮等五人度縁請印。撰二能書一、以二白色紙一書レ之、以二朱砂一捺印。可レ渡二大宋一之故也。

q『宇治拾遺物語』一七二「寂昭上人飛レ鉢事」（『今昔物語』巻十九第二話も参照）

王のたまはく、「今日の斎筵は、手ながの役あるべからず。おのおの我鉢を飛ばせやりて、物はうくべし」とのたまふ。其心は、日本僧を試んがためなり。（中略）日本の方に迎て祈念して云、「我国の三宝、神祇たすけ給へ。恥見せ給な」と念じ入てゐたる程に、鉢こまつぶりのやうにくるめきて、唐の僧の鉢よりもはやく飛て、物をうけて帰ぬ。その時、王よりはじめて「止ごとなき人なり」とて拝けるとぞ申し伝たる。

r『続本朝往生伝』大江定基条

（上略・鉢飛の話）皆曰、日本国不レ知レ人。令二奝然渡海一、似レ表レ無レ人、令二寂照入宋一、似レ不レ惜レ人云々。

s『元亨釈書』巻五（慧解四）寛印条（長徳元年～長保四年朱仁聡来日時）

（上略・仁聡が源信・寛印の学識を試し、その学識に感嘆）異域之人亦嘗二此方之学徒一也。二師（源信・寛印）若不レ記、殆貽二邦之辱一焉。

t『元亨釈書』巻四（慧解三）慶祚条

長徳三年四月、宋国送二新書五部一、其文膚浅。朝廷勅二慈覚・智証両家一質破。其内龍女成仏義一巻祚預焉。

u『水左記』承暦四年閏八月十四日条（参考）

又高麗医事、人々云、於レ不レ遣者頗似レ無レ議歟、可二選遣一也。若可レ遣者、須レ遣二雅忠朝臣一也。然而如二前定申一、道之棟梁也、遥遣二異境一可レ有二其憚一。至三于遣二自余輩一者、若不レ得二其療治之験一者、為レ朝尤可レ為二恥辱一者、不レ被二差遣一何事之有乎。

v『師記』承暦四年閏八月十四日条（参考）

次被レ定二医事一。右兵衛督（源俊実）定申云、尤雖レ可レ遣、無二效験一、為レ朝可レ為二其恥一、仍不レ遣何事之有歟。

iの唐僧長秀は、『今昔物語』巻二十四第十話「震旦僧長秀来二此朝一被レ仕二医師一事」によると、来日は天暦頃で、長秀は唐でも優れた医師であって、日本人に桂心の存在を教え、処方を伝えたという話になっており、趣を異にしている。また第三番目と称して、実は最も優れた者を出して体面を守る方法は、大中年間の唐の「日本王子」への対処（囲碁）の説話にも類例が知られる[43]。ともあれ、iでは日本の僧侶の病気平癒祈禱の力が中国よりも優れていることを誇る内容になっており、このような日本の学芸・技能への自信はj・n・o・tなどにも看取できよう。仏教関係の事例が多いが、jでは菅原道真等の詩文と小野道風の行書・草書を中国に示そうとしており、詩文・書道は中国人の目に触れても決して恥ずかしくないレベルにあったと認識していたのではあるまいか[44]。n・o・tは、いずれも仏教の理解において日本の方が優っているとする内容になっており、ここでは中国を凌駕しているという意識を窺うことができる。[45] なお、l・mによると、唐末・五代の戦乱の故か、中国では散佚した書物・経典があり、それらが日本に保持されていたので、逆に日本から教示・入手を得る場合もあったようである。あるいはそうした状況も日本の文化程度を誇る見方につながるところがあったのかもしれない。『旧唐書』倭国伝「所レ得錫賚、尽市二文籍一、泛レ海而還」（霊亀度の遣唐使）とあり、八世紀には書籍を輸入してしたのが、ここに至って中国に「輸出」していることになるのである。

さて、このように日本が中国と匹敵ないしは優越するとすれば、その体面を守る必要があり、pのように特別美麗な度縁が日本では通常であるかの如き操作をしなければならなくなる。そして、そこから出て来るのが、「恥」の観念である。もし中国に日本の学芸・技能が劣っていることが暴露したら、「日本の恥」になるという見解が散見する（k・q・r・s。参考として高麗よりの医師要請事件の際のu・vも掲げておく）のは、日本が中国と対等または凌駕するという意識があってこそ生まれるものと言えよう。そうした立場からは、学芸が未熟な者の入唐（宋）は「日本の恥」であり（k・r）、中国側が示した試験に対応できないのも「日本の恥」となる訳である（q・s）。こうした「恥」の意識は自らが劣っていると考えているのであれば、決して出て来ない観念であり、中国との対抗意識、対等ないし優越感の存在を窺わせる一指標として位置づけたいと考える。

以上、いくつかの項目に分けて、十〜十一世紀の対唐観のあり方を見た。中国に対する尊崇の念、事大的立場はもちろん存続しているが、一方で日本が中国と対等または優越するという見解、日本中心主義的立場の浸透・顕在化はさまざまな面において看取することができたと思う。[46] では、こうした日本中心主義的立場は実際の外交の場ではどのように顕現していたであろうか。最後に元永元年勘文とともに日本の外交の具体的過程を窺わせる事例として、承暦度の宋・明州牒への返書作成をめぐる外交過程を取り上げ、この点に言及することにしたい。

3　承暦度の対応方法

承暦年間において、先述の高麗よりの医師要請事件とともに、平安貴族達はもう一つの外交問題に直面していた。入宋した僧成尋の弟子の帰国に際して、宋よりの貨物が付与され、その受納・返信物の送付に端を発して、宋・明州よりの牒＝外交文書に対して如何に返答するかという問題である。この問題をめぐっては『百錬抄』『扶桑略記』などの編纂書以外に、源俊房の『水左記』、源経信の『帥記』に詳細な記述が存し、外交問題への対応の決定に至る経緯、議論の内容が判明するので、具体的な外交過程を知る上で貴重な材料となる。またその中には平安貴族の外交意識を窺うことのできる記載もあるので、実際の外交の場面において、どのような外交意識が示されているのかを明らかにする際にも、重要な事例となろう。

まず事件の経過を整理しておくと、次の四段階に区分することができる（水＝『水左記』、帥＝『帥記』、扶＝『扶桑略記』、百＝『百錬抄』）。

（イ）　成尋の弟子の帰朝に際して宋より貨物（経論・錦等）が送付され、その納否が問題となる（百・承保二年正月十六日、百、水・十月二十六日条）。その貨物に対する返信物の選定が次の課題となり（百・承保二年十一月五日条）、成尋の弟子を送って来日していた宋の商人孫忠にも打診しながら、返信物を決定し、返信官符を発給した（百、扶、水・承保三年六月三日条、百・承暦元年五月五日条）。

（ロ）　承暦二年孫忠は「賜二日本国大宰府令藤原経平一」の文書を持ってふたたび来日（『善隣国宝記』元永元年条）。日本の朝廷の反応は「諸卿定二申大宋国貢物事一。錦・唐黄等也。此事已為二朝家大事一。唐朝与二日本一、和親久絶、不レ貢二朝物一。近日頻有二此事一、人以成二狐疑一」（百・承暦二年十月二十五日条）とあり、具体的な対応は不明であるが、不審の念が強かった様子が知られる。なお、藤原経平は返牒と貨物を勝手に出したようであり（帥・承暦四年五月二十七日条）、孫忠と経平の関係を窺わせるとともに、（八）で両者が対立する遠因が存した。

（八）承暦四年孫忠は「大宋国明州牒二日本国一」の文書を持って（『善隣国宝記』元永元年条）、大宰府に来航する。その牒状には「廻二賜日本国一」の文字があったようで（帥・承暦四年五月二十七日条、『玉葉』承安二年九月二十二日条）、牒状の内容を孫忠に尋ねても疑問は晴れず、賫された「答信物」を受納するか否かも検討課題であった（百、帥・承暦四年五月二十七日条）。朝廷でこの問題を協議している間（百・承暦四年閏八月十三日条、帥、水・閏八月十四日、二十六日条）に、孫忠は（前）大宰大弐藤原経平と交易をめぐる紛争があったらしく、経平による貨物奪取を被り、大宰府から敦賀津に来航し、朝廷に経平の行為を訴えるとともに、越前国司を通じて牒状を奉呈しようと画策するという新たな問題が生じている（帥、水・承暦四年閏八月二十六日条、水、扶・閏八月三十日条、帥・九月五日条、扶・九月九日条、帥、水・九月十日、十九日、二十日条、水・十月三十日条）。そこで、「答信物」の納不・返牒の作成の有無に加えて、越前からの牒状を受納するか、あるいは孫忠を大宰府に戻して、大宰府で牒状を受け取るかも討議しなければならず、事態は混乱を深めたのである（帥・永保元年三月五日、五月二日条）。

（三）このようにして孫忠への対応が決定できないで混迷している中、永保元年六月二日付の宋・明州の牒が宋商人王瑞に付されて賫され、孫忠の消息の問い合わせがあった（帥・永保元年十月二十五日条）。今回の牒状を契機に、返牒の作成と答信物の準備が検討され、（八）の混乱に比すれば、短期間のうちに決定・実行がなされることになり（帥・永保元年十月十七日条、水・十月十八日条、帥、水・十月二十五日条、水・十月二十九日条、百・十一月二十三日条、水・永保二年十月十三日条、百・十一月二十一日条）、ようやくこの一連の外交問題に終止符が打たれたのである。

以上が事件の概要であるが、この事件は元来年紀制を遵守せずに連年の来航を企図した孫忠に利用されたところが大であったと考えられる。『宋史』巻四九一外国伝日本条には「元豊元年（一〇七八＝承暦二）、使通事僧仲回来、賜二号慕化懐徳大師一。明州又言、得二其国太宰府牒一、因二使人孫忠還一、遣二仲回等一、貢二絁二百匹・水銀五千両一。以下孫忠乃海商而貢礼与二諸国一異上、請下自移二牒報一而答二其物直一、付二仲回一東帰上。従レ之」とあって、孫忠は（イ）の日本の返信を利用し、明州牒を引き出して、（ハ）の来日を円滑化しようと企てたのであろう。『帥記』永保元年十月二十五日条に引用された（ニ）の明州牒にも「先差二商客孫忠等一、乗二載日本国通事僧仲廻及朝廷廻賜副物色一」と見えており、（ハ）の宋の「返信物」は孫忠が日本国使を領送すると称して引き出した回賜物であったのである。(47)

では、この承暦度の外交問題に際して、朝廷ではどのような議論が行われたのであろうか。実際の討議内容を整理するとともに、どのような論拠で各人の意見が述べられているのか、またその背景にある対中国意識のあり方は如何であったかに注目しながら、平安貴族の外交意識を探る材料を呈することにしたい。ここではこうした事柄がわかる例として、（ハ）のうち承暦四年閏八月十四日・二十六日の議論の内容を摘記する。なお、すでに五月二十七日には大宰府の調査をふまえて決定が下されようとしたが、源経信はこの調査を不充分と考え、「太宰府所レ申雖レ有二其謂一、是異国□客言上状也。何寄二事於国封一偏難二弁置一乎、猶召二彼書一、詳二彼趣一之後、可レ遣二牒状一歟」と述べ（『帥記』）、これにより継続調査を経て、閏八月に至ったという事情が存することを付言しておく。

閏八月十四日に「大宋国皇帝付二孫忠一被レ献錦・綺等、可レ被二安置一否、若可レ被二安置一者遣二返牒并答信物一歟、又若不レ可二安置一者、可レ遣二其由返牒一如何」という諮問が本錦等注文・度度定文・諸道勘文などとともに公卿達に下された（『水左記』）。『水左記』にはいくつかの意見と当日の結論が記されているが、誰がどのような論拠でどの意見を述べたかが不明なので、『帥記』によってこの点を整理すると、次の通りである。右近衛大将源顕房（俊房の弟）は「大宋国錦・綺事、近来有下被二尋問一之事上者、一定之後可レ被二量行一歟」との発言を行い、これを支持する人々もあったが、この立場は『水左記』の「人々申云、如二前度定申一、国封書大弐経平朝臣不レ令レ進□孫忠所レ申也者、披二見件文一之後可レ定二申一定一也。就レ中前度所レ遣答信物納状籠二彼封書中一歟、旁以不審也。又件□可レ被レ問二経平朝臣一旨定申先了、而今経平朝臣已以上洛、早被レ問二彼朝臣一、随二其申状一可二定申一歟者」にあたるもので、さらなる経平の尋問、（八）で整理した経平と孫忠の間の紛争の処理も行おうとするものであって、結局外交問題の決定を先送りすることになる。これに対して権中納言皇后宮権大夫源経信は「大国皇帝被レ献方物早被二交納一、於レ事可レ穏。但件事近日有レ被レ尋二問経平朝臣一云々、然則経平朝臣弁申之後、可レ遣二返牒一歟。至二于答信物一者、毎度不レ可二返遣一歟」と述べており、これは『水左記』の「或亦申云、件錦早可レ被二安置一也。但於二答信物一者不レ可レ遣。於二返牒一者、只以二錦・綺等納状一可レ被レ遣」に相当するもので、とりあえず宋の「答信物」（回賜物）を受納すべきだという意見であって、多くの人々の支持を得たとある。『帥記』『水左記』では当日の結論がどうであったのかが読み取り難いが、『百錬抄』承暦四年閏八月十三（十四カ）日条に「諸卿定下申大宋皇帝付二孫忠一献錦・綺事上。不レ可レ遣二答信物一者」とあり、必ずしも正確な要約ではないけれども、一応経信の意見が採択されたと見てよいであろう。

次に閏八月二十六日は「大宋国牒状者自二越前一可二召上一歟、猶返二遣太宰府一自レ彼可二召見一歟」（『帥記』）が議題で、敦賀に来航した孫忠に対する措置を構じるものであった。『水左記』では決定内容のみが記されており、議論の過程がわからないので、ここでも『帥記』から摘記する。まず参議右兵衛督源俊実は「猶遣二西府一、自レ彼可レ召二彼牒一」という意見で、右大臣藤原俊家・春宮大夫藤原実季や左京大夫・別当・新中納言らがこれを支持した。この立場は大宰府が日本の外交の玄関口であり、牒等の受納はまず大宰府で行うべきであるという原則論に基づく見解であると思われる。次に源経信は「如レ此客徒来二着太宰府一、請二彼存問一、随二其言上一被レ定例也。而以二彼府遅沙汰一、随二彼言上一可レ見二召件牒一也。然而大国有レ所レ鬱重牒示、若追二西府一、自送二日月一歟、猶召二彼牒一之後、可レ追二遣孫忠於太宰府一歟」と述べたが、支持したのは大納言大皇大后大夫源俊房だけであったようである。この意見はとりあえず越前国からの牒を受納し、孫忠の身柄については別途処理で大宰府に追遣するという方策であった。その他、右大将源顕房は「被レ尋二先々例一、若無二其例一者、猶自二西府一可二召上一歟」と述べており、基本的には原則論に立っているが、先例調査をさらに行うべきとするもので、十四日の議論と同様、決定先送りを意図しているのではないかと考えられる。以上の三つの意見のうち、『水左記』には「諸卿定申云、追二遣太宰府一之後令レ進二牒状一者、往反之間定及二明春一歟。於二牒状一者令二越前国司取進一、至二于黄逢一者返二遣彼府一」とあり、閏八月三十日条および『扶桑略記』閏八月三十日条にも越前国から明州牒を進上させることにしたと見えるので、採択されたのは少数意見ともいえる経信の意見であった。

　さて、以上の議論の中ではいずれも源経信の意見が採用されることになったのであるが、彼の論拠は「大国皇帝被レ献方物早被二交納一、於レ事可レ穏」、「大国有レ所レ鬱重牒示、若追二西府一、自送二日月一歟」という点、すなわち宋＝大国観に立って、少々経緯に問題がある場合であっても、大国の意をそこねないように穏便に事を進めるため、とりあえず受納し、他の問題は別途考えるという方策であった。これは事大的立場に立った発言で、意見としては少数派であったが、結局この意見が採択されていることには注目される。一方、二十六日の場合、源俊実らの見解はたとえ宋人であっても、日本の原則を遵守すべきであるという立場、すなわち日本中心主義的立場に立った意見であり、多数派ではあったが、採択は見送られている。もちろん、経信も答信物は出さないという見解で、全くの事大的立場とも言えないところもあるが、基本的には事大的立場が強く、実際の外交の場においては事大的立場が顕現するという状況は、別稿Aで言及した宝亀度の来日唐使への対応の場合と同じであったのである。なお、（ニ）に再度の明州牒が齎されると、（ハ）での遅々とした対応とは一変して、短期間のうちに返牒作成が決定したのも、（ハ）で実際の外交問題として考慮した場合は、中国に対して事大的立場で対応せざるを得ないということが体験済みであったためではないかと推定される。

ただし、宝亀度の唐使に対する日本中心主義的立場での対応の主張に関しては「時人皆服〓此言之有〓理」とあるが、実際にどの程度の支持であったかは不明であるのに対して、今回の場合は日本中心主義的立場での対応の方が多数派であった点には留意しておきたい。『玉葉』承安二年九月二十二日条にもこの時の宋の方物受納について、「時人謗〓之」という情報が記されている。前項で見たように、十〜十一世紀には日本中心主義的立場に立った対中国観も有力になっていたようであり、この承暦度の外交問題ではそうした状況がよく反映されているのではないかと評価できるからである。国内的とはいえ、こうした立場の表明がなされたことが、元永度に宋の国書であっても内容に不備があれば返書を出さないという見解を引き出す一つの背景となったと考えることができるのではあるまいか。

本節では元永元年勘文に見られる十二世紀初の対中国観の背景を探って、十〜十一世紀の対外意識の変化の様相や十一世紀末承暦度の実際の外交問題に対する議論のあり方を検討した。では、それらは元永元年勘文とどのように関連しているのであろうか。最後にこの点に言及して本節を終えたい。

元永元年勘文の内容は、(1)日本が中国に対して毅然たる態度をとってきたこと、(2)来日した使者の性格に問題がある場合の対応の仕方、(3)中国側の国書の事例との照合を中心とするものであった。これらのうち、(2)については、第一項で見た天智三年の例、また元永元年に近接する承暦度の例においても、たとえ使者に問題がある場合でも、結局は朝廷が返書を出すという対応に帰結している。承暦度の場合、少数意見ではあったが、事大的立場に基づいた返書作成が行われたのである。とすると、別稿Aで触れたように、(1)の事例として掲げられているものは決して日本が毅然たる態度を取ったのではなかったことを考慮すると、(1)・(2)の実例は存在しなかったことになる。それにもかかわらず、（1）の如き主張が行われたのは、承暦度の議論に看取される日本中心主義的立場の顕在化、十〜十一世紀の事例に窺われる日本中心主義的立場の浸透を背景としたものであったためではあるまいか。つまり元永元年勘文自体が客観的事実というよりは、十〜十一世紀に醸成された中国＝異国観による外国としての一般化や日本が中国と同等ないし優越するという意識に基づいて、過去の事例を解釈し、観念によって外交方針決定を行おうとしたものと位置づけることができ、日本中心主義的立場の一つの表明のあり方であったとまとめてみたい。

ただし、元永元年勘文の対象とする外交問題も宋商人が齎した文書の扱いであり、決して宋皇帝との国書のやり取りではないという点には留意しておく必要がある。中国皇帝の国書が届いた際に果して日本中心主義的立場を正面から表示することができるか否か、承暦度の対応を見ると、事大的立場への支持も強大であったように思われる。そこで、最後に元永元年勘文以降、平安末までの事例を概観し、日本中心主義的立場の行方を展望することにしたい。

三　日本中心主義的立場の行方

元永元年勘文以降、平安時代末までの外交関係の事例はあまり多いとは言えない。しかし、基本的には第二節第二項で整理したようないくつかの対中国観が存在したことは看取できるので、まず全体的傾向のまとめから検討をはじめたい。

この時期の対中国観のあり方としては、（1）「大宋国」などの尊崇の念を示す表現（『宇槐記抄』仁平元年九月二十四日条、『玉葉』承安二年九月十七日・二十二日条など）、（2）異国・異朝の位置づけ（『平治物語』上「唐僧来朝の事」、『玉葉』承安二年九月十七日・二十二日条、同三年三月十七日・二十二日条、『貴嶺問答』など）、（3）日本＝「中華」で、宋人が徳化を慕う

（『宇槐記抄』仁平元年九月二十四日条）、（4）優越感と「日本の恥」（『台記』康治二年三月八日条、『長秋記』長承二年八月十三日条）、（5）日本は中国と対等（『玉葉』承安二年九月二十二日条）などを掲げることができ、（1）～（4）は前節で見た十～十一世紀の事例にも存したものである。（1）の尊崇の念は実は（2）・（3）と一緒に現れており、単純に事大的立場の存在を窺わせるものとはいえない点には留意しておかねばなるまい。（1）・（3）の併存する『宇槐記抄』仁平元年九月二十四日条は、前節で見た宋人周良史同様、宋商劉文冲なる者が名簿を奉呈せんとしたことに対する措置を記したものである。この時文冲に与えた返書によると、「大宋国」と記し、しかも闕字式を用いて宋に対する尊意を示しているが、一方で「雖レ無二入華之儀一、通二名簿一」の句があって、ここでは明らかに日本＝「中華」であり、宋人がその「徳化」を慕っているという認識が窺われる。そして、『貴嶺問答』（中山忠親、文治年間頃成立か）には、

東大寺大仏其功已成、鋳師唐人今朝可レ帰二本国一云々。誠是権化之所レ為、神明之結構也。彼唐人雖レ欲二召覧一、異朝殊俗輙不レ可レ入二禁裏一、兼又廻却可レ謂二遺恨一、可下令二計申一給上者。依二天気一執達如レ件。

とあり、中国もすべて「異朝」として一般化して処理する方法が示されていることにも注目される。

こうした日本中心主義的立場の顕在化、宋人への明示を支える具体的事実として、やはり学芸・技能面での優越感は大きく作用していると考えられ、それらの事例を掲げると、次の通りである。

ａ『台記』康治二年三月八日条

詣二鳥羽一、次詣二新院一。御談合、次勅曰、熊野那智有二一僧一、自称二宋朝人一、生年二十九、十一歳渡二日本国一、所レ習論語・孝経而已〈在二宋国一時習也〉、唐声誦レ之。在二宋国一時在二橘詔一。勅令レ注乙進自下在二宋国一時上至二于今一之事甲。余請見レ之、上皇許レ之、書写退出。其文甚鄙陋云々。

ｂ『玉葉』寿永三年正月五日条

余帰宅之後、右中弁行隆来。余召二簾前一、問二大仏之間事一。左御手已奉レ鋳了、凡今年可レ終レ功由、聖人所レ申也。又云、宋朝鋳師之外、為二聖人沙汰一而加二河内国鋳師一。宋人雖レ有二不快之色一、誘二彼是一、於レ今者和顔了云々。

aでは藤原頼長が宋人の文章を「鄙陋」と評したとあり、当代随一の知識人頼長と宋人とはいえ十一歳で来日し、論語・孝経を学んだだけの僧侶とを比較すること自体が不適切なのであるが、あえて宋人の学問を批評している点は興味深い。またbでは宋の鋳師の不快を顧ず、日本の鋳師を登用しているのは、それだけ河内国の鋳師の技術に自信を持っていたためと考えられ、学芸・技能面で中国に対抗し、あるいは凌駕するという認識を窺うことのできる事例と位置づけておきたい。

そして、前節で検討した十〜十一世紀の事例には看取できなかった、（5）外交の場面において、日本は中国と対等であるという立場の表明がなされている点には注目せねばならない。

c『玉葉』承安二年九月二十二日条

其次頼業語云、「自二大唐一有二供物一、献二国王一之物幷送二太政大臣入道一之物、有二差別一云々。其送文二通〈一通書云、賜二日本国王一、一通書云、送二日本国太政大臣一〉、此状尤奇怪。昔朱雀院御時、大唐贈二物于公家幷左右大臣一〈左大臣貞信公、右大臣仲平〉、於二公家御分一者、自二西府一被レ返了〈有二返牒一〉、左右大臣分者留レ之〈各有二返牒一〉。後一条院御時、異国供物、其牒状書二主上御名一〈但仁懐、書間違歟〉、仍不レ及二沙汰一被レ返了。承暦之頃、又有二此事一、其牒状書、廻二賜日本国一、因レ之、殊有二沙汰一、両度被レ問二諸道一、遂経二両三年一被レ留了。時人謗レ之。今度供物、非二彼国王一、明州刺史供物也、而其状奇妙也、尤可二返遣一。上古相互送レ使贈レ物、其牒状、自二大唐一ハ天皇ニ送上と書、彼国王ヲハ天子ト書、自二我朝一ハ又送と書、相互無二差別一。而今度之所レ為不レ足レ言、而無音被レ留之条、異国定有二所存一歟、尤可レ悲事也」云々。尤可レ然。

十二世紀の貴族の日記で外交関係の事項が見られるのは『玉葉』が中心になるので、記主九条兼実の個人的傾向ではないかという見方も考慮しておく必要があるが、cには大外記頼業の言として兼実と同様の意見が述べられているので、ある程度普遍性を持った立場であったと考えて、検討を加えることにする。

まず兼実は、嘉応二年白河法皇が平清盛の福原山庄で宋人と会見したことに関して、「我朝延喜以来未曾有事也、天魔之所レ為歟」（『玉葉』嘉応二年九月二十日条）と評しており、前掲の『貴嶺問答』に見える「異朝殊俗輙不レ可レ入二禁裏一」という意見と通じるところがあるので、こうした立場は世論の一定（以上）の支持を得ていたものと推定できる。次にそれから二年を経ての今回の出来事である。兼実の立場としては、「凡異朝与二我国一、頻以親昵、更々不レ被二甘心一事也」（承安三年三月二十二日条）とあり、外交そのものに消極的であったこともふまえておく必要がある。[48] また周知の通り兼実は反平家の姿勢をとっており、[49] 彼の下には清盛の外交のあり方に対して非難の意を告げる者達が集まっていたようである。左少弁藤原兼光は今回の答信物に清盛が釼を贈ったことについて、「又武勇之具出二境外一、専不レ可レ然事也。如レ此大事被レ問二人々一、殆可レ及二仗議一歟」と述べ、返牒の語句に関しても「又返牒状、以二法皇一、称二太上天皇一。是又辞二尊号一、入二仏陀之道一、豈称二上皇一哉、尤有二不審事一也、如何」と兼実に質問している（承安三年三月十三日条）。すなわち、先例に反する外交と陣定等を行わずに独断専行することに対して不満を抱く者が存したのである。

さて、話をcに戻すと、すでに九月十七日に兼実は藤原兼光より宋の書状の内容を知らされており、「賜二国王一、頗奇怪。仍可レ及二返遣一歟、将可レ被二留置一歟、有二其議一。然而事体不レ可レ被レ返歟、又不レ可レ及二返牒一云々。」という問題点と兼光の分析に対して、「異国定有レ所レ言歟、可レ耻々レ々」と宋からの送付物の受納と書式に問題のある書状の受諾を「日本の恥」とする意見を記している（承安二年九月十七日条）。「宋朝定有レ所レ思歟」という見解は、前述の答信物や返牒に関する疑問を述べた兼光の言（承安三年三月十三日条）やcの頼業の言葉の中にも見出すことができ、今回の対応を「日本の恥」とする見方はかなり普遍的なものであったと位置づけることができよう。そして、兼実も「尤可レ然」と述べているcの意見、すなわち(5)日本は中国と対等であると考えることが、今回の外交のあり方を「恥」とする根拠となる。cによると、

上古相互送レ使贈レ物、其牒状、自二大唐一ハ天皇ニ送上と書、彼国王ヲハ天子ト書、自二我朝一ハ又送と書、相互無二差別一。

が依拠すべき先例であると言うのである。中国も「異国」の一つに過ぎず、日本は古来より中国と対等の関係を結んできたと表明しているのは大いに注目される。ここに日本中心主義的立場の顕現の一様相が看取され、平安貴族の国際認識の到達点を窺うことができるのではあるまいか[50]。

ただし、次の点には大いに留意しておく必要がある。別稿Aや本稿第二節で見たように、cに記されたような書式の外交文書を日・唐宋間でとりかわした事実はなく、cの「対等外交」はあくまでも観念の所産であったと考えるべきである[51]。またcは外交交渉そのものの場で中国側に示されたものではなく、国内向けの内々の立場であったことにも注意したい。つまり十〜十一世紀のさまざまな事象や本節で検討した事柄から見て、この時期平安貴族の国際認識としては日本中心主義的立場が定立されていたとまとめることができるが、それは国外へ向けてのものではなく、国内における定立に留まっていたのである。外交交渉の現実の場で積み上げてきた客観的事実に基づいて確立したものというよりは、観念の問題に拘泥している点に平安貴族の未熟な国際認識を読み取るのは深読みしすぎであろうか。

なお、対中国観の中にこうした日本中心主義的立場が顕在化して来る十世紀以降は「国風文化」の時代と称されるが、「国風文化」の基底には中国文化の吸収・消化があり、むしろ中国文化の「国風化」の一時期であったと理解するのがよいとの見方も呈されている[52]。とすると、中国文化への深い理解を背景として、一つには日本が中国を越えた

とする日本中心主義的立場も生まれて来るが、一方にはさらなる中国への傾倒、崇尊の念も存続し、事大的立場による穏便な外交を望む声もあったのではないかと思われる。それが日本中心主義的立場が優勢であった承暦度の外交問題において、少数派の事大的立場による解決が図られた原因であり、依然として事大的立場との二重構造の外交が続くものと展望される。したがって対中国観における日本中心主義的立場の定立といっても、国際的な表明には至っておらず、事大的立場が表に出ながら、国内的には有力な国際認識となり、主観的な外交観が優勢になっていくという意味での「定立」であったことを強調しておかねばならない訳である。

むすび

本稿では九世紀以降の日本の外交のあり方の変遷と密接に関わる外交観、特に対中国観の問題を取り上げ、国内的には日本中心主義に依拠した認識が定立されてくる様子を検討した。公家の伝統的外交観といわれる、朝鮮半島の王朝に対しては優位な立場、中国の王朝に対しては対等あるいはそれに近い立場をとるという形は[53]、平安貴族の国際認識として、対中国外交における日本中心主義の定立によって成立したものであると考えることができる。そして、「はじめに」で触れたように、近年中世史の側から、九世紀後半を中世的な外交意識、神国思想や三国世界観に基づく本朝意識[54]への変化の画期とする見方が呈されているが[55]、こうした転換も対中国観として日本中心主義的立場の顕在化を経た上でなければ成立し難いのではないかと思われる。神国思想には神国としての日本とその他の外国という区別の成立が必要であり、中国をも「異国」として認識する見方、日本中心主義的な対中国観を背景とせねばならない。また天竺・震旦・本朝の三国世界観は、朝鮮諸国を視野からはずし、仏教の発祥地インドと中華文明の中心中国を特別視した上で、日本がそれらと肩を並べる国であるという理解が要せられると考えられ、やはり対中国観における日本中心主義的立場の優勢な状況をふまえたものではないかと推定されるのである。

ただし、『今昔物語』では唐人は日本人の行くことのできない不思議な場所にも立ち寄ることが可能な存在として描かれており（巻二十六第九話）、宝物を見分ける能力にも優れている（巻二十第四十六話、巻二十六第十六話）と見えている。中世の絵巻物や物語でも理想郷は中国風の風景や習俗に描かれており、依然中国に対する憧憬は強かったと推察できよう(56)。とすると、事大的立場も対中国観の根底に脈々と続いていくことが予想され、日本中心主義的立場が顕在化するとはいえ、実際の外交の場で表明されたものではなかったのであるから、現実の外交の場面においては二つの対中国観の相克という事態がなおも課題として残ることになるのである（例・室町幕府の対明外交(57)）。

なお、唐・宋以降の中国王朝との関係で言えば、元とは正式の国交はなく、勘合貿易を行った室町幕府と明との関係では明らかに上表文の国書を呈しているので(58)、日本中心主義の表明云々は片鱗さえ窺えない。そうした中で、文禄二年六月二十八日の日明講和交渉の際、和議条件七箇条とともに豊臣秀吉が石田三成等に「対二大明勅使一可二告報一之条目」として示した文書（『続善隣国宝記』）には、「夫日本国者神国也、神即天帝、天帝即神也、全無レ差」とあって、中国の天帝（上帝）を越えた日本のあり方を明記したもの、外交の場における日本中心主義的立場からの主張の唯一の事例が知られる。ただし、この文書は明本国には届いていないようであるので(59)、日本の意図が相手方に伝わった事例ではないことになるが、伝統的な二つの対中国観に無知であった（無知を装ったか）秀吉のみがとりえた行為であったのであろうか。この点は専門の立場からの御教示に俟ちたい。そのように見て来ると、結局明治期の欧米文化との遭遇による中国文化を越える（と思われる）文化の獲得、「脱亜入欧」の考え方の出現などに至って、はじめて公的に日本中心主義的立場に基づく対中国観を示すことができたと憶言できるのではあるまいか。

日本中心主義的立場の行方について粗雑な認識を示したに過ぎないが、中・近世の対外観の研究の立場からの御検討もお願いして[60]、蕪雑な稿を終えることにしたい。

註

（1）拙稿「袁晋卿の生涯」（『日本歴史』五八〇、一九九六年、本書所収）も参照。以下、別稿Cと称す。
（2）石母田正「天皇と「諸蕃」」（『日本古代国家論』第一部、岩波書店、一九七三年）。鈴木靖民「奈良時代における対外意識」（『古代対外関係史の研究』吉川弘文館、一九八五年）など、この見方に立つ論考は多数存する。
（3）佐伯有清「九世紀の日本と朝鮮」（『日本古代の政治と社会』吉川弘文館、一九七〇年）、石上英一a「日本古代一〇世紀の外交」（『日本古代史講座』七、学生社、一九八二年）、b「古代国家と対外関係」（『講座日本歴史』二、東大出版会、一九八四年）など。
（4）酒寄雅志「古代東アジア諸国の国際意識」（『歴史学研究』別冊、一九八三年）、「華夷意識の諸相」（『アジアのなかの日本史』五、東京大学出版会、一九九三年）など。
（5）石井正敏「日渤交渉における渤海高句麗継承国意識について」（『中央大学大学院研究年報』四、一九七五年）、「第一回渤海国書について」（『日本歴史』三二七、一九七五年）など。
（6）拙稿「朝鮮半島をめぐる唐と倭」（『古代を考える　唐と日本』吉川弘文館、一九九二年、本書所収）。
（7）浅野充「古代日本・朝鮮における国家形成と都市」（『朝鮮史研究会論文集』三〇、一九九二年）は日本の律令法では唐も「蕃国」であったとし、「小帝国」観を支持しているが、中国に起源を有する律令法の構造そのものが「帝国」構造をとっているためであって、実際の外交のあり方の背景をなす外交観とは一応区別して考える必要があると思う。なお、「小帝国」観を批判する最近の研究として、河内春人「大宝律令の成立と遣唐使派遣」（『続日本紀研究』三〇五、一九九六年）も参照されたい。
（8）佐藤宗諄「平安貴族の国際意識について」（『奈良女子大学文学部研究年報』三六、一九九二年）。
（9）伊藤喜良「王土王民・神国思想」（『講座前近代の天皇』第四巻、青木書店、一九九五年）、村井章介「王土王民思想と九世紀の転換」（『思想』八四七、一九九五年）、木村茂光『「国風文化」の時代』（青木書店、一九九七年）第三章など。古代史の側からも、平野卓治「九世紀における日本律令国家と対新羅「交通」」（『日本古代の国家と祭儀』雄山閣、一九九六年）はこうした立場を支持している。

(10) 軍防令集解逸文中の穴記に『宋書』からの引用文があり、穴記成立の九世紀前半にはまちがいなく流布していた。

(11) 所功『三善清行』（吉川弘文館、一九七〇年）。

(12) ただし、死去時を七十五歳としており、とすると、生年は承和十年が正しい筈である。所註(11)書年表では承和十四年生、七十二歳死去としている。

(13) 所註(11)書二〇頁〜二一頁。

(14) 太田晶二郎「上代に於ける日本書紀講究」（『本邦史学史論叢』上、富山房、一九三九年）。

(15) 日本古典文学大系『日本書紀』上「解説」（岩波書店、一九六五年）。

(16) 井上亘「供御薬立制史考証」（『延喜式研究』一一、一九九五年）一一頁・一三頁は、神話や旧辞に由来する獦贄貢進の伝統を再読した醍醐天皇がこれを復権して「供御薬」の中に「歯固」を組み入れたとしており、伝統再読の機会として延喜四年講書との関係を示唆している。

(17) 香椎廟については、小島鉦作「香椎廟の香椎宮への移行とその荘園化」（『対外関係と政治文化』第二、吉川弘文館、一九七四年）参照。

(18) 『経国集』巻二十策下の宝字元年十一月十日文章生紀朝臣真象の対策文は、武力を用いずに新羅の服属を得る方法についての解答であるが、神功皇后等には全く触れられておらず、『書紀』の伝承は直接文中には出てこない。これも八世紀のあり方と、しばしば神功皇后に言及される九世紀以降との相違を示すものかもしれない。

(19) 九世紀の日羅関係は、遠藤元男「貞観期の日羅関係について」（『駿台史学』一九、一九六六年）参照。

(20) 『釈日本紀』巻一「開題」の項所引の公望私記には「日本」の名称の初出を『書紀』応神二十八年九月条の高句麗の上表文に求める見方が示されており、『書紀』の解釈に伴うものとはいえ、『書紀』のみに依拠した考察を行おうとする態度が窺われる。

(21) 田村圓澄「神国思想の系譜」（『史淵』七六、一九五八年）。

(22) 神功皇后伝説の中世以降の影響を整理したものとして、塚本明「神功皇后伝説と近世日本の朝鮮観」（『史林』七九の六、一九九六年）を参照。

(23) 白村江の敗戦後の唐使については、松田好弘「天智朝の外交について」（『立命館文学』四一五・四一六・四一七、一九八〇年）、直木孝次郎「近江朝末年における日唐関係の一考察」（末永先生米寿記念『献呈論文集』一九八五年）、「百済滅亡後の国際関係」（『朝鮮学報』一四七、一九九三年）、倉本一宏「天智朝末年の国際関係と壬申の乱」（『関東学院大学文学部二十五周年記念論文集』一九九五年）などを参照。

(24) 大林太良「日本宗教の進化と日本神話の性格」（『日本の古代』一三、中央公論社、一九八七年）は、創世神話の存在と中国に準拠点を求めていない点に記紀神話の独立的志向が看取できると述べており、『書紀』の日本中心主義的側面の一例とすることができよう。なお、対高句麗観を中心として、『書紀』の対外観を検討したものとして、井上秀雄『古代日本人の外国観』（学生社、一九九一年）も参照されたい。

(25) その他、宝亀度の遣唐使の帰朝報告中の「得二観察使兼長史陳少遊処分一、属二禄山乱一、常館彫弊、入二京使人一、仰限二六十人一」・「有二中書門下勅牒一、為三路次乏二車馬一、減二却人数一、定二廿人一」（『続紀』宝亀九年十月乙未条・十一月乙卯条）や『性霊集』巻五「為二大使一与二福州観察使一書」に窺われる延暦度の遣唐使に対する厳しい検査なども、唐の不安定な政情を体感させたものと思われる。

(26) 遣唐使の帰朝報告の正確度については、山内晋次「延暦の遣唐使がもたらした唐・吐蕃情報」（『史学雑誌』一〇三の九、一九九四年）参照。

(27) 遣唐使停止の理由に関しては、増村宏「遣唐使の停止について」（『鹿大史学』二一、一九七三年）、「菅家文草の史料」（『鹿児島経大論集』一六の三、一九七五年）、「遣唐使停廃の諸説」（『鹿大史学』二三、『鹿児島経大論集』一七の一、『地域研究』六の一、いずれも一九七六年）、鈴木靖民「寛平の遣唐使をめぐる基礎的考察」（『国学院大学紀要』一三、一九七五年）、「菅原道真と寛平の遣唐使」（『菅原道真と太宰府天満宮』上、吉川弘文館、一九七五年）、佐藤宗諄「寛平遣唐使派遣計画をめぐる二、三の問題」（『平安前期政治史序説』東京大学出版会、一九七七年）、石井正敏「いわゆる遣唐使の停止について」（『中央大学文学部紀要』三五、一九九〇年）など参照。

(28) この史料に関しては、佐伯有清『智証大師伝の研究』（吉川弘文館、一九八九年）四一五頁〜四一六頁も参照。

(29)　この史料は空海が遣唐使に対する福州での扱いに抗議して草したものであり、唐側の日本に対する優遇という「事実」を強調して説得しようとしたものであり、「錯覚」「意図的誤解」と表現する所以である。
(30)　『大日本史料』第三編之十九（東京大学出版会、一九七七年）二四〇頁〜二四三頁。その他、田中健夫編『訳注日本史料善隣国宝記・新訂続善隣国宝記』（集英社、一九九五年）も参照。
(31)　田中註(30)書によると、『経籍後伝記』は著者・成立年次等不詳である。なお、「「日出処天子」をあえて「日出処天皇」に改めていることは興味深い」（五〇四頁補注）という。
(32)　争長事件の信憑性に関しては、山尾幸久「遣唐使」（『日本古代史講座』六、学生社、一九八二年）などの否定説、石井正敏「唐の「将軍呉懐実」について」（『日本歴史』四〇二、一九八一年）、「大伴古麻呂奏言について」（『法政史学』三五、一九八三年）などの肯定説があるが、ここでは先例として認められていたことが確認できればよい。
(33)　なお、『続紀』宝字八年七月甲寅条によると、この時の新羅使は使者の性格に問題があったが、唐国勅使韓朝彩の意を受けているということで、日本側は返書を呈している。
(34)　奥村周司「医師要請事件にみる高麗文宗朝の対日姿勢」（『朝鮮学報』一一七、一九八五年）、田島公「海外との交渉」（『古文書の語る日本史』二、筑摩書房、一九九一年）など参照。
(35)　榎本淳一「『小右記』に見える「渡海制」について」（『摂関政治と古記録』吉川弘文館、一九九一年）参照。
(36)　森克己『新訂日宋貿易の研究』（国書刊行会、一九七五年）に貴族達の唐物希求の事例が多く掲げられており、それを参照されたい。
(37)　『徒然草』第百二十段には「唐物は、薬の外は、みななくとも事欠くまじ。書どもは、この国に多く広まりぬれば、書きも写してん。唐土舟の、たやすからぬ道に、無用の物どものみ取り積みて、所狭く渡しもて来る、いと愚かなり。遠き物を宝とせずとも、また、得難き貨を貴まずとも、文にも侍るとかや。」とあり、後述のように、学芸の面では中国と対等（以上）であるという意識が確立した後も、薬物については唐物を尊重していたようである。とすると、実資の行為も一概には道長等と同一視はできないかもしれない。なお、五味文彦「鎌倉後期・在地社会の変質」（『土地と在地の世界をさぐる』山川出版社、一九九六年）二六八頁〜二六九頁によると、吉田兼好が上記のような見解を述べた時代こそ、逆に唐物の流入が食文化から社会の変化・生活様式の変化を齎していたとされる。

(38) その他、『百錬抄』寛徳元年八月十日条の「唐人」について、『今鏡』巻一（すべらぎの上）では「こまうど」という認識が示されている。

(39) 『続後紀』承和七年十二月乙巳条、同九年正月乙巳条の張宝高とその残党の接近に対する返答の中に、「人臣無㆓境外之交㆒」、「境外之人」といった用例が知られる。

(40) 日本思想大系『古代政治社会思想』（岩波書店、一九七九年）一〇五頁頭注。

(41) 榎本註(35)論文参照。

(42) 一方、『三代実録』貞観十一年十二月十四日条など、九世紀後半には、新羅を「隣国」と記す例があり、九世紀に入って新羅との国交が失われる中で、朝鮮諸国を「隣国」と認識し、隣国・蕃国の区別が曖昧になっていくことも、「異国」という一般化した表現の成立に関係があると考えられる。

(43) 池田温「大中入唐日本王子説」（『古代史論叢』下、吉川弘文館、一九七八年）。

(44) 遣唐使の在唐中の詩文の例や来日した渤海使と日本側の文人との間で漢詩がとりかわされた事例が知られており、漢詩文が前近代東アジア世界の外交において重要な役割を果したことについては、村井章介「漢詩と外交」（『アジアのなかの日本史』四、東大出版会、一九九三年）を参照。

(45) 土田直鎮『日本の歴史』五王朝の貴族（中公文庫、一九七三年）四五一頁〜四五二頁では「だいたい、当時の宋では仏教学があまり進まなかったらしく、多年練りに練った日本の仏教学が、だんぜん宋の水準を越していたことはほかにも証拠があるが、日本の仏教学は伝統的な強味を持っていて、戦後はいざ知らず、近年まで世界一であったはずである」と述べられている事情も勘案する必要がある。

(46) その他、一条朝頃の人々の詩文を集めた『本朝麗藻』巻下の「仲秋釋奠賦㆓万国感寧㆒。勘解相公」に「請問来賓殊俗意、茫々天外遠尋〈近日大宋温州・洪州等人頻以帰化、故有㆓此興㆒〉」と中国人の「帰化」を受け入れるという意識が窺われ、また「仲秋釋奠聴㆑講㆓古文孝経㆒同賦㆓天下和平㆒。源為憲」には日本＝「中華」観も記されている。

(47) 『朝野群載』巻五応徳二年十月二十九日大宰府言上状によると、孫忠は再び来日しているが、大宰府によって廻却を要求されている。
(48)　石上註(3)a論文は、十世紀以降の外交を積極的な孤立主義と位置づけており、村井章介『アジアのなかの中世日本』(校倉書房、一九八八年)四七頁、一一二頁では、『吾妻鏡』文治四年二月二十一日条の「鬼界が島征伐」に対する兼実の意見によって、兼実の退嬰的な対外観を看取している。
(49)　田中文英「平氏政権と摂関家」(『平氏政権の研究』思文閣、一九九四年)など参照。
(50)　田中健夫『中世対外関係史』(東京大学出版会、一九七五年)二〇頁では、『宋史』では外国伝という項目の立て方をしており、それ以前の東夷伝等とは異なる点に注意を喚起しており、中国側の認識の変化も視野に入れておく必要がある。
(51)　『大日本史料』第六編之二十八貞治六年五月二十三日条所引前田家所蔵文書の「異国牒状事」によると、「凡太元天子は日本国に相対して同輩の礼のあらむするは本儀にてあるへし。いささかも勝劣ある時はこれをきらふ。」とあり、cの「対等外交」の観念が継受されている。
(52)　榎本淳一「「国風文化」と中国文化」(『古代を考える　唐と日本』吉川弘文館、一九九二年)。
(53)　田中註(50)書一六頁、一〇七頁〜一〇八頁、中村栄孝「十三・十四世紀の東アジアと日本」(『日鮮関係史の研究』上、吉川弘文館、一九六五年)など。
(54)　神国観については、田村註(21)論文、平田俊春「『神皇正統記』の神国観の形成」(『対外関係と政治文化』第二、吉川弘文館、一九七四年)、村井註(9)論文、伊藤註(9)論文などを参照。ただし、いずれも対中国観の検討は行われていない。
(55)　本朝意識については、川口久雄『平安朝の漢文学』(吉川弘文館、一九八一年)一九五頁、小原仁「摂関・院政期における本朝意識の構造」(『日本古代中世史論考』吉川弘文館、一九八六年)など参照。
(56)　保立道久「『彦火々出見尊絵巻』と御厨的世界」(『古代国家の支配と構造』東京堂、一九八六年)など参照。なお、中世の唐人観については、関周一「中世後期における「唐人」をめぐる意識」(『前近代の日本と東アジア』吉川弘文館、一九九五年)、村松一弥「唐人考」(『人文学報』九八、一九七四年)も参照。
(57)　高橋公明「室町幕府の外交姿勢」(『歴史学研究』五四六、一九八五年)。
(58)　田中註(30)書を参照。

(59) 北島万次「豊臣政権の対外認識と東アジア世界」(『豊臣政権の対外認識と朝鮮侵略』校倉書房、一九九〇年)、中村栄孝『日鮮関係史の研究』中(吉川弘文館、一九六九年)など。

(60) 荒野泰典「近世の対外観」(『岩波講座日本通史』一三、岩波書店、一九九四年)、「天竺の行方」(『中世史講座』一一、学生社、一九九六年)などで、中国・天竺に対する観念の変化が検討されており、参考になる。

第二部　外交政策と通交

第一章　耽羅方脯考

——八世紀、日本と耽羅の「通交」——

はじめに

耽羅（現、済州島）は朝鮮半島の南西海上に位置した島国で、その位置関係から最初は百済、後には統一新羅→高麗の属国となり、さらに十二世紀初には高麗の郡県となった国である。また私がその歴史の第三期とした百済滅亡から統一新羅の属国となるまでの間には何度も日本に遣使しており、日本との関係も有した国であった。

しかし、耽羅の歴史は属国であった期間が大部分を占め、それゆえ、東アジアの歴史に関与するところが少なかったためか、古代耽羅の歴史について専論したもの、また耽・日関係について論じたものも、管見の限りでは、僅少である。(1) したがって以上のような研究状況においては、まず個々の史料に当たって、耽羅の歴史を明らかにする作業が必要となるが、本稿では、別稿(2)において古代耽羅の歴史を五期に分けて、日、朝、中諸国との関係という視点から考察した結果を以て概観するに留め、これを第一節とする。ただし、本稿の以下の考察に関わる問題については、史料を掲げて詳述することにしたい。

本稿第二節以下は、天平十年度周防国正税帳に見える耽羅島人の「来日」をめぐる諸問題の検討である。この「来日」記事の検討と合せて、耽羅方脯に関連して、令集解諸説の成立という観点からいささか興味深い事柄に気づいたので、それらに関して私見を呈する次第である。

一　古代耽羅の歴史

本節では、次節以下の考察の前提として、古代耽羅の歴史を五期に分けて説明する。なお、八世紀の耽・日関係については、以下の考察と関わる点が多いので、史料を掲げて検討を加えることにしたい。

まず耽羅の歴史を概観すれば、次のようにまとめることができる。

第一期（?～五世紀末ないし六世紀初）

『後漢書』『三国志』魏書などの東夷伝韓条に見えるように、韓、特にその位置的関係より推すと、馬韓と交易関係にあったものと考えられる。また馬韓→百済という変遷から見て、第二期に問題となる百済との関係も、この時以来のものであったと思われる。

第二期（五世紀末ないし六世紀初～六六〇年）

百済の南下（熊津時代、南扶余（泗沘）時代）により、その南方経営の一環として、五世紀末ないし六世紀初頃、百済の服属国となり、百済滅亡時までこの関係が続く。その服属の様相は、五八九年に隋の戦船が耽羅に漂着した際に、耽・隋間ではなく、済・隋間の交渉で帰国した（『隋書』東夷伝百済条）という解決方法から窺えるように、附庸国として外交権を奪われていたことがわかる。[(3)]また国王や第三期に来日した使人たちが佐平を称していたことから[4]、国内の制度の面でも、何らかの形で百済の冠位（制）を導入していた、という具合であった。

第三期（六六〇年〜六七九年）

百済滅亡によって、独立し、史上初めて独自の外交を行った時期であり、耽・日関係が存在したのもこの時期である。まず六六一年五月から六六二年二月には相次いで日、唐、羅に遣使しており[5][6][7]、国際情勢の把握に努めたようである。かつての百済と親密で、独立後最初に通交した国である日本との関係が、この時期の中心となる。すなわち、六六三年の白村江の戦では日・済側について参戦しており[8]、また百済の役後も新羅の朝鮮半島統一による脅威を恐れ、独立の後楯を求めて何度も日本に遣使し、さらには服属を請うて救援を要請したが、それは遂げられず、結局、六七九年に新羅の服属国となることによって[9]、この時期を終える。

なお、その後も六八八年[10]、六九三年[11]と二度にわたり日本に遣使しており、これらは自主的なものと思われるが、その目的は不明とせねばならず、八世紀になると、耽・日の公式の通交は絶えており、いずれにしても七世紀末には新羅の服属国となり、第四期に入るのである。

第四期（六七九年〜一一〇五年）

統一新羅→高麗の服属国の時代[12]。

第五期（一一〇五年〜）

高麗の郡県となり[13]、以後、朝鮮半島国家の一部となる。

以上、耽羅の歴史を概観したが、私は耽・日の公式の通交は、六九三年を最後に終わりを告げたと考えている。この点は次節以下の考察とも関わることなので、第四期以降に公式の耽・日関係がなかったことについて、宝亀度の遣唐使抑留事件を中心に、第四期の耽羅に対する日本の耽羅観を手がかりとして検討を加えておきたい。

第四期の耽羅を日本がどのように見ていたかを最もよく示すのが、宝亀度の遣唐使抑留事件であるが、その検討に入る前に、八世紀以後の日本の史料に現れる耽羅について特徴的なことを一点だけ指摘しておきたい。それは天平十年度周防国正税帳（後掲史料ｅ）、天平十二年の藤原広嗣の乱[14]、宝亀度の遣唐使抑留事件（後掲ａ）などに見える耽羅はいずれも「耽羅島」と記されており、これは百済より独立した直後の日本との最初の通交記事（『書紀』斉明七年五月丁巳条）[15]を除いては、第三期の耽・日通交においては絶えてなかったことであるという点である。斉明七年条に関しては、独立直後でまだ百済の服属国であるという観念が強かったためかとも思われるが、そうすると、第四期のこれらの表記も耽羅をもはや独立国として扱っていないことを物語るのではあるまいか。以上のような予見を持ちながら、以下、遣唐使抑留事件について考察を加えることにする。

ａ『続紀』宝亀九年十一月壬子条

遣唐使第四船来泊㆓薩摩国甑嶋郡㆒。其判官海上真人三狩等漂㆓着耽羅嶋㆒、被㆓嶋人略留㆒。但録事韓国連源等、陰謀解㆑纜而去、率㆓遺衆卌余人㆒而来帰。

ｂ『続紀』宝亀十年二月甲申条

以㆓大宰少監正六位上下道朝臣長人㆒為㆓遣新羅使㆒。為㆑迎㆓遣唐判官海上三狩等㆒也。

ｃ『続紀』宝亀十年七月丁丑条

大宰府言、遣新羅使下道朝臣長人等、率㆓遣唐判官海上真人三狩等㆒来帰。

ｄ『続紀』宝亀十一年正月辛未条

新羅使献㆓方物㆒。仍奏曰、（中略）又訪㆓得遣唐判官海上三狩等㆒、随㆑使進㆑之。（下略）

今回の遣唐使は宝亀八年六月に進発しており、大使佐伯今毛人が病により留まったり、また唐使が来日するなど色々と話題の多いものであった。さて、遣唐使抑留事件は、帰路判官海上三狩一行が耽羅に漂着したことから起こった。ここではその解決方法に注目してみたい。

まずbによると、三狩を帰還させるために遣新羅使が任命されており、cによると、三狩はこの使とともに帰国している。またdによると、新羅からの遣使が遣新羅使とともに来日しており[16]、その言によれば、三狩等は新羅の手によって訪得され、帰国が可能になったことがわかる。すなわち、日本は耽羅に抑留された遣唐使一行を救い出すために、耽・日間ではなく、羅・日間の交渉を行い、解決に努めたのである。このことは第二期について『隋書』で見たのと全く同じ状況であり、したがって当時日本は耽羅を新羅の附庸国として認めており、直接耽羅と交渉することなく、新羅との交渉に解決の道を求めたのだと結論することができよう。また遣唐使が耽羅に抑留されたということは、同じく漂着でありながら第三期の耽・日通交の端緒となった斉明七年条[17]と比較して、それだけ耽・日間が疎遠になっていたこと、八世紀以降の日本の史料に見える「耽羅島」の表記と合せて、七世紀末以来、耽・日関係が全く断絶していたということを窺わせるのではあるまいか。

なお、森克己氏は日宋交通において、耽羅に漂着した日本商船が島民のために迫害される場合が多かったことを示され、『今昔物語集』巻三十一第十二話「鎮西人、至㆓度羅島㆒語」に見える「其ノ島ノ人ハ、人ノ形チニテハ有レドモ、人ヲ食ト為ル所也。」という評言は右のような背景に生まれたものであることを明らかにされている[18]。ただし、氏も指摘されているように、空海の『性霊集』巻五「為㆓大使㆒与㆓福州観察使㆒書」の中に「摧㆓肝耽羅之狼心㆒」という語句が見えており、すでに九世紀初には耽羅漂着を恐れる観念があったことが知られる。おそらくは宝亀度の遣唐使抑留事件が契機となって右のような観念が成立したのであろうが、このことに象徴されるように、以後耽・日間はますます疎遠になっていくと思われる[19]。

以上、遣唐使抑留事件を素材に、日本の耽羅観を見たが、日本は耽羅を新羅の服属国と考えていたこと、また耽・日間は八世紀には全く疎遠で、公式の関係も断絶してしまっていたことなどを明らかにし得たと思う。ところで、そうした中で、唯一天平十年度周防国正税帳には耽羅島人の「来日」の史料が存在する。先に耽羅の歴史を概観した際にはこの史料に触れなかったので、以下、この時の耽羅島人の「来日」をめぐる諸問題の検討へと進みたい。

二　耽羅島人の「来日」

e天平十年度周防国正税帳（『大日本古文書』二―一三三）

（天平十年十月）廿一日向京〈耽羅嶋人廿一人、四日食稲卅三束六把、酒六斗七升二合、塩一升六合八勺〉、部領使〈長門国豊浦郡擬大領正八位下額田部直広麻呂、将従一人、合二人、往来八日、食稲五束六把、酒八升、塩三合二勺〉。

f天平十年度周防国正税帳（『大日本古文書』二―一三八）

耽羅方脯肆具価稲陸拾束（具別十五束）。

eによると、天平十年十月に耽羅島人が「来日」し、向京したことがわかるが、正史である『続紀』には該当記事が見あたらない。本節では主に外交儀礼という面からまずこの「来日」を検討する。

eによると、長門国豊浦郡擬大領額田部直広麻呂が耽羅島人を向京部領して十月二十一日に周防国を通ったことがわかる。また周防国正税帳の「何日食」の記載原則（四日食＝周防国を通過、八日食＝往来、三日食＝国府より〔まで〕出発〔来る〕、六日食＝国府より〔まで〕往来）から見て、耽羅島人はこの年は向京のみで、広麻呂は向京後、帰国したことも明らかである。

さて、eは外国人の向京過程が具体的にわかる例としては希有なものである。今、蕃客上京方法について調べてみると、『延喜式』太政官式には「凡蕃客入朝、任二存問使・掌客使・領帰郷客使各二人、随使一人、通事一人一。〈入京之時令三存問使兼二領客使一。〉(下略)」とあり、治部式にも「領客使二人〈掌二在路雑事一。〉」と見え、京上の際は領客使が部領する規定であった(玄蕃式)。また実例について見ても、新羅、渤海、唐使到着の際は、知られる限りは、必ず領客使が派遣されており、彼らによって部領・入京が行われているようである。ただし、次のような事例が存する。

A『書紀』斉明三年七月己丑条
覩貨邏国男二人・女四人漂二泊于筑紫一。言、臣等初漂二泊于海見嶋一。乃以レ駅召。

B『書紀』持統三年正月壬戌条
詔二出雲国司一、上下送遭二値風浪一蕃人上。

C『紀略』弘仁七年十月甲辰条
大宰府言、新羅人清石珍等一百八十人帰化。宜下賜二時服及路粮一、駕二於便船一令上レ得レ入レ京。

D『三代実録』貞観十二年二月廿日条
勅二大宰府一、令下新羅人潤清・宣堅等卅人及元来居二止管内一之輩、水陸両道給二食馬一入上京。(下略・前年の豊前国貢綿使掠奪事件の嫌疑のため)

これらはいずれも外国使人ではなく、漂着[20](A・B)ないしは特別の理由(C・D)で入京を命じられたケースで、その場合には領客使は派遣されず、駅路等による逓送、国司による上送などであったことがわかる。

以上の点からeを見てみると、耽羅島人は長門国に漂着したとするのが最も整合的ではあるまいか。長門国へ外国使が到着した例や漂着者の事例としては、『後紀』弘仁五年十月丙辰条（新羅人）、『続後紀』承和八年十二月丁亥条（渤海客徒）、同十年十二月癸亥条（入唐留学僧、新羅人）、『紀略』寛平五年三月三日条、十月二十五日条（ともに新羅人）

表8　食料供給額の比較（日量）

(1)　官人への食料供給額

	米	酒	塩
国司 官人	2升 (0.4束)	1升	2勺
史生 番上	2 (0.4)	0.8	2
将従 傔従	1.5 (0.3)	—	1.5

○官人の名称は上段が和銅5・5・16格（国司の部内巡行の際の食法），下段が『延喜式』主税上式（諸使食法）による．

○米の（　）は稲に換算した値．

○塩は和銅5年格には見えず，『延喜式』によった．

(2)　本項目に関する供給額

	稲	酒	塩
耽羅島人	0.4束	0.8升	2勺
部領使	0.4	1	2
将従	0.3	—	2

(3)　『延喜式』主税上式，渤海客食法

大使・副使	各5束
判官・録事	各4束
史生・訳語・天文生	各3.5束
首領・梢工	各2.5束

などがあり、その他、大宰府とともに長門国に外国人に対する関門の禁を命じた記事（『三代実録』貞観八年五月二十一日条）や長門国の駅館を特に労を加えて修造するように命じた記事（『後紀』大同元年五月丁丑条）などを指摘することもでき、長門国が外国への門戸として重視されていたことが窺われる。eの場合、領客使ではなく、長門国の郡司によって部領、向京していることから見て、長門国に漂着したと考えるのが最も妥当であろう。

またこの見解は食料供給量の面からも裏付けられる。まず表8(1)と周防国正税帳との全体的比較を行うと、塩が一律二勺である点を除いてほぼ合致する。この表に見えないものでは、部領使、僧、持鷹人等は国司・官人クラス、部領使でも軍団官人、相撲人等は史生・番上クラスとなっており、流人だけが稲◯・二束である[21]。さて、耽羅島人であるが、表8(2)によると、彼らは史生・番上クラスであったことがわかる。外国人に対する食料供給額がわかる例はほとんどないが、今、『延喜式』巻二十六主税上式の渤海客食法[22]（表8(3)）と比較してみると、こちらは酒・塩の額が明記されていない（あるいは稲に含まれていたか）にしても、eの耽羅島人のものとは全く桁が違っている。漂着者に対する具体的な供給額がわかる例は他にないので[23]、比較はできないが、外国人正使の例に鑑みて、この耽羅島人が漂着ないしはそれに准ずる扱いであったと見ることは許されると思われる。

したがって天平十年に「来日」した耽羅島人は正式な外国使節ではなく（あるいは外国使節とは見なされていなかった）、これを耽・日の通交例とすることはできない。おそらく先掲のA・Bと同じく、漂着ではあるが、第三期の耽・日関係もあって特別に入京を許されたものと思われる。それゆえ、領客使は派遣されずに、長門国司に京上を命じ、国司は国衙所在郡である豊浦郡の郡司に部領・京上させたのであった。

三　耽羅方脯をめぐって

次にfによると、天平十年度の周防国の支出として耽羅方脯なるものを購入したことがわかる。賦役令貢献物条義解（後掲史料g）にも「耽羅脯」が見えており、以下、耽羅方脯に関する私見をまとめてみたい。

1　周防国正税帳の耽羅方脯について

fには耽羅方脯が見えているが、これは周防国正税帳における記載順序（交易御履料牛皮―交易鹿皮―f―市替伝馬）から見て、「交易」の語こそ冠せられていないものの、やはり交易物の一つと考えるべきであろう。周知の如く、正税帳に見える交易物は賦役令土毛条・貢献物条に基づいて貢上されたもので、『延喜式』巻二十三民部下式の交易雑物につながっていくものとされている。[24] しかし、天平期の正税帳と民部下式とを比較してみると、[25] 後者には多量の絹・絁・布・商布が含まれているという大きな相違点があるにしても、あまり合致しない。今、周防国について見ても、

（正税帳）

御履料牛皮二領、鹿皮一五帳、耽羅方脯四具

（民部下式）

鹿革二〇帳、席三五〇枚、苫二五枚、樏子四合

となっており、鹿皮は一致するが、耽羅方脯は見えず、また木簡や主計上式の中男作物にまで目を広げても、周防国から脯が貢上された例は見あたらない。ただし、正税帳と『延喜式』の間にはかなりの年月があるので、すべてが合致する必要はなく、ここでは耽羅方脯が天平十年度周防国正税帳以外には見えないという点が確認できればよい。

そこで次にこの耽羅方脯の入手経路について考えてみようと思うが、eには耽羅島人の「来日」が見えており、この耽羅島人より購入したとするのが最も自然であろう。『和名抄』には「鹿脯、説文云脯〈音甫、和名保之之〉、乾肉也、礼記云、牛脩・鹿脯〈脩亦脯也、音秋〉。」とあり、木簡、『延喜式』では鹿脯・猪脯が見える。この耽羅方脯も鹿、牛、猪のどれかと思われるが、『後漢書』・『三国志』魏書などの東夷伝韓条には耽羅で牛・豬を飼育していることが、また『隋書』東夷伝百済条では耽羅に鹿が多いことが記されていることに照らして、耽羅島人が脯を持っていたとしても不思議ではないのである。

ただし、以上のように考えた場合、『延喜式』巻二十四主計上式の調の中に、肥後国に「耽羅鰒卅九斤」、豊後国に「耽羅鰒十八斤」とあることについて説明を加えておく必要があると思われる。西海道という位置から考えて、あるいはこれらは耽羅と鰒を交易して、それを調として貢上したものとも考えられないではないが、主計上式をよく見る

と、「御取鰒」「着耳鰒」「長鰒」「短鰒」「薄鰒」等々のさまざまな鰒があり、それらと同様、「耽羅鰒」は鰒の種類を表す言葉であって、決して産地を示すものではないことが予想されよう。さらに平城宮木簡三四四号には次のような記載が見える。

志摩国英虞郡名錐郷戸主大伴部国万呂戸口同部得島御調
耽羅鰒六斤天平十七年九□〔月カ〕　　二八三×三八×四　〇三二

右の木簡によれば、志摩国から「耽羅鰒」が貢上されていることがわかり、この点からも「耽羅鰒」が産地を示すのではなく、鰒の種類を表す名称であったことは明らかになる。[26] したがって肥後・豊後両国の調として見える「耽羅鰒」も、同様に鰒の種類名であったと理解したい。

ただ、特に耽羅を冠する鰒が存するということは、耽羅産の鰒を目にしたことがあり、その印象が強かったため日本で鰒の種類の名称として定着したものと推定される。七世紀後半の耽・日通交の時期に耽羅からどのような物品が齎されたかは、『書紀』には「貢献」とあるだけで、物品名は不明である。『高麗史』によると、耽羅からは牛黄・牛角・牛皮・螺肉・榧子・海藻・亀甲・橘子・真珠等が齎されたことが知られ、また『扶桑略記』延長七年五月十七日条には新羅は耽羅と海藻を交易していたことが記されている。とすると、こうした特産物が日本にも齎されたのであろうか。その他、『延喜式』巻五十雑式の「凡王臣家使、不レ得下到二対馬嶋一、私買二真珠一擾中乱百姓上」によると、あるいは上記の耽羅の真珠が対馬に齎されていた可能性も想定される。したがって七世紀後半の耽・日関係を考慮すると、その際に耽羅から鰒が貢献されたのか、あるいは西海道などでは八世紀以降も耽・日の交易（公式な国交ではなく、民間の）が存続していた[27]と考える余地は残しておきたいと思う。

以上、周防国正税帳に見える耽羅方脯について検討を加えた。(28) その結論をまとめれば、次のようになろう。

・天平十年十月に耽羅島人が向京のために周防国を通過し、その際、周防国では彼らから耽羅方脯を購入した。

・耽羅方脯は正税帳の支出項目から見て、交易物の一つとして扱われており、おそらく諸国貢献物あるいは土毛として中央へ貢上されたのではないかと考えられる。

・ただし、周防国からの脯の貢上例は他に見えない。

右の点をふまえて、次に賦役令貢献物条義解に見える「耽羅脯」についての考察に進むことにしたい。

2　耽羅脯と古記の成立をめぐる憶説

賦役令貢献物条は大宝令では「朝集使貢献物」、養老令では「諸国貢献物」と記され、一般に国造制下の貢献物の系譜を引くものと考えられているが、その義解に「耽羅脯」が見えている。耽羅に関する考察の最後に、前述の耽羅方脯との関連から、令集解諸説の成立過程、特に古記の成立時期をめぐって私見を述べることにしたい。

g 賦役令貢献物条

凡諸国貢献物者、皆尽二当土所レ出。其金・銀・珠・玉・皮・革・羽・毛・錦・罽・羅・縠・紬・綾・香・薬・彩色・服食・器用＊、及諸珍異之類、皆准レ布為レ価、以二官物一市充。不レ得レ過二五十端一。其所レ送物、但令レ無二損壊穢悪一而已。不レ得三過レ事修理、以致二労費一。

＊集解

謂、服食者、服読如二服餌之服一。如二吉備醅・耽羅脯一之類是。器用者如二下野氈・胸形箭一之類是。

釈云、無レ別也。又云、（下略・尚書による語義解釈）。

古記云、（中略・尚書による語義解釈。令釈よりも引用が詳しい）。又云、服食謂二雑食物一也。貢二冬至御贄一耳。器用謂二奇異器物一也。

穴云、問、吉備酒是薬料。（中略）器用者、氈器習二令釈一也。

まず義解に見えるものと民部下式の交易雑物との比較を行うと、下野氈については、下野国に「氈十張」とあるのに合致するが、他には該当するものが見あたらない。ただし、吉備酪に関しては、『万葉集』巻四―五五四「丹生女王贈二大宰帥大伴卿一歌二首」に「古人乃、令食有、吉備能酒、病者為便無、貫簀賜牟（ふるひとの、たまへしめたる、きびのさけ、やまばすべなし、ぬきすたばらむ）」と見えており、天平頃[29]も吉備酪が「薬料」として有名であったことが知られる。

次に義解の解釈がどこまで遡るものかを考えてみたい。まず令釈の「無レ別也」によって、令釈にも義解と同文があったことがわかる。[30]そのことは穴記末尾の文によって、令釈には器用に関して氈を挙げていたこと、つまりこれが義解に見える「下野氈」を言うのであろうことからも裏付けられる。それではそれ以前の注釈書、つまり古記については如何であろうか。

令集解諸説の中にあって、古記―令釈―義解というラインがあることは、集解を読む者誰しもが感じることである。令釈には「古記無レ別」と記されていることが多い（七三例）し、逆に古記の後に「釈無レ別」と注されている例（九例）もあり、これらは文章・文字の「無レ別」を言っているのだとされている。[31]また令釈が古記やそれに引用された一云と同内容のことを述べる傾向にあることも指摘されている。[32]さらに義解と令釈、古記の関係について言えば、義解の後に「釈同レ之」とあるのが一〇九例、「古記同レ之」も十六例あり、[33]特に内容の上で義解と令釈は合致することが多い。したがって古記ないし一云の説が令釈に継承され、さらにそれが義解に受け継がれているという大まかなラインが浮かび上がるのである。そのことを如実に示す例を一つ掲げよう。

・神祇令天神地祇条集解

謂、天神者、伊勢・山城鴨・住吉・出雲国造斎神等類是也。地祇者、大神・大倭・葛木鴨・出雲大汝神等類是也。常典者、此令所レ載祭祀事条是也。釈無レ別也。自二大汝神以上一、古記亦無レ別也。

・職員令神祇官条集解古記

古記云、問、神祀諸祭。答、疏祭与二令祭一義異也。天神者、伊勢・山代鴨・住吉・出雲国造斎神等是也。地祇者、大神・大倭・葛木鴨・出雲大汝神等是。

この場合、古記、令釈、義解は用字が「山代」→「山城」と改められている箇所、および「也」の字の有無を除けば、全く同文で、古記で掲げられた具体例が令釈―義解と引き継がれていったものと見ることができる。もちろん、以上のことは一般的傾向として言えることであって、個別の箇所については各々検討が必要である。では、賦役令貢献物条の場合は如何であろうか。

まず本条の場合、古記に「無レ別」「同レ之」という注記がないので、この点からの考察は不可能である。一方、東野治之氏は、「釈云、無レ別也」により令釈にも義解と同じ注釈があったとし、「令釈の成立したとされる延暦頃にこうした貢進のなされていたことは確かであろう」とされた上で、「胸形箭」の「胸形」という用字の古さや郡名を冠して呼ばれることなどに注目して、諸国貢献物は八世紀前半はもちろんのこと、評制下にまで遡ると述べられている。(34)そこで、ここではこの手法に倣って、用字および耽・日関係の推移という歴史的事実の計二つの面から、義解の注釈が古記にまで遡り得るか否かを考えたい。

最初に用字の上から検討を加えよう。諸書に見える「胸形」の用字を拾うと、すでに東野氏が掲げられたように、(35)

・胸形之奥津宮・胸形之中津宮・胸形之辺津宮（『古事記』上巻、宇気比段）
・此三柱神者、胸形君等之伊都久三前大神也（同右）
・此則筑紫胸肩君等所祭神是也（『書紀』神代上、瑞珠盟約章）
・胸形大神（『書紀』応神四十一年二月是月条）
・胸形君徳善女尼子娘（『書紀』天武二年二月癸未条）
・胸方君（『書紀』天武十三年十一月戊申朔条）
・筑紫胸形坐中都大神（『本朝月令』所引『秦氏本系帳』）

となっており、『続紀』や正倉院文書以降の史料では「宗形」ないし「宗像」が一般的である（長屋王家木簡でも「宗形」と記されている）。したがって「胸形」は八世紀前半以前の用字であったことが窺える。さらに『師守記』貞治三年五月十三日条所引の衛禁律闌入大社門条に附された古答には、

　古答云、大社者伊勢神宮也。大倭・住吉・紀伊・出雲・胸形等之属、為二中社一。自余為二小社一。

と見えており、ここの古答は一応大宝律の注釈書で、古記と同じ頃に成立したものと考えられるから、[36] 古記にも同じ用字が採用されていたと見ても差し支えない。

また『令集解』に見える地名について調べると、古記は『和名抄』『延喜式』と同様の用字とともに、それ以前の古名（たとえば「河内」に対して「川内」）を多く用いているのに対して、義解は『和名抄』『延喜式』と同様の用字を用い、先掲の神祇令義解の場合も古記の「山代」を「山城」に直して引載している。本条の「胸形」はそうした点からはほとんど唯一の例外である。その他の注釈書に関して言えば、跡記、穴記所引の或云、私案、朱説（朱答）は各々一箇所ずつ古名を用いており、令釈には三箇所に見えている。

〈跡、穴或云〉

・「木国」（儀制令赴車駕所条702/18、703/2。古記不明。）

〈穴私案〉

・「上毛国」（営繕令在京営造条761/4。古記不明。）

〈朱答〉

・「川内国」（儀制令遇本国司条717/14。古記にも「川内国」が見える。(37)）

〈令釈〉

・「三野」（僧尼令私度条250/3。古記不明。）

・「倭国」、「木国」、「三野」（賦役令丁匠赴役条426/4〜5。古記不明。）

・「須流河」、「桑花」（相模ヵ）、「科野」、「高志道中」（越中）、「道後」（越後）（公式令朝集使条866/14〜16。古記なし。）

※古記不明＝その箇所に古記はあるが、地名表示がなく不明の意。古記なし＝その箇所に古記がないことを示す。

特に令釈の最後の例は、三字（以上）の地名表示となっていることが注目される(38)。

以上の例において古記との対応がわかるのは朱説の場合のみであり、その他は不明であるが、ここに見えるものはこれらの注釈書が成立したとされる平安初期の用字とは到底考え難く、朱説の例に鑑みて、あるいは古記の用字に引きずられて用いられたものと見ることができるのではあるまいか。特に令釈の最後の例はその感を強くさせる。令釈が古記の具体例を継承するという一般的傾向から見て、右のような推測も強ち無理ではあるまい。

以上、「胸形」という用字の古さと、『令集解』諸説に現れる古名は古記の用字を継承した結果ではないかという推測の二点から、令釈にもあったと考えられる注釈は古記にまで遡る可能性があることを指摘した。ただし、本条の場合、古記末尾には「又云」という形で義解・令釈とは別の注釈が記載されており、もし古記に義解・令釈と同じ注釈があったとすれば、この「又云」をどのように扱うべきかが問題となろう。この点に関しては、必ずしも適切な例でないかもしれないが、職員令玄蕃寮条集解古記（91/9〜10）に、

古記云、在京夷狄、謂堕羅・舎衛・蝦夷等。又説、除㆓朝聘㆒外、在京唐国人等、皆入㆓夷狄之例㆒。

と、二つの解釈を並記している例を指摘しておきたい。ゆえにたとえ古記に義解等と同じ注釈があったとしても、それは許容され得ることと考えるのである。

次に耽・日関係の推移という歴史的事実の面からみると、こちらはかなり決定的である。すなわち、第一節で考察したように、八世紀末には遣唐使抑留事件が起きており、早くも次の延暦度の遣唐使派遣に際しては耽羅漂着を恐れる観念が見え、令釈の成立した延暦六〜十年頃には耽羅脯が貢上される可能性は全くない。東野氏は「令釈の成立したとされる延暦頃にはこうした貢進のなされていたことは確かであろう」と述べられているが[39]、少なくとも耽羅脯に関してはこの見解は誤っていると言わねばならないだろう。では、耽羅脯が貢上される機会があったのはいつであろうか。耽羅の歴史の第四期に入った八世紀以降、耽・日関係が途絶えてしまう——第三期にも耽羅から「貢献」が行われているが、これは考察対象から除外してよかろう——ことはすでに明らかにしたが、唯一の「通交」と見なされるのが天平十年の耽羅島人の漂着である。そして、この時に周防国から耽羅方脯が貢上されたことは上述の通りである。したがって耽羅脯が集解諸説に載せられるとすれば、古記においてより他にはなく、先の「胸形」の用字とともに、義解等の文は古記に由来する具体例を引き継いだものと憶測されるのである。

以上、きわめて迂遠な説明ではあったが、義解の注釈が古記にまで遡る可能性があることを述べた。本条の場合、

古記の文を実際に復原することが不可能なので、すべて状況証拠からの証明にしか過ぎないが、以上の憶説が認められるとすれば、古記作者は天平十年の耽羅島人漂着、周防国よりの耽羅方脯貢上という偶然の交易、貢上から貢献物の具体例を注釈したということになる。

ところで、周知の如く、古記の成立年代に関しては、現在のところ天平十年正月十三日から三月九日と限定されるに至っているが[40]、耽羅島人の周防国通過は天平十年十月二十一日で、耽羅方脯の中央への貢上はさらに遅れるものと考えられ、これは右の古記の成立時期と矛盾してしまう。しかし、古記の成立時期については、期間を限定せず、ほぼ天平十年頃とやや曖昧に見ておこうとする立場もあり[41]、私としては耽羅方脯の古記注釈への掲載という仮定の下に、後者の立場を支持すべきであると考える。

むすび

本稿では八世紀の耽・日関係、特に天平十年度周防国正税帳に見える耽羅島人の「来日」をとり上げて、八世紀の耽・日の「通交」とその影響——古記の注釈の成立過程——とについて私見をまとめてみた。一応の結論を整理しておくと次のようになろう。

(1) 八世紀以降においては公式の耽・日関係は途絶していた。天平十年十月に長門国豊浦郡擬大領額田部直広麻呂に部領され、向京のために周防国を通過した耽羅島人は、長門国に漂着し、特別の命を以て入京を命ぜられたものと考えられる(なお、彼らの帰国については不明である)。

(2) この時、周防国では耽羅島人から耽羅方脯を交易・購入し、それは貢献物として中央へ貢上された。そして、この時の貢上によって古記の注釈の中に「耽羅脯」が記され、その古記の文は賦役令貢献物条義解と同文であったと考えられる。したがって古記の成立時期に関しては、天平十年正月十三日から三月九日と限定するのではなく、天平十年頃と曖昧に見ておくのがよいであろう。

古代耽羅の歴史を含めて、本稿で述べた諸点についてさらなる論考を期しつつ、ひとまず擱筆することにしたい。

註

(1) 文献目録としては、拙稿「わたくしの耽羅古代史研究」(『済州島』七、一九九四年)を参照されたい。
(2) 拙稿「古代耽羅の歴史と日本」(『朝鮮学報』一一八、一九八六年、本書所収)。
(3) 「附庸」とは、諸橋轍次『大漢和辞典』の定義によると、「天子に直属せず、大国に附属する小国」とある。
(4) 『三国史記』羅紀文武王二年二月条、『書紀』天智六年七月己巳条、天武二年八月戊申条、持統二年八月辛亥条、九月戊寅条、七年十一月壬辰条など。
(5) 『書紀』斉明七年五月丁巳条。
(6) 『新唐書』東夷伝儋羅条、『唐会要』巻一〇〇耽羅国条。
(7) 『三国史記』羅紀文武王二年二月条。
(8) 『旧唐書』巻八四劉仁軌伝。
(9) 『三国史記』羅紀文武王十九年二月条。
(10) 『書紀』持統二年八月辛亥条、九月戊寅条。
(11) 『書紀』持統七年十一月壬辰条。
(12) 高麗への服属の様相については、岡田英弘「元の順帝と済州島」(『アジア文化研究論叢』一、一九五八年)五四頁〜五五頁に簡にして要を得た整理がなされているので、それを参照されたい。

(13)『高麗史』巻五七地理志耽羅県条。
(14)『続紀』天平十二年十一月戊子条「広嗣之船従二知駕嶋一発、得二東風一往四ヶ日、行見レ嶋。船上人云、是耽羅嶋也。」と見える。
(15)「耽羅始遣二王子阿波伎等一貢献。〈伊吉連博徳書云。辛酉年正月廿五日、還到二越州一。四月一日、従二越州一上路東帰。七日、行到二檉岸山明一。以二八日鶏鳴之時一、順二西南風一、放二船大海一、々中迷レ途、漂蕩辛苦、九日八夜、僅到二耽羅之嶋一。便即招二慰嶋人王子阿波岐等九人一載二客船一、擬レ献二帝朝一。五月廿三日、奉レ進二朝倉之朝一。耽羅入朝始二於此時一。(下略)〉」とある。
(16)『続紀』では宝亀十年十月乙巳条に大宰府に新羅使の消息の奏上を命じている記事が見えるのが初見であるが、dの文言と合せて、この時の新羅使はcの遣新羅使の帰国とともに来日したものと思われる。
(17)註(15)参照。
(18)森克己「日宋交通と耽羅」(『続日宋貿易の研究』国書刊行会、一九七五年)。
(19)『小右記』長元四年二月十九日条には耽羅島人の漂着記事が見えるが、それ以外には耽・日関係を示すものは見あたらない。
(20)覩貨邏に関しては、井上光貞「吐火羅・舎衛考」(『古代史研究の世界』吉川弘文館、一九七五年)を参照。
(21)令集解逸文・獄令至配所条令釈所引の勝宝九年七月二十九日官符によると、流人は米一升＝稲〇・二束とある。
(22)『三代格』巻十八天長五年正月二日官符には但馬国に到着した渤海使人への食料供給のことが見える。それによると、来朝の期を違えているので「減二半恒数一」とあり、大使・副使は各二・五束、判官・録事は二束、史生・訳語・医師・天文生は一・五束、首領以下は一・三束となっている。倍量すれば、録事以上は表8(3)と合致し、史生等は若干少なく、首領は多く(ただし、二・五束を半減した時に四捨五入して一・三束としたのかもしれない)なっているが、ほぼ合致すると言えよう。天長五年は弘仁式施行下であるが、すでに慣行として「恒数」が定まっており、それが『延喜式』の額とそれ程違いのないことが確認できればよい。
(23)漂着者に食料を供給した例としては、『紀略』寛平三年二月二十六日条「隠岐国去年十月三日言二上新羅人卅五人漂来之由一。人別賜二米・塩・魚・藻等一。」という記事を指摘することができるが、残念ながら供給額は見えない。
(24)早川庄八「律令財政の構造とその変質」(『日本経済史大系』1、東京大学出版会、一九六五年)。
(25)早川註(24)論文二三二頁〜二三三頁の表を参照。
(26)『平城宮木簡』一(解説)一三〇頁には三四四号について、「「耽羅」は現在の済州島。『延喜主計式』では肥後国から耽羅鰒を貢進させているが、このほかに個有の地名を鰒に冠する例に安房・阿波・出雲・隠岐・佐渡・筑紫・長門等がある。」という解説が付けられている。しかし、後半部の固有の地名を冠する例として掲げられているのは大膳上式・内膳式等に見えるものであって、これらは貢進地を示すものと理解されるが、主計上式のはやはり種類と見るべきで、三四四号木簡の「耽羅鰒」も調として貢上されており、種類を示す名称と解するのがよいであろう。

(27)　志摩国から耽羅鰒が貢上されていることには説明がなされていないが、司馬遼太郎『街道をゆく』耽羅紀行（朝日新聞社、一九九〇年）、網野善彦『日本社会の歴史』上（岩波書店、一九九七年）は単純にこのように解している（網野氏一六〇頁では志摩国の海民が耽羅と交流していたかの如くに解される記述になっている）。

(28)　なお、関根真隆『奈良朝食生活の研究』（吉川弘文館、一九六九年）二四五頁では脯の単位についての記述がなされている。それによると、fのように具で数えるものの他に、斤（天平八年度薩麻国正税帳）、串（『大日本古文書』二十二―二一二）などがある。

(29)　土屋文明『萬葉集年表』（岩波書店、一九八〇年）一五六頁は五五四番の歌を神亀五年から天平二年の作としている。

(30)　松原弘宣「「古記無別」について」（『続日本紀研究』一五七、一九七一年）。

(31)　松原註(30)論文。

(32)　押部佳周「古記と令釈」（『日本律令成立の研究』塙書房、一九八一年）。

(33)　松原註(30)論文。

(34)　東野治之「正倉院武器中の下野国箭刻銘について」（『続日本紀研究』二〇八、一九八〇年）。

(35)　東野註(34)論文六頁。

(36)　利光三津夫「集解所引「古答」は大宝律令の注釈書」（『律の研究』明治書院、一九六一年）。

(37)　ただし、古記は河内国の人が京官に任用されて帰郷した場合、朱答は七位の人が河内国司に任用されるというように方向は逆である。

(38)　「駿河」を「須流河」と表記することは『国造本紀』の「珠流河国造」に類似している。同書の内容、現史料に関しては諸説あるが、用字面だけに限定すれば、三字の国名表記や藤原宮木簡の用字と合致する例もあり、古名を用いている可能性がある。

(39) 東野註(34)論文六頁。

(40) 岸俊男「班田図と条里制」(『日本古代籍帳の研究』塙書房、一九七三年)。なお、研究史整理は、野村忠夫「令集解雑感」(『国史大系月報』三九、一九六六年)を参照。

(41) 井上光貞「日本律令の成立とその注釈書」(『律令』岩波書店、一九七六年)。なお、押部註(32)論文、嵐義人「古記の成立と神祇令集解」(『神道及び神道史』二五、一九七七年)などもこの立場に立つ。

第二章　古代耽羅の歴史と日本
――七世紀後半を中心として――

はじめに

耽羅（現、済州島）[1]は、朝鮮半島の南西海上に位置した島国で、その位置関係から最初は百済、後には統一新羅↓高麗の属国となり、さらに十二世紀初に高麗の郡県となった国である。それゆえ、この国は独自の文献をほとんど持たず、その歴史について考えるためには、他の国々の文献に現れた姿、動向から推し測るより仕方がない。

耽羅は七世紀後半の百済滅亡から統一新羅の属国となるまでの間に、何度も日本に遣使している。この期間が日本、新羅各々の国家形成にとって重要な時期だったことは、改めて述べるまでもないが、耽羅の歴史は属国であった期間が大部分を占め、東アジアの歴史に関与するところが少なかったためか、耽羅史自体の研究が稀で、耽・日通交にはあまり注目されず、『書紀』の遣使記事の分析も充分に行われているとは言い難い[2]。しかし、耽羅史という観点に立てば、『高麗史』以前にあって、比較的豊富な量を持つ『書紀』の記事の検討は大切であり、またすでに鈴木靖民氏は、滅亡後の百済・高句麗と日本の通交に検討を加え、優れた成果を上げておられ[3]、右のような東アジアの変動期の中で、当時の耽・日関係やそれをめぐる国際情勢を明らかにすることは、この時期の日本の外交のあり方を考える上での一助ともなろう。

本稿では、右のような認識に基づき、古代耽羅に関する史料集成の意味も含めて、史料の呈示とその解釈を中心とした基礎的考察を試みたい。耽羅のことが見えるのは、日・朝・中諸国の文献においてであり、以下では、それらの国々と耽羅との関係、就中朝鮮諸国との服属関係により、第一期馬韓、百済との交易、第二期百済への服属、第三期独立、第四期統一新羅、高麗への服属、第五期高麗の郡県化、の五期に分けて考察を加える。この区分は便宜的なものであるが、一応対外関係の変化に基づいたもので、古代耽羅の歴史の一つの区分の仕方として有効なものであると思う。

なお、第四期以降の高麗との関係については、先学の簡にして要を得た概括があり(4)、また八世紀以降の耽・日関係については、別稿で詳述したので(5)、本稿では、史料的にも豊富で、日本との関係が見られる七世紀後半の第三期を中心とし、合せてそれに至る第一、二期を検討し、第四期以降については略述するに留めることを予めお断りしておきたい。

一　馬韓、百済との関係――第一、二期

01『後漢書』東夷伝韓条
馬韓之西海島上、有二州胡国一。其人短小、髠レ頭衣レ韋、衣有レ上無レ下。好レ養二牛豕一。乗レ船往来、貨二市韓中一。

02『三国志』魏書東夷伝韓条

又有㆓州胡㆒、在㆓馬韓之西海大島上㆒。其人差短小、言語不㆓与㆑韓同㆒。皆髡㆑頭如㆓鮮卑㆒。但衣㆑韋。好㆑養㆓牛及豬㆒。
其衣有㆑上無㆑下、略如㆓裸勢㆒。乗㆑船往来、市㆓買中韓㆒。

史料01・02は耽羅のことが史上に現れる最初のもので(6)、「州胡国」とは、「馬韓之西海」という位置から見て、耽羅のことを指すと考えてまちがいない。史料01・02には耽羅の習俗が記されているが、末尾の部分に注目すると、耽羅は韓、特にその位置的関係から推して、馬韓と交易関係にあったものと考えられる。また馬韓→百済という変遷から見て、後に問題となる百済との関係も、この時以来のものであったと思われ、百済との通交形態から、この時期を馬韓、百済との交易関係の時期とし、耽羅の歴史の第一期としたい。

ところで、その百済との関係については、次のような記事が見える。

03『書紀』神功四十九年三月条
以㆓荒田別・鹿我別㆒為㆓将軍㆒、則与㆓久氐等㆒共勒㆑兵而度之、至㆓卓淳国㆒、将㆑襲㆓新羅㆒。時或曰、兵衆少之、不㆑可㆑破㆓新羅㆒。（中略）因以平㆓定比自炑・南加羅・喙国・安羅・多羅・卓淳・加羅七国㆒。仍移㆑兵西廻至㆓古爰津㆒、屠㆓南蛮忱弥多礼㆒、以賜㆓百済㆒。（下略）

04『書紀』応神八年三月条分註
百済記云、阿花王立無㆑礼㆓於貴国㆒。故奪㆓我忱弥多礼(7)及峴南・支侵・谷那・東韓之地㆒。（下略）

史料03・04は干支二運下げても各々三六九年、三九七年で、以下で述べることから見て、このような時期に耽・済間に服属関係が生まれていたとは到底考え難い。これらは耽羅の表記法から見て、いずれも『百済記』に依拠したもので、すでに指摘されているように(8)、『百済記』編纂時(9)の耽羅観を示すものと理解される。このように考えた上で、史料03・04を見ると、耽羅には「南蛮」「我」という形容がついていることがわかり、耽羅がほとんど百済の領土と目されていたことが窺われる。この点については、『梁職貢図』百済条の「旁小国有㆓叛波・卓・多羅・前羅・斯羅・上迷・麻連・上巳汶・下枕羅等㆒附㆑之」という記載を初見として[10]、代々の中国史料（『隋書』東夷伝百済条〈後掲〉、後掲史料13・14）、『三国史記』（史料09）などに、耽羅が百済の服属国だったことが見えており、おそらく百済滅亡時までこの関係が続いたのであろう。事実、史料的にも耽・済関係に関するものしか見あたらない。

そこで、百済との関係の変化により、この時期を第二期として、耽・済関係の成立やその様相にふれてみたい。

1 耽・済関係の成立

05『三国史記』済紀文周王二年（四七六）四月条

耽羅国献㆓方物㆒。王喜、拝㆓使者㆒為㆓恩率㆒。

06『三国史記』済紀東城王二十年（四九八）八月条

王以㆓耽羅不㆑修㆓貢賦㆒、親征至㆓武珍州㆒。耽羅聞㆑之、遣㆑使乞㆑罪、乃止。〈耽羅即耽牟羅。〉

07『書紀』継体二年（五〇八）十二月条

南海中耽羅人初通㆓百済国㆒。

史料07は「南海中」とあることから見て、百済系史料、おそらくは『百済本記』に基づく記事と考えられるが、「初」は史料05・06と併せ見る限りは理解し難い面がある。この点については、史料05・06＝耽羅の百済への服属の機運→史料07＝百済が積極的に南進して耽羅を圧服、と解する立場もあるが[11]、五〇八年は武寧王八年で、『三国史記』『書紀』ともに、王の即位から史料07までの間には、特に南進が行われたことは見えない。史料05・06と史料07は全く別系統の史料で、五世紀末から六世紀初頭に、耽・済関係が服属関係として成立したことを示すとしておくのが穏当ではあるまいか。このように考えた上で、耽・済関係の発端、背景などについて検討を加えたい。

史料05は『三国史記』では耽羅の初見記事で、時期的に見ると、熊津遷都による百済復興直後の出来事ということになる。百済の歴史は、都の所在により、慰礼時代（?〜三七一）、漢山時代（三七一〜四七七）、熊津時代（四七七〜五三八）、南扶余（泗沘）時代（五三八〜六六〇）の四期に分けることができ、(12)熊津時代、南扶余時代は、高句麗の南下や新羅の発展により、次第に南下を余儀なくされ、『書紀』に所謂任那問題として見える加耶諸国への侵攻を行う時代であった。したがってそのような中で、南方の耽羅との関係も重視されるに至ったと考えられ、史料05では使者に百済の冠位を与えていることに注目したい。耽・済間は、すでに第一期から交易などを通じて、何らかの通交が行われていたと推定されるが、ここではそれを朝貢関係としてとらえていこうとする方向が窺える。それを端的に示すのが史料06であろう。

百済では熊津遷都後の政情は不安定で、『三国史記』によれば、文周、三斤の二代は治世も各二年で、貴族による王の殺害や王権との対立もあったようである。そのような情勢の下に次に即位したのが東城王で、王は新羅と連合して高句麗と戦い（羅紀炤知麻立干三年（四八一）三月条、六年（四八四）七月条、十六年（四九四）七月条、済紀東城王十七年（四九五）八月条）、また新羅との同盟に努め（済紀東城王七年（四八五）五月条、十五年（四九三）三月条）、さらに南斉に朝貢するなどしており、その二十三年にわたる治世は、熊津時代の百済の安定期を作りだしたと評価できよう。このような東城王代の出来事として記されるのが史料06で、史料06については、百済王が親征したというのは、おそらく百済が全羅南道全体を制圧したことを意味するという見方が呈されている。(13)すでに四八七年には帯山城事件が起きており（『書紀』顕宗三年是歳条）、この事件は百済による加耶地域への侵攻を示すと理解されるから、(14)右の見方と合せて、この頃、遷都後漸く政情の安定した百済の南方進出が、本格的に開始されたものと考えられる。したがって史料06は、全羅南道を制圧した百済が、その武力を背景に、耽羅に朝貢を要求したもの、つまりここに耽・済関係が本格的な朝貢関係に入ることを示すものと理解されるのである。

なお、耽羅に対する服属要求の理由には、以上の南方経営ということの他に、南斉との交通路確保の意図もあったのではあるまいか。『三国史記』済紀東城王六年（四八四）七月条には「遣二内法佐平沙若思一、如二南斉一朝貢。若思至二西海中一、遇二高句麗兵一、不レ進。」とあり、『三国史記』では第二回目にあたる南斉への通交が、高句麗によって妨害されたことが記されている。日本の遣唐使の航路には、（イ）北路、（ロ）南島路、（ハ）南路、（ニ）渤海路があったことが知られており、[15]（イ）は朝鮮半島西岸を北上して黄海または渤海湾入口を横切って中国に達する航路で、これが上条に言う「西海」より中国に至る航路ということになろう。つまり百済はこの航路を高句麗に塞がれた訳である。一方、（ハ）は値嘉島から耽羅の南をとって一気に東シナ海を横断する航路で、帰路には耽羅に漂着することも多かった。[16]上条以降の中国との通交の際に、百済がどのような航路をとったかは不明であるが、[17]朝鮮半島西岸を北上して渡海距離が一番短くて済む比較的安全な航路を遮断された百済としては、南方から中国に至る航路をとらざるを得ず、こういった点からも、耽羅との関係が重視されるに至ったのだと思われる。

以上を要するに、五世紀末から六世紀初に、百済の南下による南方進出がはじまり、その一環として、あるいは中国との交通路確保のために、耽・済関係が強化され、服属・朝貢の関係になっていったということである。では、その様相は如何であったろうか。

2　服属の様相

08『隋書』東夷伝百済条（五八九年）

平陳之歳、有二一戦船一、漂至二海東𨈭牟羅国一。其船得レ還レ経二于百済一。昌資二送之一甚厚、幷遣レ使奉レ表、賀二平陳一。

（下略）

09『三国史記』羅紀文武王二年（六六二）二月条

耽羅国主佐平徒冬音律〈一作津〉来降。耽羅国自二武徳一以来、臣二属百済一。故以二佐平一為二官号一。至レ是降為二属国一。

10『三国遺事』巻三皇龍寺九層塔条

又海東名賢安弘撰東都成立記云、新羅第二十七代女王為レ王、雖レ有レ道無レ威、九韓侵労。若龍宮南皇龍寺建二九層塔一、則隣国之災可レ鎮。第一層日本、第二層中華、第三層呉越、第四層托羅、第五層鷹遊、第六層靺鞨、第七層丹国、第八層女狄、第九層獩貊。

まず史料08の検討に入る前に、当時の百済と中国王朝との関係を見ておくと、百済は五八一、二年と建国直後の隋に遣使している（『隋書』巻二）が、五八四、六年には南朝の陳に朝貢していた（『陳書』巻六）。ところが、五八九年には隋が陳を破り、中国統一を遂げており、その時に起きたのが史料08なのである。したがって陳に朝貢していた百済としては、隋の戦船が耽羅に漂着するという機会をとらえて、それを手厚く資送し、関係修復を図ったのであろう。

ところで、耽羅に漂着した隋の戦船が、耽・隋間ではなく、済・隋間の交渉によって帰国しているのは何故であろうか。『隋書』東夷伝百済条末尾には次のような記載が見える。

其南海行三月、有二𨈭牟羅国一。南北千余里、東西数百里。土多二麞鹿一。附二庸於百済一。

ここでは耽・済関係を附庸関係ととらえていることに注目したい。「附庸」とは、諸橋轍次『大漢和辞典』によると、「天子に直属せず、大国に附属する小国」とあり、その内容を具体的にするために、東夷伝中に用例を捜すと、新羅条に「其先附二庸於百済一、（中略）遂致二強盛一、因襲二百済一附二庸於〔諸カ〕加羅国一」[18]、倭国条には隋使が倭に到達するまでの順路の国を挙げ、「自二竹斯国一以東、皆附二庸於倭一」などと見える。新羅がかつて百済の附庸国とされていたことは、先掲の『梁職貢図』百済条にも記されており（旁小国の「斯羅」）、新羅は六世紀以前には中国王朝にほとんど遣使しておらず、五二一年はじめて梁に遣使した際には、百済とともに遣使し、『梁書』諸夷伝新羅条には「使随二百済一献二方物一」「語言待二百済一而後通焉」と評されていることより見て、中国王朝には新羅が自主的に交渉する能力がないと映じた結果が、「其先附二庸於百済一」となったのであろう。また倭国条については、当時が国造制下であったことを考えると、外交権はすでにヤマト王権に吸収され、国造が勝手に遣使することはなかったと思われるが、国造はその支配内部にまで介入されることなく、一応独自に地方を支配していたので[19]、ヤマト王権と国造との関係が、隋使には「附庸」と映ったと見ることができる。つまり各々の国は中国王朝と交渉する権利、さらには外交権一般を奪われており、そのような関係を「附庸」と称したのである。したがって隋の戦船が、耽・隋間ではなく、済・隋間の交渉によって帰国したのは、右のような耽・済関係に基づいてのことであったと考えられる。

なお、百済との外交面での関係を窺わせるものとしては、史料10も挙げられる。史料10の『東都成立記』は、新羅の都を東都と呼ぶことや「九韓」として見える国名などから、高麗時代の著述であることが指摘されており[20]、高麗時代の対外意識を示すものと見ておくのが穏当であるが、『三国史記』羅紀善徳王十四年（六四五）三月条には「創二造皇龍寺塔一。従二慈蔵之請一也。」とあり、皇龍寺に塔が建立されたことは確かである。史料10によると、その目的は隣国攘災とされ、善徳、真徳両王代は新羅の国力が非常に弱化した時期で、高句麗、百済の侵入を許しており、また『三国遺事』にも隣国攘災という点に関する慈蔵の伝承が見えているから、造塔目的については首肯されよう。とするならば、造塔当時に百済の服属国であった耽羅の存在も、新羅にとっては脅威であったと想像されるので、仮に六四五年当時も各層別に攘災すべき国を定めていたとすれば、そこに耽羅の名があっても不思議ではないと思われる。したがって右のような仮定の下に、史料10は第二期の耽羅に対する新羅の見方をかいまみさせてくれる史料として扱いたい。

次に史料09については、耽羅国王が佐平の冠位を称していたことに注目したい。史料09では耽羅が武徳（六一八〜六二六）以来百済に服属していたとする点が問題であるが、これは（イ）武王の時代（六〇〇〜六四一）は、次の義慈王とともに、百済が新羅に侵入していく時期であり、それを見て、恵王、法王代（威徳王代には史料08がある）に一時朝貢を中止していた耽羅が、再貢したもの(21)、あるいは（ロ）百済から佐平の冠位を耽羅王に授けられたのが武徳年間で、新羅はそれを以て百済への完全な服属と見なしたためと考えることもできる。この点についてはこれ以上の考えがないので、さて措くとして、冠位の問題に戻ると、次節で述べる耽・日関係では、そこに現れる耽羅の使者は、いずれも佐平の冠位を持っており、耽羅が何らかの形で百済の冠位（制）を導入したこと（ただし、佐平しか見えないことは、冠位制全体の導入か否かを疑わせる）が知られる。つまりこれは内政面における百済への服属の一様相を示すものと見ることができよう。

本節では、第一、二期の耽羅の動向を見た。第一期は、交易等を通じて馬韓、さらには百済との関係を有した時期であった。第二期になると、百済の南下により、五世紀末〜六世紀初頃に、その服属国となり、百済滅亡時までこの関係が続くようである。その様相は、中国との交渉（さらには百済以外の国との交渉も）は百済の手に握られ、いわば外交権を奪われており、また国内の制度面でも百済の冠位を導入していた、という具合であった。さらに七世紀中葉の百済と新羅の衝突の時期には、百済の服属国として新羅に脅威を与えたのではないかということも窺うことができた。では、このような状況は、百済滅亡により、どのように変化していくのであろうか。

二　百済の滅亡と耽羅の独立――第三期

六六〇年、唐・新羅連合軍の攻撃を受けた百済は滅亡する。この時から、新羅の服属国になるまでの間、耽羅は日本、唐、新羅などとその歴史の中で初めて独自の外交を行っており、以下、この期間を耽羅の独立期（第三期）として、耽・日関係や七世紀末までの東アジアの情勢などから考察を加えてみたい。

1　百済の役と耽羅

ここでは百済滅亡に続く大きな事件として、まず百済の役前後の耽羅の動向について触れる。

11『旧唐書』巻八四劉仁軌伝（六六三）

仁軌遇㆓倭兵於白江之口㆒、四戦捷、焚㆓其舟四百艘㆒。（中略）偽王子扶余忠勝・忠志等率㆓士女及倭衆幷耽羅国使㆒、一時並降。

史料11は白村江の戦の記述であるが、ここではまず史料の問題として、両唐書の東夷伝百済条、『新唐書』劉仁軌伝などのこの部分に関わる他書の記述には、「幷耽羅国使」の部分がないという点に留意しておく必要がある。『旧唐書』は体裁は一貫していないが、原史料の文章がそのまま残されているのが『新唐書』に比べて価値のある点とされており、[22]このことは劉仁軌伝にもよくあてはまる。ただし、史料11と同史料によったのではないかと思われる『旧唐書』東夷伝百済条に耽羅のことが見えないのは、やはり気がかりである。そこで、当時の国際情勢から見て、ここに耽羅が出てくる必然性があったか否かという観点から検討を試みたい。

史料11について鈴木靖民氏は、(23) 後掲史料16・17の泰山の封禅に耽羅が参加していること、および劉仁軌に率いられた四ヶ国のうち、新羅・百済はもちろんのこと、耽羅・日本もそれに先立つ熊津での新羅・百済の盟誓に関与していたのではないかという考えの下に、耽羅の参戦を肯定されている。管見の限りでは、白村江の戦、熊津の盟誓などの際の耽羅の関与について明言したものは、鈴木氏の論考以外には見えないが、結論を先に言えば、私はこの見解を支持すべきであると考える。まず鈴木氏とは逆に、やや時期を遡って、独立直後の耽羅の動向を見てみよう。

12 『書紀』斉明七年（六六一）五月丁巳条

耽羅始遣二王子阿波伎等一貢献。〈伊吉連博徳書云、辛酉年正月廿五日、還到二越州一。四月一日、従二越州一上路、東帰。七日、行到二檉岸山明一。以二八日鶏鳴之時一、順二西南風一、放二船大海一、々中迷レ途、漂蕩辛苦。九日八夜、僅到二耽羅之嶋一、便即招二慰嶋人王子阿波岐等九人一同載二客船一、擬レ献二帝朝一。五月廿三日、奉レ進二朝倉之朝一。耽羅入朝始二於此時一。（下略）〉

13 『新唐書』東夷伝儋羅条（六六一）

龍朔初、有二儋羅者一、其王儒李都羅遣レ使入朝。国居二新羅武州南島上一、俗朴陋、衣二大豕皮一、夏居二革屋一、冬窟室。地生二五穀一、耕不レ知レ用レ牛、以二鉄歯一杷レ土。初附二百済一。麟徳中、酋長来朝、従レ帝至二太山一。後附二新羅一。

14 『唐会要』巻一〇〇耽羅国条

耽羅在二新羅武州海上一、居二山島上一。周廻並接二於海一、北去二百済一可二五日行一。其王姓儒李名都羅。無二城隍一、分作二五部落一。其屋宇為二円牆一、以レ草蓋レ之。戸口有二八千一。有二弓・刀・楯・矟一。無二文記一。唯事二鬼神一。常役二属百済一。龍朔元年（六六一）八月、朝貢使至。

15 『三国史記』羅紀文武王二年（六六二）二月条〈史料09に同じ〉

耽羅国主佐平徒冬音律〈一作津〉来降。耽羅国自二武徳一以来、臣二属百済一。故以二佐平一為二官号一。至レ是降為二属国一。

六六一～六六二年、百済復興運動の高まり、唐の高句麗遠征という情勢の中で、耽羅は相次いで日本、唐、新羅に遣使しており、これは耽羅史上、百済以外の国との初めての通交であった。これらの遣使目的は具体的には明らかにし得ないが、右のような情勢下に、主として今後の方向を探る（日本・百済側につくか、唐・新羅側につくか）ため、国際情勢の把握に努めることではなかったかと考えてみたい。特に唐・新羅は百済を滅ぼした国であり、その服属国であった耽羅にどのような対応をするかを知るためにも、遣使が必要だったのではあるまいか。[24]

そうした中で、まず最初に日本に遣使していることには注目される。史料12については、耽羅が「百済救援の橋頭堡として戦略的な位置をもつ」ためという見方もあるが[25]、今次の遣唐使は、六五九年末から百済滅亡後の六六〇年九月まで、百済攻撃の機密が漏れるのを恐れた唐により抑留されており（『書紀』斉明五年七月戊寅条、同六年七月乙卯条分註の「伊吉連博徳書」）、彼らが本国の百済救援準備（史料12に見えるように、斉明天皇はすでに筑紫に行幸していた）を知っていたか否かは不明で、必ずしも右のような積極的目的を持っていたと評価する訳にはいかないように思われる。むしろ今次の遣唐使は南路の発見を行ったと評されていることを考慮すると[26]、史料12に見えるように、耽羅との通交開始は偶然の要素（漂着）が大きかったのではあるまいか。ただし、耽羅としては独自の外交を模索中でもあり、またかつての百済と緊密な関係にあった日本の使人ということもあって、慎重な協議の上、王子一行の日本派遣を決定したことが想像される。しかし、以後の動向から見て、この遣使は耽羅の方向を決する象徴的な事柄であったと思われる。まず史料12の時点で、日本はすでに百済救援を決定しており、そこに到着したのがかつての百済の服属国耽羅の使者であった。また次項で見るように、百済救援の役後も耽・日関係は続いていることを考えれば、当時日本と耽羅が同一行動をとったと見ることが可能であろう。したがって私は、史料12の時点で百済救援の盟約あるいは強制が行われたことは充分にあり得ることで（最終的決定は、唐・新羅への遣使後であったかもしれないが）、百済の役では耽羅は日本とともに唐・新羅連合軍と戦ったと考える。

次いで六六五年八月、熊津での新羅と百済の盟誓終了後、劉仁軌は翌年正月に泰山で行われる封禅の儀参加のため、新羅・百済・耽羅・日本の四ヶ国の使人を率いて帰国した。

16『唐会要』巻九五新羅条(27)

麟徳二年（六六五）八月、法敏与二熊津都督扶余隆一盟二于百済之熊津城一。其盟書蔵二于新羅之廟一。于レ是帯方州刺史劉仁軌領二新羅・百済・耽羅・倭人四国使一、浮レ海西還、以赴二大山之下一。

17『資治通鑑』巻二〇一唐紀一七・高宗之上

上命下熊津都尉扶余隆与二新羅王法敏一釈中去旧怨上〈去羌呂翻〉。八月壬子、同二盟于熊津城一。劉仁軌以二新羅・百済・耽羅・倭国使者一、浮レ海西還〈耽羅国、一曰儋羅。居二新羅武州南島上一。初附二百済一、後附二新羅一〉、会二祠泰山一。高麗亦遣二太子福男一来侍レ祠。

この四ヶ国については、先述のように、耽羅・日本も盟誓に関係ありとする鈴木氏の考え方に対して、関係なしとする池内宏氏の立場もあるが(28)、やはり鈴木氏の意見に左袒したい。扶余隆が熊津都督となったのは盟誓の前年六六四年のことで、これは「陛下若欲レ殄二滅高麗一、不レ可レ棄二百済土地一。余豊在レ北、余勇在レ南。百済・高麗、旧相党援、倭人雖レ遠、亦相影響。若無二兵馬一、還成二一国一、既須二鎮壓一。」という仁軌の情勢分析に基づき（『旧唐書』劉仁軌伝）、百済領の安定（「遣以招二輯其余衆一」）を企図してのことである。また盟誓自体も、史料17に見えるように、唐の要請に基づいてのことであった。したがって百済の役以来両国の紛争に関与していた耽羅・日本（特に日本は仁軌の情勢分析でも言及されている）も盟誓に参加しなければ、右の企図は達し難いと思われ、この両国の関渉を考えておくのがよいであろう。

なお、ここに見える日本の使人については、『書紀』天智四年（六六五）是歳条に「遣二小錦守君大石等於大唐一云々。〈等謂小山坂合部石積、大乙吉士岐弥・吉士針間。蓋送二唐使人一乎。〉」と見える守君大石一行との関係でいくつかの説があるが、[29]仁軌に率いられた使人は、史料11以降熊津に留置されていたという点では一致（ただし、本国の意を体したか否かは問題が残る）している。耽羅については、言及しているのは池内氏以外には見あたらないが、[30]氏は耽羅の使人も日本と同様、熊津に留置されていたと見ている。しかし、史料11には耽羅のみ「耽羅国使」とあることに注目すると、あるいは耽羅は正式に唐に降伏していたとも憶測され、また後述のように、この時同時に日本へも遣使が行われている（史料18）ことを考慮すると、今回の使人は本国からの派遣であったと見ても差し支えないのではあるまいか。

以上、耽羅の百済の役への参戦、敗北と、六六五年の盟誓参加により、一応唐を中心とする国際秩序への復帰が許されたことを見たが、これらはいずれも日本との関係によって生じた出来事であった。その日本に対しては、先にも触れたように、盟誓、封禅への参加のための使者と同時に、遣使が行われていたことがわかり（史料18・19）、これは右のような国際情勢を伝えるのみならず、百済の役後も、耽羅が日本と密接な関係を保持しようとする意志表示であったと見ることができよう。そこで、次にそのような耽・日関係の検討に進みたい。

2　耽・日関係と新羅の朝鮮半島統一

百済の役以前の史料12を含めて、耽羅は計九次にわたり日本に遣使しており、また日本からも二回の遣耽羅使が派遣されている。以下、耽・日関係の主要な部分を占める百済の役後の通交について、新羅の朝鮮半島統一[31]の過程と合せて考察を加える。というのも、耽羅は結局は新羅の服属国となることによって第三期の歴史を終えており、朝鮮半島情勢と耽・日関係には相関が予想されるからである。

18『書紀』天智四年（六六五）八月条
耽羅遣レ使来朝。

19『書紀』天智五年（六六六）正月戊寅条
高麗遣二前部能婁等一進レ調。是日耽羅遣二王子始如等一貢献。

20『書紀』天智六年（六六七）七月己巳条
耽羅遣二佐平椽磨等一貢献。

21『書紀』天智六年閏十一月丁酉条
以二錦十四疋・纈十九匹・緋廿四疋・紺布廿四端・桃染布五十八端、斧廿六・釤六十四・刀子六十二枚一、賜二椽磨等一。

22『書紀』天智八年（六六九）三月己丑条
耽羅遣二王子久麻伎等一貢献。

23『書紀』天智八年三月丙辰条
賜二耽羅王五穀種一。是日王子久麻伎等罷帰。

24『書紀』天武二年（六七二）閏六月壬辰条
耽羅遣二王子久麻芸・都羅・宇麻等一朝貢。

25『書紀』天武二年八月戊申条

喚下賀二騰極一使金承元等中客以上廿七人於京上。因命二大宰一、詔二耽羅使人一曰、天皇新平二天下一、初之即位。由レ是唯除二賀使一、以外不レ召。則汝等親所レ見、亦時寒波嶮、久淹留之、還為二汝愁一。故宜二疾帰一。仍在レ国王及使者久麻芸等肇賜二爵位一。其爵者大乙上、更以二錦繍一潤二飾之一、当二其国之佐平位一。則自二筑紫一返レ之。

26『書紀』天武四年（六七五）八月壬申朔条

耽羅調使王子久麻伎泊二筑紫一。

27『書紀』天武四年九月戊辰条

耽羅王姑如到二難波一。

28『書紀』天武五年（六七六）二月癸巳条

耽羅客賜二船一艘一。

29『書紀』天武五年七月甲戌条

耽羅客帰レ国。

30『書紀』天武六年（六七七）八月戊午条

耽羅遣二王子都羅一朝貢。

31『書紀』天武七年（六七八）正月己卯条

耽羅人向レ京。

32『三国史記』羅紀文武王十九年（六七九）二月条

発レ使略二耽羅国一。

33『書紀』天武八年（六七九）九月庚子条

遣㆓高麗㆒使人・遣㆓耽羅㆒使人等返之共拝㆓朝廷㆒。

34『書紀』天武十三年（六八四）十月辛巳条

是日、県犬養連手繦為㆓大使㆒、川原連加尼為㆓小使㆒、遣㆓耽羅㆒。

35『書紀』天武十四年（六八五）八月癸巳条

遣㆓耽羅㆒使人等還之。

36『書紀』持統二年（六八八）八月辛亥条

耽羅王遣㆓佐平加羅㆒来献㆓方物㆒。

37『書紀』持統二年九月戊寅条

饗㆓耽羅佐平加羅等於筑紫館㆒、賜㆑物各有㆑差。

38『書紀』持統七年（六九三）十一月壬辰条

賜㆓耽羅王子・佐平等㆒、各有㆑差。

〔朝鮮半島情勢略年表〕

六六五年八月　熊津にて新羅・百済の盟誓
六六八年九月　高句麗滅亡
　　　○　　　新羅、百済へ侵攻
六六九年五月　新羅、唐へ謝罪使派遣
　　　末　　　鉗牟岑、唐に叛する
六七〇年七月　新羅、百済へ侵攻

八月　金馬渚に小高句麗国成立
六七一年七月　新羅、所夫里州設置
〇　新羅、湯井州設置
六七二年七月　新羅、所夫里州総管設置、百済民を白衿誓幢に編成
〇　新羅の阿飡大吐が唐について叛乱を謀るが、誅殺される
八月　新羅、西海を鎮守
六七三ヵ〇　新羅、来投百済人に内外官を授ける
六七四年正月　唐、文武王の官爵を奪う
六七五年二月　唐、新羅の謝罪により官爵を復す
〇　新羅、百済の地を取る
六七六年十一月　新羅、所夫里州伎伐浦で唐軍と戦う
六七七年三月　新羅、所夫里州より白鷹献上
六七八年四月　新羅、武珍州都督を任命
六八三年十月　小高句麗国（報徳国）滅亡
六八四年十一月　報徳国遺民の叛乱平定

まず史料18・19は、先述のように、耽羅と日本との通交維持の意志を如実に示すものである。では、百済の役後も通交を続ける目的はどこにあったのだろうか。まず史料19で同日朝貢した高句麗に注目すると、高句麗も泰山の封禅に参加しており（史料17）、同時に日本へも遣使したことがわかる。この使者に関しては、六六六年半ばから再開され

た唐・新羅の高句麗征伐に備えて日本の支援を求めるためのものだったことが指摘されており[32]、支持すべき見解であると思われる。一方、耽羅についても、史料20に関して、新羅の脅威との関係が述べられており[33]、私も基本的にはこの方向で見ていくのがよいと考える。ただし、「盟誓之事（熊津での盟誓）、雖レ非レ所レ願、不二敢違レ勅」とか、百済との国境問題への不満を述べる文武王返書（『三国史記』羅紀文武王十一年七月二十六日条）により、たしかに早くから新羅の百済領侵攻の意志が存したことがわかるが、〔朝鮮半島情勢略年表〕によると、六七〇年までは百済領の動向は決定的になっておらず、六七〇年の侵攻、翌年の所夫里州設置などによって百済領の行方が決したと考えられるので、史料18～20の間は、まだ直接的な脅威は耽羅に及ばず、むしろ漠然とした不安の下に日本に遣使して、独立の後ろ楯を求めたのではないかと思われる。

史料18～23に関しては、時期的にもまだ新羅の直接的脅威は及ばず、記事内容も特に取り上げるべきものは見出せないので、以上の点を指摘するに留まるが、史料23について、史料39の耽羅開国伝承と合せて考えると、あるいはこの時期の耽羅の対日意識が窺えるのではないかと思うので、その点に触れておきたい。

39『高麗史』巻五七地理志耽羅県条

其古記云、（中略）一日見下紫泥封二蔵木函一、浮中至于東海浜上、就而開レ之。函内又有二石函一、有二一紅帯・紫衣一。使者随来開二石函一出二現青衣処女三、及諸駒・犢・五穀種一。乃曰、我是日本国使也。吾王生二此三女一云、西海中嶽降二神子三人一、将レ欲レ開レ国、而無二配匹一。於レ是命レ臣侍二三女一以来。爾宜三作レ配以成二大業一。使者忽乗レ雲而去。（下略）

この史料は耽羅の古記に基づくもので、耽羅の文献史料としてはほとんど唯一のものである。その構成は、（1）三神人の出現、（2）開国、（3）開国後の発展、（4）新羅との通交、（5）以後の新羅→高麗への服属と王権の構造、となっており、史料39は（2）にあたる部分になる。この伝承の成立時期等について検討を加えた方は、管見の限りでは見あたらない。（2）の部分に限っていえば、第四期以降には耽羅と日本の公式な通交は見られず[34]、また五穀種を賜ったことが見えるのも史料23のみであって（ただし、耽羅に五穀があったことは史料13に見える）、史料23だけに限定することはできないが、あるいはこの時期の耽羅と日本の関係や耽羅側の日本への期待などを基盤に成立したのではあるまいか。またその構成から見ると、日本が耽羅の開国（＝独立か）に力を貸し、その後、耽羅は新羅に服属したという文脈、つまり耽・日関係→新羅への服属という第三期から第四期への歴史的展開をもとにした伝承と考えることもできると思われる。

さて、耽羅の日本への通交には、以上のような期待が込められていたと考えられるが、六七〇年、新羅の侵攻により百済領の大勢はほぼ定まり、耽羅にも直接的に新羅の脅威が及ぶことになる。この時期、耽羅はどのような形で日本と通交し、また日本はどのようにしてそれに応えたであろうか。

六七三年、四年ぶりで耽羅の使者が来日した（史料24・25）。しかし、この使者は天武即位の賀騰極使ではないという理由で、筑紫から放還されている。この遣使については、ほぼ連年遣使していた耽羅が、六七〇～六七二年という重要な時期を空白にした理由、および史料25に見える日本の冠位授与に検討すべき点があると思われる。

まず四年ぶりという点については、百済領の動向との関係を考えてみたい。鈴木靖民氏の研究によると[35]、『書紀』天智七年（六六八）四月庚申条、同十年（六七一）二月庚寅条に百済からの使者が見え、特に後者は翌六七二年に百済領の帰趨が決定する（前掲年表参照）前年であり、日本に対する救援要請の使者であったとされる。それに対しては、天智十年六月己巳条に「宣二百済三部使人所レ請軍事一」とあって、おそらく救援不可能の旨が伝えられたと推定されている。この場合、耽羅が百済領と交渉を持ったか否かについては全く史料がない[36]。しかし、耽羅が新羅の脅威から独立を守るために日本に遣使していたとすれば、百済領の動向には深い関心を持っていたことが想像される。ところが、六七一年六月に、日本は百済に救援不可能の回答をしており、それを知った耽羅は失望して、日本への遣使を控えたのではあるまいか。それ故、日本の国内情勢にも関心がなく、天武即位も知らなかったが、新羅の脅威増大により、日本への遣使を再開する外なくなったと見るのである。

では、その目的は何であったのだろうか。それを窺わせるのは、史料25の冠位授与であろう。史料25によると、使者だけでなく、国王にも冠位が与えられている。六国史には日本が外国人使節に冠位を与えた例が多く見えるが、それらはいずれも使人に対してだけで、在国の国王には及んでいない。この点で本条には注目すべきである。今、第二期の耽羅についてふり返ると、耽羅は百済に服属した結果、国王も佐平を称し（史料09）、百済の冠位授与、あるいは導入に与っていたことがわかる。耽羅は百済滅亡後も（史料20）、また本条以後でも（史料36・37・38）佐平の冠位を用いているが、本条のように、国王にまで日本の冠位を授与されたことは、新羅の直接的脅威に晒された耽羅が、領土的独立を守るために、日本への臣属を求めたことを示すのではあるまいか。この点は次に検討する史料26からも窺え、私は今回の遣使を以上のように位置づけてみたい。なお、この年は新羅でも百済人位の系統的な新羅冠位制への転換が行われており（『三国史記』職官下）、本条の大乙上（正八位上相当）――佐平の対応は、新羅の大奈麻（第十位）――達率（第二位）と比べて、不自然ではなく、またあるいは新羅への対抗上、耽羅に冠位を与えたのかもしれないという点を付言しておきたい。

次に六七五年の遣使（史料26〜29）については、「調使」（史料26）、国王の来日（史料27）の二点が注目され、それらを中心に検討を加えよう。まず前回の遣使以降の朝鮮半島情勢を見ておくと、六七四年文武王は唐の官爵を奪われ、唐は新羅征伐を計画した。しかし、翌年には文武王の謝罪により官爵を復している。ただし、古畑徹氏の研究によれば(37)、この時に与えられた官爵はかなり格下げされたもので、唐は新羅征伐を諦めた訳ではないことが指摘され、また新羅も謝罪はしたが、「然多取二百済地一、遂抵二高句麗南境一為二州郡一」という有様であった（『三国史記』羅紀文武王十五年二月条）。それ故、六七五〜六七六年には唐との戦闘が続いている（前掲年表参照）。しかし、六七七〜六七八年には戦闘記事は見えず、旧百済領から祥瑞が献上されるなど、この方面は安定した新羅の支配下に入ったと思われる。また古畑氏によれば、(38)六七八年には唐の新羅征伐計画があったが、吐蕃入寇によって、以後唐は西方に注意を向けざるを得なくなり、ほぼこの年を以て唐の脅威は去ったとされており、私も六七八年を新羅の朝鮮半島統一が確定した時期と見ることにしたい。つまりこのような危機が耽羅に迫っていたのである。

〔貢進物の名称〕

新羅→日本……調
日本→新羅……土物
渤海→日本……信物、方物、土毛
日本→渤海……信物、土毛
日本→唐　……信物
唐　→日本……信物
南島→日本……方物

今回の使者は「調使」と記されるが、耽・日関係で調という言葉が見えるのは史料26だけである。外交の場における「調」の意味を考える際に注目されるのは、五国史に見える新羅とそれ以外の国との用語の差であろう。(39)新羅の場合、「調」を「土毛」「信物」などと記すと、しばしば問題が起きており（『続紀』天平十五年四月甲午条、宝亀元年三月丁卯条、同五年三月癸卯条など）、日本はあくまで新羅に調を要求し、新羅は調表記を改めようとしたことがわかる。これは八世紀の新羅が日本への服属姿勢を改め、対等外交で臨もうとしたことから起きた紛争とされるが[40]、一方、日本は南島や渤海の「方物」には何らのクレームもつけていない。律令制下の負担体系としての調の起源について、石上英一氏は[41]、服属小国の服属儀礼における貢進物を租税化した調の慣行が、新羅からの朝貢における貢進物を調と呼ぶことを媒介にして、六世紀前半に日本に移入されたと述べられており、また「服属国の中国に対する貢進物は一般に方物、貢物等と呼ばれ、調とは表現されない」とも指摘されている。とするならば、自らを「中国」と認識していた日本は[42]、渤海等にはそのような態度で臨む一方、新羅には服属を強調し、「調」を要求したのではあるまいか。したがって「調」という用語が服属を確認する手段として特別な意味を持っていたことがわかり、『書紀』でも百済、新羅、任那および高句麗について、「調」を冠した用語が多く用いられている。ただ、高句麗の場合、二ヶ所だけ「方物」と記した例があり（推古二十六年八月癸酉条、天武十一年六月壬戌朔条）、これは五国史の渤海と新羅の用語の差異を考え合せると（貢進物の名称の表参照）、興味深いであろう。耽羅については、史料26以前は「貢献」「朝貢」と記され、また史料38では「方物」の語（『書紀』には四例しかなく、二例は高句麗、他は隼人と耽羅）も見える。その中で史料26だけに「調使」が登場するのは、以上のような「調」の用法に鑑みて、その意味するところは大きいと思われる。前回の遣使について、冠位の授与から、耽羅が日本に服属したのではないかとしておいたが、この「調使」は、少なくとも日本の意識として、それを裏付けるものと見ることができるからである。

次に国王が来日していることについて考える。国王姑如の名は史料19に王子として見えており、以前にも来日したことのある人物であった。しかし、国王自らが外国に行くのは稀有なことで、日本も新羅に対して国王の来日を要求している（『続紀』宝字四年九月癸卯条）が、それが実現した例はない。では、今回の国王の来日はいかに理解すべきであろうか。六七五年という時点を考えると、この年新羅は百済の地を多く奪っており、いよいよ耽羅に直接的な危機が及ぼうとする時ではなかったかと推測される。また次回の遣使（史料30・31）に関しては、史料32との関係で、「これ以後耽羅の朝貢が絶えるのは新羅の支配下に入ったためであろう」という見方があり、(43) 私もこの六七九年の時点（史料32）で耽羅は新羅の服属国になったと考えたい。したがって今回の遣使は、このような状況の中で、国王自らが来日して救援を要請したのではないかと結論される。

では、その結果は如何であったろうか。史料28には船の賜与は見えるが、救援云々の件は見えない。六七七年にふたたび遣使が行われていること（史料30・31）や以後の朝鮮半島情勢から見て、救援不可能の旨が伝えられたと考えられる。そして、六七九年耽羅は、六七八年を以て朝鮮半島統一を確定した新羅の服属国となって（史料32）、ここに第三期の歴史を終えるのであった。

なお、以後も持統朝に二回の耽羅からの遣使が見える（史料36・37、38）。これらの使者はいずれも佐平を称し、また小高句麗国からの遣使のように、新羅の送使がついていた訳でもない。とすると、耽羅は必ずしも六七九年の時点で完全に新羅に服属してしまったのではなく、ある程度自主的な遣使を行い得たとも考えられるが、その目的は不明とせねばならない。しかし、八世紀以降は耽羅と日本の公式な通交は絶え、いずれにしても耽羅は七世紀末には新羅の服属国となり、第四期に入るのである。

以上、第三期の耽・日通交に検討を加え、耽羅は新羅の脅威から独立を守るために、日本に遣使したこと、さらに新羅の統一が確定した時期には、日本に服属して救援を請うたが、それは遂げられず、結局六七九年に新羅の服属国になることによって、第三期の歴史を終えたことなどを明らかにした。最後に、そうした結末を齎した日本の外交姿勢に触れ、本節の考察を終えたい。

3　百済の役後の日本の外交と遣耽羅使

日本の遣耽羅使は、耽羅が新羅の属国となることがほぼ定まった六七九年が初見である（史料33）。史料33は遣高句麗使、遣耽羅使の帰朝記事で、『書紀』によると、この七日前には遣新羅使も帰朝している。ただし、これら三使は発遣時日不明で、新羅、高句麗へのものは天武十年九月条の錯入かとも言われる。[44] しかし、私は少なくとも耽羅への遣使は、六七九年二月の新羅への服属と関係があるのではないかと思い、事実であったと考えたい。この後、六八四年の遣耽羅使（史料34・35）の場合は、それに先立って新羅、高句麗へも遣使が行われ、新羅、耽羅、高句麗の順序で帰朝している（『書紀』天武十三年四月辛未条〔新羅〕、五月戊寅条〔高句麗〕――同十四年五月辛未条〔新羅〕、九月癸亥条〔高句麗〕）。したがって仮に前回の新羅、高句麗への使者が記事の錯入でないとすれば、この点では今回も同じ様相を呈していることになる。では、これらの遣使はいかに評価すべきであろうか。

天武十年（六八一）、十三年（六八四）の二度にわたる小高句麗国への遣使については、すでに鈴木靖民氏の考察があり、[45] 前者は再三再四にわたる彼の来貢に応えたもの、後者は天武十一年六月壬戌朔条の高句麗遣民からの来朝を重視したためであるが、いずれも遣新羅使と同時発遣で、それに付随した副次的、形式的な使者でしかなかったと評されている。しかし、六八〇年王妹を報徳王に嫁したことからはじまる小高句麗国の新羅への吸収過程（前掲年表参照）を念頭におくと、それまで何度も彼からの遣使がありながら、その滅亡直前、直後だけに日本からの遣使が行われていることに注意したい。つまりこれらはその滅亡およびその後の情勢を見届け、同時に新羅へも遣使して、新羅にその領有を承認するところに外交的意味があったのではないかと見るのである。もちろん、これは事後追認であり、消極的なものでしかないが、小高句麗国への遣使に関しては以上のように理解しておきたい。耽羅の場合も、新羅への服属直後、新羅への遣使をセットにしているという点では同じであり、同様に考えることができるのではあるまいか。すなわち、六七九年の遣使は、新羅への服属の事後追認で、合せて新羅、高句麗へも遣使したと評価でき、六八四年の遣使については、それから五年もたっており、名案はないが、高句麗、新羅への遣使とともに、耽羅のその後の情勢を窺うためのものではなかったかと見ておきたい。なお、先述のように、持統朝になってふたたび耽羅からの遣使があるが、これらはこの六八四年の遣使の成果とも考えられる。しかし、新羅の朝鮮半島統一は確立しており、もはや日本は耽羅との通交の意志を有してはいなかったと思われるのである。

したがって百済の役後の日本は、耽羅、高句麗との通交を続けながらも、それらに応える意志はなく(あるいは応えることができず)、朝鮮半島のことは新羅に委ね、その新羅を服属国と位置づけることによって、朝鮮諸国に対する優位を築こうとしたのではあるまいか。百済の役後の日本は、新羅との通交を緊密にし、対唐戦争遂行という事情もあって、新羅からの朝貢が維持され、それが八世紀以降において新羅を「蕃国」、服属国と位置づける対外意識の形成に寄与したことは、先学によって指摘されているが(46)、一面、それはこのような小国の切り捨ての上に出来上がっていると言うことができ、日本の遣高句麗使、遣耽羅使の発遣時期と目的は、この点を如実に示しているであろう。

三　新羅、高麗への服属と併合——第四期以降

六七九年に新羅に服属してから、史料38を最後に耽羅と日本の公式な通交は終わりを告げる。そして、以後は長く統一新羅→高麗の服属国の時期が続くのである。本節では朝鮮側の史料から属国となった耽羅と新羅、高麗との関係を簡単にまとめ、第四期以降の耽羅の描写に代えたい。

新羅との関係については、『三国史記』では史料32以後、ずっと耽羅のことは見えず、唯一哀荘王二年（八〇一）十月条に「耽羅国遣レ使朝貢」と忽然と記事が現れる。この点については色々な考え方があるが[47]、『高麗史』では耽羅朝貢のことは連年見えており、『三国史記』に上条以外に朝貢記事がないのは、同書自体の史料的性格、後世の編纂物であるという限界によると考えるべきではあるまいか。

次に高麗との関係については、『高麗史』に高麗初から耽羅が服属、朝貢していたことが見え、多くの朝貢記事が掲載されている。まず顕宗二年（一〇一一）九月乙酉条には「耽羅乞下依二州郡例一賜中朱記上。許レ之。」とあり、ほとんど高麗の州郡と同じ位置づけにあったことがわかる[48]。その服属の様相をまとめると、まず毎年十一月五日に開かれる高麗の国家的行事である八関会に代表を送って祝意を表し、重陽節にも参加した例がある（顕宗十年〔一〇一九〕九月壬戌条）など、高麗朝廷の儀式に参加していた。次に朝貢面では、橘子を歳貢する（文宗六年〔一〇五二〕三月壬申条）ほか、牛黄・牛角・牛皮・螺肉・榧子・海藻[49]・亀甲・真珠などの献上例（文宗七年〔一〇五三〕二月丁丑条、同三十三年〔一〇七九〕十一月壬申条など）も見られる。また船を献上し（顕宗三年〔一〇一二〕八月壬寅条）、寺院建立のために材木を出す（文宗十二年〔一〇五八〕八月乙巳条）などの賦課にも応じていた。さらに王族には武散階という特別な官位が与えられており[50]、高麗の官人になった者も知られている（文宗十一年〔一〇五七〕正月己丑条）。

以上のように、第四期の耽羅は、統一新羅→高麗の服属国であった。高麗への服属の様相は、第二期の百済や第四期の新羅に対するそれを補うものとも言えるが、その様相から見ると、耽羅が高麗の領土になることはもはや確定的であったと思われる。

『高麗史』巻五七地理志耽羅県条には「粛宗十年（一一〇五）改二乇羅一為二耽羅郡一。毅宗時為二県令官一。」とあり、一一〇五年耽羅は耽羅郡となり、完全に高麗の領土となった。毅宗代（一一四六～一一七〇）には県に降格されたようであるが、以後は朝鮮半島国家の一部となっている。古代耽羅の歴史は、一一〇五年を以て終焉したと考え、ここで叙述を終えることにしたい。

その後の耽羅に関しても、元の侵入に対する高麗の抵抗の拠点となるなど、興味深い点が多々あるが、先学の論究もなされているので、それらに譲ることにしたい。(51)

むすび

本稿では、日本、朝鮮、中国諸国との関係という観点から、古代耽羅の歴史について考えてきた。最後に、時期区分と各時期の特色とを簡単に記して、むすびとしたい。

第一期（?～五世紀末ないし六世紀初）

馬韓、百済との交易の時期。

第二期（五世紀末ないし六世紀初～六六〇）

百済の南下により、その服属国となった時期。

第三期（六六〇～六七九）

百済の滅亡により独立。東アジアの大きな転換期の中で独立を維持しようとして、何度も日本に遣使を行う。しかし、その耽・日関係にもかかわらず、結局は新羅の服属国となることによってこの時期を終える。

第四期（六七九～一一〇五）

統一新羅→高麗の服属国の時期。

第五期（一一〇五～）

高麗の郡県となり、以後、完全に朝鮮半島国家の領土となる。

なお、本稿では各国との関係に重点を置いたので、耽羅の王権構造等には言及し得なかった。王権構造を窺わせるものとして、『高麗史』巻五七地理志耽羅県条所引の古記に見える星主、王子、都内の称や「以レ高為二星主一、良為二王子一、夫為二従且一。後又改レ良為レ梁。」という三姓との関係などがあり、また武散階の高下によっても身分の上下があったことがわかるものの、詳細の解明にまでは至らないことを付け加えておきたい。

註

（1）耽羅のさまざまな名称、語義については、高橋亨「済州島名考」（『朝鮮学報』九、一九五六年）参照。ちなみに「済州」の初見は『高麗史』高宗十六年（一二二九）二月乙丑条である。なお、本稿では、耽羅は「耽」と略した。

（2）岡田英弘「元の順帝と済州島」（『アジア文化研究論集』一、一九五八年）、鈴木靖民「奈良時代における対外意識」（『日本史籍論集』上、吉川弘文館、一九六九年）などの研究があるが、いずれもいちいちの記事を検討されている訳ではない。なお、大韓民国、朝鮮民主主義人民共和国の研究については、両国の国語に通じていないため参照できなかったので、御教示を賜わりたい。

（3）鈴木靖民「百済救援の役後の百済および高句麗の使について」（『日本歴史』二四一、一九六八年）。

（4）岡田註(2)論文五四頁～五五頁。

（5）拙稿「耽羅方脯考」（『続日本紀研究』二三九、一九八五年、本書所収）。

（6）『史記』秦始皇帝本紀の「澶洲」を済州島に比定する説もあるが、不明である。

（7）史料03・04の「トミタレ」が耽羅を示すことについては、三品彰英『日本書紀朝鮮関係記事考證』上巻（吉川弘文館、一九六二年）を参照。

（8）三品註(7)書。

（9）『百済記』は五世紀で記事が終わっているので、その編纂は六世紀以降と考えられ、ここではこの点が確認できればよい。

（10）国名のきり方は、坂元義種「訳注中国史書百済伝」（『百済史の研究』塙書房、一九七四年）によった。

（11）末松保和『任那興亡史』（吉川弘文館、一九四九年）一一五頁。

（12）『国史大辞典』四（吉川弘文館、一九八四年）くだら（百済）の項。

（13）大山誠一「所謂「任那日本府」の成立について」（『古代文化』三二の九・一一・一二、一九八〇年）。氏は、最初は新羅と高句麗の争いで、百済は新羅救援に名を借りて北部加耶諸国を侵略したが、四九五年の高句麗の百済攻撃によって、この立場は逆転し、今度は新羅が北部加耶を掌握するようになり、四九六年の加羅と新羅の通交（『三国史記』羅紀炤知麻立干十八年二月条）はそれを物語ること、またこのため百済はこの地域から閉め出され、北方で高句麗・新羅の脅威を受けるようになったので、南方に向かって攻撃を転じたこと、等を指摘されている。

（14）末松註(11)書、大山註(13)論文など。

（15）森克己『遣唐使』（至文堂、一九六六年）。

（16）森克己「日宋貿易と耽羅」（『続日宋貿易の研究』国書刊行会、一九七五年）。

（17）『書紀』推古十七年四月庚子条で肥後国葦北津に漂着した百済僧らは「百済王命以遣㆓於呉国㆒。其国有㆑乱不㆑得㆑入、更返㆓於本郷㆒。忽逢㆓暴風㆒漂㆓蕩海中㆒。」と言上している。推古十七年は六〇九年で、隋代であるが、葦北津、つまり有明海に漂着したということは、彼らが東シナ海横断＝南路をとったことを示し、南朝と百済との交通路を窺うことができるのではあるまいか。

（18）中華書局標点本・校勘記による。

（19）国造制の構造に関しては、八木充「国造制の構造」（『岩波講座日本歴史』二、岩波書店、一九七五年）などを参照。

（20）三品彰英遺撰『三国遺事考証』上（塙書房、一九七五年）三三四頁～三三五頁。

（21）井上秀雄訳注『三国史記』1（平凡社、一九八〇年）一九八頁。

（22）山根幸夫編『中国史研究入門』上（山川出版社、一九八四年）三九六頁。

（23）鈴木靖民「百済救援の役後の日唐交渉」（『続日本古代史論集』上巻、吉川弘文館、一九七二年）

（24）なお、史料15によると、あたかもこの時に耽羅が新羅に服属したかの如くに記されているが、以下での検討から見て、これは事実ではないと思われる。

(25) 日本古典文学大系『日本書紀』下（岩波書店、一九六五年）三四九頁頭注。

(26) 藤田元春「白鳳時代に於ける海外航路の発見」（『夢殿』第五冊、一九三二年）。

(27) 盟誓、封禅については、史料13、両唐書の劉仁軌伝、『冊府元亀』外臣部盟誓、『三国史記』羅紀文武五年八月条などにも見えている。ここでは記事の詳しさと後の便宜のために史料16・17を掲げた。

(28) 池内宏「百済滅亡後の動乱及び唐・羅・日三国の関係」（『満鮮史研究』上世第二冊、吉川弘文館、一九六〇年）一七七頁。

(29) a註(25)書三六四頁頭注・五八一頁補注、新蔵正道「第五次遣唐使と六六六年の封禅の儀」（『古代史の研究』八、一九九〇年）は、守君大石一行を封禅に参加するための遣唐使と見る、b鈴木註(23)論文は、一行は十二月帰国の唐使劉徳高の送使であるから、かりに彼らが唐本国まで行ったとしても、封禅には間に合わなかったとし、封禅に参加したのは仁軌に率いられた倭人で、彼らは白村江の戦以後、熊津に留置されていたが、日本朝廷と連絡を有し、ある程度の意志を受け継いでいたと見る、c松田好弘「天智朝の外交について」（『立命館文学』四一五・四一六・四一七、一九八〇年）は、封禅に際しての集合規定（諸王――十月・洛陽、諸州都督・刺史――十二月・泰山）と、仁軌が帯方州刺史であったことから、『書紀』の記述を大幅に改め、守君大石＝熊津に留置されていた「倭人国使」、坂合部石積＝白雉四年五月の遣唐使以来唐に留まっており、十月に洛陽から高宗の車駕に従った「倭国及新羅・百済・高麗等諸蕃酋長」（『唐会要』巻七封禅）の中に含まれると考えている。a説はb説の批判によって成立しないと思うので、日本本国からの使者が封禅に参加したとは考え得ない。なお、c説の集合規定に関する指摘は傾聴すべきで、十月に洛陽に集合した「酋長」の中に耽羅が見えない（ただし、史料13には「酋長来朝、従㆑帝至㆓太山㆒」とあり、これを従駕とすれば、耽羅の「酋長」もいたことになる）ことは、十月集合のものと仁軌引率のものとが別々であったことを示唆するのかもしれない。またb説が指摘する本国の意志云々に関しては、六六八年には唐の倭国征伐の風聞もあったようで（『三国史記』羅紀文武王十一年七月二十六日条、『書紀』持統四年十月乙丑条）、盟誓、封禅への参加によって日本が許されたか否か疑問が残り、この時の使者の性格と合せて検討が俟たれる。

(30) 池内註(28)論文一七八頁。

(31) 池内宏「高句麗滅亡後の遺民の叛乱及び唐と新羅との関係」（『満鮮史研究』上世第二冊、吉川弘文館、一九六〇年）、村上四男

「新羅国と報徳王安勝の小高句麗国」(『朝鮮古代史研究』開明書院、一九七八年)、古畑徹「七世紀末から八世紀初にかけての新羅・唐関係」(『朝鮮学報』一〇七、一九八三年)など。
(32) 鈴木註(3)論文。
(33) 註(25)書三六六頁頭注。
(34) 註(5)拙稿参照。
(35) 鈴木註(3)論文。
(36) 史料16・17の盟誓、封禅に参加した使者が、耽羅本国からのものとすれば、これらは唐の指示に基づいて熊津都督府の要請によって行われたものと推定されるが、それ以外には事例が見あたらない。
(37) 古畑註(31)論文。
(38) 古畑註(31)論文。
(39) ただし、この図式は大方の傾向であって、渤海→日本の場合に、「常貢物」の語が用いられた例(『続紀』宝字三年四月庚午条、同四年正月丁卯条)、新羅の場合に、「方物」で問題にならなかった例(宝亀十一年正月辛未条)もある。
(40) 浜田耕策「新羅・聖徳王代の政治と外交」(『朝鮮歴史論集』上巻、龍渓書舎、一九七九年)、「新羅の中、下代の内政と対日外交」(『学習院史学』二一、一九八三年)など参照。
(41) 石上英一「日本古代における調庸制の特質」(『歴史学研究』別冊、一九七三年度歴史学研究会大会報告、一九七三年)。なお、方物は「其の地方に産するもの」の意で、土毛に近い。
(42) 酒寄雅志「古代東アジア諸国の国際意識」(『歴史学研究』別冊、一九八三年度歴史学研究会大会報告、一九八三年)を参照。
(43) 註(25)書四二七頁頭注。
(44) 註(25)書四三七頁頭注。
(45) 鈴木註(3)論文。
(46) 鈴木註(2)論文。
(47) 井上註(21)書三五三頁は、六七九年の服属以後再独立し、この頃ふたたび服属したと見るが、宝亀の遣唐使抑留事件(註(5)拙稿参照）から考えて、この説には従い難い。また酒寄註(42)論文は、『三国史記』には公的交渉を絶っていた日本が、八〇三年以降の五年間に四回も遣使したという記事も見えることを指摘し、これらは史実とは言えないが、あたかも耽羅や日本が服属の証しとして遣使してきたように扱い、哀荘王代に新羅の「中華思想」が回帰したことを窺わせるものと評価されている。

(48)『高麗史』によって朱記の賜与例を見ると、本条の耽羅の他に、内附した東北の蕃長に与えた例（文宗二十七年六月戊寅条、九月甲辰条）があり、内属した諸蕃王・長に与えられるものであったと考えられる。

(49)『扶桑略記』延長七年五月十七日条には、後百済の甄萱が「交㆓易海藻於貪羅島㆒」していたことが見える。

(50)旗田巍「高麗の「武散階」」（『朝鮮中世社会史の研究』法政大学出版局、一九七二年）。

(51)元代については岡田註(2)論文、明初に関しては末松保和「麗末鮮初の対明関係」（『史学論叢』第二、一九四一年）を参照。また概説書ではあるが、韓東亀『済州島』（国書刊行会、一九七五年）も高麗以後については比較的詳しい。

第三章　朝鮮半島をめぐる唐と倭

――白村江会戦前夜――

はじめに

仁軌、倭兵と白江の口に遇し、四たび戦ひ捷つ。其の舟四百艘を焚く。煙焔天に漲り、海水皆な赤し。賊衆大潰す。

これは六六三年の白村江の戦の様子を描いた中国史書の一節である（『旧唐書』劉仁軌伝）。「賊衆」は、倭兵すなわち日本の軍隊を指す。六六〇年、唐・新羅連合軍の攻撃により百済が滅亡すると、唐は都督府をおき、旧百済領を支配した。しかし、鬼室福信をはじめとする百済遺民の抵抗が全国に広がり、倭国に「質」として滞在していた王子扶余豊（余豊璋）を迎え、百済復興運動が展開する。倭はこの運動に深く肩入れを行い、出兵（百済の役）・白村江での敗戦により朝鮮半島から完全撤退に到るのであった。

白村江の戦は日本古代最大の対外戦でかつ大敗を喫したものとして名高い。またこの敗戦を機に、日本の律令国家成立への体制整備が進められたとの視角も呈され(1)、古代国家形成史上の意義も大きい。

では、倭と唐はなぜ白村江で相見えねばならなかったのか。両国の朝鮮半島をめぐる政策の展開、百済の役の倭国への影響、この時点での倭と唐の国家段階の相違はいかがであったか。小稿では、百済の役とその前後の情勢を考えることを通じて、古代における唐と日本との関係、比較を試み、以上のような問題点に検討を加えることにしたい。

一　白村江への道

1　朝鮮半島情勢の画期

六四二年七月、百済の義慈王は新羅に侵入し四十余城を取った。同年、高句麗では国王を弑殺した莫離支泉蓋蘇文が宝蔵王を立て、専権を握り、百済とともに新羅を攻めている。新羅は二国を唐に訴え、唐の介入を招く発端となった。このように、六四二年は唐成立（六一八年）以来、小康状態を保ってきた朝鮮半島情勢の画期となった年であり、新羅による朝鮮半島統一（六七六年）に帰結する三国抗争の新たな展開の始まりであった。

今、百済滅亡の六六〇年までの情勢を、唐の介入との関係で時期区分すれば、次のようになる（史料出典は新旧『唐書』『三国史記』）。

〔六四二〜六四七年〕唐が三国に和親を命じた説諭を行った時、百済は表面上は謝罪するが、唐の高句麗征伐に乗じて新羅侵攻を続ける。高句麗は隋の征討を受け、唐に対しても警戒心が強かったが、説諭を無視し、唐と完全に敵対した。なお、新羅は全面的に守勢に立ったわけではなく、百済と城の争奪が続く。

〔六四八〜六五四年〕唐の高句麗征伐失敗、六四八年百済の新羅十余城攻取により危地に立たされた新羅は、金春秋（後の太宗武烈王）を入唐させ、唐との結合を強める。六四九年中国風の衣冠を服し、五〇年年号の使用、把笏、五一年賀正の礼開始、五四年律令を斟酌して理方府格六十余条を修定など一連の唐風化策である。一方、百済は六五一年入唐の時、高宗に新羅との和解を指示され、従わない場合は、征討を示唆されるが、これに返答をしておらず、六五三年倭国と通好し、これ以後遣唐使を派遣せず、唐との対立の道を選ぶ。

〔六五五〜六六〇年〕六五五年唐の高句麗征伐がはじまると、済・麗は新羅の三十六城を取る。新羅は唐に救援を求めるが、唐も高句麗征伐の最中であり、翌年には百済を破った旨の報告を受け、この時は介入を行っていない。しかし、六五九年四月百済が新羅の独山・桐岑二城を奪うと、新羅は乞師を行い、唐は高句麗征伐の一環として、高句麗に味方する百済成敗を決意する。なお、『書紀』には、六五六年以後新羅使の来日は見えない。

以上のように、唐の介入が三国抗争の均衡を崩したのである。では、倭国はどのような姿勢で国際情勢の変化に臨んだであろうか。

2 倭国の国際認識

倭国では、その実態にさまざまな議論があるが、六四五年に大化改新と呼ばれる事件、蘇我氏の討滅、があった。近年はこの改新の原因として国際的契機が主張され、白村江への道としていくつかの見方が呈されている。a親百済派（蘇我氏）と親新羅・唐方式（改新派）との対立から改新派の親百済方式への転換[2]、b六四二年の百済の旧任那占領（四十余城奪回）にともない、任那調を追求する蘇我氏と、任那調を放棄しても、済・羅二国からの朝貢維持を企図する中大兄皇子一派が抗争（改新政府は朝鮮半島の抗争に不介入。百済に引きずられ、受動的に白村江へ）[3]、c倭は六四二年以来一貫して親百済策〔この方針に反する行為（内容不明）を取った蘇我氏を討滅〕[4]等々である。

aには、百済支持への転換の契機・原因、bでは、倭国の外交的立場の理由、cは新羅との通交のあり方の評価、などの問題があると思われ、史料の検討を試みる。

六四五年六月改新政府が発足した時、最初に出された詔は来日した高句麗、百済使人に対するものであった（『書紀』大化元年七月丙子条）。高句麗に対しては今後の通交を約し、百済には「任那の所出る物は天皇の明に覧す所なり。夫れ、今より以後、具に国と出す所の調とを題すべし。」と、任那調徴収と貢上の際の細則を示す。次いで、六四六年九月には高向玄理を新羅に遣し、「質を貢らしめ、遂に任那の調を罷めしむ。」（大化二年九月条）と伝えた。以上が任那調をめぐる史料である。次に、六五一年来日した新羅使が唐国の服を着ていたため、「恣に俗移せること」を問責して追い還すとの事件があった（白雉二年是歳条）。これら二つがこの時期の外交的立場を考える主要な史料である。

任那調問題は、α百済に旧任那領有不承認を伝え、親唐・羅政策への転換を示す(5)、β任那調を放棄し、済・羅の争いへの介入を回避(6)、γ百済の任那領有を認め、新羅にその旨を伝えた(7)などの見方があり、唐服着用をめぐる争いは、親唐・羅方式から親百済策への転換を示すとする意見が呈されている(8)。私は、任那調は史料解釈はγ説がよいと考えるが、六四六〜六五〇年百済は新羅に侵攻する一方で倭には遣使せず、逆に新羅は六四六〜六五六年連年遣使している。つまり百済は自力を頼み、むしろ新羅が倭への「進調」を維持しており、γの方針は実現しなかったのである（六五一年の事件については詰問の建議だけで、実行はなかった）。

また倭と唐との関係について言えば、六四八年新羅の遣唐使に付して起居を通じた（『旧唐書』）とあり、六五三年倭の使者が入唐した時、高宗は新羅救援を命じる（『新唐書』）が、倭がそれに応じた様子はない。この時期の倭の遣唐使の目的に関しては、(ア)倭の親唐・羅の方針を伝える(9)、(イ)文化受容が主目的(10)、(ウ)百済支持の立場から済・麗と唐・羅の仲介を行う(11)などの見方がある。倭は新羅救援命令への諾否がはっきりしないにもかかわらず、六五四、六五九年と引き続いて遣唐使を派遣しており、政治的立場は不明確といわねばなるまい。また六五七、八年には新羅を介して大唐学問者の入唐を図っており、あくまでも文化的な交流を追求したとすべきであろう。唐側も倭に関する知識が乏しいようで、六五四年には倭の地理、国初の神名を問い、六五九年は蝦夷の披露を受けている。

したがって、倭がこの時期に朝鮮半島の一国に決定的に肩入れしたということはなく、唐の新羅救援命令に返答することなく六五九年（唐の百済攻撃の前年である）まで遣使を行うなど、その政治的な立場は不明とせねばならない。では、このような倭の姿勢はどこから生まれたのだろうか。

3　外交論理の相違

倭と唐の朝鮮半島介入の姿勢の差を生み出したものは何か。ここでは両国の外交の背景をなす論理の違いに触れてみたい。

高句麗征伐にせよ、三国抗争に対する説諭にせよ、唐の朝鮮半島介入はいわゆる冊封体制の論理に基づく(12)。この時期の三国に対する詔勅には、唐は「万国の主」であり、朝鮮三国は「藩臣」として唐に「藩礼」「臣礼」を尽し朝貢すべきだという考え方が散見する。「藩臣」間の争いに対してはまず説諭がとられ、出兵という脅しを含みながらも、説諭による処理を目指しており（例・六五一年百済使入唐の際の高宗璽書）、説諭には儒学者（『旧唐書』朱子奢伝、新羅伝。経典講義を伴う）、囲碁の名人の派遣（同新羅伝）など、文化の高低差を利用した例もある。武力による介入は以上の論理・説諭が通じない場合であり、中国王朝の外交の失敗を示すものであった(13)。

一方、倭は『書紀』によると、新羅など朝鮮諸国の「無礼」をしばしば責めている。六世紀では任那問題が主であるが、倭の任那支配の実態に疑問が呈されている今日にあっては、その理由に再検討が必要であろうし、その他の場合も「無礼」の理由がはっきりしない。また問責の方法は、日羅献策（『書紀』敏達十二年是歳条）や唐服着用問題の際の巨勢大臣の意見（白雉二年是歳条）＝多くの船舶を使人の経路に並べ、征伐をほのめかす、などの武力を背景とした脅し、鉄盾の的を射抜くデモンストレーション（仁徳十二年八月己酉条）や征討軍派遣の建議（推古三十一年是歳条の中臣連国の意見）などの武力の発動を主としていた。つまり暴力の使用により相手の屈服を得んとするものだったのである。

ちなみに『書紀』は新羅を「金銀の国」「財国」と記すが、これは神代紀、神功紀などの古い時代を除けば、天武・持統紀の新羅使による珍財貢上によってのみ裏付けられる。一方、神功四十七年四月条には、新羅が百済の貢物を奪い、自国の物と取り替えたので、新羅の貢物には珍しいものが多かったとの話があり、欽明四年（五四三）九月条に百済が扶南（インドシナ南部）の財物（五四一年百済が中国南朝の梁に朝貢した際に得たものか）を献じたとあるように、百済もまた珍財を貢献する国であった。六世紀の百済は、倭に五経博士を派遣するなど、文化的な貢献は大きい。とするならば、「金銀の国」の評言も六～七世紀後半の百済から百済滅亡後に新羅へと変遷した可能性があり、倭の朝鮮半島諸国に対する評価は即物的なものだったの言えるのではあるまいか。雄略二十三年（四七九）是歳条には、百済の調賦が常例よりも多かったので高句麗を討ったとの話があり、倭は物によって動くという面も窺われる。

なお、唐はたてまえとしてすべての国を「藩国」として扱っているが、倭の場合はいかがであろうか。各国使人滞在の館舎を例にとれば、倭には朝鮮三国それぞれの館舎があり（舒明二年是歳条）、使人来朝の際には新しい館舎を建造したり（推古十六年四月条、欽明三十一年四月乙酉条）、道路等の施設整備を行う（雄略十四年正月是月条、白雉四年六月条）など、その対応は個別的で、全体的な体系に欠ける。この点は、使人に対する接客の礼賓礼についても同様である。(14)

以上のように倭には明確な外交論理があったとは考え難く、通交は文化・物資を目的とするものであったとまとめることができる（『書紀』欽明十四年六月条に出兵の代わりに百済に博士・書物を求めたことが見える）。このようなあいまいな外交態度が倭と唐との朝鮮半島介入の姿勢の違いを生み出した背景だったのではあるまいか。

二　百済の役

1　百済滅亡

六六〇年八月百済は唐・羅連合軍によって滅亡する。これが倭の朝鮮半島への介入の起点となった。百済は元来扶余系の貴族が韓民族を支配したもので、高句麗の南下により何度か滅亡しているが、首都を南遷し、新たな土地の支配により国家を再建してきた。今回の百済滅亡は、「君の大夫人の妖女無道にして、擅に国柄を奪ひ、賢良を誅殺するによりての故に、この禍を召けり」（『書紀』斉明六年七月乙卯条）との評言があり、六五七年三月には王の淫荒・飲酒を諫言した臣下が幽閉されたという（『三国史記』義慈王十六年三月条）。唐も百済は「海の険を負ひ、兵械を修さず。男女分離し相ひ宴聚するを好む。」と与し易しと見ており（『冊府元亀』巻九九一外臣部三六備禦第四、貞観十七年（六四三）九月）、百済滅亡の一因として政治的な乱れが考えられる。

実際、唐・羅連合軍が攻めて来た時、百済では、国王に諫言した忠臣が呈していた、陸は炭峴（沉峴）、海は白江（伎伐浦）――要路で防御に有利――で防ぐべしとの意見は無視され、陸上の新羅軍と海上の唐軍のどちらと先に戦うべきかで意見が分かれ対立しているうちに、両軍は炭峴、白江を越えて侵入したのである（『三国史記』義慈王二十年六月条）。ただ、百済も簡単に破れたのではなく、陸は黄山の戦で将軍階伯が奮戦し、新羅は将軍欽純、品日の各々の子盤屈、官昌が戦死して軍勢の士気を奮い立たせてようやく撃破できたほどで、このため新羅軍は約束の期日に唐軍と合流できず、一時両者の間が険悪になった。海では伎伐浦の海岸がぬかるんで、進軍が難しかったが、唐軍は柳の席を敷いて軍隊を上陸させ、百済の王都に迫った（同太宗王七年条、金庾信伝中、金令胤伝、官昌伝など）。

こうして百済は滅亡するが、唐・羅は王都攻略を急ぐあまり、地方の平定にまで手が回らず、両軍の主力が高句麗に向い、百済の守備が手薄になると、百済遺民の反乱が起こる。

2　百済復興運動とその展開

『三国史記』太宗王七年（六六〇）八月二十六日条に「任存大柵を攻むるも、兵多く地嶮にして克つこと能ず」、九月二十三日には百済余賊が泗沘城（唐の鎮将劉仁願が駐屯）を攻撃したとあり、王都陥落後直ちに百済遺民は反撃に転じた。西部恩率鬼室福信、僧道琛、黒歯常之が任存城、達率余自信は中部久麻怒利城に拠り（斉明六年九月癸卯条）、佐平正武は豆尸原嶽に屯し唐・羅人を抄掠する（太宗王七年八月二日条）など、いくつかの拠点を中心としている。百済遺民は「百済は老少を問わず一切これを殺し、然る後に国を以て新羅に付さむ」（『旧唐書』百済伝）という唐の政策、国王を囚人とし唐兵が欲しいままに略奪を行ったこと（同黒歯常之伝）などを見て、蜂起したのであった。

六六一年二月百済は再度泗沘城を囲んだが、救将劉仁軌の到着、新羅軍の来援によりふたたび撃退される。この時、高宗は百済からの撤兵も可と詔するが、仁軌は百済平定が高句麗征伐の成否に大きく関わると見て、駐留を主張し、熊津に拠ったという（『旧唐書』劉仁軌伝）。その後、四月に新羅軍が食糧不足（疫病も発生）で撤退すると、百済余衆は勢いを盛り返し、八月に甕山城付近で蜂起した。九月には新羅軍来援により甕山城は落ちるが、唐軍の拠った熊津は常に百済の攻撃にさらされ、食糧供給もままならぬ有様であった（『三国史記』太宗王八年、文武王元年条、同十一年七月二十六日条）。一方、百済では内部の権力争いが生じ、鬼室福信が僧道琛を殺害し、兵権を握るという事件が起きている（『旧唐書』百済伝）。しかし、この年は概して百済側優勢のうちに事態が進行したと見てよいであろう。

なお、時間は若干遡るが、六六〇年一〇月あるいは六六一年四月（年次については後述）福信は倭に遣使し、「質」王

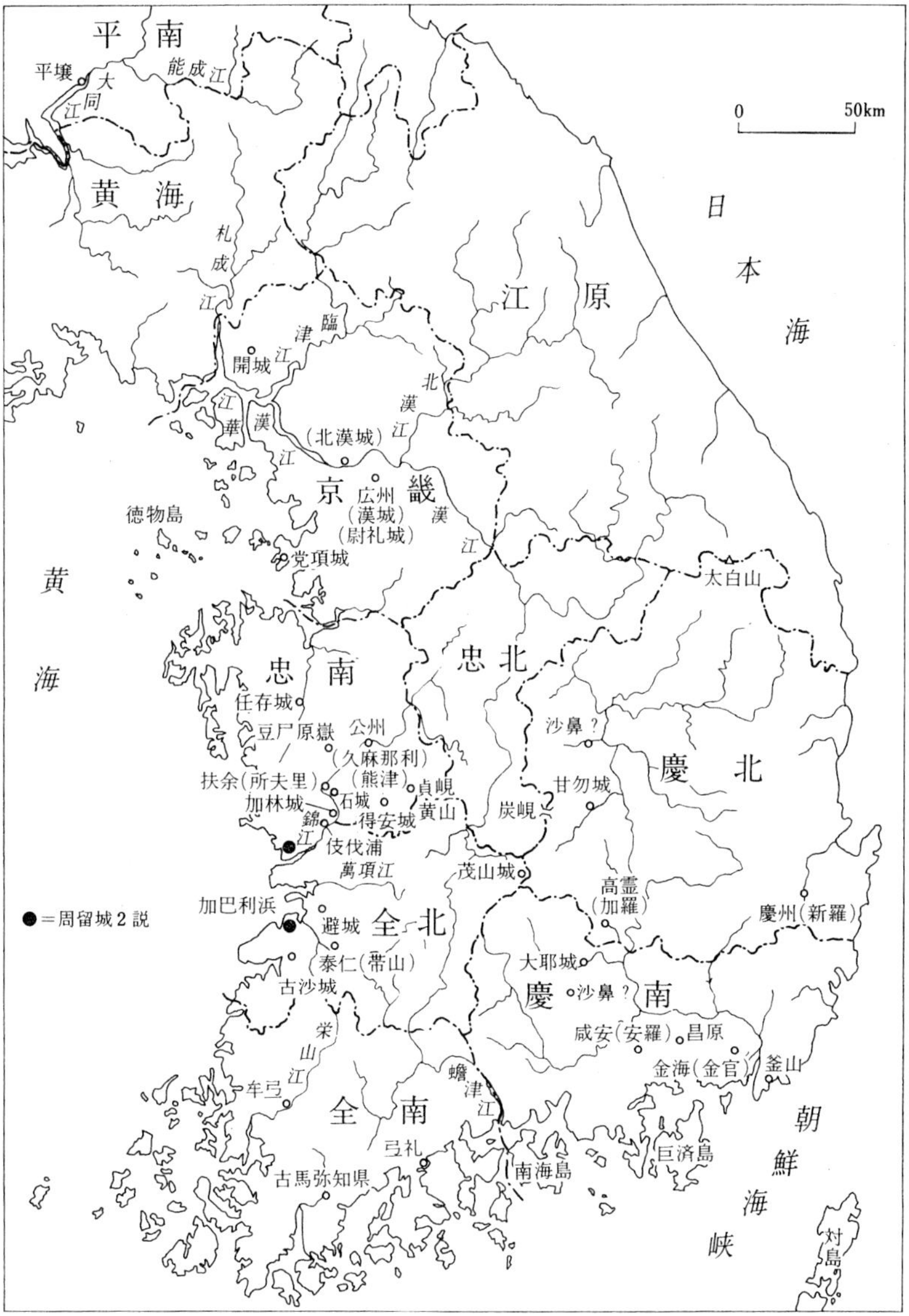
平　南
平壌
大同江
能成江
黄海
札成江
江原
日本海
0　50km
開城
臨津江
江華
漢江
北漢江
(北漢城)
京畿
広州
(漢城)
(尉礼城)
漢江
徳物島
党項城
黄海
太白山
忠南
忠北
任存城
豆尸原嶽
公州
(久麻那利)
(熊津)
扶余(所夫里)
加林城
石城
錦江
得安城
貞峴
黄山
炭峴
沙鼻？
甘勿城
慶北
伎伐浦
萬項江
茂山城
高霊
(加羅)
加巴利浜
●＝周留城２説
避城
全北
泰仁(帯山)
古沙城
慶州(新羅)
大耶城
慶南
沙鼻？
咸安(安羅)
昌原
金海(金官)
釜山
栄山江
牟弖
蟾津江
全南
弖礼
古馬弥知県
南海島
巨済島
朝鮮海峡
対島

百済の役関係略図

子余豊璋（扶余豊）を百済復興運動の盟主として迎えたいと申し出、倭もこれに同意した。ここに倭の朝鮮半島への決定的な介入がはじまるのである。

3　百済救援の役

百済の役から三十年後の六九〇年、一人の帰還者があった。名前は大伴部博麻、筑後国上妻郡の人で、軍丁として出征したという。彼は、六六一年の百済救援の戦役で、唐軍の捕虜になる。その後、六七〇年になって、土師連富杼・氷連老・筑紫君薩夜麻・弓削連元宝児が唐人の計略（『三国史記』は唐の倭国征伐の風聞を記す）を通報しようとした時、博麻が自分の身を売り、衣食の費用を出したので、彼らは帰国することができた（『書紀』持統四年十月乙丑条）。

〔百済の役の推移〕（『書紀』による）

A斉明六年（六六〇）十月福信、倭に唐俘百人を献じ（六六〇年と六六一年の二説がある（斉明七年十一月戊戌条））、王子余豊璋の帰還を乞う上表文を呈する、B同七年（六六一）四月福信、王子糺解（糺解は豊璋を指し、高句麗沙門道顕の『日本世記』に共通の表現。『日本世記』は百済滅亡の様子など、朝鮮半島の動きを具体的に伝える史料として『書紀』に引用されている）の帰還を乞う上表文を呈する。

C天智称制前紀（六六一）八月a前将軍大花下阿曇比邏夫連・小花下河辺百枝臣、後将軍大花下阿倍引田比邏夫臣・大山上物部連熊・大山上守君大石ら「百済を救い、仍て兵仗・五穀を送る」、b別に大山下狭井連檳榔・小山下秦造田来津を遣し、「百済を守護」、D九月中大兄皇子、王子豊璋に織冠を授け、大山下狭井連檳榔・小山下秦造田来津を遣し、五千余の軍を率いて、「本郷に衛送」、E是歳「日本の高（句）麗を救う軍将等」百済加巴利浜に泊る。

F天智元年（六六二）正月二十七日福信に矢、糸・綿・布・韋、稲種を贈る、G三月四日百済王に布を賜う、H三月是月（高句麗を救う）軍将疏留城（周留城か）に拠る、I五月大将軍大錦中阿曇比邏夫連等、船師一七〇艘を率い、豊璋を百済に送り、即位させる、J十二月一日百済王・福信、狭井連・朴市田来津に周留城（山険で防御に有利）から避城（豊饒な土地だが、敵に近い）への遷都を提案。田来津の強硬な反対を退け遷都、K是歳百済救援のために兵甲・船舶・軍粮を儲備。

L天智二年（六六三）二月二日新羅、百済の南畔四州を焼き、安徳等の要地を取る。百済、周留城に還都、M三月前将軍上毛野君稚子・間人連大蓋、中将軍巨勢神前臣訳語・三輪君根麻呂、後将軍阿倍引田臣比邏夫・大宅臣鎌柄を遣し、二万七千人を率いて「新羅を打つ」、N五月一日犬上君、兵事を高句麗に告げ還り、糺解と石城に会った時、福信の罪を語られる、O六月前将軍上毛野君稚子等、新羅の沙鼻岐奴江二城を取る。百済王、福信を誅殺、P八月十三日新羅、周留城攻撃を謀る。百済、「大日本国の救将盧原君臣、健児万余を率いて」到ると聞き、白村江に待饗を企図、Q十七日新羅、周留城を囲む。唐軍、戦船一七〇艘を率い、白村江に陣列、R二十七日倭、初めて到り、唐の船師と戦い不利・退却、S二十八日倭、唐軍に大敗（白村江の戦）、T九月七日周留城、唐に降伏。百済人ら倭への亡命を決定、U十一日牟弖に発途、V十三日弖礼に至る、W二十四日倭の船師と亡命百済人ら弖礼城に至り、二十五日に発船。

倭の百済救援の様子は『書紀』に詳しい。しかし、『書紀』編纂にはさまざまな史料が用いられたらしく、(15)百済の役にも記事の重複、造作が指摘されており、(16)豊璋帰還要請の年次、豊璋の渡海および倭の百済救援軍派遣の様子などいくつかの問題がある。

まず豊璋帰還要請の年次である。Aの唐俘献上など、『書紀』本文の係年には全幅の信頼をおき難い。ここではひとまず『日本世記』に依拠したBを信頼しておこう。

次に大伴部博麻の言では、百済の役は六六一年を起点とする。そこで、C・D・Iの派兵が問題になる。DはCbの決定の実現と考えると、Bを受けての派遣として矛盾しないし、E・H・Jにより、何らかの軍隊が渡海・百済に駐留したのは事実であろう（高句麗救援云々は疑問）。問題はCaとIである。Iは阿曇氏の家記を材料としたものと言われ、「大将軍」という律令用語の潤色も受けている。Ca阿倍引田比邏夫はMにも後将軍とあり、Mとの関係も考えねばならないが、彼は「後岡本朝（斉明）の筑紫大宰帥大錦上」との史料も存する（『続紀』養老四年正月庚辰条）。

百済の役以前の倭の朝鮮半島への派兵例では、軍士数は小規模であるが、筑紫の豪族を中心としたものが散見する。雄略二十三年（四七九）四月百済東城王擁立の際の筑紫国軍士五百人派遣、同年筑紫安致臣・馬飼臣引率の船師による高句麗征伐、欽明十五年（五五四）十二月の百済の「竹斯嶋諸軍士」派遣要請や竹斯物部莫奇委沙奇・筑紫国造の活躍、同十七年正月阿倍臣・佐伯連・播磨直引率の筑紫国船師による百済王子恵帰国の衛送や筑紫火君の津路守衛（軍士千人を引率）などである。特に百済王族衛送の例があることに注目したい。

朝鮮半島への派兵にはまず筑紫の軍を送るという伝統に従って（四七五年高句麗が百済を滅ぼした後、百済は東城王即位により安定化しているが、倭はその時の経験により今回も同様の措置を試みたか）、博麻は第一陣として渡海したのではあるまいか。また彼とともに筑紫君薩夜麻が従軍していることも注目される。薩夜麻は六世紀に倭王権に反乱したとされる磐井の系譜を引く有力豪族であり、上妻郡を本拠とする（磐井の墓は上妻郡に所在）筑紫国造であった可能性が高い。推古十年（六〇二）二月一日撃新羅将軍来目皇子（聖徳太子の弟）が率いたのは神部、国造・伴造・軍衆二万五千人であった。倭王権の外征軍の主力として国造軍の存在を指摘する研究が呈されており、(17) 軍丁大伴部博麻は筑紫国造の率いる軍隊の一員として百済の役に参加と考えられるのである。

今、阿倍引田比邏夫が筑紫大宰帥であった点を信用すれば、彼はMでも渡海していることより、Caは次のように理解できよう。豊璋帰国に際し、筑紫の豪族を中心とする軍勢が狭井連らに率いられ渡海した（Cｂ）。比邏夫は筑紫大宰帥としてこの軍勢の募兵にも関与し、ともに渡海したのだが、彼の渡海は「百済を救い、仍て兵仗・五穀を送る」とあり、百済救援の物資を送り、豊璋衛送の軍を無事に護送することではなかったか。このため任務が終ると、百済から帰国した、と。つまり私は、六六一年四月豊璋帰還要請（A・B）、九月豊璋衛送軍の渡海（C・D・E・H・I）と見るのである。これが第一次の派遣軍である。

その後、六六二年十二月避城への遷都（J）、豊璋と福信の対立（N・O）や六六三年二月の新羅の攻撃（L）などにより、百済の戦況が不利になり、また唐も孫仁師に兵七千を与え、本格的な百済攻撃体制を整え、倭はいよいよ唐との対決を迫られることになる。

4 白村江の戦

六六三年五月（月は『三国史記』による）徳物島に孫仁師ら兵七千が到着した時、軍議では水陸の要衝加林城攻撃が議題になったが、唐軍は劉仁軌の意見を容れ、百済復興運動の中心周留城攻略を決定した（『旧唐書』劉仁軌伝）。一方、倭は百済の戦況悪化を見て六六三年三月第二次の派遣軍を送っている（M）。しかし、この派遣軍の行動には不可解な点がある。Mには「新羅を打つ」とあり、Oにも新羅との戦闘のことが見えるが、なぜ彼らはまっすぐ百済救援に向わなかったのか。またPの救将廬原君臣とMとの関係はいかがであったか（廬原君臣――Mの先鋒、S――「中軍」の語が見え、Mの本隊とする見方がある）。(18)

ともかくも倭の軍勢が白村江に着いた時に、唐軍はすでに陣を整えており（Q）、しかも唐側は左右より船を夾み繞戦するという整然とした作戦を展開したのに対して、倭は気象（風向きなど）を観ず、「我等先を争はば、彼自づからに退くべし」と、全く無策であった（S）。これが白村江の戦の実態であり、倭は敗北し、豊璋は高句麗に逃げたというが、その後の彼の消息は不明である。では、倭軍にはなぜ不可解な行動が目立つのだろうか。軍事編成のあり方を中心にこの段階での倭と唐の国家段階の相違を考えてみたい。

百済の役の際の倭の前中後将軍（C・M）については、派遣の時間的前後を示すに過ぎず、将軍相互には上下関係がなかったとする見方が有力である。(19) ふたたび倭の朝鮮半島への派兵例を繙くと、大規模な出兵では中央豪族が派遣軍を率いる場合が多く、その際には将軍同士の仲間割れあるいは勝手な行動が敗北につながったとする話も多い。雄略九年三月、新羅征討のために紀小弓宿禰・蘇我韓子宿禰・大伴談連・小鹿火宿禰らが派遣されるが、紀小弓宿禰病死後、五月その子紀大磐宿禰が渡海すると、兵権をめぐって将軍間の対立が起きる。欽明二三年（五六二）七月新羅に任那滅亡を問責した時、大将軍紀男麻呂宿禰、副将軍河辺臣瓊缶らはいったんは勝利を納めたが、河辺臣の深追いにより形勢が逆転し、倭の出兵は失敗に終った、等々である。

ここで倭の軍事編成の特徴を整理すれば、先述の国造が各地方の軍勢を率いるという点（表9参照）とともに、(20) 中央豪族が率いる豪族軍にも注目される。雄略九年三月大伴談連の下には従人同姓津麻呂や紀崗前来目連がいたことが記され、同十八年八月伊勢朝日郎征伐の時、物部目連が筑紫聞物部大斧手を率いたこと、また物部守屋の軍は「子弟と奴軍」を中心とした（崇峻即位前紀（五八七））とするなどの例があり、豪族軍は同族の者や従属者などにより構成されていた。こうした独自の軍事力を持っていたことが将軍となった中央豪族の勝手な行動につながったかと推定され、この点は国造軍の構成にも該当するのではないかと思われる。このように百済の役の際の倭軍はそれまでの伝統的な軍事編成を踏襲したもので、作戦面でも統一を欠いたのであった。

一方、唐軍はどうであったか。唐は律令制に基づく衛府・軍団の制度が完成しており、外征の場合は各州に一定の

表9　百済の役の募兵地域と出兵人物

国名	郡名	出典	人名	備考
駿河		斉明7・是歳条		船をつくらせる
甲斐	山梨	古屋家家譜	大伴山前連淵守	少領，唐で病没
常陸	石城	風土記香島郡条		*「淡海之世」に石城でつくった船が香島郡に漂着
陸奥	信太	慶雲4・5・癸亥条	生王五百足	40余年後に帰国
但馬	朝来	粟鹿大神元記	神部直根閈	帰国後，大領に
播磨		風土記讃容郡条	国宰道守臣	*官船をつくる
備中	下道	風土記逸文		邇磨郷で軍士2万人を徴発
備後	三谷	日本霊異記	三谷郡大領之先祖	百済の僧侶をつれて帰国
讃岐	那賀	慶雲4・5・癸亥条	錦部刀良	40余年後に帰国
伊予	風速	持統10・4・戊戌条	物部薬	帰国・追大弐授与
	越智	日本霊異記	越智郡大領之先祖	帰国後，立評．小市国造か
筑前	早良	天武13・12・癸亥条	筑紫三宅連得許	帰国
筑後	山門	慶雲4・5・癸亥条	許勢部形見	40余年後に帰国
	上妻	持統4・9・丁酉条	大伴部博麻	軍丁．30年後に帰国
		持統4・10・乙丑条		
		天智10・11・癸卯条	筑紫君薩夜馬	帰国．筑紫国造か
豊前	宇佐	天智10・11・癸卯条	韓嶋勝娑婆	帰国．宇佐の有力豪族か
肥後	皮石	持統10・4・戊戌条	壬生諸石	帰国・追大弐授与
不詳		天智10・11・癸卯条	布師首磐	帰国．越中国射水郡，土佐国安芸郡に布師郷がある
		天武13・12・癸亥条	猪使連子首	帰国
		持統4・10・乙丑条	土師連富杼	天智10･11･癸卯条で帰国か
			氷連老	
			弓削連元宝児	

注　備考欄に*を付したものは参考記事．将軍クラスについては前掲史料を参照．

壮丁を割り当てる「兵募」により軍隊を編成したという。[21]『旧唐書』劉仁軌伝には国家の従軍兵士・家族に対する手厚い保護があり、勲功も容易に与えられ、人々は喜んで戦場に赴いたと記され、このシステムが効力を発揮したことが知られる（ただし、これは六二七〜六五五年の頃で、戦争が長期化した六六〇年以後は勲功がなかなか与えられなくなり、富裕な者は銭を納めて兵役を逃れ、銭のない老弱な者が戦場に赴いたとの弊害も記されている）。このような軍隊を皇帝から権限を委任された将軍が率いて戦闘を行ったのであり、兵力の規模、兵の均質性・統一性ともに倭を遥かに凌ぐものであった。

ちなみに新羅の軍隊は六世紀前半に成立した法幢軍団を基礎とし、いくつかの軍団を中央貴族が将軍として率いるという形を取った。[22]形式としては倭よりも整ったものであるが、その実態はやはり貴族の力が強く、[23]将軍の独自の行動が趨勢を左右することもあったようである（黄山の戦の時の将軍欽純、品日の判断）。しかし、すでに六五〇年代にははじまっていた唐風化政策とともに、律令国家建設への道は新羅が先行していたと考えられ、倭には立ち遅れが目立った。では、倭はいかにして律令国家形成に向うのだろうか。最後に百済の役後の倭国の歩みに触れてみたい。

三　律令国家の成立

1　百済人の亡命

白村江の敗戦の際、多くの百済人が倭に亡命した（T〜W、表10）。百済王善光（豊璋の弟）を中心に、百済の軍事力が保持され、亡命政権ともいうべき実態が存し、百済王氏は百済人集団に対して大きな影響力を持ったとする意見もあるが、[24]亡命政権論には厳しい批判がありこの見解は成立しないだろう。[25]しかし、亡命百済人がいかに日本の律令国家の成立に影響を及ぼしたかという方向で考察を進めていくのはよいと考える。

まず百済の役後の防衛体制である。唐・羅軍が倭に攻め込んでくる可能性を考慮しておかねばならない。実際、六六四年五月には百済鎮将劉仁願の使者が来日している。倭国はこの使者が皇帝の使者ではないという理由で入京を拒んだ（『善隣国宝記』天智三年条所引海外国記）が、唐に対する警戒は強まった。この年、早速、対馬、壱岐、筑紫に防・烽がおかれ、筑紫には大堤を築き、水を貯めた防衛施設水城が設けられた。翌年九月にはふたたび唐使が来日し、今度は皇帝の使だったので、入京を認めざるを得なかったが、八月に答本春初を長門国、憶礼福留・四比福夫を筑紫国大野・椽二城の築城に遣し、十月には菟道で閲兵を行うなど、防衛体制を整備した。この時に派遣された三名は亡命百済人で、「兵法に閑う」（『書紀』天智十年正月是月条）と評された人物であった。築かれた城はいずれも百済の築城技術を用いた朝鮮式山城である。

同時に国内の開発にも亡命百済人が利用されている。後に都が遷された近江国はその最も顕著な例で、[26] さらに東国の開発にも百済人が投入された（表10）。つまりまず防衛施設の建設、王権の基盤となる土地の開発の二点で、百済の役後の倭国において百済人が果した役割は大きかったと言わねばならない。

2　中央官制の整備

亡命百済人の果した役割はこの二点にとどまらない。律令官制の形成においても百済の影響は大きいとされる。[27] 倭国で律令制的な中央官制が整う時期はいつか。大化期の衛部・刑部尚書・将作大匠などは、旧来の伴造―品部制の上に立つ有力豪族に国政諸部門を分掌させ、唐風官名を称させたものであり、律令官制と直接はつながらない。[28] とするならば、律令制的官職の初見は六七一年の太政大臣・左右大臣・大納言任命であろう[29]（『書紀』天智十年正月癸卯条）。同時に法官大輔、学職頭として百済人の名前が見え（同正月是月条）、法官大輔沙宅紹明は六七三年（天武二）に死

表10　亡命百済人の動向

身分等	人　　名	出　　典	備　　考
佐平1	余自信	天智10・正・是月	大錦下授与，法官大輔
	沙宅紹明	天智10・正・是月	大錦下授与，法官大輔
	鬼室集斯	天智10・正・是月	小錦下授与，学識頭，鬼室福信の子
達率2	谷那晋首	天智10・正・是月	大山下授与，「閑兵法」
	木素貴子	天智10・正・是月	大山下授与，「閑兵法」
	憶礼福留	天智10・正・是月	大山下授与，「閑兵法」 天智4・8筑紫国に築城
	答炑春初	天智10・正・是月	大山下授与，「閑兵法」 天智4・8長門国に築城
	賛日比子賛波羅金羅金須	天智10・正・是月	大山下授与，「解薬」
	鬼室集信	天智10・正・是月	大山下授与，「解薬」
	徳頂上	天智10・正・是月	小山上授与，「解薬」
	吉大尚	天智10・正・是月	小山上授与，「解薬」
	許率母	天智10・正・是月	小山上授与，「明五経」
	角福牟	天智10・正・是月	小山上授与，「閑於陰陽」
	50余人	天智10・正・是月	小山下授与
	四比福夫	天智4・8	筑紫国に築城
沙門	詠	景雲2・6・庚子	楽浪河内の父，高丘宿禰比良麻呂の祖父
徳率4	国骨富	宝亀5・10・己巳	国中連公麻呂の祖父
釈	義覚	日本霊異記上－14	難波百済寺に住む
禅師	弘済	日本霊異記上－17	三谷郡大領の先祖にしたがって来日．三谷寺建立
達率2	荆負常	姓氏録左京諸蕃下	香山連の祖
	名進	姓氏録左京諸蕃下	高槻連の祖
	支母未恵遠	姓氏録右京諸蕃下	城篠連の祖
恩率3	高難延子	姓氏録左京諸蕃下	大丘造の祖
	納比旦止	姓氏録右京諸蕃下	清道造の祖
徳率4	呉伎側	姓氏録未定雑姓右京	呉氏の祖
	曾父佐	姓氏録未定雑姓河内国	豊村造の祖
杅率5	答他斯智	姓氏録右京諸蕃下	中野造の祖
	古都助	姓氏録未定雑姓右京	古氏の祖
	男女400余人	天智4・2・是月	近江国神前郡に居す 天智4・3給田

（表10つづき）

身分等	人　名	出　典	備　考
百　姓	男女2000人	天智５・是冬	東国に居す
	男女700余人	天智８・是歳	近江国蒲生郡に遷居
	男女23人	天武13・５・甲子	化来の僧・俗を武蔵国に安置
	敬須徳那利	持統２・５・乙丑	甲斐国に移す
	男女21人	持統４・５・乙酉	帰　化
	？	延暦18・12・甲戌	甲斐国止弥若虫ら，190人の祖 当初摂津職に安置，後に甲斐国へ
		養老元・11・甲辰	帰化百済・高句麗人に「給復終身」

注　百済王族の動向は省いた．佐平１は佐平が百済の冠位のなかで第一位であることを示す．出典欄に年紀だけを記したものは，当該国史が出典．

去しているから、天智朝末にはこれらの官職が存したと考える。

大納言は中国の北周の官制に由来し、百済あるいは北周から出た隋の影響の下に導入されたのではないかと言われる。また日本では皇帝の意志を審査する門下省的な役職はなく、この点でも門下省が独自に存在しなかった北周の官制体系の影響が見られる[30]。『懐風藻』には天智天皇の皇子で太政大臣となった大友皇子が沙宅紹明・答本春初・木素貴子・吉大尚・許率母（各人の専門分野は表10参照）などを賓客として遇したとあり、天智朝の政治に亡命百済人がブレーンとして果した役割は大きかった。法官・民官・理官・刑官・兵政官・大蔵など天武朝に見える六官は律令制下の八省の原型となったものであり、なかには法官のように天智朝末には存したと考えられるものもある。これらの官名には百済の二十二部制の影響があると言われ[31]、百済人の亡命によって中央官制が整備されたと言って過言ではない。

3　地方の動向

では、百済の役後の地方の様子はどうであったか。戦役に派遣されたのは国造に率いられた地方の民衆であり、彼らこそ直接の打撃を被った人々であった。

伊予国越智郡大領（郡の長官）の先祖越智直は、百済の役に参加して唐兵に捕らえられた。越智直とともに捕虜になった八人は「同じく一洲に住み」（唐での居住地か原住地＝越智郡か？）、観音菩薩像を得て、信敬していた。彼らがひそかに舟をつくり、像を安置して、観音を念じたところ、西風にのって筑紫に到ることができたという。そこで、朝廷（天智朝か）は越智直を矜れんで、願いごとを聞くことにし、郡（当時は評）を立てて仕えたいと言ったので、天皇は許可し、越智直は郡を立て、寺を造って、観音菩薩像を安置した。その時から現在まで、子孫は観音に帰敬している、と記されている（『日本霊異記』上巻第十七話）。

この説話については小市国造であった越智直が百済の役で大きな打撃を受けた後、仏教の信仰を核として在地支配を強固に保持したという事情を読みとろうとする見解もある。(32) 私は地方制度の視点から、評を立てたという点に注目したい。伊勢の飯野評、但馬の朝来評、伊予の和気評など天智朝の分立を伝える評が存在し、百済の役後の地方支配は評制の充実による地方豪族およびその配下の民衆把握の強化により進められたと考えられるふしがあるからである。(33)

六六四年二月、二十六階の冠位とともに大氏・小氏・伴造の氏上と「其の民部・家部」が定められた。いわゆる甲子宣である（『書紀』天智三年二月丁亥条）。そして、六七〇年には最初の全国的な戸籍庚午年籍が作成される。甲子宣は畿内の豪族を対象としたとする見方がよく、(34) この時期なお部民制が存したことがわかる。一方、庚午年籍は評司が部内の豪族の申請を勘定して作成したと考えられ、これにより評司の評内の中小豪族配下の民衆に対する把握は強化された。つまり評の分立による地方豪族のきめ細かな掌握、庚午年籍作成による人民把握の進展があったわけで、こうした評制の充実は部民制に依存しない地域区画による収取を可能にし、地方における部民制解体惹起→中央でも六七五年に「部曲」＝「民部」廃止（『書紀』天武四年二月己丑条）へと進み、部民制に終止符を打ち、中央の伴造——品部制的政務運営を変質させ、律令官制の確立につながったものと思われる。したがって地方の変革を背景に律令国家が確立したとも言い得る。

ところで、評という名称は朝鮮三国の地方制度に由来するもので、三国では自然発生的共同体の把握を目的としていた。[35] 倭国の評も国造以下の在地豪族が各々の支配を築き、謂わば一個の共同体ととらえ得るような地域の把握を目的としていたために、同じ名称を採用したと考えられ、律令制下の国郡制においても在地豪族を登用した郡司への依存が大きいという特徴を残す。この点は中国的な郡県制——科挙により皇帝が任命した官吏が地方に派遣され、律令に基づく中央集権的地方支配を行う——とは発想が異なるように思われる。では、倭国で律令制的国郡制をはじめ、律令国家が確立するのはいつであろうか。

4 律令国家への道

六七一年百済人を各種官職に登用した時、「橘は己が枝枝生れれども玉に貫く時、同じ緒に貫く」との童謡があった（『書紀』天智十年正月是月条）。寓意は生まれや身分・才能が異なる者をともに叙爵し、臣列にひとしく並べた政治をひそかにとがめ、やがて起る壬申の乱を諷したものといわれ、[36] 近江遷都とともに、百済人登用にはひそかな反対もあったようである。そうした中で、天智天皇の死後、弟大海人皇子と子大友皇子が皇位をめぐって争い、大海人皇子が天武天皇として即位する。六七二年壬申の乱である。この内乱での百済人の動きは不明であるが、瀬田橋で大海人方を防いで奮戦した将智尊はあるいは百済人かといわれ、亡命百済人が近江方＝大友皇子に味方した可能性も考慮しておかねばならない。

天武朝以後においても、『書紀』天武六年五月甲子条の大博士百済人許率母、同十二年七月是月条・持統二年七月丙子条の百済僧道蔵（請雨）、朱鳥元年五月戊申条の侍医百済人億仁、持統五年五月辛卯条の百済淳武微子（壬申の功臣）、九月壬申条の書博士百済末士善信、十二月乙亥条の医博士徳自珍や咒禁博士木素丁武・沙宅萬首など、学問・

技術で奉仕する百済人が多数存した。また中には壬申の乱の功臣もおり、百済人すべてが排除された訳ではない。しかし、一方で天武朝以降には新羅との通交が活発に行われることも事実である。新羅の唐風化については先に触れたが、倭国では天武朝以降にそのような政策が見られる。六七九年正月の拝礼の規定、六八一年禁式九二条による服装の規制、六八二年服装・結髪・着冠や礼儀・言語、立礼の制等々である。また浄御原令の編纂も六八一年にはじまっており、天武朝こそ新羅を介して中国風の律令制を導入する時期であった。地方制度では評司への依存を残しながらも、国という行政単位の成立、中央派遣官国司の権限整備が行われ、律令制的国郡制が確立する。(37)

軍事面については、壬申の乱でも豪族への武力依存は変わらなかったが、六八五年指揮具・大型兵器を評家に収公し、評内の武力を評司に結集し、豪族軍の解体を試みている（天武十四年十一月丙午条）。ただし、これは評司の部内把握に対するてこ入れと見るべきであろう。さらに六八九年、兵役が力役一般から分離し、点兵率を定めている（持統三年閏八月庚申条）が、これも評司が無制限に武力を徴発するのを防ぐためであり、評を中心とした地方軍制整備の一環と考える。しかし、一方では軍事教習（持統三年七月丙寅条、同七年十二月丙子条）などにより、国司が地方兵制に実質的に関与しはじめるのもこの時期であった。そして、大宝令で軍団制が従来の評司の武力を止揚――軍団と郡司との密接な関係は残るが――したところに成立し、国司――軍団が地方の軍事を担うようになるのである。(38)この大宝律令の制定こそ日本の律令国家の一応の完成と見なされる。

むすび

小稿では白村江の戦を題材にこの時期の日本と唐の関係、両国の国家段階の違いなどを描いてみた。白村江の戦は、旧来の支配体制に依存していた倭国が唐という巨大な国家に立ち向かい、敗北した結果、唐と同じような律令制国家を築く道を模索しはじめたという点で、大きな意義があったとまとめることができる。では、倭国が目指した律令国家の内容はどのようなものであったか。この点については後考に俟つことにし、今はここで擱筆することにしたい。

註

（1）鬼頭清明『日本古代国家の形成と東アジア』（校倉書房、一九七六年）第二部第三章。
（2）八木充『日本古代政治組織の研究』（塙書房、一九八六年）前編第五章など。
（3）鬼頭註（1）前掲書第二部第二章。
（4）西本昌弘「東アジアの動乱と大化改新」（『日本歴史』四六八、一九八七年）。
（5）八木充註（2）前掲論文。
（6）鬼頭註（1）前掲書第二部第二章。
（7）西本註（4）前掲論文。
（8）金鉉球『大和政権の対外関係研究』（吉川弘文館、一九八五年）第四編。
（9）八木充註（2）前掲論文。
（10）鬼頭註（6）論文。
（11）西本註（4）前掲論文。
（12）西嶋定生『中国古代国家と東アジア世界』（東京大学出版会、一九八三年）第一編第二章、第二編第二章。
（13）唐の事情については鬼頭清明『白村江』（教育社、一九八一年）参照。
（14）律令制下については拙稿「古代日本における対唐観の研究」（『弘前大学国史研究』八四、一九八八年、本書所収）を参照。
（15）坂本太郎『日本古代史の基礎的研究』上（東京大学出版会、一九六四年）。
（16）池内宏「百済滅亡後の動乱及び唐・羅・日三国の関係」（『満鮮史研究』上世第二冊、吉川弘文館、一九六一年）、八木充「百済

の役と民衆」（『小葉田淳教授退官記念国史論集』一九七〇年）、鬼頭註（6）論文など。
(17) 岸俊男「防人考」（『日本古代政治史研究』塙書房、一九六六年）。
(18) 日本古典文学大系『日本書紀』下（岩波書店、一九六六年）三五九頁頭注。
(19) 鬼頭註（1）論文。
(20) 百済の役については、表10および拙稿「評制下の国造に関する一考察」（『日本歴史』四六〇、一九八六年）を参照。
(21) 菊池英夫「府兵制度の展開」（『岩波講座世界歴史』五、岩波書店、一九七〇年）。
(22) 武田幸男「中古新羅の軍事的基礎」（『東アジア史における国家と農民』山川出版社、一九八四年）。
(23) 井上秀雄「新羅政治体制の変遷過程」（『古代史講座』四、学生社、一九六二年）。
(24) 最新のものとして利光三津夫・上野利三「律令下の百済王氏」（『法史学の諸問題』慶応通信、一九八七年）。
(25) 寛敏生「百済王姓の成立と日本古代帝国」（『日本史研究』三一七、一九八九年）。
(26) 大津透「近江と古代国家」（『律令国家支配構造の研究』岩波書店、一九九三年）。
(27) 鬼頭清明「日本の律令官制の成立と百済の官制」（『日本古代の社会と経済』上、吉川弘文館、一九七八年）。
(28) 笹山晴生「『難波朝の衛部』をめぐって」（『日本古代衛府制度の研究』東京大学出版会、一九八五年）。
(29) 『書紀』本文は御史大夫とするが、東野治之「大宝令前の官職をめぐる二、三の問題」（『日本古代の都城と国家』塙書房、一九八四年）により大納言をとる。
(30) 東野註（29）論文。
(31) 鬼頭註（27）論文。
(32) 鬼頭清明「朝鮮出兵と内海地域」（『古代の地方史』二、朝倉書店、一九七七年）。
(33) 拙稿「評の成立と評造」（『日本史研究』二九九、一九八七年）。
(34) 大山誠一「大化改新像の再構築」（『古代史論叢』上巻、吉川弘文館、一九七八年）。
(35) 武田幸男「六世紀における朝鮮三国の国家体制」（『日本古代史講座』四、学生社、一九八〇年）。
(36) 日本古典文学大系『日本書紀』下（岩波書店、一九六六年）五八四頁補注。

（37）　註（33）拙稿参照。
（38）　註（20）拙稿参照。

第三部　外交儀礼

第一章　古代難波における外交儀礼とその変遷

はじめに

『延喜式』巻二十一玄蕃寮式に次のような規定がある。今、適宜段落に分けて全文を掲げる。

A凡新羅客入朝者、給二神酒一。a其醸酒料稲、大和国賀茂・意富・纒向・倭文四社、河内国恩智一社、和泉国安那志一社、摂津国住道・伊佐具二社各卅束、合二百卅束送二住道社一。大和国片岡一社、摂津国広田・生田・長田三社各五十束、合二百束送二生田社一。並令二神部造一。b差二中臣一人一、充二給レ酒使一。醸二生田社一酒者、於二敏売崎一給レ之。醸二住道社一酒者、於二難波館一給レ之。c若従二筑紫一還者、応レ給二酒肴一、便付二使人一。其肴惣隠岐鰒六斤・螺六斤・腊四斤六両・海藻六斤・海松六斤・海菜六斤・盞卅八口・匏十柄・案六脚。〈被レ責還者不レ給。〉B蕃客従二海路一来朝、摂津国遣二迎船一。〈王子来朝、遣二一国司一、余使郡司。但大唐使者迎船有レ数。〉a客船将レ到二難波津一之日、国使著二朝服一、乗二一装船一、候二於海上一、客船来至、迎船趁進、客船・迎船比レ及二相近一、客主停レ船。国使立二船上一、客等朝服出二立船上一。時国使喚二通事一、通事称唯。b国使宣云、日本尓明神登御宇天皇朝庭登、其蕃王能申上随尓参上来留客等参近奴登、摂津国守等聞著氐水脈母教導賜幣登宣随尓、迎賜波久登宣。c客等再拝両段謝言。

d訖引レ客還レ泊。

これは、玄蕃式末尾の外国使節来日時に関わる規定三条のうちの一つで、前二条が領客使による部領など、路次の往還についての一般的な規定であるのに対して、本条は「凡新羅客入朝者」と、特定の国の使節に関する規定である点が、まず特徴的である。内容は、A新羅使に対する神酒給付、a神酒の醸造費用調達と醸造場所、b神酒給付の方法・場所、c筑紫より放還する場合の給付規定、B外国使節が海路で来朝した際の出迎え、a難波津における出迎え、b・c言辞の交換、d停泊となっており、Bには唐使云々の規定も見えるので、大別してA・B二つの事項を一条にまとめたようにもとれる。しかし、Abには難波館での神酒給付が記され、Bは難波津における出迎えを規定しているのであるから、A・Bは共通事項があり、ともに広い意味での難波における外交儀礼を規定したものではないかと考える。Aの神酒給付の実例は一例しかないが、唐使に対するもので、難波での儀礼の一環に現れている（玄蕃式と同様の記号を付して掲げる）。

『書紀』舒明四年十月甲寅条

B唐国使人高表仁等到二于難波津一。a則遣二大伴連馬養一迎二於江口一。船卅二艘及鼓吹・旗幟皆具整飾。b便告二高表仁等一曰、聞三天子所レ命之使到二于天皇朝一迎レ之。c時高表仁対曰、風寒之日、飾二整船艘一以賜レ迎之、歓愧也。d於レ是。令下二難波吉士小槻・大河内直矢伏一為二導者一到中于館前上。乃遣二伊岐史乙等・難波吉士八牛一、引二客等一入二於館一。Ab即日給二神酒一。

難波津での出迎え、装船（分注に唐使の場合は一艘ではなく、「有レ数」とある[1]）、使大伴連馬養の派遣、言辞の交換、導者による引船・停泊、難波館での神酒給付と、この例は玄蕃式の規定にほぼ対応し、そのような儀礼が難波で行われていたことはまちがいない。

ところで、『続後紀』承和十一年十月戊子条には「摂津国言、依二去天長二年正月廿一日・承和二年十一月廿五日両度勅旨一、定二河辺郡為奈野一、可レ遷二建国府一。而今国弊民疲、不レ堪レ発レ役。望請、停レ遷二彼曠野一、便以二鴻臚館一為二国府一、且加二修理一者。勅聴レ之。」とあり、摂津国の鴻臚館、すなわち難波館は国府に転用されようとしており、この時有名無実になっていたことがわかる。そもそも外国使節が難波館を利用している事例自体、『続紀』天平勝宝四年七月戊辰条の新羅使金泰廉一行が最後である。また八世紀後半には廻送した遣唐使船が難波で座礁する（天平宝字六年四月丙寅条）など、難波の港湾機能は衰えていたと考えられる。(2) したがって玄蕃式の式文は『延喜式』、さらに遡って九世紀初の『弘仁式』編纂時においても、すでに効力を失っていたかもしれない。(3) しかし、それが式文に採用された背景には、外交儀礼に関わる規定としてなお重視されていたためと推測され、古代日本の外交において難波での儀礼が占めた位置・伝統が窺われる。

玄蕃式の規定に関しては、神酒を給付することの意味や神酒醸造に関わる神社などが注目され、(4) 神酒給付には外国使節への慰労・神の加護祈願とともに、外国使節のケガレを祓うという意味があることが明らかにされている。また神社の分析からは、摂津国住吉郡住道郷に存した住道社での神酒醸造は、難波津よりも古い段階でのヤマト王権の大津である(5)住吉津の時代以来のものであり、住吉津（住道）－磯歯津路（八尾街道）（恩智）－大坂道・当麻道（倭文・賀茂）－横大路（意富）－三輪山付近（纏向）というルートと住道社に稲を出す神社の配置には相関関係が窺われ、住吉津から磯歯津路を経てヤマト王権の所在地に到るという雄略朝頃の入京路（『書紀』雄略十四年条）と関わるのではないかという意見が呈されており、(6) 神酒給付の成立年代などが検討されてきた。ただし、式文の多くを占める難波における外交儀礼との関係如何という視点はあまりなく、(7) 古代日本の外交における難波の位置、またその変遷は如何であったかなど、の観点からの考察も重要と考える。

今、式文を儀礼の時間、空間的順序で整理すれば、I敏売崎での神酒給付、II難波津における迎船、III難波館での神酒給付となる。Iは難波における外交儀礼以前の行為ということになるが、その意味はどこにあるのか。またII・IIIとの関連は如何であろうか。本稿では、玄蕃式と難波での外交儀礼との関係、その構造を糸口に、古代難波における外交の様相、その変遷、また外交儀礼全体の中での位置づけはどうであったか、などを明らかにしたいと考える次第である。

一　敏売崎と難波

式文によると、大和国片岡、摂津国広田・生田・長田の各社からの稲が生田社で醸造され、その神酒を敏売崎で給付するという。『延喜式』巻九神名上には摂津国八部郡に生田神社、長田神社、汶売（ミヌメ）神社を載せ、現在も神戸市灘区に式内社敏馬神社があるので、生田社と敏売崎は同地域に存したことがわかる。住道社と難波館での神酒給付との関係は「はじめに」で紹介した通りであるが、生田社と敏売崎についてはどうであろうか。敏売崎の古代国家における位置はどうであったか。

『万葉集』巻三―二四九～二五六「柿本朝臣人麻呂羈旅歌八首」、巻十五―三六二七「属物発思歌一首并短歌」（天平八年遣新羅使の歌の中の一首）によると、三津埼―敏馬―野島の埼（淡路島）―藤江の浦（明石浦）―印南野―家島―玉の浦という航路を復原することができ、これによれば、敏売（馬）は難波の次に経由する地点とされている。また、巻六―一〇六五には「八千桙の、神の御代より、百舟の、泊つる泊まりと、八島国、百舟人の定めてし、敏馬の浦は……」と歌われており、諸国から船が集まり、停泊する重要な港であったことが窺われる。なお、『摂津国風土記』

逸文美奴売松原条には、能勢郡美奴売山にいた美奴売神が、神功皇后の新羅征伐を助け、帰国後、敏売浦で奉祀されたという伝承が記されており、ヤマト王権にとってもこの地が重要な場所であったことを推定させる。

ところで、記紀を繙くと、この付近に似たような港湾の存在が描かれていることに気付く。務古（武庫）水門である。務古水門は、通説では武庫川河口付近の尼崎・西宮市付近とされているが、吉田東伍『大日本地名辞書』では、八部郡八部郷とし、大輪田泊と同一のもの、つまり神戸市付近との見解が示されており、吉田晶氏はこの見解を支持して、敏売埼を大輪田泊の近傍に設けられたものとされている。(8) 結論から言えば、私は敏売埼＝務古水門＝大輪田泊と考えたい。まず先述の『万葉集』巻十五の遣新羅使の歌によると、大伴の三津―武庫の浦―印南野―玉の浦という航路が復原できる。また天平二年大伴旅人が大宰府から上京した時、海路をとった傔従らの歌によると（巻十七―三八九〇～三八九九）、比治奇の灘―淡路島―武庫の渡というコースをとっており、三八九五「たまはやす、武庫の渡りに、天伝ふ、日の暮れ行けば、家をしそ思ふ」と、京を想う気持ちを詠じている。『書紀』神功摂政元年二月条では、難波の前に停泊したのが務古水門であり、航路上、敏売と務古水門の位置はよく似ている。次に応神三十一年八月条には諸国で船を造らせたところ、「是以諸国一時貢ニ上五百船一、悉集ニ於武庫水門一。当ニ是時一、新羅調使共宿ニ武庫一。」とあり、務古水門はヤマト王権が諸国に造らせた船を集合させる重要な場所であり、また新羅使など、外国使節も停泊する港であった。『万葉集』巻六―一〇六七に「浜清み、浦うるはしみ、神代より、千舟の泊つる、大和太の浜」との歌も見える。そして、先述の神功摂政元年二月条は、務古水門で広田・生田・長田の三社を奉祀し、それによって忍熊王を破り、子応神を皇太子とすることができたという征討の成功譚であり、先の『摂津国風土記』逸文と相通じる面がある。広田は現西宮市であるが、生田・長田は神戸市であり、務古水門の中心は後者であったとも考えられる。

以上を要するに、敏売崎と務古（武庫）水門はきわめて相似する性格を持った地で、両者は同じ場所、すなわち敏売崎＝務古水門＝大輪田泊（神戸付近）と考えるのがよいということである。務古水門は記紀にもしばしば登場し、ヤマト王権の港湾として重要な位置を占めており、そうした地で来日した外国使節に神酒を給付することは不自然ではない。応神紀でも新羅使が停泊した旨が記されている。この務古水門＝敏売崎と見れば、当地域に所在する生田神社が神酒を給付することは相応しいことである。では、敏売崎＝務古水門で何故神酒を給付するのか。この地が難波の次あるいは前に停泊する港であることは先に触れた。難波との関係はその通りであるが、実はこの地が畿内に入って最初に停泊する港であったことに注目したい。(9)『書紀』大化二年正月甲子朔条の改新詔第一条の畿内の範囲は、「西自二赤石櫛淵一以来」とあった。『万葉集』では、「燈火の、明石大門に入らむ日や、漕ぎ別れなむ、家のあたり見ず」（巻三―二五四）と、明石からは畿外になるという意識が存し、「天離る、都鄙の長道ゆ、恋ひ来れば、明石の門より、大和島見ゆ」（巻三―二五五）、「明石潟、潮干の道を、明日よりは、下笑ましけむ、家近付けば」（巻六―九四一）と、明石まで来れば、畿内の中心たる故郷大和に近づいたことを感じている。そして、「島伝ひ、敏馬の崎を、漕ぎ廻れば、大和恋ひしく、鶴さはに鳴く」（巻三―三八九）と、敏売崎に到れば、大和はすぐ近くである。この畿内に入って最初の寄港地であったことが、敏売崎において神酒を給付する理由であったと考える。

したがって敏売崎での神酒給付は、畿内に入った最初の寄港地において、外国使節の慰労、歓迎あるいはケガレ除去のために行う儀礼であり、生田・長田・広田など神功皇后の伝承（三韓征伐など、朝鮮諸国との交流・関係を開いた人物として、六、七世紀にしばしば言及される）との関わりの深い神社が支出する稲を、(10)敏売崎＝務古水門に近い生田社で醸造するという構造を持つものであったとまとめることができる。ただ、式文によると、迎船が行われるのは難波においてであり、敏売崎ではあくまでその前奏として神酒を給付するのであった。また式文では中臣が派遣されて給付することになっているが、こうした形態は古くからのものであろうか。敏売崎での行事を掌る者は元来存したのであろうか。

二　難波における外交と儀礼

次に式文の難波での迎船や難波館での神酒給付について検討する。難波での迎船は、Ｂｂに「摂津国守等聞著氏」と見え、派遣主体は国司であり、迎船を引率する国使も、新羅王子来日時は国司の一人であるが、通常は郡司であって、難波地域の地方官人が行う行事であるという点に大きな特色があるといえよう。ただ、それが玄蕃式に掲載されているのは、国家の行事としても重要であったためと考えられる。外交の場として難波が登場する初見は、『書紀』継体六年十二月条（史料01）である。これは「はじめに」で触れた、六世紀頃の住吉津から難波津へのヤマト王権の大津の移動とも対応している。01はいわゆる任那四県割譲の際の記事で、「難波館」が外交上の重要事項を相手方に伝達する重要な場所として機能していることがわかる。「はじめに」で触れたように、式文そのものの実例は一例しかないが、ここでは難波における外交・儀礼の内容や外交上の機能などを整理し、式文の構造・意義を理解する一助としたい。

史料　難波の「郡」と「館」

01『書紀』継体六年十二月条

（上略）迺以二物部大連麁鹿火一宛レ宣レ勅使一。物部大連方発二向難波館一宣二勅於百済客一。（中略・妻の反対により物部麁鹿火辞退）乃遣二日鷹吉士一、改宣二百済客一。（下略）

02『書紀』欽明二十二年是歳条

復遣二奴氏大舎一献二前調賦一。於二難波大郡一次二序諸蕃一。掌客額田部連・葛城直等使レ列二于百済之下一而引導。大舎

怒還不レ入二館舎一、乗レ船帰至二穴門一。於レ是、修二治穴門館一。大舎問曰、為二誰客一造。工匠河内馬飼首押勝欺紿曰、
遣レ問二西方無㆑礼使者之所レ停宿処也。

03『書紀』舒明二年是歳条
改修二理難波大郡及三韓館一。

04『書紀』推古十六年四月条
（上略）遣二難波吉士雄成一、召二大唐客裴世清等一。為二唐客一更造二新館於難波高麗館之上一。

05『書紀』推古十六年六月丙辰条
客等泊二于難波津一。是日、以二飾船卅艘一迎二客等于江口一、安二置新館一。於レ是、以二中臣宮地連摩呂・大河内直糠手・船史王平一為二掌客一。

06『書紀』皇極二年三月癸亥条
災三難波百済客館与二民家屋一。

07『書紀』大化元年七月丙子条
高麗・百済・新羅、並遣レ使進レ調。百済調使兼二領任那使一、進二任那調一。唯百済大使佐平縁福遇レ病、留二津館一而不レ入二於京一。（下略）

08『書紀』斉明六年五月戊申条
高麗使人乙相賀取文等到二難波館一。

09『書紀』持統六年十一月辛丑条
饗二禄新羅朴億徳於難波館一。

10『続紀』大宝三年閏四月辛酉朔条
饗二新羅客于難波館一。

11『続紀』天平勝宝四年七月戊辰条
泰廉等還在二難波館一。勅遣レ使賜二絁布幷酒肴一。

12『書紀』敏達十二年是歳条
（上略）復遣二大夫等於難波館一使レ訪二日羅一。是時日羅被レ甲乗レ馬到二門底下一、乃進二庁前一進退跪拝歎恨而曰、於二檜隈宮御寓天皇之世一、我君大伴金村大連奉二為国家一使二於海表一火葦北国造刑部靫部阿利斯登之子、臣達率日羅、聞二天皇召一恐畏来朝。乃解二其甲一奉二於天皇一。（中略）於レ是日羅自二桑市村一遷二難波館一。徳爾等昼夜相計将レ欲レ殺。時日羅身光有レ如二火焔一、由レ是徳爾等恐而不レ殺。遂於二十二月晦一、候レ失レ火殺。日羅更蘇生曰、此是我駈使奴等所レ為、非二新羅一也。言畢而死。〈属二是時一、有二新羅使一。故云レ爾也。〉天皇詔二贄子大連・糠手子連一、令レ収二葬於小郡西畔丘前一。（下略）

13『書紀』推古十六年九月乙亥条
饗二客等於難波大郡一。

14『書紀』皇極元年二月丁未条
遣二諸大夫於難波郡一、検二高麗国所レ貢金銀等幷其貢献物一。（下略）

15『書紀』皇極元年三月戊申条
饗二高麗・百済於難波郡一。（下略）

16『書紀』皇極二年七月辛亥条

遣㆓数大夫於難波郡㆒検㆔百済国調与㆓献物㆒。於㆑是大夫問㆓調使㆒曰、所㆑進国調欠㆓少前例㆒、送㆓大臣㆒物、不㆑改㆓去年所㆑還之色㆒、送㆓群卿㆒物、亦全不㆓将来㆒、皆違㆓前例㆒、其状何也。大使達率自斯・副使恩率軍善、倶答諮曰、即今可㆑備。自斯質達率武子之子也。

17『書紀』斉明元年七月己卯条〈参考〉

於㆓難波朝㆒饗㆓北〈北越。〉蝦夷九十九人・東〈東陸奥。〉蝦夷九十五人㆒、并設㆓百済調使一百五十人㆒。仍授㆓柵養蝦夷九人・津刈蝦夷六人冠各二階㆒。

18『書紀』大化三年是歳条

壊㆓小郡㆒而営㆑宮。天皇処㆓小郡宮㆒而定㆓礼法㆒。（下略）

19『書紀』天武元年七月辛亥条

将軍吹負既定㆓倭地㆒、便越㆓大坂㆒往㆓難波㆒。（中略）即将軍吹負留㆓難波小郡㆒、而仰㆓以西諸国司等㆒、令㆑進㆓官鑰・駅鈴・伝印㆒。

まず迎船（飾船）の管理である。欽明三十一年越に来日した高句麗使を山城国相楽郡の客館に迎える際、『書紀』欽明三十一年七月是月条に次のように見える。

遣㆔許勢臣猿与㆓吉士赤鳩㆒発㆑自㆓難波津㆒、控㆓引船於狭狭波山㆒、而装㆓飾船㆒乃往㆓迎於近江北山㆒、遂引㆓入山背高楲館㆒。則遣㆓東漢坂上直子麻呂・錦部首大石㆒以為㆓守護㆒。更饗㆓高麗使者於相楽館㆒。

この記事によると、わざわざ難波から飾船を引いて行っており、本来飾船は難波にしかなかったのではないかと考えられる。高楲館・相楽館は同一のもので、今回の高句麗使来日時に新たに造営されたものである（欽明三十一年四月乙酉条）から、既存の外交施設はなかった(11)。そこでの迎船に難波津から船を廻漕しているのは、元来迎船は難波で行うものであり、飾船の管理も難波で行われていたと考える所以である。なお、律令制下においては、兵部省の被管に主船司があり、その職掌は「公私舟檝及舟具事」であった（職員令主船司条）。実際に船の管理に従事したと思われる船戸は、官員令別記に「船守戸百。津国以二十戸一一番役。為二品部一免二調役一。」とあり、摂津国、すなわち難波において船を管理していたものと考えられ[12]、迎船管理の伝統を引き継ぐものではないかと見なされよう。

次に迎船による出迎え後の行事を見る。式文では難波館で神酒を給付する儀礼が規定されているが、その実例は舒明四年の唐使高表仁のものしかない。ところで、『書紀』を繙くと、難波における外交・儀礼の場としては、「館」と「難波（大・小）郡」とが現れる。02・03に見るように、両者は明瞭に区別されているようである。そこで、「館」と「郡」では如何なる行事が行われるのかを検討し、両者の区別と機能・特色を私なりに整理することにしたい。

（一）　難波館は基本的には外国使節を安置し、また彼らが滞在する場所である（02・07）。また神酒給付の他に、饗宴（09〜11）を行った例もあるが、いずれも七世紀末から八世紀の事例であることに注意したい。この饗宴は本来次に述べる「郡」の機能ではなかったかと考える。なお、難波には朝鮮三国、中国の各国用の「館」があったようであり[13]（03・04・06）、これらの総称が難波館であったと考えられる。これは複数の国の使節が同時に難波に滞在することもあった（12の百済・新羅）ためであろう。ちなみに、01では物部麁鹿火が難波館に向い、百済使に任那四県割譲を宣勅しようとしており、重要事項を伝達する場としても想定されている。そうした事柄に対応するためか、12には大夫等が「庁」で待つ中、門から日羅が入って来、「庁」の前（庁庭か）に進み跪拝して言上したという情景が描かれており、庁＝日本側――庁前（庭）＝外国使節という配置がとられたことがわかり[14]、難波館には門――庁前（庭か）――庁からなる一角が存し、単なる滞在だけでなく、外交・儀式を行う場が設けられていたようである。

（二）　次に「郡」は難波郡、難波大郡、難波小郡などの表記で現れる。これらのうち、難波郡は皇極紀だけに現れる表現であり、大・小郡のどちらかと同じか、両者の総称かと推定されるが、その機能は外交上の役割が大きく、難波大郡と共通する。したがって皇極紀の難波郡＝難波大郡であって、外交面での機能を持つ施設であったと考えては如何であろうか。その機能は、外国使節の饗宴の場（13・15）、貢納品を献ずるために外国使節が列席し（02）、また大夫等が派遣され、貢納品を検査する場（14・16）である。難波館の方は各国別に「館」が存したようであるが、難波大郡では「次二序諸蕃一」しており、複数の国の使節が同席することもあった（02・15）。なお、大郡は白雉二年十二月条「天皇従二於大郡一遷二居新宮一。号曰二難波長柄豊碕宮一。」とあり、同三年正月己未朔条にも大郡宮が見え、次の小郡と異なり、壊された形跡はない。

（三）　小郡に関しては、外交の場としては現れないこと、19に内政面に携わる例があることから、内政用の庁舎で、難波屯倉の系譜を引くものと見るのが有力である。[15] ただし、18には「壊二小郡一」とあり、19は変質した難波小郡の機能を示すものかもしれない。また12では難波館で死去した日羅を「小郡西畔丘前」に埋葬しており、小郡は難波館に付設され、雑事を掌る場であった可能性がある。小郡の位置については、天平宝字四年十一月七日摂津国西生郡美努郷庄地売買券（『大日本古文書』四―四四八～四四九）の検討により、東成郡酒人郷付近かとの意見が呈されており、[16] この酒人郷については、次の史料が注目される。

（職員令造酒司条集解古記）別記云、酒戸百八十五戸、倭国九十戸・川内国七十戸、合定二百六十戸一。一番役二八十丁一、為二品部一、免二調雑徭一。但津国廿五戸、今定二十戸一、客饗時役也。

（職員令大炊寮条集解古記）別記云、大炊戸、廿五戸、津国客饗、為二品部一、免二雑徭一。戸止五戸定、余皆止。

（職員令大蔵省条集解古記）別記云、忍海戸狛人五戸、竹志戸狛人七戸、合十二戸。役日無レ限、但年料牛皮廿張以下令レ作。村々狛人三十戸、宮郡狛人十四戸、大狛染六戸、右五色人等為二品部一、免二調役一也。

造酒司に所属する酒戸の中に、中央で奉仕するものとは別に、摂津国のものがあり、それは「客饗時役」、すなわち外国使節の饗宴を掌ったことが知られる。その他、大炊戸も配置されており、酒戸と合せて、酒食の準備が可能となる。また「宮郡狛人」を難波宮と「郡」＝迎賓用の施設におかれていたものとする見解もあり(17)、そうした手工業者も難波にいたことになり、幅広い迎客の要望に応じたのであろうか。あるいはこうした饗客に伴う雑事を掌る施設が小郡であった可能性も考えられ、小郡を難波館に付設され、外交・儀礼の雑事を担当する部署としてみたい。

難波における外交・儀礼としては以上のようなものがあり、各々の場に応じて、「館」「郡」が存した。ではその外交・儀礼を掌ったのはどのような人々であったか。次に難波の人的な面の検討を試みたい（表11参照）。

式文によると、迎船による出迎えは通常は郡司が行うものであった。このことは、中央派遣官以外の存在にも注目すべきことを示している。難波における郡司というと、天平宝字四年十一月十八日東大寺三綱牒（『大日本古文書』四―四五一～四五二）に付された郡判に東生郡擬大領難波忌寸浜勝、擬少領日下部忌寸主守、西成郡擬大領吉志船人、擬少領三宅忌寸広種があり、東生郡に関しては、神護景雲三年九月十一日香山薬師寺鎮三綱牒の郡判にも擬大領難波忌寸、擬少領日下部忌寸人綱、副擬少領日下部忌寸諸前が見える（『大日本古文書』五―七〇一～七〇四）。難波忌寸、日下部忌寸はもと草壁吉士（『書紀』天武十年正月丁丑条、同十二年十月己未条）、三宅忌寸は三宅吉士（同十二年十月己未条）であり、吉志も元来は難波吉士を名乗ったと考えられており、これらはいわゆる吉士集団を構成する人々であった。吉士集団がヤマト王権の外交に携わっていたことは著名であり、外交使節の中心あるいはその一員として各国に派遣されている(18)。今、難波における外交・儀礼に関与した人々を表にしてみると、吉士集団の者の例は多く、式文にいう郡司とは、「館」「郡」の所在地の郡司たる吉士集団の人々ではなかったかと考えられてくる。この吉士集団の動向については、主に対外交渉の担い手という面が論究されてきたが、ここでは外交儀礼の面を見てみたい。

表11　難波における外交儀礼とその関係者

年次	相手国	肩書	人名	備考
継体6・12	百済	宣勅使	物部大連麁鹿火 →日鷹吉士	難波館発遣を辞退 任那四県割譲を改宣 （史料01）
欽明22	新羅 百済	掌客	額田部連 葛城直	難波大郡にて諸蕃を次序 （史料02）
欽明31・7	高句麗		許勢臣猿 吉士赤鳩	難波津より発して，近江北山にて飾船で高句麗使を出迎える
		守護人	東漢坂上直子麻呂 錦部首大石	山背相楽館にて饗す
敏達元・5・1	〃		〔群臣〕	相楽館で調物検録・京送
敏達元・6	〃	領客	東漢坂上直子麻呂ら	高句麗使の内部争いを推問
敏達12	百済		大伴糠手子連 〔数大夫〕 物部贄子連 大伴糠手子連	吉備児島屯倉で慰労 難波館に日羅を訪う（史料12），日羅を小郡の西畔丘前に埋葬（史料12）
推古16・6・15	隋			飾船30艘で江口に迎える
		掌客	中臣宮地連摩呂 大河内直糠手 船史王平	客を新館に安置した後に任命（以上，史料05）
推古16・9・5				難波大郡にて饗す（史料13）
舒明4・10・4	唐		大伴連馬養	船32艘で江口に迎える
		導者	難波吉士小槻 大河内直矢伏 伊岐史乙等 難波吉士八牛	館前に到る 客等を引いて館に入る
				神酒給付
皇極元・2・21	高句麗		〔諸大夫〕	難波郡にて献物検査 （史料14）
皇極元・3・22	高句麗 百済			難波郡にて饗す（史料15）
皇極2・7・3	百済		〔数大夫〕	難波郡にて調・献物検査 （史料16）
斉明元・7・11	百済			難波朝にて饗す（史料17）
天武2・9・28	新羅			難波にて饗す
持統6・11・11	新羅			難波館にて饗禄（史料09）
大宝3・④・1	新羅			難波館にて饗す（史料10）
勝宝4・7・24	新羅			難波館で酒肴を給う （史料11）

まず欽明三十一年七月吉士赤鳩が迎船を率いて出迎えを行った例、舒明四年十月難波吉士小槻が導者として唐使の船を誘導して難波館前まで到った例が注目される。吉士赤鳩とともに見える許勢臣猿は中央の有力豪族巨勢氏の一員であり、舒明四年に唐使を迎えた大伴連馬養と同様、大夫クラスのヤマト王権の代表者として同席しているのであって、実際に導者として唐船を引導したのは難波吉士小槻であったというように、迎船の実質上の主体は吉士集団の人々であったと考えられる。その他、敏達十二年に日羅を招聘した際には、紀国造押勝と吉備海部直羽嶋が派遣されるが、押勝の方は百済王と正面切っての交渉で拒否の回答を得ると帰朝しており、ふたたび羽嶋を派遣して日羅との直接交渉で来日を実現したという例があり、実務担当者の働きが大きかったことが知られる。[19] また同六年五月丁丑条の大別王と小黒吉士の百済への派遣の場合も、小黒吉士が外交の実務を執っていたと推定でき、以上のような事例に加えることができよう。

このように実務担当者としての吉士集団は、難波における迎船、引導などの儀礼に不可欠の存在であった。ただし、難波館に客徒を安置した後の接待、難波大郡での儀式の際の掌客などとしては吉士集団の者は現れてこない。また物部麁鹿火が宣勅使を辞退した後に、日鷹吉士が改宣を行った例はある(01)が、外交儀礼の中心的存在としてヤマト王権を代表したのは物部、大伴両氏である。舒明即位前紀に難波吉士身刺が大夫クラスとして見える例があるが、14・16の大夫による貢献物検査に吉士集団の者が加わっていたか否かは不明とせねばならない。もちろん、実務担当者としてさまざまな助言や調整を行ったことは想定され、それ故に改宣者への起用も可能であったと考えられる。

以上を要するに、吉士集団が果す役割は、難波津での迎船による出迎えと館への引導であり、ヤマト王権の代表者たる大夫クラスの者を支える実務担当者として活躍していたものと思われる。もちろんその背景には充分な外交交渉の能力を備えた集団としての特性がある。また引導は水路を熟知した者でなければ成し得ず、吉士集団が難波を根拠地にしていたことを物語るものと考える。なお、日鷹吉士に関しては、『書紀』仁賢六年是秋条に高句麗への遣使の際、「住道人」飽寸を従えたことが見え、あるいは吉士集団が住道地域にも勢力を及ぼしており、住道社で醸造した神酒を難波館で給付するという行事との関係、神酒醸造への指揮・掌握など、を想定できるのではあるまいか。難波地域を掌握する豪族としての側面として指摘しておきたい。[20]

次に大河内直氏に注目したい。この氏は凡河内直とも表記し、摂津・河内・和泉地域の国造であった。摂津国菟原郡に河内国魂神社（『延喜式』神名帳）、八部郡に凡河内寺（天平十九年二月十一日法隆寺伽藍縁起並流記資財帳、『大日本古文書』二―六一七）があるので、その本拠地は西摂地域であり、務古水門を押え、海上交通やそれに関連する外交関係でヤマト王権の一翼を担ったのが、発展の契機ではないかと言われる。また『書紀』安閑二年閏十二月壬午条には、三島竹村屯倉に河内県から鍬丁を出すなど、大王家のためにこの地域を支配する官僚的性格も窺われ、さらに「河内」を冠する渡来系氏族を統括する意味でも「凡河内」直と名乗ったのではないかとされている。[21] 務古水門と凡河内直氏との関係については、前節で触れた『書紀』神功摂政元年二月条で、広田・長田神社の奉斎に与ったのが、いずれも山背根子という人物の女であったことが注意される。この山背根子は『新撰姓氏録』摂津国神別山代直条に「天御影命十一世孫山代根子之後也」と見える者であろうと言われ、[22]『書紀』神代上瑞珠盟約段によると、天津彦根命は凡川内直、山代直の祖とあるので、務古水門の奉斎に関与していることと合せて、この山背根子は凡河内直氏の祖先の一人と見ては如何であろうか。つまり前節で整理した敏売崎＝務古水門での神酒給付を掌ったのは、元来はこの凡河内直氏ではなかったかと考えるのである。神功紀では、神酒醸造を行う生田社の奉斎を行ったのは系譜不明の海上五十狭茅であり、凡河内直氏との関係を確定できないので、問題が残るが、今は以上のように想定してみたい。

このような凡河内直が難波吉士とともに難波での外交儀礼に携わっているのは注目される。推古十六年の隋使来日の際には、掌客の一人に大河内直糠手が見え(05)、舒明四年の唐使来日時には、大河内直矢伏が難波吉士小槻とともに難波津での迎船、館までの導者として唐使を引率している。前述の吉士集団の場合は、迎船と館までの引導でしか活躍が見られなかったが、凡河内直氏は掌客というヤマト王権の官僚としての活躍が見られる点が若干異なっているようである。その他、『続紀』慶雲三年十月壬午条には難波行幸の報賞として「還ㇾ宮。摂津国造従七位上凡河内忌寸石麻呂・山背国造外従八位上山背忌寸品遅・従八位上難波忌寸浜足・従七位下三宅忌寸大目、合四人各進ニ位一階。」とあり、氏姓から見て東生郡・西成郡の郡司と思われる難波忌寸・三宅忌寸とともに、摂津国造・山背国造が叙位に与っているから、国造凡河内直氏と難波との密接な関係を窺うことができよう。

では、凡河内直氏は何故難波での儀礼に加わっているのであろうか。上述の官僚的性格を持つ「凡河内」直としての職務からであろうか。私は玄蕃式の「客等参近奴登、摂津国守等聞著氐」という迎船の言葉に注意したい。これによると、外国使節が難波津に接近しつつあることを報告する者がいなければ、その情報を得ることができないはずである。この情報提供者こそ、難波より一つ前の停泊地である務古水門＝敏売崎を掌握した凡河内直氏ではなかったかと考えたい。先述のように、律令制下においても凡河内直氏は摂津国造であり、また河辺郡の郡領として凡河内直氏の者が見える(天平勝宝八年十二月十七日東大寺猪名庄絵図)など、この地域での凡河内直氏の勢力は維持されている。したがって難波における在地豪族吉士集団と同様、敏売崎でも在地豪族凡河内直氏が儀礼に関与し、外国使節の接近を摂津国司に知らせるなどの役割を果したと考える次第である。

以上、難波における外交儀礼の担い手を見てきたが、中央から派遣される人々以外に、難波地域の豪族たる吉士、敏売崎＝務古水門を押さえた凡河内国造たる凡河内直氏など、在地豪族が関与しているのが大きな特色である。彼らはともにヤマト王権の官僚的性格を色濃く持ち、その内容も迎船や館までの引導に留まるが、まず在地豪族が外国使節を迎えるというところに古い外交形態が残されているのではあるまいか。『書紀』垂仁二年是歳条所引一云では、意富加羅国の王子都怒我阿羅斯等が穴門に到着した時、穴門国の人伊都都比古が国王と自称したという話を載せる。また欽明三十一年四月乙酉条には、越に到着した高句麗使に対して、「郡司」道君は「天皇」と称して調物を取り上げたという著名な例が見える。その他、継体二十一年六月甲午条に、反乱を起こした筑紫国造磐井が「外邀二海路一誘二致高麗・百済・新羅・任那等国貢職船一」したという例もある。式文においても難波津の出迎えは郡司が行うと規定されており、難波には古い外交の形態が残っていた。また史料的にも難波での外交の具体例は七世紀中葉のものまでしかなく、律令制成立以前の外交のあり方を窺う材料となるのではないかと思われる。では、その古い外交形態とはどのようなものであったか。最後に古代日本における外交全体の中で、難波の占めた位置やその変化を考察してみたい。

三　難波の位置とその変化

まず八、九世紀の史料に知られる律令国家の賓礼の構成との比較を試みたい。古代日本の賓礼の全体像については優れた研究が呈されているが、今、私なりに賓礼の流れを整理すると、次のようになろう（この他、鴻臚館での交易も重要である）。

a到着地での安置（大宰府・国司など）、b存問使の派遣（存問）、c領客使による京上（領客）、d難波における歓迎（迎船）→難波館への安置、e入京時の郊労（郊労）、f鴻臚館への安置、慰労使・労問使の派遣と掌客使の任命、g朝廷での使旨奏上、貢献物奉呈（国書または口頭、貢献物）、h諸行事への参加（正月の行事、五月五日などの諸節会）、

i天皇出御の下での饗宴、授位・賜禄、j臣下による饗宴、k鴻臚館での饗宴、l鴻臚館での日本の国書賜与、m領帰郷客使に引率され出京・帰国へ、n難波館での讌饗→帰国へ

これらのうち、d、nは難波を経由する場合のみであり、hも来日時期によっては全く該当しない場合もあった。その他についても、すべての外国使節について史料が残っている訳ではないが、総体的な傾向としてのことである。

さて、d、nは難波を経由する場合のみであると述べたが、やはり大宰府→瀬戸内海→難波は、畿内に到る基本的なルートであった。律令制下においても、『続紀』宝亀八年正月癸酉条では、越前国加賀郡に到着した渤海使に対して、「去宝亀四年、烏須弗帰二本蕃一日、太政官処分、渤海入朝使、自レ今以後、宜下依二古例一向中大宰府上、不レ得下取二北路一来上」との詰問を行った旨が見えており、それまで渤海使は日本海岸に到着するという既成事実があったにもかかわらず、「古例」を楯に大宰府への到着が原則であること、つまり大宰府→瀬戸内海→難波というルートで入京すべきであるという意識が存したことがわかる。このように難波はヤマト王権の表玄関としての性格を有していた。そして、七世紀末の天武・持統朝頃に確立する律令制的な賓礼以前の段階においては、大王は外国使節の前に姿を現さないのが原則であり、また大王の一元的な外交権も未確立で、大臣や大夫クラスの者が介入・代行するものであったという指摘が重要である[(23)]。事実、入京した場合でも、王宮とは別の場所で饗宴を行ったり（『書紀』雄略十四年四月甲午朔条、斉明二年是歳条、同三年七月辛丑条など）、また朝廷で行う場合も大王が出御したことを明確に示す例はない。したがって律令制下の賓礼で、京内あるいは朝廷で行われる賓礼の中心的行事に関しては、それ以前では別の場所を求めねばならず、難波における外交・儀礼が重視されてくる訳である。

難波館や「郡」での行事は先に整理したが、それらにはe・f・g・k・lなどの要素が包摂されている。難波だけの行事で、入京せずに帰国する例がある（01・02・14・15・16など）ので、難波津における迎船、言辞の交換（郊労）、

客館への引導、神酒給付はe、fに対応するものと言えよう。難波での行事にあたって掌客が任命される例があり（02・05）、律令制下の朝廷での行事の際と同様の措置が取られていた。また大夫派遣による貢献物の検査である。貢献物はその名称についても、たとえば八世紀の新羅に関しては調と称するか、土毛・方物などと称するかでたびたび紛糾があった（『続紀』天平十五年四月甲午条、宝亀五年三月癸卯条など）ように、国家の対外意識を示すものとして重要である。16では、貢献物を検査した大夫たちが、貢献物数の前例との相違、また大夫宛の貢献物がないことなどを問責しており、難波の地が正に外交のあり方についての議論の場になっていることが知られる。その他、12では日羅が大夫たちに臣下の挨拶を行い、大王への貢献物を付託している。また02では調賦貢献のために、難波大郡で「次二序諸蕃一」という行事が行われており、以上の事例はgに相当するものと考えられる。そして、01では任那四県割譲という外交上の重大事が難波館で宣せられており、これはlに対応するものとなろうか。

以上のように、律令国家の賓礼の流れと比較する時、八世紀以前の難波においては、国家の賓礼の中心となるべき事項が行われていたことが知られる。それ故、難波における外交・儀礼が重視され、玄蕃式の記載まで残ったものと考える。ところで、前掲の外交に携わった人々の表によると、大化以後、難波での具体的な行事が不明となり、また七世紀末から八世紀の例はいずれも饗宴に限定され、しかも本来難波大郡で行われていた饗宴が難波館で実施されており、難波は外国使節の安置と饗宴と、その役割を縮小していくように思われる。先掲の官員令別記でも、酒戸・大炊戸は本来各二十五戸であるが、「今定二十戸一」「戸止五戸定」と大幅に減少されており、難波での客饗機能は大いに弱められたと言えよう。では、その原因は何であったか。迎船・引導の担い手としての吉士集団は、外交使節の一員としては姿を見せなくなるが、奈良時代に入っても難波の地で郡司として勢力を有しており、大きな衰退はない。また難波自体も交易や外国使節の畿内への玄関口として繁栄している。とすると、外交の場としての難波に対する国家の位置づけの変化であろうか。

七世紀末の天武・持統朝以前においては、外国使節の前に大王は姿を現さず、また大夫等による貢献物のチェック、彼らに宛てた貢献物の存在など、中央豪族が外交に対しての権限を有する面が強いとされていた。しかし、天武八年から持統五年には筑紫での使者選別と入京を認めない期間の存在があり、その間筑紫大宰には皇親の任命例が多く、筑紫大郡・小郡での饗宴により、大夫等が派遣されて貢献物をチェックするなどしていた難波館の機能を排除し、天皇の外交権を確立しようとしたのではないかとされる(24)。そして、『続紀』文武二年正月甲子条では新羅使の前に天皇が出御し、外交権の所在を明示し、律令国家の外交形式が成立する。天武八年から持統五年に入京例がないのは、新益京および難波京での都城造営継続のために、儀式の場が確保できなかったからであるとする意見もあるが(25)、やはり古代日本の外交のあり方の変容という視角は重要であると考える。

そこで、ここでは難波の位置づけの変化を探るために、都城成立による新たな外交の場の整備との相関という視角を私なりに検討したいと考える。

まず『書紀』には七世紀後半に飛鳥寺の西の広場でさまざまな行事が行われたことが見え、この地が国家的儀式の場として重視されたことが知られる。飛鳥寺の西の広場は斎槻の広場、須彌山の園池、漏刻台からなり、後二者に相当する石神遺跡、水落遺跡などの発掘も進み、七世紀後半のこの地域の様相の解明が注目されるところである(26)。この地域の利用方法で最も目立つのは、外国人や蝦夷・隼人、南島人に対する饗宴の場としての例である（斉明三年七月辛丑条〔覩貨邏人〕、同五年三月甲午条〔蝦夷〕、同六年五月是月条〔粛慎〕、天武六年二月是月条・同十年九月庚戌条〔多禰島人〕、同十一年七月戊午条〔隼人〕、持統二年十二月丙申条〔蝦夷〕、同九年五月丁卯条〔隼人〕）。外国人に対しては難波の地での儀礼があったためか、非公式な来日（漂着）の覩貨邏人に対する例しかないが、蝦夷・隼人の饗宴の例は顕著である。では、当時の朝廷の行事はどのような場を用いていたのであろうか。飛鳥寺の西の地域の利用が見える斉明、天武、持統紀の記事を瞥見すると、正月には朝庭で群臣に宴を賜り、西門あるいは南門で大射を行うなど、諸行事は宮内で行うのが通例であった。ところが、隼人・蝦夷や外国使節に関するものだけが、別の場所で執行されていたことがわかる。持統八年十二月に藤原京に遷都した後も、まだ充分に整備が進んでいなかったためか、持統九年五月には飛鳥寺の西の地域で隼人を饗したようである。そして、文武朝に入ってようやく外国使節や蝦夷・隼人が宮内での行事に参加するようになるのであった。こうした変化については、先の天皇による外交権の確立という指摘とともに、外国使節や隼人・蝦夷を宮内で饗するという思想的な転換も必要かと思われる。今泉隆雄氏は、この変化を斎槻の下での呪術的な場から、大極殿・朝堂という儀式的な場へというものとしてとらえようとされている(27)。ただし、その変化を準備した思想的背景に関しては、律令制の確立、都城の成立など、一般的指摘に留まる。外交面では難波における外交・儀礼から宮・京内での外交・儀礼に変わるのであり、その変化を容認したものは何か。次にその一端を示してみたい。

『延喜式』巻三臨時祭には、外国使節の入京に際して、次のような祭祀を行ったことが見える。

a唐客入京路次神祭。幣帛絁五尺、糸一絇、綿一屯、五色薄絁各一尺、木綿二両、麻三両、裹料薦四枚。〈已上幣前別所レ充。〉差二使二人一。〈畿内外国各一人。〉並中臣。

b蕃客送堺神祭。五色薄絁各四尺、倭文二尺、木綿・麻各二斤、庸布四段、鍬四口、牛皮・熊皮・鹿皮・猪皮各二張、酒二斗、米四升、鰒・堅魚各二斤、海藻四斤、腊八斤、塩四升、稲十二束、水瓮二口、坏四口、匏二柄、薦二枚、藁四圍、槲八把〈已上祭料〉。木綿四両、麻一斤、酒六升、米四升、鰒・堅魚各一斤、雑海菜二斤、腊一斤、塩一升、水瓮・坏各二口、匏一柄、食薦二枚、槲十把、葦籠一口、杓一枝、夫二人〈已上祓料〉。右蕃客入朝、迎二畿内堺一、祭二却送神一。其客徒等、比レ至二京城一、給二祓麻一、令レ除乃入。

c障神祭。五色薄絁各一丈二尺、倭文一丈二尺、木綿・麻各十二斤、庸布八段、熊皮・牛皮・鹿皮・猪皮各四張、鍬十六口、米・酒各四斗、稲十六束、鰒・堅魚・海藻各八斤、腊・塩各二斗、水瓮四口、坏八口、匏四柄、槲十二把、薦四枚〈五色薄絁以下四所等分〉。右客等入京前二日、京城四隅為㆓障神㆒祭。

管見の限りでは、こうした祭祀の実例は見あたらず、わずかに『三代実録』貞観十四年正月二十日条「是月。京邑咳逆病発、死亡者衆。人間言、渤海客来、異土毒気之令㆑然焉。是日、大㆓祓於建礼門前㆒以厭㆑之。」に、外国使節の入京が災厄を齎すものであり、祓を行わねばならないという観念が存したことが知られる。その他、天平九年の天然痘流行も、当初帰朝した遣新羅使の一行から使者が出はじめたようで、『続紀』天平九年是年条は「疫瘡大発。初自㆓筑紫㆒来。」と述べるが、筑紫のさらに先には新羅が想定されていたのかもしれない。

では、こうした祭祀はいつごろからはじまったのであろうか。実例がないので、確定は困難であるが、祭祀の構造から検討してみたい。aは入京路次の神々に対して外国使節の通過を謝するものであり、cは京城四隅の障神に対して外国使節の入京を謝すというように、まず主眼は外国使節の入京にある。bは畿内の入口で送神を祭却し、入京の際に外国使節に祓麻を給付し、祓を行ってから入京させるとする。bはあたかも畿内の入口である敏売崎での神酒給付→外交・滞在の場たる難波館での神酒給付に相当し、元来は難波における外交・儀礼の中で実施されていたものではないかと思われる。とすると、難波でのこうした儀礼の衰退、逆に言えば、外国使節を入京させ、京内で外交・儀礼を行うようになった段階で、bのような祭祀が必要になったのではないかと考えられてくる。

では、外国使節を入京させるのはいつからか。先に天皇が外国使節の前に姿を現すようになるのは、八世紀からであるとする見解を紹介した。それ以前においても、ヤマト王権の宮室の地に外国使節が入った例はある。しかし、たとえば『書紀』敏達十二年是歳条の日羅来日に際しては阿斗桑市（大和国城下郡阿刀村、現磯城郡田原本町坂手）に館を設け、そこに大夫を遣して意見を徴し、推古十八年十月丙申条の新羅・任那使来日時にも、「臻二於京一」とありながら、実際には阿斗河辺館に安置したというように、入京しても、京内への滞在ではない。藤原京までは明確な京域は成立していないので、「入京」という言葉は当たらないかもしれないが、八世紀以前には外国使節が入京・滞在した明確な例は見出し難いと言わねばなるまい。b・cは畿内堺十処疫神祭、宮城四隅疫神祭（『延喜式』巻三臨時祭）の外国使節来日時版ともいえ、宮・京域が確定し、外国使節がその中に「侵入」する際の祭祀と見ることができる。とすると、その成立は外国使節が入京し、その前に天皇が姿を現しはじめる八世紀前後のことと考えられてくる。時あたかも難波における外交・儀礼が都城におけるそれに変化する時期であり、外国使節入京時の祭祀はそうした変化に対応したものと見ることができる。

以上、飛鳥寺の西の地域の機能が都城内に移っていく、つまり個々に行われていた儀礼が都城に収束されていくこと、そして、そうした中で難波における外交・儀礼も都城において、また天皇臨席の下の儀式に吸収されていくのではないかと考えた。それに対応して、従来は敏売崎や難波館で行われていた神酒給付という呪術的儀礼に代わって、入京時の新たな祭祀が成立し、外国使節の入京が可能になっていくのではないだろうか。八世紀以降の難波は、船で来日した新羅使の滞在・帰国時の饗宴の場くらいしか姿がなく、外交の場としての機能は見るべくもない。天平勝宝六年の鑑真来日時にはまず難波で朝廷の歓迎が行われている（『東大寺要録』巻四所引大和尚伝）が、入京までの通過点としての場であって、重要な外交事項などが執り行われる場ではなかった。したがって難波における外交は律令制成立とともにその意義を失い、吉士集団も外交に従事することなく、郡領氏族としての道を歩み、迎船という形式的な儀礼のみを残していくことになるのだと考える。

むすび

本稿では玄蕃式文の構造とその歴史的背景を手がかりに、難波における外交儀礼の様相とその変化の意味を考えた。その中で律令国家成立以前の外交のあり方にも言及したが、さらに大宰府など外国使節の到着地や都城内など、さまざまな外交の場・人のあり方とその変遷と比較して、外交機構全体の中で検討を加える必要を感じる。この点を今後の課題として、今は擱筆することにしたい。

註

（1）朝鮮諸国の使節と唐使とで迎船の数が違うことは、拙稿「古代日本における対唐観の研究」（『弘前大学国史研究』八四、一九八八年、本書所収）参照。

（2）『新修大阪市史』第一巻（一九八八年）など。

（3）虎尾俊哉『延喜式』（吉川弘文館、一九六四年）には、すでに効力の失われた規定が式文として掲載されている例が示されており、『延喜式』の成立過程が考察されている。

（4）横田健一「律令制下の西宮地方」（『西宮市史』一、一九五七年）、井上薫「穴師神社の一考察」（『近畿古文化論攷』吉川弘文館、一九六三年）、滝川政次郎「聖徳太子の外交政策と外交方針」（『聖徳太子論集』平楽寺書店、一九七一年）、吉井良隆「生田社で醸す酒」（『神道史研究』二一の三・四、一九七三年）など。

（5）岡田精司「古代の難波と住吉の神」（『日本古代の政治と制度』続群書類従完成会、一九八五年）。

（6）中野高行a「延喜玄蕃寮式に見える新羅使への給酒規定について」（『ヒストリア』一二四、一九八九年）、b「難波館における給酒八社について」（『延喜式研究』六、一九九二年）。

（7）平野卓治「日本古代の客館に関する一考察」（『国学院雑誌』八九の三、一九八八年）、「山陽道と蕃客」（『国史学』一三五、一九八八年）が比較的詳しく触れているが、玄蕃式との関係にはあまり言及されていない。

（8）吉田晶『日本古代国家成立史論』（東京大学出版会、一九七三年）二六二頁註（4）。

（9）大津透「万葉人の歴史空間」（『律令国家支配構造の研究』岩波書店、一九九三年）。

（10）神功皇后の伝承との関連については、中野註（6）a論文でも言及されている。

（11）鈴木靖民「掃守氏と相楽神社」（『古代対外関係史の研究』吉川弘文館、一九八五年）。

（12）滝川政次郎「難波の主船司」（『ヒストリア』二一、一九五七年）は、主船司そのものが難波津にあったとするが、東野治之「奈良時代の難波」（『新修大阪市史』第一巻、一九八八年）が説くように、主船司はあくまで文書を通じて全国的規模で官私船を把握したもので、京内に存したと見てよい。難波での船の管理は船戸を中心に行われたものと考える。

（13）なお、『大槐秘抄』には京の鴻臚館について「くにぐににしたがひてべちのやに候」とある。

（14）『大唐開元礼』巻第七十九によると、「蕃主来朝遣レ使迎労」、「皇帝遣レ使戒二蕃主見日一」など、「館」における行事では、蕃主の来朝を想定しているためもあろうが、使者と蕃主は東西で相対するという礼をとっており、皇帝と対面する際などの南北方向とは異なる配置をとっている。11の場合は、「庁」は一般的に南面していたと推定されるので、南北方向の主人－臣下の礼となる。

（15）直木孝次郎「難波小郡宮と長柄豊碕宮」（『難波宮と日本古代国家』塙書房、一九七七年）。

（16）（17）『新修大阪市史』第一巻（一九八八年）第六章。

（18）三浦圭一「吉士について」（『日本史研究』三四、一九五七年）、笹川進二郎「吉士集団と倭王権」（『日本史論叢』一一、一九八七年）、本位田菊士「吉士と『任那の調』」（『日本史研究』一六八、一九七六年）、大橋信弥「難波吉士について」（『続日本紀研究』一九六、一九七八年、『日本古代の王権と氏族』吉川弘文館、一九九六年に所収）、請田正幸「吉士集団の性格」（『続日本紀研究』二二七、一九八三年）、鬼頭清明「吉士集団と難波」（『前近代の日本と東アジア』吉川弘文館、一九九五年）など。

（19）長山泰孝「前期大和王権の支配体制」（『古代国家と王権』吉川弘文館、一九九二年）は、地方豪族もヤマト王権の委託を受けて軍事・外交に参画していた時期があることを指摘しており、この場合、紀国造押勝が大夫クラス、吉備海部直羽嶋が実務者と見なされる。

(20)　吉士集団の豪族的性格については、請田註(18)論文でも指摘されている。
(21)　吉田晶「凡河内直氏と国造制」(『日本古代国家成立史論』東京大学出版会、一九七三年)。
(22)　中野註(6)a論文。
(23)　田島公a「日本の律令国家の『賓礼』」(『史林』六八の三、一九八五年)、b「外交と儀礼」(『日本の古代』七、中央公論社、一九八六年)。
(24)　田島註(23)b論文。
(25)　仁藤敦史「倭京から藤原京へ」(『国立歴史民俗博物館研究報告』四五、一九九二年)。なお、直木孝次郎「古代難波史論」(『相愛大学研究論集』一一、一九九五年)は、この間の入京例がないことについて、強大な唐に打ち勝った新羅を警戒して、日本の国情や防衛体制を知らせないようにするためであったと述べている。
(26)　今泉隆雄a「飛鳥の須彌山と斎槻」(『東北大学文学部年報』四一、一九九二年)、b「蝦夷の朝貢と饗宴」(『東北古代史の研究』吉川弘文館、一九八六年)、c「日本古代における漏刻と時刻制度の成立」(『文化における時間意識』一九九三年)など(a・cは『古代宮都の研究』吉川弘文館、一九九三年に所収)。
(27)　今泉註(26)b論文。
(付記)　註(17)の「宮郡狛人」について、櫛木謙周「宮都と郡の関係についての小考」(『古代の日本と渡来の文化』学生社、一九九七年)二八二～二八三頁は、飽波宮などの離宮と「郡」=迎賓施設に置かれて染革に携わっていたものと見ている。

第二章　大宰府および到着地の外交機能

はじめに

三世紀前半の日本の様子を記した『魏志倭人伝』には、後の筑前国怡土郡付近に比定される伊都国について、次のような記述が見られる。

東南陸行五百里、到二伊都国一。官曰二爾支一、副曰二泄謨觚・柄渠觚一。有二千余戸一。世有レ王、皆統二属女王国一。郡使往来常所レ駐。

自二女王国一以北、特置二一大率一、検二察諸国一。諸国畏二憚之一。常治二伊都国一。於二国中一有レ如二刺史一。王遣レ使詣二京都・帯方郡・諸韓国一、及郡使二倭国一、皆臨レ津捜露、伝二送文書・賜遺之物一詣二女王一、不レ得二差錯一。

すなわち、伊都国には女王国＝邪馬台国以北の諸国を検察する一大率という官職が置かれており、また、女王卑弥呼が魏・帯方郡や韓諸国と通交する際、あるいは帯方郡の使者が倭国に来る時には、この伊都国の地で文書・賜遺之物の伝送が行われたとあって、倭国の外交の上での位置づけは高かったと考えられる。邪馬台国の所在地について九州説、畿内説、その他いずれの説をとるにせよ、東アジア世界への玄関口としての北九州地域の重要性は認めざるを得ないであろう。なお、この伊都国に関しては、二世紀初に倭国のまとまりを築き上げた倭国王帥升は伊都国の王ではなかったかという推測もなされており、(1)千余戸と戸数は少ないが、二名の副官の存在や倭人伝の中で邪馬台国以外に唯一「世有〻王」と記される伊都国の高い位置づけ・歴史を窺わせる事柄であると言える。ただし、外交面での役割については、外交文書をチェックして何らかの判断を行うというものではなく、あくまでも伝送であり、女王卑弥呼の下にまちがいなく届けることであった点には留意しておきたい。

さて、律令制下にはこの北九州地域には大宰府が置かれており、朝鮮半島や中国からの外交使節はまず大宰府管内に到着する。また日本海沿岸の諸国についても外交使節が到着する可能性は大いにあり、特に朝鮮半島北部の渤海からの使者は北陸道に着くことが多かった。したがってこれらの外交使節の到着が予想される地域においては、何らかの形で使節到来に対応する役割やその準備を整えておくことが必要であったはずである。では、律令国家は大宰府やその他の到着地にどのような外交機構・機能を用意していたのであろうか。

古代日本の外交儀礼（賓礼）の流れは次のようになっている。

a到着地での安置（大宰府・国司など）、b存問使の派遣（存問）、c領客使による京上（領客）、d難波における歓迎（迎船）→難波館への安置、e入京時の郊労（郊労）、f鴻臚館への安置（慰労使・労問使の派遣と掌客使の任命）、g朝廷での使旨奏上・貢献物奉呈（国書または口頭、貢献物）、h諸行事への参加（正月の行事、五月五日などの諸節会）、i天皇出御の下での饗宴、授位・賜禄、j臣下による饗宴、k鴻臚館での饗宴、l鴻臚館での日本の国書賜与、m領帰郷客使に引率され、出京・帰国へ、n難波館での譙饗→帰国へ

これらのうち、a大宰府などの到着地の次に、入京する前の外交儀礼を行う場所であるd・nの難波については、その外交機能と変遷の様子を検討したことがある。(2)そこで、c以下の入京過程や京内での儀礼の考察に進む前に、本

稿では外交使節がまず到来するa大宰府および到着地の外交機能、外交機構や賓礼のあり方を考究したいと思う次第である。

なかでも、大宰府は先述のように古来から日本の東アジア世界への出入口として重要な位置を占める地に立地しており、また近年その迎賓施設である鴻臚館の遺跡が発掘され、外交の場の具体的イメージを描くことも可能になってきた。そうした中で、大宰府の外交面での活動のあり方についてはすでに優れた研究が呈されている[3]。ただし、初期の大宰府（筑紫大宰）の存在形態や大宰府の外交機能については、近年も論争が行われており、特に国書開封権の問題をめぐる議論は、大宰府における外交のあり方やその変遷を考える上で注意せねばならないと思う。

以下では、大宰府の成立過程とその外交機能の様子（含到着地における外交のあり方、地方豪族と外交）、律令制下の大宰府および到着地の外交上の役割、そして国書開封権の問題と外交機能の変遷のあり方などに留意して、大宰府および到着地の外交機能についての私見を整理することにしたい。

一　大宰府とその成立過程

「はじめに」で触れた伊都国に置かれた一大率は措くとして、大宰府の淵源に関わるものとして、まず取り上げねばならないのは、『書紀』宣化元年五月辛丑朔条の那津官家設置であろう。那津官家設置に関しては、「夫筑紫国者、遐邇之所二朝届一、去来之所二関門一」という筑紫地域の位置づけ、「収二蔵穀稼一、蓄二積儲粮一、遥設二凶年一、厚饗二良客一」という目的や「又其筑紫・肥・豊三国屯倉、散在二懸隔一。運輸遥阻、儻如須要、難二以備一レ卒。亦宜下課二諸郡一分移、聚二建那津之口一、以備二非常一、永為中民命上」という方法などから、これを大宰府の淵源と見なす見解が有力である[4]。

ただし、すでに指摘されているように、宣化二年十月壬辰朔条で加耶救援のために派遣された大伴狭手彦は、『肥前国風土記』松浦郡条によると、那津官家を根拠地としておらず、推古十年四月戊申朔条の撃新羅将軍来目皇子も「屯二嶋郡一、而聚二船舶一運二軍粮一」とあって、その後の外征軍の行動を見ると、必ずしも那津官家が根拠地となっていないことには留意せねばならない[5]。来目皇子の外征時に関しては、『肥前国風土記』三根郡物部郷・漢部郷条によると、これらの地にも根拠地を作ろうとしていることが知られ、やはり那津官家がこうした目的に機能していなかったことを窺わせる事例である。したがって私は那津官家を大宰府の淵源と見なすことに疑問を呈する立場を支持したいと思う。那津官家は磐井の乱後にこの地域にヤマト王権の権力が介入していく時期の確定には役立つが、恒常的な施設や外征あるいは北部九州の統括のための機構が成立した訳ではないという点では、大宰府の初源とは見なし難いと言わざるを得ない。

では、大宰府の初源形態としてはどのようなものが考えられるのであろうか。やはり先学が指摘されているように、筑紫大宰こそがその淵源であったと推定したい。

a『書紀』推古十六年四月条

小野臣妹子至レ自二大唐一。唐国号二妹子臣一曰二蘇因高一。即大唐使人裴世清・下客十二人、従二妹子臣一至二於筑紫一。遣二難波吉士雄成一召二大唐客裴世清等一。為二唐客一、更造二新館於難波高麗館之上一。

b『書紀』推古十七年四月庚子条

筑紫大宰奏上言、百済僧道欣・恵弥為レ首一十人、俗人七十五人、泊二于肥後国葦北津一。是時遣二難波吉士徳摩呂・船史龍一、以問之曰、何来也。対曰、百済王命以遣二於呉国一、其国有レ乱不レ得レ入。更返二於本郷一、忽逢二暴風一、漂二蕩海中一。然有二大幸一而泊二于聖帝之辺境一、以歓喜。

c『書紀』推古十七年五月壬午条

徳摩呂等復奏之。則返二徳摩呂・龍二人一、而副二百済人等一送二本国一。至二于対馬一、以二道人等十一皆請之欲レ留、乃上表而留レ之。因令レ住二元興寺一。

bは筑紫大宰の名称が登場する初見史料である。ただし、ここには設置の時期・経緯などは全く触れられておらず、当然の如く筑紫大宰が存しており、しかもbでは肥後国葦北津に漂着した百済人の処置について筑紫大宰が上奏しているので、筑紫大宰は西海道諸国の出来事を統括する何らかの権限を有しているものと理解される。では、先述のように、推古十年の時点（来目皇子の外征）で筑紫大宰の如き存在が窺えないとすると、筑紫大宰はいつ置かれたのであろうか。bによると、筑紫大宰は管轄地域に漂流した外国人の扱いを中央に取り次いでおり、いわば外交に関わる役割を果していると見ることができるとすれば、私はaの隋使裴世清来日を契機に筑紫大宰が派遣されたと考えるのが最も相応しいと思う(6)。

aの隋使来日は、倭の五王の時代から約一世紀ぶりに日本が中国王朝を中心とする東アジア世界の外交に参加した画期的な出来事であり、この時に隋の礼書『江都集礼』が将来され、中国風の賓礼が行われたとも言われている(7)。aによると、難波には隋使のための館舎が新造されており(8)、日本側が賓待に意を尽くそうとした様子が窺われるのである。さて、aでは、隋使はまず筑紫に到着し、そこで朝廷から派遣された難波吉士雄成の歓迎と先導で入京に至ったことが知られる。とすると、筑紫にも隋使を歓迎する何らかの施設が存したことが推定され、またいつ帰国するかわからない遣隋使の帰朝や隋使来日を知るためには、筑紫にそうした役割を果す者を派遣する必要があったのではあるまいか。私はそれこそが筑紫大宰ではなかったかと考えてみたい(9)。aでは実際の外交の処理には中央から使者が派遣されており、bでも筑紫大宰は外国人来着の奏上のみを行い、外交問題の処理に関しては、中央の専門家である吉士や船史氏の者を派遣して対処している。この点に筑紫大宰の役割とその範囲がよく示されていると思われ、同様の形式をとるａの段階で、すでに筑紫大宰は存したと見るのである。

そこで、次にこれ以降の筑紫大宰のあり方を検討し、ａ〜ｃが大宰府の初源形態であることの補説としたい。

ｄ『善隣国宝記』天智三年条所引「海外国記」

天智天皇三年四月、大唐客来朝。大使朝散大夫上柱国郭務悰等卅人・百済佐平禰軍等百余人、到二対馬島一。遣二大山中采女通（造カ）信侶・僧智弁等一来、喚二客於別館一。於レ是智弁問曰、有二表書并献物一以不。使人答曰、有二将軍牒書一函并献物一。乃授二牒書一函於智弁等一、而奉上。但献物検看而不レ将也。九月、大山中津守吉祥・大乙中伊岐史博徳・僧智弁等、称二筑紫大宰辞一、実是勅旨、告二客等一。今見二客等来状一者、非二是天子使人一、百済鎮将私使、亦復所レ賷文牒、送二上執事私辞一。是以使人（不脱カ）レ得レ入レ国、書亦不レ上二朝廷一。故客等自事者、略以二言辞一奏上耳。十二月、博徳授二客等牒書一函一、函上著二鎮西将軍一。日本鎮西筑紫大将軍牒下在二百済国一大唐行軍摠管上。使人朝散大夫郭務悰等至。披二覧来牒一、尋二省意趣一、既非二天子使一、又無二天子書一。唯是摠管使、乃為二執事牒一、牒是私意、唯須二口奏一、人非二公使一、不レ令レ入レ京云々。

ｄの天智三年は白村江の敗戦の翌年であり、唐・新羅の来侵に備えた大規模な防衛体制の整備、発掘の成果による第一期の大宰府の成立時期[10]、そして『書紀』持統五年正月丙戌条「詔曰、直広肆筑紫史益拝二筑紫大宰府典一以来、於レ今廿九年矣。（下略）」に窺われる官制の存在などから見て、大宰府の機構が確立する時期であったと考えられる。この時期の大宰府の外交面での役割を検討する史料として、ｄは一つの典型を示していると思われるので、以下、ｄを中心に考察を加える。

ｄは白村江の敗戦後はじめての外交使節の来日であり、唐の百済鎮将劉仁願よりの遣使であった。『書紀』には天智三年五月甲子条に表函・献物を持った使者の来日、十月乙亥朔条「宣㆓発遣郭務悰等㆒。勅㆓是日中臣内臣㆒、遣㆓沙門智祥㆒賜㆓物於郭務悰㆒」、戊寅条の饗賜、十二月乙酉条の帰国が記されているだけで、外交交渉の場所やその内容については言及されていない。その様子を教えてくれるのがdである。[11] dによると、外交交渉の場所は「別館」であるが、その所在地は九州島の本土であろう。対馬で外交交渉を行った事例のないこと、『書紀』天智十年十一月癸卯条によると、対馬国司が筑紫大宰府に唐使来日を報告しており、今回もまず対馬に到着した後に筑紫大宰の所在地へ向ったと推定されること、そして、後述のように、たてまえとしては筑紫大宰が対応するという形になっていることなどが論拠である。とすると、この「別館」は後の大宰府鴻臚館の前身となる筑紫館に相当するものであり、aの時点で筑紫大宰が成立したとすると、当然来着した外交使節の宿泊地も必要であったと思われるから、筑紫大宰成立の際にはこのような客館が設けられたことが推測される。筑紫館の初見は『書紀』天武二年十一月壬申条の筑紫大郡、持統二年二月己亥条・九月戊寅条の筑紫館、三年六月乙巳条の筑紫小郡など天武・持統朝に下るが、筑紫大宰の外交上の役割や難波における難波大郡・小郡、難波館といった施設の存在から類推して、[12] 筑紫大宰の外交を支える施設が早くから存したと見ることは可能であると考えたい。[13]

次に外交案件の処理方法である。dによると、bの場合と同様、中央から使者が派遣されて、外交交渉を行ったことがわかる。使者の中には知識人たる僧侶、伊吉連博徳や津守連吉祥のような外交使節の経験者（『書紀』斉明五年七月是歳条）がおり、[14] 外交の専門家が派遣されているものと理解できよう。dによれば、いずれの場面でも中央の使者が唐使に応対しており、筑紫大宰が外交交渉を行うことはなかったと考えられる。ただし、この場合、いわば唐の出先機関、地方駐留官である百済鎮将からの使人であったためか、それに相応する筑紫大宰の名前で返書を呈していることには注意しておきたい。すなわち、実際には中央から派遣された使者による応対、中央の判断・指示に基づいた外交交渉であるのだが、対外的には筑紫大宰が日本を代表して外交を行っているかの如くにふるまうこともあったと見るのである。

以上のような筑紫大宰の外交のあり方は、d以降大宰府の機構整備が進む中でも変化していないと思われる。八世紀以前の事例によると、外国人・外国使節の来日に際して、筑紫大宰はその来着の奏上のみを行い、外交問題の処理は中央の判断に委ねるというのが基本構造である（『書紀』天武元年三月己酉条、二年八月戊申条、持統三年五月甲戌条など）。また天武八年から持統五年には筑紫での使人選別と入京を認めない時期があるが、この間は中央から筑紫に使者を派遣して饗応を行ったり、川原寺の伎楽を筑紫に運んだりしている（天武十年十二月甲戌条、朱鳥元年正月是月条・四月壬午条、持統元年十二月庚子条など）。一方では「饗二〇〇於筑紫一」という型の記事も散見しており（天武元年十一月辛亥条、二年閏六月戊申条・十一月壬申条、四年三月戊午条・十月丙戌条、六年四月乙巳条、九年四月己巳条、十年四月乙卯条・六月癸卯条、十一年八月甲子条、十三年二月丙子条、持統二年二月己亥条・九月戊寅条、三年六月乙巳条、四年十月戊午条など）、筑紫大宰による饗宴の事例も存した。中央からの使者による饗応のあり方や川原寺の伎楽移動は、大宰府における儀礼方法の手本となり、また儀礼のための設備増強ともなったと思われる。そうした中で大宰府の饗応儀礼も整備されていったものと推定できよう。

そして、表面上は筑紫大宰が日本の外交を代弁している事例として、『書紀』天武二年八月戊申条、持統元年九月甲申条、同四年十月戊午条などを掲げておきたい。持統元年条の場合、新羅使金霜林の来日に際して、「筑紫大宰便告二天皇崩於霜林等一」とあり、天武天皇の崩御を告げられた霜林らは発哭している。次いで十二月庚子条で中央から新羅使饗応のための使者が派遣されており、同二年正月壬午条で「以二天皇崩一奉レ宣二金霜林等一。金霜林等乃三発哭」とあるので、中央からの使者が改めて天武崩御を告げた（正式な告知）ものと理解される。とすると、筑紫大宰はある程度独自の判断で日本の国情を来日使人に教えていたと考えられるのである。天武二年条は中央の判断を筑紫大宰の名で伝達したものであり、基本型としてはdと同様である。持統四年条に関しては、「饗二新羅送使大奈末金高訓等一、准下上二送学生土師宿禰甥等一送使之例上。其慰労賜物一依二詔書一」とあって、中央から先例に基づいた饗応を指示しているものであるが、こうした先例が蓄積されれば、ある程度大宰府独自の判断による行為も可能になっていくことが予想できよう。

以上、大宰府の成立過程と七世紀末までの筑紫大宰の外交のあり方を検討した。では、このような特色を持つ筑紫大宰の外交機能はどのようにして生まれたのであろうか。本節の最後に時代を遡って筑紫大宰成立以前の古代日本の外交の様相に触れておきたい。筑紫大宰成立以前にも外国人、外国使節が来着することはあり、それらにどのように対応していたかを見ることによって、筑紫大宰の外交機能の由来を知る手がかりを得ることができるのではないかと期待される。

e『書紀』垂仁二年是歳条分註

一云、御間城天皇之世、額有レ角人、乗二一船一泊二于越前笥飯浦一。故号二其処一曰二角鹿一也。問レ之曰、何国人也。対曰、意富加羅国王之子、名都怒我阿羅斯等、亦名曰二于斯岐阿利叱智干岐一。伝二聞日本国有二聖皇一、以帰化之。到二于穴門一時、其国有レ人、名伊都都比古、謂レ臣曰、吾則是国王也、除レ吾復無二二王一、故勿レ往二他処一。然臣究二見其為レ人、必知レ非レ王也。即更還之、不レ知二道路一留二連嶋浦一、自二北海一廻之、経二出雲国一至二於此間一也。（下略）

f『書紀』垂仁三年三月条分註

一云、初天日槍、乗レ艇泊二于播磨国一、在二於完粟邑一。時天皇遣下三輪君祖大友主与二倭直祖長尾市一於播磨国上、而問二天日槍一曰、汝也誰人、且何国人也。天日槍対曰、僕新羅国主之子也。然聞二日本国有二聖皇一、則以二己国一授二弟知

古㆓而化帰之。（下略）

g

『書紀』応神四十一年二月是月条

阿知使主等自㆑呉至㆓筑紫㆒。時胸形大神有㆑乞㆓工女等㆒、故以㆓兄媛㆒奉㆓於胸形大神㆒。是則今在㆓筑紫国㆒御使君之祖也。（下略）

h

『書紀』継体二十一年六月甲午条

（上略）於㆑是筑紫国造磐井陰謨㆓叛逆㆒、猶予経㆑年、恐㆓事難㆑成、恒伺㆓間隙㆒。新羅知㆑是、密行㆓貨賂于磐井所㆒、而勧㆑防㆓遏毛野臣軍㆒。於㆑是磐井掩㆓拠火・豊二国㆒、勿㆑使㆑修㆑職、外邀㆓海路㆒誘㆓致高麗・百済・新羅・任那等国年貢職船㆒、内遮㆘遣㆓任那㆒毛野臣軍㆖。（下略）

i

『書紀』欽明三十一年四月乙酉条

幸㆓泊瀬柴籬宮㆒。越人江渟臣裙代詣㆑京奏曰、高麗使人辛㆓苦風浪㆒迷㆓失浦津㆒、任㆑水漂流、忽到㆓着岸㆒。郡司隠匿。故臣顕奏。（下略）

j

『書紀』欽明三十一年五月条

遣㆓膳臣傾子於越㆒饗㆓高麗使㆒（注略）。大使審知㆓膳臣是皇華使㆒、乃謂㆓道君㆒曰、汝非㆓天皇㆒果如㆓我疑㆒、汝既伏㆓拝膳臣㆒、倍復足㆑知㆓百姓㆒、而前詐㆑余取㆑調入㆑己、宜㆓速還㆑之、莫㆑煩㆓飾語㆒。膳臣聞㆑之使㆑人探㆓索其調㆒、具為与之、還㆑京復命。

k

『書紀』欽明二十二年是歳条（参考）

復遣㆓奴氏大舎㆒献㆓前調賦㆒。於㆓難波大郡㆒次㆓序諸蕃㆒。掌客額田部連・葛城直等使㆑列㆓于百済之下㆒而引導。大舎怒還不㆑入㆓館舎㆒、乗㆑船帰至㆓穴門㆒。於㆑是、修㆓治穴門館㆒。大舎問曰、為㆓誰客㆒造。工匠河内馬飼首押勝欺紿曰、

遣レ問二西方無レ礼使者之所レ停宿処也。大舎還レ国告二其所レ言。故新羅築二城於阿羅波斯山一以備二日本一。

これらのうち、e、h、i・jについては、まず在地豪族が外国使節を迎えるという古い外交形態を窺わせるものであり、難波での外交儀礼の際に、ヤマト王権の外港である難波より一つ前の停泊地である務古水門＝敏売崎を掌握した凡河内国造凡河内直による外国使節の難波津への接近と情報提供に基づいて、迎船の準備が行われるという流れのなかで重要な位置を占めるものであることを指摘した。(15)またfの播磨国でのヤマト王権の使者による出迎えに関しては、明石海峡を畿内の入口と見なす地理観、あるいは印南郡南毗都麻島付近を吉備勢力との境界と考える意識があったことから見て、(16)これらの境界付近でヤマト王権の使者が外国使節を迎えるのは、充分に理由のあることだと思われる。したがってヤマト王権の外交形態として、地方豪族による外国使節来着の報告があって、ヤマト王権の勢力圏にかかるところで迎接を行うという方式が推定されるのである。この方式ではfに窺われるように、ヤマト王権の勢力圏に入って初めて外国使節の来由などが明らかになることになる。

ちなみに、e、h、i・jでは地方豪族が外国使節来着をヤマト王権に報告せず、独自の外交関係をとり結ぼうとした点が問題になっている。伝承的なeは措くとして、h、i・jは、国造制確立以前の地方豪族とヤマト王権との関係を窺わせる事例として興味深い。(17)またgも到着地の地方豪族の外交に対する何らかの権利を示唆するものと位置づけることができよう。ただし、『隋書』東夷伝倭国条によると、隋使が倭に至る順路の国名・国数（十余国）を掲げた後に、「自二竹斯国一以東、皆附二庸於倭一」と記されており、隋使には当時の日本は倭＝畿内ヤマト王権に小国が附庸（＝外交権を奪われ、他国に服属する状態）する形で存立していると映じたことが知られ、(18)六世紀代の地方豪族平定・国造制成立の中で、ヤマト王権が外交権を接収していったものと考えられる。

以上を要するに、七世紀初の筑紫大宰派遣以前の段階にあっては、到着地の地方豪族が外国使節来日をヤマト王権に報告し、ヤマト王権は自己の勢力圏である畿内付近に外国使節が到達して初めてその来由等を確認できるというシステムであったことを推定した。筑紫大宰派遣以降もこの方式が踏襲され、筑紫大宰－外国使節の来着の事実を報告、中央－使者派遣等による来由の確認・外交権の行使という分掌が定着したのであろう。なお、kによると、穴門館の存在が知られ、長門国に外国人・外国使節が来着する例も散見している[19]（eもその一例）が、この穴門館が恒常的に設置されたものか否か、また筑紫大宰に先行してこの地域の外交機能を掌握するためのものであったか否かなどは不詳であり、史料の紹介に留めておきたい。

二　大宰府および到着地の外交上の役割

本節では、律令条文の規定や前節で言及した時期以降の大宰府の外交機能に関わる実例を検討し、律令制下の大宰府および到着地の外交面での役割を考えることにしたい。まず関連する律令条文を掲げると、次の通りである。

01職員令大宰府条・帥の職掌

（上略）蕃客、帰化、饗讌事。

02職員令大国条・守の職掌

（上略）壱岐・対馬・日向・薩摩・大隅等国、総二知鎮捍・防守及蕃客帰化一。（下略）

03戸令没落外蕃条

凡没二落外蕃一得レ還、及化外人帰化者、所在国郡、給二衣粮一、具レ状発二飛駅一申奏。化外人、於二寛国一附レ貫安置。

没落人、依二旧貫一。無二旧貫一任二於近親一附レ貫。並給レ粮、逓送使レ達二前所一。

04軍防令蕃使出入条

凡蕃使出入、伝二送囚徒及軍物一、須二人防援一者、皆量二差所在兵士一逓送。

05公式令駅使至京条

凡駅使至レ京、奏二機密事一者、不レ得レ令二共レ人語一。其蕃人帰化者、置レ館供給、亦不レ得二任来往一。

06公式令遠方殊俗条

凡遠方殊俗人、来入朝者、所在官司、各造レ図、画二其容状・衣服一、具序二名号・処所幷風俗一、随レ訖奏聞。

07関市令弓箭条

凡弓箭・兵器、並不レ得下与二諸蕃一市易上。其東辺・北辺、不レ得レ置二鉄冶一。

08関市令蕃客条

凡蕃客初入レ関日、所レ有一物以上、関司共二当客官人一、具録申二所司一。入二一関一以後、更不レ須レ検。若無レ関処、初経二国司一亦准レ此。

09関市令官司条

凡官司未二交易一之前、不レ得下私共二諸蕃一交易上。為レ人糺獲者、二二分其物一、一分賞二糺人一、一分没官。若官司於二其所部一捉獲者、皆没官。

10関市令禁物条

凡禁物、不レ得二将出一レ境。若蕃客入朝、別勅賜者、聴二将出一レ境。

11雑令蕃使往還条

凡蕃使往還、当二大路近側一、不レ得下置二当方蕃人一、及畜中同色奴婢上。亦不レ得レ充二伝馬子及援夫等一。

12唐・衛禁律越度縁辺関塞条[20]（参考）

諸越二度縁辺関塞一者、徒二年。共二化外人一私相交易、若取与者、一尺徒二年半、三疋加二一等一、十五疋加役流。私与二禁兵器一者絞。共為二婚姻一者、流二千里。未入・未成者、各減二三等一。即因レ使私有二交易一者、準盗論。

これらの規定は（イ）帰化者の取り扱い（01〜03、05）、（ロ）交易に関する規定（07〜10、12）、（ハ）京上の際の路次の規定（04・11）、（ニ）外国使節に対する対応（01・06・08）に分類でき、（ニ）が大宰府等の到着地の外交機能に関わる考察材料となる。史料01の大宰府の職掌のうち、「蕃客」については、集解伴云に史料08の条文を引用して説明を加えており、その他にこの部分に関しては具体的注釈を加えたものがないので断言できないが、律令条文の中での論理としては一つの考え方として認めることができよう。とすると、到着地の外交機能として律令条文で想定されていたのは、外国使節の所持品（交易品）検査（01・08）と遠方殊俗人の場合の容貌等の報告（06）、そして饗宴（01）ということになる。すなわち、来日した外国使節の来由などを質問することは規定されていないと理解され、来着の事実（所持品、容貌等も事実報告である）の報告と歓迎の宴会ということであれば、基本的には前節で見た律令国家確立以前の状況を引き継いでいるとまとめることができる。なお、饗宴の場としては、『万葉集』巻一五―三六五二〜三六五五の天平八年の遣新羅使の歌に「至二筑紫館一遥望二本郷一悽愴作歌」があり、律令条文には見えないが、大宰府の饗讌を担当する施設が存したことはまちがいない。

では、律令条文の規定の運用の実際は如何であったのだろうか。次に実例を掲げて、実態面からの検討を試みることにしたい。

1『続紀』養老五年十二月是月条

新羅貢調使大使一吉飡金乾安・副使薩飡金弼等来二朝於筑紫一。縁二太上天皇登遐一、従二大宰一放還。

m『続紀』天平六年十二月癸巳条（→同七年二月癸卯条入京）

大宰府奏、新羅貢調使級伐飡金相貞等来泊。

n『続紀』天平七年二月癸丑条

遣二中納言正三位多治比真人県守於兵部曹司一、問二新羅使入朝之旨一。而新羅国輙改二本号一曰二王城国一。因レ茲返二却其使一。

o『続紀』天平十年正月是月条

大宰府奏二新羅使級飡金想純等一百卌七人来朝一。

p『続紀』天平十年六月辛酉条（疫病による都の混乱か）

遣二使大宰一賜二饗於新羅使金想純等一、便即放還。

q『続紀』天平十四年正月辛亥条（参考・藤原広嗣の乱後の措置）

廃二大宰府一。遣二右大弁従四位下紀朝臣飯麻呂等四人一、以二廃府官物一付二筑前国司一。

r『続紀』天平十四年二月戊寅条

大宰府言、新羅使沙飡金欽英等一百八十七人来朝。

s『続紀』天平十四年二月庚辰条

詔以二新京草創宮室未一レ成、便令下二右大弁紀朝臣飯麻呂等一饗中金欽英等大宰上、自レ彼放還。

t『続紀』天平十五年三月乙巳条

筑前国司言、新羅使薩飡金序貞等来朝。於レ是遣二従五位下多治比真人土作・外従五位下葛井連広成於筑前一、検二

校供客之事｡

u『続紀』天平十五年四月甲午条

検校新羅客使多治比真人土作等言、新羅使調改称二土毛一、書奥注二物数一、稽二之旧例一、大失二常礼一。太政官処分、宜下召二水手已上一、告以二失レ礼之状一、便即放却上。

今、新羅の対日亢礼外交への転換に伴う対新羅関係の悪化が顕在化する天平年間までの例を見ると、(21) 基本的には大宰府は外国使節の来着を中央に報告し（m・o・r・t）、来日使人に対する対応に関しては中央の指示を大宰府が取り次ぐ（l・s）、あるいは中央から使者が派遣されて執行する（p・s・t）ものであったことがわかる。sについては、右大弁紀飯麻呂はqで大宰府廃止に伴う事後処理のためにたまたま派遣されていたので、移行措置として大宰府に代わって中央の指示を取り次いだものか、あるいはpなどと同様に解すべきか、二つの理解が可能であると思われるので、一応両方の可能性を考慮してみた。

次に大宰府の外交機能の特色として、上記の律令条文のところで述べたように、大宰府が来日使人の来由・目的などを勘問することはなかったという点が挙げられる（n・u）。nによると、mで来日・上京した新羅使は、入京後にはじめて来由を問われて、問題の所在が明らかになったと解することができ、大宰府ではそのような面に関するチェックは行われていないと考えられる。uの場合、大宰府廃止中であったために中央から検校新羅客使が派遣されたので、大宰府の地で国書に関する問題点を明らかにすることができたものと位置づけられ、これも本来は中央で実施されるはずの事柄であったと理解される。t・uの次の新羅使の来日は勝宝四年の王子金泰廉一行であるが、『続紀』勝宝四年六月壬辰条では入京後の朝堂での饗宴の後に、上表文なきを注意、戒告されている。この場合、王子の来日ということで、大宰府で上表文がないことがチェックされていたが、上京を許したとも説明できないことはないが、やはり大宰府では上表文不携行には気づかず、入京後はじめて判明したと考えたい。勝宝四年九月丁卯条で越後国に到着した渤海使については、十月庚辰条で左大史を派遣して消息を尋ねさせているが、その後同五年五月乙丑条・丁卯条では入京したことが知られ、六月丁丑条によると、上表文なきことを戒告されている。したがってこのあたりまでの事例においては、大宰府や到着地で外国使節の来由を詳しく調べることはなく（外交上のトラブルがほとんどなかったことも一因であろう）、基本的には中央に至ってはじめて問題の所在が明らかになるという事態をくり返していたと考えられるのである。

なお、大宰府以外の到着地の外交上の役割に関しては、渤海使の来着例くらいしかなく、不明の部分が多いが、前節で触れることができなかった七世紀末の事例を掲げると、次の通りである。

v『書紀』持統三年正月壬戌条

詔二出雲国司一、上下送遭二値風浪一蕃人上。

vによると、来着した外国人の来由等はあまり問題にしないまま、京上を命じていると理解され、とにかく中央に呼び寄せて事情を尋ねようとしたのではないかと思われる[22]。とすると、到着地の外交機能も基本的には大宰府に倣うものであったと位置づけることができよう。

以上、律令制本来の大宰府および到着地の外交機能とは、七世紀の筑紫大宰の外交面での役割を引き継ぐものであり、外国人・外国使節の来着を中央に報告するだけで、その来由等を勘問する権能はなかったことを見た。八世紀中葉から顕在化する新羅の亢礼外交姿勢によって、入京後にその来由や国書の形式・内容等をめぐる問題が明らかになるという事態が頻出することになった。そこで、宝字年間に入ると、大宰府に中央から使者（存問使）を派遣して、新羅使の来由を勘問させる方式が登場することになったのである（表12）。この存問使にはほとんどの場合に太政官の

表12　存問使任命例

年　次	官位等	人　名	備　考
神亀4・9・21			出羽国・渤海，時服を賜与（→12・20入京）
勝宝4・10・7	左大史・正6上	坂上忌寸老人	越前国・渤海，消息を問う（→勝宝5・5・25以前に入京）
宝字4・9・16	陸奥按察使・従4下	藤原恵美朝臣朝獦	大宰府？・新羅，来由を問う（→放却）
宝字7・2・10	左少弁・従5下 讃岐介・外従5下	大原真人今城 池原公禾守	大宰府・新羅，外交形式を勘問（→放却）
宝字8・7・19	右少弁・従5下 授刀大尉・外従5下	紀朝臣牛養 粟田朝臣道麻呂	大宰府・新羅，来由を問う
景雲3・12・19	員外右中弁・従4下 摂津大進・外従5下	大伴宿禰伯麻呂 津連真麻呂	大宰府・新羅，来由を問う（→大宰府で饗賜）
宝亀5・3・4	河内守・従5上 大外記・外従5下	紀朝臣広純 内蔵忌寸全成	大宰府・新羅，来由を問う（→放還）
宝亀8・1・20			越前国・渤海，外交形式を勘問（→4・9入京）
宝亀10・11・3	勅旨少輔・正5下	内蔵忌寸全成	大宰府・新羅，来由を問う（→宝亀11・1・2以前に入京）
承和8・12・25	式部大丞・正6上 少外記・正6上 〔少内記・従6上	小野朝臣恒村 山代宿禰氏益 豊階公安人〕	長門国・渤海，存問（→承和9・3・6王啓・中台省牒の案を奏上，3・27入京）
嘉祥2・2・1	少内記・正7上 直講・正6上	県犬養宿禰貞守 山口忌寸西成	能登国・渤海，存問（→3・14啓・牒の案を進上，3・21客徒等違例入覲之由の問答を奏上，4・28入京）
貞観元・1・28	少外記・正6上 〔直講・従6下 大内記・正6上	広宗宿禰安人 苅田首安雄〕 安倍朝臣清行	加賀国・渤海，存問（→5・10加賀国司とともに啓・牒の案を奉進）
貞観元・3・13	越前権少掾・従7下	島田朝臣忠臣	→加賀権掾，漢詩唱和のため
貞観3・1・28	散位・正6上 兵部少録・正7下	藤原朝臣春景 葛井連善宗	→但馬権介を称す →因幡権掾を称す 出雲国・渤海，存問（→5・21啓案違例多きにより却還）
貞観14・1・6	少内記・正6上 〔少外記・正6下 直講・従6下	菅原朝臣道真 大春日朝臣安守〕 美努連清名	加賀国・渤海，存問（→4・13啓・牒の違例之由の問答状を奏上，5・15入京）
元慶元・2・3	少外記・正6上 前讃岐掾・正8下	大春日朝臣安名 占部連月雄	出雲国・渤海，存問（4・18啓・牒を上奏，違期により放還）
元慶7・1・1	少外記・正6上 式部少丞	大蔵伊美吉善行 高階真人茂範	加賀国・渤海（→4・28入京）

（表12つづき）

年　　次	官　位　等	人　　名	備　　考
寛平4・1・11 日本紀略	少内記 大学少允	藤原菅根 小野良弼	出雲国・渤海
寛平7・1・22 日本紀略	備中権掾 明法得業生	三統理平 中原連岳	伯耆国・渤海 （→5・17入京）
寛平6・12・28 公卿補任	文章生？	橘澄清	→伯耆権掾，渤海使入覲のため
延喜8・3・20 扶桑略記	大内記 直講仮大学允	藤原博文 秦維興	伯耆国・渤海（→4・8存問，5・10以前に入京）
延喜19・12・5 扶桑略記	式部少丞 直講	橘惟親 依知秦広助	越前国・渤海（→延喜20・4・20存問，5・8入京）

注　年次の項目に出典を記したもの以外は，当該国史が出典．官位等・人名の項の〔　〕内は交替任命者を示す．備考の項には派遣先・来日使人の国名，存問内容やその後の措置を記した．

三局の官人が含まれており、また九世紀後半以降には直講や大学の官人・文章生等の任命例も目立つといわれているが(23)、太政官による外交権の行使を示す行動であったと評することができる。では、これ以後の大宰府や到着地の外交機能には何らかの変化が見られるのであろうか。次に国書開封権の問題に言及して、大宰府および到着地の外交上の役割の変遷を検討することにしたい。

三　国書開封権と外交機能の変遷

前節では七世紀の筑紫大宰以来の外交機能を引き継ぐ律令制当初の大宰府および到着地の外交面での役割を整理したが、そのような外交のあり方の理解、そしてその変遷に関わる事柄として、国書開封権の存否の問題を取り上げねばならない。まず関係史料を掲げておく。

w『続紀』宝亀四年六月戊辰条

遣レ使宣二告渤海使烏須弗一曰、太政官処分、前使壱万福等所レ進表詞驕慢、故告二知其状一罷去已畢。而今能登国司言、渤海国使烏須弗等所レ進表函、違レ例無礼者。由レ是不レ召二朝廷一、返二却本郷一。但表函違レ例者、非二使等之過一也。渉レ海遠来、事須二憐矜一。仍賜二禄并路粮一放還。又渤海使取二此道一来朝者、承前禁断。自レ今以後、宜下依二旧例一従二筑紫道一来朝上。

x 『続紀』宝亀十年十月乙巳条

勅二大宰府一、新羅使金蘭孫等、遠渉二滄波一、賀レ正貢レ調。其諸蕃入朝、国有二恒例一、雖レ有二通状一、更宜二反復一。府宜下承知、研二問来朝之由一、并責中表函上。如有レ表者、准二渤海蕃例一、写レ案進上、其本者却二付使人一。凡所レ有消息、駅伝奏上。

y 『三代格』巻十八天長五年正月二日官符

一応レ充二客徒供給一事。（中略）右得二但馬国解一偁、渤海使政堂左允王文矩等一百人、去年十二月廿九日到着。仍遣二国博士正八位下林朝臣遠雄一勘二事由一、并問二違期之過一。文矩等申云、為レ言二大唐淄青節度使康志曀交通之事一、入二覲天庭一。違期之程、逃レ罪無レ由。又擬二却帰一、船破粮絶。望請、陳二貴府一、舟檝相済者。且安二置郡家一、且給二粮米一者。違期之過不レ可レ不レ責、宜下彼食法減二半恒数一、以二白米一充中生料上者。所レ定如レ件。（中略・「応レ修二理船一事」、「応レ禁二交関一事」）一応レ写二取進三上啓・牒一事。右蕃客来朝之日、所レ着宰吏先開二封函一、細勘二其由一、若違二故実一、随即還却、不レ労二言上一。而承前之例、待二朝使到一、乃開二啓函一、理不レ可レ然。宜二国司開見写取進レ之。以前中納言兼左近衛大将従三位行民部卿清原真人夏野宣、如レ右。

z 『三代実録』貞観十五年七月八日条

先レ是大宰府馳レ駅言、渤海国人崔宗佐・門孫・宰孫等漂二着肥後国天草郡一。遣下二大唐通事張建忠一、覆二問事由一、審中実情状上。是渤海入唐之使、去三月着二薩摩国一逃去之一艦也。仍奉レ進二宗佐等日記并所レ齎臘封函子・雑封書・弓劒等一。（下略）

国書開封権に関わる史料は、w〜yである。今、国書開封権の存否との関係で、w〜yについての解釈を整理すると、次のようになろう。(24)

(A) wに先行する『続紀』宝亀四年六月丙辰条では、「能登国言、渤海国使烏須弗等乗二船一艘一来二着部下一。差レ使勘問、烏須弗報書曰、(中略)所レ附進物及表書、並在二船内一」とあり、国司は国書開封を行っておらず、wでも表函(函の外観)を見ただけで、国司には国書開封権はなかったと考えられる。したがって国司に国書開封権が与えられたのは、yにおいてであった。とすると、xは普遍的なものとは見なし難く、大宰府のみの適用であって、「渤海蕃例」はwの大宰府への入港指定に伴う指示であり、大宰府はこれ以前から国書開封権を有していたと思われる。その時期としては、八世紀後半の日羅間の紛争の際に中央から派遣される存問使は、新羅が国書を持参していなかったこともあるが、国書開封を行っておらず、すでにこの時点では大宰府に国書開封権が存していたと考えられるので、n以後に大宰府に国書開封権が与えられたものと推定される。

(B) 国書開封権は外国使節を迎えるに際して行うべき実務の一つであり、来日した使人を入京させる＝国賓待遇の是非を判断する資料としても必要不可欠の行為であるから、改めて設定される概念ではなく、令制当初から存在したものと考えられる。

(C) 渤海使については宝亀二〜三年の壱万福来日の際に国書問題が生じており、wでは表函＝国書を能登国司が点検したものであり、この時点では国司に国書開封権が存していた。またyは原理・原則がこれ以前に存在していたことを示しているので、yで初めて国司に国書開封権が与えられたとは解せない。一方、大宰府に関しては、xで初めて新羅使に対する国書開封が命じられたのであり、「准二渤海蕃例一」と記されているので、渤海使についてはこれ以前に、おそらくwで渤海使に筑紫来航を指示した際に、大宰府に国書開封権を付与したものと考えられる。この宝亀三、四年頃に大宰府に対して渤海使の国書開封権を与えるとともに、これまでの例から大宰府以外に来着することが予想される渤海使に対処するため、同時に縁海諸国司にも国書開封権を付与したのではないかと思われる。なお、yに「承前之例、待二朝使到一、乃開二啓函一、理不レ可レ然」とあるように、この原理・原則は徹底していなかった。

wの「表函」を函書きだけと見るか、国書開封と解するか、wの時点で国司に国書開封権があったか否か、そして大宰府に対する国書開封権付与の時期はxなどの八世紀末と見るか、それ以前の八世紀初（令制当初）あるいは中葉と考えるか、また（C）が触れている国書開封権運用の実態をどのように考えるか等々、論点は多岐にわたるが、結論から言えば、基本的理解としては（C）を支持したいと思う。まず（A）で言及されている八世紀後半の存問使派遣であるが、この大宰府に対する存問使派遣は、前節で述べたように、大宰府に国書開封権等の外国使節を勘問する権能がなかったことを示すと考える。表12によると、x以降は大宰府への存問使派遣は見られない。これは丁度xの頃から日羅間の公式な通交が途絶していくことも考慮しておかねばならないが、zのように、その後の大宰府が国書開封権を行使して、来日使人の勘問を実施し、その処置について中央の判断を仰ぐというシステムが形成されていることの方を重視したい（その他、『後紀』弘仁三年正月甲子条、同五年十月庚午条、『続後紀』承和七年十二月己巳条、同九年正月乙巳条、『三代実録』貞観十五年十二月二十二日条、同十六年八月八日条、元慶元年八月二十二日条、仁和元年六月二十日条なども参照）。すなわち、大宰府独自の存問機能の確立に伴って、大宰府への存問使派遣がなくなったと見るのであり、その画期としてxは重要であったと位置づけられる。

そして、『続紀』宝亀十一年二月庚戌条では、xの金蘭孫帰国に際して、「後使必須レ令下齎二表函一、以レ礼進退上。今勅二筑紫府及対馬等戍一、不レ将レ表使莫レ令レ入レ境」という方針を示しており、以後は対馬（ただし、後述のように、弘仁年間までは新羅訳語などの外交機構が整っていない）あるいは大宰府で国書の有無を勘問することを国際的に表明していると理解される。[25] xの時点では大宰府に国書開封を指示するとともに、まだはじめての行為ということで、存問使を派遣している（表12）が、以後は大宰府における勘問、国書開封権の行使に委ねられることになったのである。なお、「表函」については、（A）のように函書きなどの外観と解する立場もあるが、宝亀二～三年の渤海使壱万福の場合は、「今省二来書一、頓改二父道一、日下不レ注二官品・姓名一、書尾虚陳二天孫僭号一」と問責されている（『続紀』宝亀三年二月己卯条）。これは中央における勘問であるが、wで国司が「違レ例無礼」と判断するにはやはり国書の内容や字句を見ていないと判定できないと思われるので、やはり（C）のように解釈するのがよいであろう。

次に国書開封権の付与の過程は（C）の通りであると考えるが、とすると、国別に指示がなされていること、国書の内容をめぐる紛争が生じてはじめて指示を出しているという特色を指摘することができる。これは古代日本の外交の個別性、全体的体系の欠如を窺わせる事例として、[26] 外交機構全体の問題として考究すべきであり、今はこの特徴に触れるだけに留めておきたい。ちなみに、国別の指示の例としては、『三代格』巻十八天長元年六月二十日官符「改二定渤海国使朝聘期一事」、同八年九月七日官符「応レ検二領新羅人交関物一事」などが掲げられ、詳細は不明であるが、『日本紀略』弘仁五年五月乙卯条「制、新羅王子来朝之日、若有二朝献之志一者、准二渤海之例一。但願二隣好一者、不レ用二答礼一、直令二還却一、且給二還粮一」も個別対応方式を窺わせるものとなろう。

最後に大宰府および到着地における国書開封権運用の実態を見ておきたい。（C）が指摘するように、yによると、到着地の国司はこの権能を充分に執行しているとはいえないようである。表12によると、大宰府以外の地においては、w・x以後でも中央から存問使が派遣されており、時には国司も報告に加わることがあったが、おおむね存問使による国書開封が行われ、その写しなどが中央に進上されていることがわかる。また渤海使などと詩文の交歓を行うために、文人が仮にその到着地の国司に任命されて、到着地の外交を補完する事例も知られ、やはり中央の外交機能に依存するところが大きかった。yでは一応国博士が勘問を実施しているようであるが、国書を判読するまでの能力はなかったのか、国書開封には至っていない。こうした外交を担う人材の不足が、大宰府以外の到着地での外交機能行使が充分でなかったことの要因であったと考えられるのである。

一方、大宰府に関しては、令制当初より饗客施設などが整備されており、別稿で述べたように(27)、新羅訳語・大唐通事といった通訳も完備していた可能性が高い。ただし、大唐通事が実質的な活動を見せるのは、唐商人の来航が頻繁になる九世紀後半以降であると考えられ、zの如く、勘問や国書開封などにも活躍するのであった。すなわち、大宰府には国書開封権等の外交機能を行使する機構が存在していたため、八世紀末に新たな外交に関する権能を付与された際にも、それに対応し得たが、その他の到着地の場合はそのような機構が存在しなかったので、上述のような運用実態になったのである。別稿で触れたように、大宰府への来航の際に外国使節が必ず経由する対馬においても、弘仁年間になってようやく新羅訳語や外交文書の判読・来日外国人への対応にも従事する国博士の必要性が認識され、設置に至っているのであった（『後紀』弘仁三年正月甲子条、同六年正月壬寅条、『三代格』巻五弘仁四年九月二十九日官符、同十二年三月二日官符など）。したがって古代日本の外交はあくまで大宰府を玄関口としており、大宰府の外交機能は八世紀後半以降の新羅商人の来航、九世紀後半以降の唐商人の来航から日宋貿易への発展と、通交が頻繁になるに従って、ますます重要性を高めていくことになるとまとめることができよう(28)。

むすび

小稿では七世紀初に成立した筑紫大宰の外交面での役割、律令制下の大宰府および到着地の外交機能と八世紀末の国書開封権付与をめぐる問題などについて検討を加え、国書開封権付与以後の外交機能の変遷に関しても若干の展望を示した。また古代日本の外交の特色に関わる事柄にも触れたが、「はじめに」で述べたように、古代日本の外交機構全体について私見を整理した上で論ずべき部分も多いと考える。本稿で考察を試みた大宰府および到着地の外交機能についても、今後さらに全体構造の中で考究することを課題として、ひとまず擱筆することにしたい。

註

（1）西嶋定生『邪馬台国と倭国』（吉川弘文館、一九九三年）。

（2）拙稿「古代難波における外交儀礼とその変遷」（『前近代の日本と東アジア』吉川弘文館、一九九五年、本書所収）。

（3）倉住靖彦ａ『大宰府』（教育社、一九七九年）、ｂ『古代の大宰府』（吉川弘文館、一九八五年）、ｃ「大宰府論」（『アジアのなかの日本史』二、東京大学出版会、一九九二年）、田村圓澄『大宰府探求』（吉川弘文館、一九九〇年）、高倉洋彰『大宰府と観世音寺』（海鳥社、一九九六年）、石井正敏ａ「大宰府の外交面における機能」（『法政史学』二二、一九七〇年）、ｂ「大宰府および縁海諸国司の外交文書調査権」（『古代文化』四三の一〇、一九九一年）、酒寄雅志「七・八世紀の大宰府」（『国学雑誌』八〇の一一、一九七九年）、ブルース・バートン「律令制下における新羅・渤海使の接待法」（『九州史学』八三、一九八五年）、「大宰府の国境機能」（『古代王権と交流』八、名著出版、一九九五年）、中西正和ａ「新羅使・渤海使の来朝と大宰府」（『古代史の研究』八、一九九〇年）、ｂ「大宰府と存問」（『日本書紀研究』二一、塙書房、一九九七年）、田島公「大宰府鴻臚館の終焉」（『日本史研究』三八九、一九九五年）など。

（4）倉住、田村註（3）書・論文など。

（5）八木充「いわゆる那津官家について」、「筑紫大宰とその官制」（『日本古代政治組織の研究』塙書房、一九八六年）、北條秀樹「大宰府成立前史小論」（『歴史と地理』三八二、一九八七年）など。

（6）八木註（5）書二九八頁〜二九九頁はこの可能性を認めながらも、唐使高表仁来日時に筑紫大宰云々が登場しないので、やはり機構としては不備であり、機構的確立は天智朝であったと見ている。ただし、高表仁については外交上のトラブルがあったので、その足跡の記録が残っていない（あるいは削除された）ためであるとすれば、こうした使者は必ず筑紫に来航するので、筑紫大宰の活動がなかったとはいえないと思う。もちろん、この時の筑紫大宰が天智朝以降のような整備された常駐の機関であったか否かに関しては、大宰府跡の発掘成果とも併考して検討を加える必要がある。ここでは萌芽としての出現は認めたいと考える。

（7）滝川政次郎「江都集礼と日本の儀式」（『岩井博士古稀記念論文集』一九六三年）、鍋田一「六・七世紀の賓礼に関する覚書」（『律令制の諸問題』汲古書院、一九八四年）など。

（8）註(2)拙稿参照。

（9）同様の見解は北條註(5)論文でも示されている。

（10）石松好雄「大宰府発掘」（『古代を考える　大宰府』吉川弘文館、一九八七年）、「発掘からみた大宰府」（『新版古代の日本』三、角川書店、一九九一年）、山崎純男「鴻臚館と志賀の海人」（『新版古代の日本』三、角川書店、一九九一年）など。

（11）dの海外国記については、田中健夫編『訳注日本史料善隣国宝記・新訂続善隣国宝記』（集英社、一九九五年）を参照。

（12）註(2)拙稿参照。

（13）鴻臚館跡の発掘については、折尾学「鴻臚館跡調査の近況について」（『日本歴史』五一五、一九九一年）、田島註(3)論文を参照。今のところ、七世紀後半より遡る遺構は見つかっていない。

（14）北村文治「伊吉連博徳書考」（『日本古代史論集』上、吉川弘文館、一九六二年）。

（15）註(2)拙稿参照。

（16）拙稿「風土記と渡来系氏族」（『季刊考古学』六〇、一九九七年）。

（17）国造制の成立時期についての最近の研究を整理したものとして、狩野久「部民制・国造制」（『岩波講座日本通史』二、岩波書店、一九九三年）、篠川賢『日本古代国造制の研究』（吉川弘文館、一九九六年）などを参照。

（18）拙稿「評の成立と評造」（『日本史研究』二九九、一九八七年）。

（19）拙稿「耽羅方脯考」（『続日本紀研究』二三九、一九八五年、本書所収）。

（20）史料12に対応する日本律の存否については、榎本淳一「『小右記』に見える「渡海制」について」（『摂関政治と古記録』吉川弘文館、一九九一年）、利光三津夫「衛禁律後半写本における条文脱落の存否について」（『常葉学園富士短期大学研究紀要』三、一九九三年）を参照。

(21) 鈴木靖民「天平初期の対新羅関係」（『古代対外関係史の研究』吉川弘文館、一九八五年）、浜田耕策「新羅中・下代の内政と対日外交」（『学習院史学』二一、一九八三年）など。

(22) 註(19)拙稿で明らかにした、天平十年の耽羅島人の長門国への来着と京上も、同様の事例と理解できる。

(23) 中野高行「八・九世紀における大学明経科教官の特質」（『史学』五四の四、一九八五年）。

(24) （A）中西註(3)a論文、（B）倉住註(3)c論文、（C）石井註(3)b論文。

(25) この点については、石井註(3)b論文一七頁でも指摘されている。

(26) 拙稿「古代日本における対唐観の研究」（『弘前大学国史研究』八四、一九八八年、本書所収）でもこのような点に言及している。

(27) 拙稿「大唐通事張友信をめぐって」（本書所収）。なお、俣野好治「大宰府財政機構論」（『日本国家の史的特質』古代・中世、思文閣、一九九七年）は、大宰府財政が外国使節来日に備えたものであったことを指摘している。

(28) 東野治之「鳥毛立女屏風下貼文書の研究」（『正倉院文書と木簡の研究』塙書房、一九七七年）、石井正敏「九世紀の日本・唐・新羅三国間貿易について」（『歴史と地理』三九四、一九八八年）、李成市『東アジアの王権と交易』（青木書店、一九九七年）、森克己『新訂日宋貿易の研究』（国書刊行会、一九七五年）など参照。なお、十世紀以降の外国貿易のシステムの中での大宰府の役割については、田島公「海外との交渉」（『古文書の語る日本史』二、筑摩書房、一九九一年）を参照。

（付記）本稿提出後、中西正和「筑紫大宰と存問」（『続日本紀研究』三〇八、一九九七年）、中野高行「日本古代における外国使節処遇の決定主体」（『日本歴史』五九三、一九九七年）が呈された。特に中野論文では宝亀期の変化について本稿と同様の理解が示されており、併読をお願いしたい。

あとがき

私が一九七八年四月に本郷の東京大学文学部に進学して、日本古代史の手ほどきをうけたのは、主に笹山晴生先生と故土田直鎮先生であった。近年相次いで論著を刊行された同学の方々が等しく記されているように、私が学部・大学院で学生生活を送った頃は、東大の古代史の何度目かの隆盛の時期であり、研究室の助手を勤められた方のお名前をあげさせていただくと、坂上康俊氏・佐々木恵介氏より少し上の世代から鐘江宏之氏の世代くらいまで、学外の「偽院生」や内地留学の方も含めて、二〇人くらいが大学院の演習に参加していたと記憶している。院生はそれぞれにいくつかの研究テーマを持っていたが、不思議にあまり重複する分野はなく（互いに相手の得意分野は避けたのか）、各自好き勝手に自分の面白そうなことをやっていた。先生方のご指導はもちろんであるが、同時期にそれぞれに個性的で熱心な学究の方々と接して得られたものも多大であったと思う。

私が本書にまとめたような対外関係の事柄に興味を持つようになったのは、ひとえに一九八一年修士課程一年の時に出席した田中健夫先生の『善隣国宝記』の演習のおかげである。当時、大学院の古代史の演習は笹山先生の『令集解』と土田先生の『小右記』しかなく、単位を満たすにはどうしても他の時代の演習をとらねばならなかった。東京大学史料編纂所の先生方が開講されていた時代の近接する中世史の演習のうち、『善隣国宝記』はその書名と若干の内容を知っていたので、私でもなんとかついていけそうだと思い、受講した次第である。最初は中世史のK氏も出席していたが、二週目から都合で参加できなくなり、演習は私一人になった。田中先生もずいぶんお困りになったと思うが、先生は『訳註日本史料　善隣国宝記・新訂続善隣国宝記』（集英社、一九九五年）に結実する、『善隣国宝記』の注釈作業をすでに進められていたようで、私が古代史専攻ということもあって、『善隣国宝記』の冒頭から読むことになった。この講読によって古代の外交史の史料としての『善隣国宝記』の重要さに接することができたと思うが、ご存知の通り、古代の部分は事実記載としてはあまり問題がなく、特に論点を掘り下げるという演習にはならなかった。前期で古代の部分がほとんど終ったところで、院生は自分で何かをまとめる仕事をするのがよいという田中先生の方針で、後期は天皇号についての研究史・問題点を調べるように指示され、それまで天皇号について考えたこともなかったが、とにかく論文を探しては読み、内容を整理するという作業を行い、ときどき先生に進捗状況を報告するという形であった。そのうち先生が史料編纂所内で開催されている対外交渉史の研究会で報告するように告げられ、演習や研究会の主旨を考慮して、対外関係という視点から天皇号の問題を整理して報告させていただいた。さらに一年間の演習のレポートとしてこの報告を文章化したものを提出したところ、ぜひ論文にまとめるように勧められ、これが本書の第一論文で、『日本歴史』に掲載していただいた私の最初の論文となった。

以上が私が対外関係史を研究分野とするようになったきっかけであり、田中先生の学恩に負うところが大きい。とはいうものの、古代史の分野では笹山、土田両先生の指導に依存するところは大である。土田先生については『史学論叢』一三号（土田直鎮先生追悼（歿後一周年））（一九九四年）に当時の様子がよく描かれているので、参照していただくことにし、ここでは省略する。笹山先生には学部、大学院、日本学術振興会特別研究員として在学中一貫して指導教官をお願いし、ご指導をいただいた。本書所収の論考の中でも、耽羅に関する研究や対唐観の考究は、『令集解』演習の中で興味を抱いた事柄を起点に考察を進めたところが大きい。また本書第一部の中心的構想である事大主義的立場と日本中心主義的立場の二重構造の対外観については、当初「日本中心主義的立場」という言葉とは別の表現を用いていた（当時のノートを見ると、「独立主義」という言葉を使っている）が、笹山先生のご教示でこの語に改めたという記憶がある。その他、卒論以来取り組んでいる地方支配のあり方についての研究も、対外関係史とつながる部分もあって、本書に収めた難波に関する論考はその例となる。

以上の三先生の他、在学中以来ご指導をいただいている諸先生方、同学の方々、また前任の職場である奈良国立文化財研究所、特に歴史関係の研究員の方々、そして高知大学に迎えていただき、自由な雰囲気の下に教育と研究に専念させていただいている史学研究室の諸先生方には、今日までの学恩に深謝の意を表したい。

本書の出版の契機は、一九九六年一〇月初旬に吉川弘文館編集部の大岩由明氏から、佐伯有清先生のお口添えで対外関係史の論文集をまとめてはという話があるが、というお手紙を頂戴したことにある。ちょうど平安貴族の国際意識についての論考を執筆しつつあったので、計三編の新稿を書き加えて、本書を上梓することができた。出版にあたっての佐伯先生のご配慮、編集部の大岩氏・上野久子氏のご尽力には心からお礼を申し上げたい。なお、当初は第三部に外交機構の全体的構造をまとめた論考を掲載しようとしていたが、これにはしばらく時間がかかり、また個別研究の集積もかなり必要であると判断して、今回は見送らせていただいた。この点は今後の課題として研鑽に努めたいと思う。

最後に私事で恐縮ではあるが、私の研究への道を許し支えてくれている両親森良幸、祥子、妻明子、また遠隔の地にあって我々夫婦を気ままにすごさせてくれている義父母井上安明、千都子への謝意を添えさせていただきたい。

一九九八年一一月

森　公　章

古代日本の対外認識と通交（オンデマンド版）

Digital Publishing

2019年9月1日　　発行

著　者　　森《もり》　公章《きみゆき》

発行者　　吉川道郎

発行所　　株式会社 吉川弘文館
〒113-0033　東京都文京区本郷7丁目2番8号
TEL　03(3813)9151(代表)
URL　http://www.yoshikawa-k.co.jp/

印刷・製本　　株式会社　デジタルパブリッシングサービス
URL　http://www.d-pub.co.jp/

森　公章（1958〜）
ISBN978-4-642-72328-2

著者略歴
一九五八年　岡山県生れ
一九八八年　東京大学大学院人文科学研究科博士課程単位取得退学
奈良国立文化財研究所平城宮跡発掘調査部主任研究官を経て
現在　高知大学人文学部助教授

〔主要論文〕
「国書生に関する基礎的考察」（『日本律令制論集』下巻所収、一九九三年、吉川弘文館）
「長屋王邸の住人と家政運営」（『平城京　長屋王邸宅』所収、一九九六年、吉川弘文館）
「律令国家における郡司任用方法とその変遷」（『弘前大学国史研究』一〇一、一九九六年）

古代日本の対外認識と通交

平成十年五月十日　第一刷発行

著　者　森《もり》　公《きみ》　章《ゆき》

発行者　吉　川　圭　三

発行所　株式会社　吉川弘文館
郵便番号　一一三―〇〇三三
東京都文京区本郷七丁目二番八号
電話〇三―三八一三―九一五一〈代〉
振替口座〇〇一〇〇―五―二四四番

印刷＝藤原印刷・製本＝石毛製本

索　　　引

＊一般項目の人名，史料名については，当該頁にしか出てこないものは，煩雑になるので省略した．

I 事　　項

あ　行

か　行

さ　行

た　行

な　行

は　行

ま　行

や　行

ら　行

わ　行

II 人　名

あ　行

か　　行

さ　行

た　行

な　行

は　行

ま　行

や　行

ら　行

III 史 料 名

あ 行

か 行

さ 行

た 行

な　行

は　行

ま　行

ら　行

わ　行

IV 研究者名

あ 行

か 行

さ 行

た　行

な　行

は　行

ま　行

や　行

ら　行

わ　行